Annett Bergk, Vivien Pietruck

Adobe Firefly

Das umfassende Handbuch

Rheinwerk
Design

Liebe Leserin, lieber Leser,

ich finde es bemerkenswert, wie konsequent Adobe es geschafft hat, das Thema KI anzugehen und künstliche Intelligenz in seine Produkte zu integrieren. Mir gefällt auch, dass sie nur gemeinfreie Inhalte und eigenes Bildmaterial für das KI-Training verwenden. So entstand Adobe Firefly – eine bereits beeindruckende Software, die sicherlich bald noch professionellere Ergebnisse liefern wird.

Unabhängig davon, wie man zu KI steht – ob fasziniert oder besorgt über den Einfluss von KI auf den Kreativbereich –, die Funktionen, die Adobe bereits in Photoshop, Illustrator, InDesign, Express und natürlich in Firefly selbst integriert hat, erleichtern die tägliche Arbeit sehr. Ein Coverbild hat das falsche Format? Einfach schnell in Photoshop öffnen und die KI den Bildbereich vergrößern lassen. Für den zu gestaltenden Möbelprospekt soll nun plötzlich doch eine Frau anstelle eines Mannes auf dem Sofa sitzen? Kein neues Shooting, sondern eine Auswahl erstellen und dann »Generatives Füllen« anwählen – schon sitzt sie da.

In diesem Buch erfahren Sie, wie Sie die KI-Funktionen sinnvoll in Ihrem Kreativworkflow einsetzen. Gute Ergebnisse erzielen Sie dabei vor allem mit dem passenden Prompt, daher beschäftigen sich die Autorinnen auch ausführlich mit diesem Thema. Lassen Sie sich also inspirieren und legen Sie los!

Ich wünsche Ihnen viele erhellende Einsichten. Sollten Sie Anregungen, Fragen oder Kritik zum Buch haben, so freue ich mich über Ihre Nachricht.

Ihre Ruth Lahres
Lektorat Rheinwerk Design
ruth.lahres@rheinwerk-verlag.de

www.rheinwerk-verlag.de
Rheinwerk Verlag • Rheinwerkallee 4 × 53227 Bonn

Auf einen Blick

Wir hoffen, dass Sie Freude an diesem Buch haben und sich Ihre Erwartungen erfüllen. Ihre Anregungen und Kommentare sind uns jederzeit willkommen. Bitte bewerten Sie doch das Buch auf unserer Website unter **www.rheinwerk-verlag.de/feedback**.

An diesem Buch haben viele mitgewirkt, insbesondere:

Lektorat Ruth Lahres
Korrektorat Petra Bromand, Düsseldorf
Herstellung Denis Schaal
Typografie und Layout Vera Brauner, Maxi Beithe
Einbandgestaltung Mai Loan Nguyen Duy
Coverbild Erstellt mit Adobe Firefly und Adobe Photoshop
Satz Markus Miller, München
Druck mediaprint solutions, Paderborn

PEFC/04-31-0810

Dieses Buch wurde gesetzt aus der Syntax Next (9,25 pt/13,5 pt) in Adobe InDesign.

Gedruckt wurde dieses Buch mit mineralölfreien Farben auf matt gestrichenem, PEFC®-zertifiziertem Bilderdruckpapier (115 g/m²).

Hergestellt in Deutschland.

Bibliografische Information der Deutschen Nationalbibliothek:
Die Deutsche Nationalbibliothek verzeichnet diese Publikation in der Deutschen Nationalbibliografie; detaillierte bibliografische Daten sind im Internet über *http://dnb.dnb.de* abrufbar.

ISBN 978-3-367-10274-7

1. Auflage 2025

Rheinwerk Verlag GmbH • Rheinwerkallee 4 • 53227 Bonn
service@rheinwerk-verlag.de

Informationen zu unserem Verlag und Kontaktmöglichkeiten finden Sie auf unserer Verlagswebsite **www.rheinwerk-verlag.de**. Dort können Sie sich auch umfassend über unser aktuelles Programm informieren und unsere Bücher und E-Books bestellen.

Inhalt

3 Einführung in das Prompting

4 Adobe Firefly

Workshops

Einleitung

Visualisiert von Adobe Firefly mit dem Prompt »Firefly Glühwürmchen und modernes Buch, high detail«. Einstellung KUNST, Effekte DRUCKRASTER und FARBSPRITZER. Die Idee hinter dem Prompt war, unser »Handbuch Adobe Firefly« zu visualisieren. Hier sehen wir aber schon ein Problem: Adobe Firefly kennt scheinbar das deutsche Wort »Glühwürmchen« nicht – oder weiß nicht, wie sie aussehen.

Einleitung

Große Antworten auf große Fragen? Das haben wir uns gewünscht bei unserem Weg durch den KI-Dschungel von Adobe Firefly in allen Programmen, die wir für die tägliche Arbeit nutzen. Viele Stunden und viele Prompts später sind viele Fragen davon beantwortet und helfen nun hoffentlich sehr vielen Menschen bei ihrer Arbeit rund um Gestaltung.

»Adobe Firefly – Das umfassende Handbuch« ist ein praxisnaher Leitfaden für Grafiker*innen, Illustrator*innen und Designer*innen zum besseren Verständnis und zur effizienten Nutzung der künstlichen Intelligenz in der Software von Adobe. In den letzten Jahren und Monaten haben wir branchenübergreifend einen Einblick bekommen, wie stark KI wirklich Einfluss auf unser Arbeiten haben kann. Und die Entwicklung geht ohne Pause und in rasendem Tempo weiter. Das macht es nicht gerade leicht, darüber zu schreiben, viel zu schnell haben sich Anwenderworkflows verändert (oder ganze Funktionen wurden wieder entfernt).

Die gute Nachricht: Dieses Handbuch zielt auch darauf ab, Kreativen ein grundlegendes Verständnis für die Einsatzmöglichkeiten der KI in Adobe-Software zu vermitteln – durch praxisnahe Beispiele und Anleitungen, um das Wissen über diese innovative Technologie zu vertiefen, kreative Fähigkeiten zu erweitern und auch den Workflow zu vereinfachen.

Wir sprechen die verschiedenen Funktionen und Anwendungsmöglichkeiten von Adobe Firefly gründlich durch, untersuchen die KI-Integrationen in den Programmen Adobe Stock, Express, Photoshop und Illustrator und zeigen anhand von Praxisbeispielen die aktuellen Möglichkeiten und Grenzen in der Gestaltung auf. Nicht immer ist der Prompt der Weg. Viele Funktionen liegen ein wenig versteckt. Und manches funktioniert besser, wenn man einzelne Schritte geht und nicht den großen Prompt-Sprung wagt.

Unser Ziel ist es, das notwendige Wissen, die Hintergründe und die praktischen Fähigkeiten zu vermitteln, um die Potenziale von Adobe Firefly voll auszuschöpfen und dabei Spaß an der Innovation zu haben. Spaß am Probieren. Spaß am Neuen.

Und so wird dieses Handbuch unabhängig von der eigenen KI-Erfahrung ein nützlicher Helfer sein, um Ideen zu entwickeln und eigene Ansätze für einen KI-basierten Workflow zu finden.

KI ist alt

KI v. Chr.
Die Ursprünge der künstlichen Intelligenz, wie wir sie heute kennen, gehen auf den griechischen Mathematiker Euklid von Alexandria zurück, der wahrscheinlich im 3. Jahrhundert v. Chr. gelebt hat. Er beeinflusste mit seinem euklidischen Algorithmus nicht nur die Mathematik, sondern auch andere Gebiete wie die Informatik und Kryptographie.

Künstliche Intelligenz ist ein Begriff, der in der heutigen Zeit immer häufiger auftaucht – insbesondere in der Adobe-Welt. KI bezieht sich auf Systeme oder Maschinen, die menschenähnliche Intelligenz zeigen. In Bezug auf das Grafikdesign bedeutet dies, dass KI-Systeme dazu in der Lage sind, Aufgaben wie die Generierung von Ideen, die Optimierung von Designs oder auch die Entscheidungsfindung zu übernehmen.

Die Entwicklung der KI hat eine längere Geschichte, als die meisten vermuten. Den Ursprung kann man in einer Zeit weit vor Beginn der heutigen Zeitrechnung finden, und ursprünglich handelte es sich um recht einfache Algorithmen. Das, was wir heute wiederum als KI bezeichnen, sind komplexe, lernende Systeme, die menschliche Fähigkeiten wie Sehen, Hören und sogar kreatives Denken nachahmen können.

Ein zentraler Aspekt der KI-Entwicklung ist das Training von KI-Modellen. Dieser Prozess erfordert große Datenmengen und fortgeschrittene Algorithmen. Durch das Training der Modelle sind sie in der Lage, menschenähnliche Intelligenz im Designprozess anzuwenden. Um die Vorteile der KI im Grafikdesign voll ausschöpfen zu können, ist es wichtig, einige grundlegende Konzepte wie Data Science, maschinelles Lernen und generative KI zu verstehen. Sie bilden das Fundament der KI-Technologie.

Natürlich bringt die Nutzung von KI auch Herausforderungen mit sich. Neben rechtlichen Fragen, wie zum Beispiel zum Urheberrecht, gibt es ethische Überlegungen zu berücksichtigen. Dazu gehören Fragen des Datenschutzes, der Gleichberechtigung oder auch der Barrierefreiheit.

Und dennoch: KI hat das Potenzial, den kreativen Prozess im Grafikdesign erheblich zu verbessern. Sie kann dabei helfen, neue Ideen zu generieren, den Designprozess zu optimieren und eine Zusammenarbeit zwischen Menschen und Maschinen zu ermöglichen. Die Reise in die Zukunft des Designs beginnt jetzt!

Aufbau des Buches

Dieses Buch ist in zwei große Abschnitte gegliedert: einen (kleineren) Theorie- und einen (viel größeren!) Praxisteil. Die Aufteilung ist bewusst gewählt, um einen umfassenden Einblick in die Welt der KI zu geben und gleichzeitig praktische Anleitungen für die kreative Arbeit zu bieten. Dabei wird Schritt für Schritt erklärt, wie sich KI in den modernen Designprozess einfügt und wie sie genutzt werden kann, um die eigene Arbeit zu bereichern und zu vereinfachen.

Der erste Teil des Buches erklärt in Kapitel 1 und Kapitel 2, wie künstliche Intelligenz funktioniert und welche grundlegenden Konzepte nötig sind, um die Mechanismen hinter den Ergebnissen besser zu verstehen. Dieses Basiswissen ist wichtig, um die »Arbeit« der KI zu begreifen und die Technologie auch gezielt einsetzen zu können. Dabei beleuchten wir nicht nur technische Details, sondern diskutieren auch den Einfluss von KI auf die Kreativbranche und die Designprozesse im Allgemeinen.

Ein besonderer Fokus liegt auf dem Prompting, also der Formulierung von Anweisungen an die KI. In Kapitel 3 gibt es zahlreiche Tipps und Tricks, die helfen, die richtigen Fragen zu stellen, um die gewünschten Ergebnisse (in Firefly) zu erzielen. Denn: Die Qualität der KI-Ergebnisse hängt stark von der Präzision der Eingaben ab.

Adobe Firefly ist Namensgeber des Buches und steht im Zentrum vieler moderner Designprozesse: Wir stellen Ihnen die KI in all ihren Facetten vor – von den Basics bis hin zu den Details des Abo-Modells. Wir schauen uns an, wie Generative Credits funktionieren, und auch das Thema Content Credentials wird behandelt, also die Möglichkeit, automatisch zu dokumentieren, wie und durch wen Inhalte generiert wurden.

Der Mittelteil des Buches widmet sich mit Kapitel 5 und Kapitel 6 zwei weiteren wichtigen Bestandteilen des kreativen Adobe-Ökosystems: Adobe Stock und Adobe Express. Hier wird gezeigt, wie Sie die Bilddatenbank von Adobe Stock optimal nutzen, um passendes Bildmaterial für Projekte zu finden. Außerdem wird erklärt, wie Adobe Express verwendet werden kann, um Inhalte für Social Media zu erstellen und zu veröffentlichen. Danach geht es in die Welt der Klassiker: Photoshop, Illustrator und InDesign. Diese Programme sind für viele Kreative unverzichtbar, und das Buch zeigt, wie sie durch KI-basierte Funktionen und Integration mit anderen Adobe-Tools erweitert werden können.

Das Beispielmaterial
Sie können die Workshops des Buchs Schritt für Schritt nacharbeiten. Das dafür benötigte Bildmaterial finden Sie auf der Webseite zum Buch unter *www.rheinwerkverlag.de/5934*. Scrollen Sie bis zum ersten Kasten herunter und klicken Sie dort auf den Reiter »Materialien«.

Zusatzinformationen auf unserer Website
Auf der Website *https://merlin-monroe.de* erhalten Sie ergänzende Informationen zum Buch. Sie finden im Buch auch immer wieder QR-Codes, mit denen Sie auf weiterführende Informationen auf dieser Website direkt zugreifen können.

Danksagung

Wir möchten uns an dieser Stelle bei allen bedanken, die dieses Buch mit Rat und Tat unterstützt haben – allen voran unserer Lektorin Ruth Lahres, die uns in allen Phasen der Manuskripterstellung zur Seite stand. Ein besonderer Dank gilt unseren Familien – einer unerschöpflichen Quelle von Verständnis, Rat und Tat. Ihre Unterstützung und Geduld während des Schreibprozesses dieses Buches waren von unschätzbarem Wert. Wir danken den Experten Toby Baier, Jan Kruse, John Riecken und Jan Schawe.

Und nicht zuletzt danken wir auch den Leserinnen und Lesern. Eure Neugier und euer Interesse an neuen Entwicklungen im Bereich Grafikdesign sind der Grund, warum wir dieses Buch geschrieben haben.

Annett Bergk und Vivien Pietruck

Kapitel 1
Grundwissen KI

Visualisiert in Adobe Firefly mit dem Prompt »Grundwissen künstliche Intelligenz, leuchtend, high detail«

Kapitel 1

Grundwissen KI

Künstliche Intelligenz ermöglicht es Maschinen, Aufgaben zu erledigen, die normalerweise menschliches Denken erfordern, wie Lernen, Problemlösen und Spracherkennung. Wichtige Bereiche der KI sind maschinelles Lernen, neuronale Netze, Deep Learning und das Verstehen von Sprache. KI wird in vielen Bereichen eingesetzt, darunter bei Assistenzsystemen, der Erkennung von Bildern und der medizinischen Diagnose, und hilft, Entscheidungen auf Basis von Daten zu treffen.

1.1 Definition von künstlicher Intelligenz

Im Allgemeinen bezieht sich der Begriff *künstliche Intelligenz* auf die Fähigkeit von Maschinen, Aufgaben auszuführen, die normalerweise menschliche Intelligenz erfordern, wie zum Beispiel das Lernen, Problemlösen, die Spracherkennung, Mustererkennung und Entscheidungsfindung. Die Definition des Begriffs hat sich im Laufe der Jahre aber weiterentwickelt, da Fortschritte in der Technologie und Forschung neue Möglichkeiten für intelligente Systeme eröffnet haben.

1.1.1 Einige theoretische Überlegungen

John McCarthy, einer der Pioniere auf dem Gebiet der KI, prägte die Definition von KI als *Wissenschaft und Ingenieurtechnik, intelligente Maschinen herzustellen, insbesondere intelligente Computerprogramme*. Ein zentraler Ansatz in der Definition von KI in der Wissenschaft ist also die Idee, dass KI darauf abzielt, menschenähnliches Denken und Verhalten durch Computermodelle nachzubilden – und damit auch Diversität und Flexibilität im Denkprozess.

> **John McCarthy**
> US-amerikanischer Logiker, Informatiker und Autor. Er ist der Erfinder der Programmiersprache LISP.

Marvin Lee Minsky, einer der wegweisenden Köpfe auf dem Gebiet der KI-Forschung, verdeutlichte die Dringlichkeit von vielfältigen Ansätzen und Perspektiven bei der Lösung komplexer Pro-

Marvin Lee Minsky
Amerikanischer Forscher auf dem Gebiet der künstlichen Intelligenz. Gemeinsam mit John McCarthy, Nathaniel Rochester und Claude Shannon begründete er 1956 auf der Dartmouth Conference den Begriff der künstlichen Intelligenz.

Herbert Alexander Simon
US-amerikanischer Sozialwissenschaftler. Im Jahr 1978 erhielt er den Alfred-Nobel-Gedächtnispreis für Wirtschaftswissenschaften »für seine bahnbrechende Erforschung der Entscheidungsprozesse in Wirtschaftsorganisationen«.

Allen Newell
US-amerikanischer Informatiker und Kognitionspsychologe. Newell gilt als einer der Väter der künstlichen Intelligenz und der Kognitionswissenschaft. Newell studierte Physik an der Stanford-Universität und Mathematik in Princeton.

bleme: *You don't understand anything until you learn it more than one way.* Minskys Betonung der Vielfalt in der Herangehensweise an Problemlösungen spiegelt wider, dass tiefgreifendes Verständnis oft erst durch das Erforschen und Beherrschen eines Themas aus verschiedenen Perspektiven erreicht werden kann. Diese Idee der multifunktionalen Auseinandersetzung mit komplexen Fragestellungen prägt nicht nur die KI-Forschung, sondern auch andere Bereiche der Wissenschaft, wo die Integration verschiedener Denkweisen und Methoden zu innovativen Durchbrüchen führen kann.

Ein weiterer wichtiger Aspekt in der wissenschaftlichen Definition von KI ist das Konzept des maschinellen Lernens und der Datenverarbeitung. Herbert Alexander Simon unterschied zwischen den Naturwissenschaften und dem Designprozess: *The natural sciences are concerned with how things are ... Design, on the other hand, is concerned with how things ought to be.*

KI wird als essenzielle Technologie betrachtet, die es Systemen ermöglicht, eigenständig zu handeln und komplexe Aufgaben zu automatisieren. Diese Sichtweise betont die transformative Kraft, die KI besitzt, um Systeme mit der Fähigkeit auszustatten, intelligent zu agieren und komplexe Probleme effizient zu lösen.

Allen Newell, ein bedeutender Denker auf dem Gebiet der KI, brachte die immense Herausforderung und Tiefe zum Ausdruck, die mit dem Verständnis der Natur und der Entwicklung von KI-Systemen verbunden sind, als er sagte: *You can't play 20 questions with nature and win.* Dieses eindringliche Zitat verdeutlicht die Komplexität und Tiefgründigkeit der Natur sowie die Schwierigkeit, sie vollständig zu erfassen oder gar zu »gewinnen«.

Hierbei wird die Vorstellung vermittelt, dass die Natur, einschließlich des menschlichen Verstandes und seiner Funktionsweise, so facettenreich und vielschichtig ist, dass sie sich nicht einfach durch einfache Fragen oder oberflächliche Antworten erschließen lässt. Die Entwicklung von KI-Systemen, die in der Lage sind, die Komplexität der Natur zu verstehen und zu reflektieren, stellt daher eine monumentale intellektuelle und technologische Herausforderung dar, die tiefe Einblicke, multidisziplinäre Ansätze und kontinuierliche Innovation erfordert.

1.1.2 Entwicklung und Ausbau von KI im letzten Jahrhundert

In den letzten 100 Jahren hat sich die künstliche Intelligenz von ihren bescheidenen Anfängen zu einer der einflussreichsten und revolutionärsten Technologien entwickelt, die nahezu jeden Aspekt unseres Lebens beeinflusst. Von ihren frühen Tagen, als die Forscher begannen, einfache mathematische Probleme zu lösen und Schach zu spielen, bis hin zu den heutigen fortschrittlichen Systemen, die komplexe Aufgaben wie Bildgenerierung, Sprachverarbeitung und Autonomie ausführen können, hat die KI eine erstaunliche Entwicklung durchlaufen. Und auch der Designbereich ist davon betroffen.

Viele Kreative befürchten, dass durch diese Automatisierung und den Einsatz von KI Arbeitsplätze in der Designbranche gefährdet sein könnten. Routineaufgaben wie Bildbearbeitung, Layouterstellung und sogar Teile des kreativen Prozesses könnten zunehmend von KI-Systemen übernommen werden, was zu einem Rückgang der Nachfrage nach menschlicher Kreativität führen könnte.

Das ist zweischneidig. Ja: Die ganze Struktur rund um das Thema Reinzeichnung könnte sich verändern. Auf der anderen Seite glauben viele, dass die menschliche Rolle trotz des Einsatzes von KI unersetzlich bleibt. Kreative Arbeit erfordert oft Intuition, Kreativität und die Fähigkeit, komplexe Konzepte zu verstehen und umzusetzen, die KI-Systemen noch immer fehlen. Darüber hinaus argumentieren Befürworter, dass KI-Technologien Designer*innen neue Möglichkeiten und Werkzeuge bieten, ihre Arbeit zu verbessern und zu erweitern, anstatt sie zu ersetzen.

Allein in den letzten zehn Jahren hat die künstliche Intelligenz einen beispiellosen Einfluss auf die Designbranche ausgeübt und zu bedeutenden Fortschritten geführt. Das Aufkommen des maschinellen Lernens und die Weiterentwicklung von KI-Algorithmen haben den Designprozess grundlegend verändert und zahlreiche neue Möglichkeiten eröffnet. Die wichtigsten Innovationen in Kürze:

1. Dank des maschinellen Lernens können KI-Algorithmen nun aus großen Datenmengen lernen und hochwertige **Bilder generieren**, die den Anforderungen und Spezifikationen des jeweiligen Projekts oder der Auftraggebenden entsprechen. Dies hat es Kreativen ermöglicht, visuelle Inhalte schnell und effizient zu erstellen, ohne aufwendige manuelle Prozesse durchlaufen zu müssen.
2. KI-Systeme sind heute in der Lage, große Mengen von Designdaten zu analysieren und **Muster sowie Trends** zu erkennen. Diese Analyse bietet Kreativen wertvolle Einblicke und unterstützt sie dabei, fundierte Entscheidungen zu treffen und ihre Designs an aktuelle Trends anzupassen.
3. Fortschritte im Bereich des maschinellen Lernens haben es ermöglicht, KI-Algorithmen für **Stiltransfer und Layoutoptimierung** einzusetzen. Kreative können nun verschiedene Stile und Layouts erforschen und anpassen, um ansprechende Designs zu erstellen, die den aktuellen Designtrends entsprechen.

4. Durch die Integration von KI können **personalisierte Designlösungen** entwickelt werden, die individuellen Bedürfnissen und Vorlieben gerecht werden. Basierend auf Daten der Nutzenden können KI-Algorithmen für maßgeschneiderte User Experience sorgen, die das Engagement und die Zufriedenheit der Nutzenden steigern.

Auf alle genannten Themen gehen wir im Praxisteil genau ein. Unserer Meinung nach haben die Fortschritte in den letzten zehn Jahren zu unglaublich vielen Vorteilen für Kreative geführt. Die Automatisierung wiederkehrender Aufgaben, die Bereitstellung wertvoller Einblicke und Unterstützung sowie die Entwicklung neuer Designlösungen haben den Prozess effizienter gemacht und die Kreativität angekurbelt. Allerdings gibt es auch Herausforderungen, die der Einsatz von KI im Kreativitätsbereich mit sich bringt. Beispielsweise sehen viele die Gefahr, dass kreative Arbeiten homogen werden, da KI-Modelle häufig auf bestehenden Daten basieren und dadurch innovative Ansätze möglicherweise einschränken. Mit weiteren Fortschritten in der KI-Technologie werden wir aber zweifellos noch viele weitere spannende Entwicklungen und Innovationen im Designbereich erleben.

1.2 Grundlegende Konzepte von Data Science bis generative KI

Die Entwicklung der künstlichen Intelligenz stellt eine faszinierende Fortschrittsreise in die Technologiezukunft dar. Diese Reise nimmt ihren Anfang im Bereich der Data Science, der als ein umfangreiches Werkzeugset betrachtet werden kann. Es ermöglicht, aus der enormen Menge an Daten, die täglich gesammelt werden, nützliche Informationen zu extrahieren. Hierbei bezieht sich der Begriff *Daten* auf Informationen jeglicher Art, von Wetterdaten bis hin zu Online-Interaktionen.

1.2.1 Data Science

Data Science, auch bekannt als Datenwissenschaft, zielt darauf ab, aus der Fülle von Daten, die uns heute zur Verfügung stehen, Erkenntnisse und Wissen zu gewinnen. Sie vereint die Stärken verschiedener Disziplinen wie Statistik, Informatik, Mathematik und Kommunikation, um große Datenmengen zu analysieren. Ziel ist es, komplexe Daten zu verstehen, zu interpretieren und daraus Schlussfolgerungen zu ziehen, um fundierte Entscheidungen treffen zu können.

INTERVIEW

Die Rolle von KI im modernen Grafikdesign: Von der Tradition zur Innovation

Die Welt des Grafikdesigns hat in den letzten Jahrzehnten eine beispiellose Transformation durchlaufen. Mit der Entwicklung neuer Technologien und Softwarelösungen hat sich der Arbeitsprozess von Grund auf verändert. Eine der jüngsten und möglicherweise revolutionärsten Entwicklungen ist die Integration von künstlicher Intelligenz in den kreativen Workflow. In diesem spannenden Beitrag beleuchtet Vivien Pietruck, erfahrene Grafikdesignerin, die Herausforderungen und Chancen, die mit der Nutzung von KI im Grafikdesign einhergehen. Sie teilt ihre persönlichen Erfahrungen und gibt Einblicke, wie sich das Berufsbild durch diese neuen Technologien wandelt.

Als Grafikdesignerin der frühen 2000er-Jahre bin ich in der Lehre mit dem Handwerk dieses Berufes großgeworden. Damals gab es eine Zusammenlegung der Traditionsberufe im Schriftsatz, der Lithografie und der Druckvorstufe zum neuen »Mediengestalter für Digital- und Printmedien«, einhergehend mit völlig neuen Software-Lösungen im DTP-Bereich. In Gesprächen mit Schriftsetzer*innen und Druckereien wurde klar, dass nicht alle mit der schnellen Entwicklung einverstanden waren, und völlig unklar blieb, in welche Richtung sich die Druckvorstufe verändern würde. An KI wurde zu dem Zeitpunkt noch nicht gedacht.

Mit jedem Update der Software gab es kleine Arbeitserleichterungen im Satzbereich, mehr workflowübergreifende Funktionen, die das Datenhandling erleichterten und Prozesse optimierten. Nicht alle Kolleginnen und Kollegen hatten Muße, sich dem ständigen Wandel anzupassen, wenn der Schreibtisch mit dem Tagesgeschäft voll war. Direkt zu Anfang meines Arbeitslebens war klar: Dies ist kein Beruf, der gleich bleibt, Fortbildung wird ein täglicher Begleiter sein.

Die Implementierung der KI war also ein Selbstläufer in den letzten Jahren, beginnend mit den generativen »Helferlein« in Photoshop. Arbeiten, die normalerweise sehr zeitraubend sind, wie Haare freistellen, Hintergründe ändern, ganze Layouts farblich anpassen, sind nun mit mehr oder weniger einem Klick erledigt. Der Beruf, der über viele Jahre hinweg traditionelle Werkzeuge und Techniken verwendet hat, sieht sich einer rasanten Entwicklung gegenüber. Je mehr ich mich damit auseinandersetze, desto klarer wird mir, dass die Integration von KI im Grafikdesign nicht nur eine Erweiterung, sondern eine Revolution unserer Arbeit darstellt.

Über die Autorin: Vivien Pietruck

Die Grafikdesignerin und Dozentin Vivien Pietruck berät Kunden weltweit zu ihrem Außenauftritt. Anfang der 2000er Jahre hat sie mit einer Ausbildung zur Mediengestalterin den Grundstein für das nachfolgende Studium und die parallele Selbstständigkeit gelegt. Pietruck kennt die Werbe- und Kommunikationsbranche aus gut 20 Jahren Konzeption, Grafikdesign und Media Relations. Als Creative Director war sie zuletzt unter anderem für die Firma »nahverkehr-hamburg.de«, die Chefrockstudios und Queen & Honey in Australien im Einsatz. Unter *www.pietruckdesign.de* gibt sie einen Einblick in ihre Arbeit.

Abbildung 1.1
Vivien Pietruck: Erfahrene Grafikdesignerin und Gründerin von Pietruck Design, teilt ihre Einblicke zur Integration von künstlicher Intelligenz im kreativen Workflow.

Die Zukunft des Grafikdesigns wird unweigerlich durch KI geprägt sein. KI-basierte Werkzeuge wie Adobe Firefly und andere generative Programme eröffnen Möglichkeiten, die wir uns vor wenigen Jahren nicht vorstellen konnten. Die Geschwindigkeit, mit der komplexe Designs erstellt werden können, ist atemberaubend. Wo früher Stunden oder gar Tage für bestimmte Aufgaben benötigt wurden, schafft KI dies in Minuten. Dabei geht es nicht nur um Effizienz. KI hilft mir, kreative Blockaden zu überwinden, indem sie neue, inspirierende Vorschläge liefert, an die ich selbst vielleicht nicht gedacht hätte.

Besonders spannend finde ich die Art und Weise, wie KI repetitive Aufgaben automatisiert. Bildbearbeitung, Layoutanpassungen oder sogar Farbschemata lassen sich durch maschinelles Lernen optimieren. Dadurch bleibt uns Designer*innen mehr Zeit für die wirklich kreative Arbeit – das Entwickeln von Konzepten, die Innovation und das Erschaffen einzigartiger visueller Welten. Die Möglichkeit, Routinearbeiten an eine KI abzugeben, bedeutet, dass ich mehr Raum habe, mich auf die wirklich wichtigen und herausfordernden Aspekte meiner Arbeit zu konzentrieren.

Die größte Chance, die ich in der KI sehe, ist ihre Fähigkeit, uns Designer*innen zu ergänzen. Sie wird uns nicht ersetzen, sondern unterstützen. KI kann als Assistent betrachtet werden, der uns Ideen liefert, Vorschläge macht und schnelle Lösungen anbietet. Das bedeutet jedoch nicht, dass die menschliche Kreativität weniger wert ist. Im Gegenteil: Die besten Ergebnisse werden dann erzielt, wenn wir unsere eigenen Fähigkeiten und unser einzigartiges Urteilsvermögen mit den Möglichkeiten der KI verbinden.

Doch diese Zukunft bringt auch Herausforderungen mit sich. Eine Sorge, die viele in der Branche teilen, ist der Verlust von Kontrolle über den kreativen Prozess. KI-Tools generieren Designs, die in Sekunden fertig sind, aber es besteht die Gefahr, dass die Originalität darunter leidet. Vom Urheberrecht ganz zu schweigen – es fehlt der Schöpfungsprozess, um das Recht an den erstellten Bildern zu haben. Wir wird das in Zukunft gelöst werden? Werden wir irgendwann nur noch Schablonen verwenden, die von einer Maschine erstellt wurden? Diese Frage beschäftigt mich immer wieder, doch ich bin überzeugt, dass die Rolle der Designer*innen darin besteht, diese automatisierten Prozesse zu lenken und zu steuern und letztendlich zu beherrschen.

Außerdem gibt es ethische Bedenken, insbesondere wenn es um den Schutz von geistigem Eigentum geht. Wie weit darf KI gehen, wenn sie aus vorhandenen Werken lernt und diese in neue Designs einfließen lässt? Diese Themen müssen weiter diskutiert und geklärt werden, aber ich glaube fest daran, dass es eine Möglichkeit gibt, KI verantwortungsbewusst zu nutzen.

Was die Zukunft bringen wird, ist ein tiefgreifender Wandel in der Art und Weise, wie wir arbeiten. KI wird uns herausfordern, schneller zu denken, flexibler zu sein und neue kreative Wege zu gehen. Sie wird uns Werkzeuge an die Hand geben, die es uns ermöglichen, in kürzerer Zeit mehr zu schaffen, aber auch mehr von uns fordern. Der kreative Prozess wird sich ändern, aber er wird nicht weniger menschlich. Im Gegenteil: KI eröffnet uns neue Wege, unser volles kreatives Potenzial auszuschöpfen. Es ist an uns, diese Chancen zu ergreifen und sie auf unsere Weise zu nutzen.

Im Kern von Data Science steht die Datenanalyse, die sowohl mit strukturierten Daten (zum Beispiel aus Datenbanken) als auch mit unstrukturierten Daten (zum Beispiel Text, Bilder, Audio) arbeitet. Data Scientists nutzen eine Vielzahl von Techniken, um Daten zu sammeln, zu bereinigen, zu analysieren und Modelle zu erstellen, die Muster erkennen oder zukünftige Ereignisse vorhersagen können. Zu diesen Techniken zählen u. a. maschinelles Lernen, statistische Modelle, Data Mining und Big-Data-Technologien, um nur einige zu nennen.

Abbildung 1.2
Data Scientist, visualisiert von Adobe Firefly nach dem Prompt »Visualiserung Data Science«

Diese Fähigkeit macht Data Science besonders wertvoll für Bereiche wie Marketing, wo es um Kundenverhalten geht, Finanzen für Risikoanalysen, Gesundheitswesen zur Vorhersage von Krankheitsausbrüchen oder in der Produktion zur Optimierung von Fertigungsprozessen.

In Bezug auf KI ermöglicht es Data Science diesen Systemen, aus Erfahrungen zu lernen, sich anzupassen und komplexe Aufgaben auszuführen. Dies führt zu innovativen Anwendungen wie selbstfahrenden Autos, personalisierten Empfehlungssystemen in sozialen Medien und E-Commerce-Plattformen sowie fortschrittlichen Diagnosewerkzeugen in der Medizin.

1.2.2 Maschinelles Lernen

Maschinelles Lernen ist ein Kernbereich der künstlichen Intelligenz, der Computern die Fähigkeit gibt, aus Daten zu lernen und sich zu verbessern, ohne explizit dafür programmiert zu sein. Es basiert auf dem Prinzip, dass Systeme Muster und Strukturen in Daten erkennen können und diese Erkenntnisse nutzen, um Vorhersagen oder Entscheidungen mit minimaler menschlicher Intervention zu treffen.

Maschinelles Lernen
Maschinelles Lernen nutzt Algorithmen, die auf statistischen Methoden aufbauen, um den Computer in die Lage zu versetzen, »Erfahrungen« aus Datenansammlungen zu sammeln und sein Verhalten entsprechend anzupassen.

> **Data Mining**
> Data Mining ist der Prozess, der versucht, Muster, Korrelationen oder Anomalien in großen Datensätzen zu identifizieren, indem fortschrittliche Analysemethoden und Algorithmen angewendet werden.
>
> Ziel des Data Minings ist es, wertvolle Informationen aus den Daten herauszufiltern, die dann für Entscheidungsfindungen, strategische Planungen oder zur Erkennung von Markttrends genutzt werden können. Data Mining umfasst eine Reihe von Methoden wie Klassifizierung, Clusteranalyse, Regression und Assoziationsregeln, die dazu dienen, bisher unbekannte Zusammenhänge in den Daten zu entdecken und nutzbar zu machen.

Maschinelles Lernen wird in eine Vielzahl von Anwendungen integriert, die unseren Alltag beeinflussen. Von der personalisierten Empfehlung von Filmen und Produkten über Spracherkennungssysteme in Smartphones bis hin zur Erkennung von Betrugsversuchen bei Finanztransaktionen. Eines der bekanntesten Beispiele ist vielleicht der Algorithmus hinter Suchmaschinen, der lernt, welche Ergebnisse am relevantesten für die Anfragen der Nutzer*innen sind.

Es gibt verschiedene Arten des maschinellen Lernens:

- Überwachtes Lernen verwendet bekannte Eingabe- und Ausgabedaten, um den Algorithmus zu trainieren. Der Algorithmus macht dann Vorhersagen oder trifft Entscheidungen basierend auf neuen Daten, und seine Leistung kann anhand seiner Genauigkeit bei der Vorhersage der Ausgabe bewertet werden.
- Unüberwachtes Lernen findet Muster oder Strukturen in Daten ohne vorherige Kennzeichnung der Ausgaben. Es wird oft genutzt, um verborgene Zusammenhänge in Daten zu entdecken oder Daten in sinnvolle Gruppen zu segmentieren.
- Bestärkendes Lernen funktioniert durch Belohnungen und Strafen. Ein Agent lernt, sich in einer Umgebung zu verhalten, um den kumulativen Gewinn zu maximieren. Dieser Ansatz wird häufig in der Robotik und in Spielen angewendet.

Ein kritisches Element beim maschinellen Lernen ist die Auswahl der richtigen Algorithmen und die Anpassung der Modellparameter, um die beste Leistung zu erzielen. Die Qualität und Quantität der verwendeten Daten spielen ebenfalls eine entscheidende Rolle für den Erfolg eines maschinellen Lernprojekts.

1.2.3 Deep Learning

> **Deep Learning**
> Deep Learning lernt direkt aus Daten – im Gegensatz zu traditionellen maschinellen Lernmethoden, die auf explizit programmierten Algorithmen basieren, um Daten zu analysieren und Schlussfolgerungen zu ziehen.

Deep Learning ist eine fortschrittliche Methode des maschinellen Lernens, die sich durch den Einsatz mehrschichtiger neuronaler Netze auszeichnet. Diese tiefen neuronalen Netze sind von der Struktur und Funktionsweise des menschlichen Gehirns inspiriert und bestehen aus mehreren Schichten von Neuronen, die komplexe Muster in großen Datenmengen erkennen können. Deep Learning revolutioniert viele Bereiche der künstlichen Intelligenz, darunter Bild- und Spracherkennung, natürliche Sprachverarbeitung und autonome Fahrzeuge.

Durch das Training an riesigen Datensätzen können tiefe neuronale Netze eigenständig Merkmale identifizieren und klassifizieren, ohne dass menschliche Eingriffe oder vordefinierte Regeln erforderlich sind. Diese Fähigkeit macht Deep Learning besonders leistungsstark bei der Erkennung von Mustern und Anomalien, die für Menschen schwer zu erkennen sind.

Ein Schlüsselelement des Deep Learning ist das Konzept des »tiefen« Lernens, das sich auf die Anzahl der Schichten in den neuronalen Netzen bezieht. Jede Schicht transformiert die Eingabedaten mit dem Ziel, zunehmend abstraktere und nützlichere Darstellungen für die Aufgabe zu extrahieren. Die ersten Schichten könnten einfache Merkmale wie Kanten in einem Bild erkennen, während tiefere Schichten komplexe Objekte oder Szenarien identifizieren können.

Deep Learning hat mehrere Durchbrüche in der künstlichen Intelligenz ermöglicht. Beispielsweise können Bilderkennungssysteme nun mit einer Genauigkeit operieren, die mit der menschlichen Wahrnehmung vergleichbar ist, und in einigen Fällen diese sogar übertreffen. In der Sprachverarbeitung ermöglicht Deep Learning Systemen, menschliche Sprache nahezu in Echtzeit zu übersetzen oder komplexe Fragen zu verstehen und zu beantworten. Im Bereich autonomer Fahrzeuge trägt Deep Learning zur Entwicklung von Systemen bei, die Umgebungen wahrnehmen, interpretieren und sicher in ihnen navigieren können.

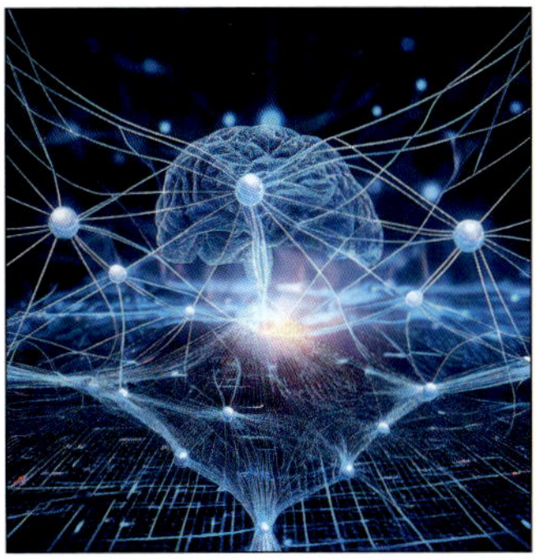

Abbildung 1.3
Deep Learning und neuronale Netze, visualisiert von Adobe Firefly mit dem Prompt »Deep Lerning und neuronale Netze«

Abbildung 1.4
Bilderkennungssysteme können mit einer Genauigkeit operieren, die mit der menschlichen Wahrnehmung vergleichbar ist.

1.2.4 Graph Neural Networks (GNN)

Graph Neural Networks (GNNs) sind eine Klasse von tiefen Lernmodellen, die speziell dafür entwickelt wurden, Daten zu verarbeiten, die in Form von Graphen strukturiert sind. Ein Graph besteht aus Knotenpunkten, die durch Kanten miteinander verbunden sind, und kann komplexe Beziehungen und Abhängigkeiten zwischen Datenpunkten darstellen. GNNs nutzen diese Struktur, um Muster innerhalb der Graphen zu erkennen und darauf basierend präzise Vorhersagen oder Klassifizierungen zu treffen. Dies macht sie besonders nützlich für Anwendungen, bei denen Daten natürlich in Form von Netzwerken auftreten, wie soziale Netzwerke, Protein-Interaktionsnetzwerke, Kommunikationsnetze und mehr.

Wie arbeiten GNNs?

Im Kern arbeiten GNNs, indem sie Nachrichten zwischen den Knotenpunkten eines Graphen austauschen und verarbeiten. Jeder Knoten sammelt Informationen von seinen Nachbarknoten mittels der Kanten, die sie verbinden. Durch wiederholte Anwendung dieses Prozesses lernen die Knoten, repräsentative Merkmale ihres lokalen Nachbarschaftskontextes zu aggregieren. Diese aggregierten Merkmale werden dann verwendet, um die endgültigen Aufgaben wie Klassifizierung, Vorhersage oder Clusterbildung durchzuführen.

Ein entscheidender Vorteil von GNNs gegenüber traditionellen neuronalen Netzwerken ist ihre Fähigkeit, die strukturellen Informationen des Graphen zu erhalten und zu nutzen. Während beispielsweise konventionelle neuronale Netzwerke oder Convolutional Neural Networks (CNN) vorrangig für Daten mit regulärer Topologie geeignet sind, wie Bilder (die als 2D-Gitter von Pixeln betrachtet werden können), ermöglichen GNNs die Verarbeitung von Daten in irregulären, komplex vernetzten Strukturen.

GNNs haben breite Anwendungsbereiche gefunden, unter anderem in der Empfehlungssystemtechnik, wo sie helfen können, personalisierte Vorschläge auf der Grundlage von sozialen Netzwerkbeziehungen zu machen. Im Bereich der Bioinformatik ermöglichen sie das Verständnis von molekularen Interaktionen und die Vorhersage von Protein-Funktionen. In der Kommunikationstechnik unterstützen sie die Optimierung von Netzwerk-Routing und Ressourcenverteilung, indem sie die komplexe Topologie von Netzwerkinfrastrukturen analysieren.

1.2.5 Autonome Netzwerke

Autonome Netzwerke zielen darauf ab, Netzwerksysteme weitgehend selbstverwaltend und selbstheilend zu gestalten. Durch die Automatisierung des Betriebs, der Wartung und der Optimierung von Netzwerkinfrastrukturen minimieren sie den Bedarf an menschlichen Eingriffen und steigern gleichzeitig die Effizienz, Zuverlässigkeit und Leistung.

> **Autonome Netzwerke**
> Sie können sich dynamisch an Veränderungen in der Umgebung oder an neue Anforderungen anpassen, was eine wesentliche Verbesserung gegenüber traditionellen Systemen darstellt.

Diese Netzwerke sind in der Lage, neue Geräte automatisch zu erkennen und zu integrieren, was die Konfigurationsprozesse erheblich vereinfacht. Durch das kontinuierliche Monitoring und die Analyse der Netzwerkperformance optimieren sie sich selbst, passen Verkehrsrouten an, weisen Bandbreite zu und beseitigen Engpässe, um stets die bestmögliche Leistung zu gewährleisten.

Bei Problemen wie Ausfällen oder Sicherheitsverletzungen können autonome Netzwerke selbstständig Maßnahmen zur Fehlerbehebung einleiten. Dies reduziert Ausfallzeiten und sorgt für eine hohe Verfügbarkeit des Netzwerks. Zudem bieten sie durch den Einsatz von KI-gestützten Sicherheitsmechanismen einen verbesserten Schutz vor Cyberangriffen. Diese Mechanismen ermöglichen es dem Netzwerk, Bedrohungen und Anomalien in Echtzeit zu erkennen und präventiv zu handeln, um potenzielle Schäden abzuwenden.

1.2.6 Generative KI

Generative KI bezeichnet einen Bereich der künstlichen Intelligenz, der sich mit der Entwicklung von Algorithmen und Modellen befasst, die in der Lage sind, eigenständig Inhalte zu generieren. Diese Inhalte können Texte, Bilder, Musik, Sprache oder sogar Videos sein.

Ein zentrales Element der generativen KI sind neuronale Netzwerke, genauer gesagt Generative Adversarial Networks (GAN) und Variational Autoencoders (VAE). GANs arbeiten mit einem dualen System von Netzwerken – einem Generator, der neue Daten erzeugt, und einem Diskriminator, der zwischen echten und vom Generator erzeugten Daten unterscheidet. Durch dieses Wettbewerbsprinzip verbessert der Generator im Laufe der Zeit seine Fähigkeit, realistische Daten zu produzieren. VAEs hingegen konzentrieren sich darauf, die Datenverteilung der Trainingsdaten zu lernen und daraus neue Daten zu generieren.

Abbildung 1.5
So stellt sich Firefly generative KI vor. Prompt: »Generative KI«

Diffusionsmodelle

Diffusionsmodelle sind eine Klasse von generativen KI-Modellen, die sich durch einen einfachen, aber effektiven Ansatz auszeichnen. Sie basieren auf der Idee, Daten durch eine Abfolge kleiner, zufälliger Änderungen allmählich zu verformen, bis sie eine vordefinierte »Rauschverteilung« erreichen. Anschließend wird ein

Herausforderungen
Implementierung und Weiterentwicklung autonomer Netzwerke sind jedoch nicht ohne Herausforderungen. Datenschutz, Sicherheit und die Komplexität der zugrundeliegenden Technologien stellen an dieser Stelle wichtige Überlegungen dar. Die Abhängigkeit von umfangreichen Datensätzen und kontinuierlichem Training der KI-Modelle erfordert sorgfältige Planung und Ressourcen. Zudem müssen rechtliche und ethische Fragen im Kontext der Automatisierung und des Einsatzes von KI in kritischen Infrastrukturen im Blick behalten werden.

Anwendung
Die Anwendungsgebiete der generativen KI sind vielfältig und revolutionär. In der Bildenden Kunst können KI-Systeme neue Kunstwerke erschaffen, die denen bekannter Künstler ähneln, oder völlig neue Stile entwickeln. Im Musikbereich ist es möglich, neue Melodien zu komponieren, indem Muster und Harmonien aus bestehenden Kompositionen gelernt werden. Generative KI spielt auch eine große Rolle in der Content-Erstellung, wo sie zur Erzeugung von Texten für Nachrichtenartikel, Drehbücher oder sogar ganze Bücher verwendet wird. Des Weiteren wird sie in der Spieleentwicklung eingesetzt, um realistische Umgebungen, Charaktere oder Spielinhalte zu kreieren.

umgekehrter Prozess verwendet, um aus dem Rauschen wieder realistische Daten zu erzeugen. Diese Technik ermöglicht es, qualitativ hochwertige Daten zu generieren, die oft sehr realistisch wirken.

Ein bekanntes Beispiel für die Anwendung von Diffusionsmodellen in der generativen KI ist **Midjourney**, das visuell beeindruckende Bilder generiert, die von abstrakten Kunstwerken bis hin zu fotorealistischen Szenen reichen.

Large Language Models (LLM)

Large Language Models sind fortschrittliche generative KI-Modelle, die darauf trainiert sind, menschliche Sprache auf einem tiefen Niveau zu verstehen und zu generieren. Sie basieren auf der Struktur tiefer neuronaler Netzwerke und sind in der Lage, enorme Datenmengen zu verarbeiten. Diese Modelle lernen aus einer breiten Sammlung von Texten, um Muster, Sprachstrukturen, Grammatik und stilistische Nuancen zu erfassen.

Ein bekanntes Beispiel für ein LLM ist OpenAIs **ChatGPT**, das komplexe Sprachaufgaben wie Textgenerierung, Übersetzungen, Zusammenfassungen und Beantwortung von Fragen durchführen kann.

Multimodale Modelle

Multimodale Modelle sind eine weitere Klasse generativer KI. Sie integrieren verschiedene Arten von Daten wie Text, Bilder, Audio und Video, um Systeme zu entwickeln, die diese unterschiedlichen Formen von Informationen gleichzeitig verstehen und verarbeiten können. Diese Fähigkeit ermöglicht es den Modellen, komplexe Aufgaben zu bewältigen, die mehrere Sinnesmodalitäten beinhalten.

Ein Beispiel für die Anwendung multimodaler Modelle im Bereich des Designs und der kreativen Arbeit ist **Adobe Firefly**. Dieses Tool kombiniert die Stärken mehrerer KI-Technologien, einschließlich Data Science und generativer KI, um Designer*innen leistungsstarke Werkzeuge zur Verfügung zu stellen, die sowohl Inhalte erstellen als auch kontextuell relevante Trends und Benutzerverhalten berücksichtigen können.

Wie lernt Firefly?
Das Firefly-Modul von Adobe wird ausschließlich mit Bildmaterial aus der Adobe-Stock-Datenbank angelernt und aus frei verfügbarem Trainingsmaterial.

1.2.7 Training von KI-Modellen

Das Üben mit einem KI-Modell ist wie das Lernen für eine Prüfung. Es muss trainieren, um seine Aufgaben gut zu machen. Zuerst sammelt es viele Informationen (Daten), ähnlich wie wir Bücher und Notizen für eine Prüfung lesen würden. Dann bereitet es diese Informationen vor und sortiert sie aus, um sicherzustellen, dass sie für das Training geeignet sind, was Bereinigung, Skalierung und Codierung einschließen kann. Das geschieht so, wie wir unsere Notizen ordnen und wichtige Punkte markieren. Dadurch lernt das KI-Modell, Muster zu erkennen, und kann dann bestimmte Aufgaben erfüllen.

Iteration
In der Mathematik und Informatik bezeichnet Iteration eine Technik, bei der eine Operation wiederholt wird, bis ein bestimmtes Kriterium erfüllt ist. Zum Beispiel wird in einer Schleife in einem Computerprogramm ein Codeblock so lange wiederholt (iteriert), bis eine bestimmte Bedingung erfüllt ist.

Abbildung 1.6
Auch künstliche Intelligenz muss trainiert werden. Visualisiert von Adobe Firefly mit dem Prompt »Künstliche Intelligenz trainiert im Fitnesstudio«

Nachdem alle Informationen (Daten) vorbereitet sind, wird das passende KI-Modell ausgewählt, so wie wir das richtige Lernmaterial für die Prüfung auswählen. Dann legt man einen Trainingsalgorithmus fest, ähnlich einem Lernplan. Das KI-Modell lernt dann mit den vorbereiteten Daten. Es ist, als würde es die Bücher lesen und versuchen, die Informationen zu verstehen. Es tut dies immer und immer wieder (Iterationen), um besser zu werden. Mit jeder Wiederholung passt es sich an und verbessert seine Leistung.

Nicht uninteressant
Grafikdesigner*innen können von einem grundlegenden Verständnis dieses Prozesses profitieren, um besser zu verstehen, wie KI-Modelle funktionieren und wie sie in ihren eigenen Projekten angewendet werden können.

Abbildung 1.7
Auch künstliche Intelligenz muss sich diversen Prüfungen unterziehen. Visualisiert von Adobe Firefly mit dem Prompt »Künstliche Intelligenz sitzt an der Schulbank mit Zettel und Stift«

Nach dem Üben wird das KI-Modell mit neuen Daten getestet, ähnlich wie eine Prüfung nach dem Lernen. So kann man sehen, wie gut es funktioniert und ob es das Problem richtig lösen kann. Wenn die Ergebnisse nicht so gut sind, werden einige Änderungen am Modell vorgenommen, um es besser zu machen. Es ist so, als würde man mehr lernen oder andere Lernmethoden ausprobieren, wenn man bei einer Prüfung nicht gut abschneidet. Heißt also: Je nach den Ergebnissen der Evaluation können weitere Feinabstimmungen und Anpassungen am Modell vorgenommen werden, um seine Leistung zu verbessern und sicherzustellen, dass es die Anforderungen erfüllt.

1.2.8 Mensch-Maschine-Kommunikation

Ein wichtiges Schlagwort in Bezug auf künstliche Intelligenz ist auch die *Theory of Mind*. Die Theorie des Geistes ist ein Konzept aus der Psychologie und Philosophie, das sich mit der Fähigkeit beschäftigt, Gedanken, Überzeugungen, Absichten und Gefühle anderer Personen zu verstehen und vorherzusagen. Es bezieht sich auf das Verständnis, dass andere Menschen eigene mentale Zustände haben, die ihr Verhalten motivieren und leiten, und dass diese von den eigenen mentalen Zuständen unterschiedlich sein können.

Theory of Mind

Die renommierte Studie, die das kindliche Verständnis von falschem Glauben erforscht, wurde 1983 von Heinz Wimmer und Josef Perner durchgeführt und ist unter dem Namen des Experimentieransatzes »Maxi und die Schokolade« allgemein bekannt geworden.

Diese Fähigkeit wird als grundlegend für menschliche soziale Interaktionen angesehen, da sie es ermöglicht, das Verhalten anderer zu interpretieren und auf dieser Basis angemessen zu reagieren. Kinder entwickeln diese Fähigkeit in den ersten Lebensjahren, was ein wichtiger Meilenstein in ihrer kognitiven und sozialen Entwicklung ist. Die Entwicklung der Theorie des Geistes wird oft durch spezifische Tests untersucht, wie zum Beispiel den *False-Belief-Test*, der überprüft, ob ein Kind versteht, dass eine andere Person an etwas glauben kann, das nicht der Realität entspricht.

Maxi und die Schokolade

Der Experimentieransatz »Maxi und die Schokolade« dient der Untersuchung des kindlichen Verständnisses für falsche Überzeugungen und wurde von den Forschern Heinz Wimmer und Josef Perner entwickelt. In diesem klassischen Experiment wird Kindern eine Geschichte erzählt, in der es um einen Jungen namens Maxi geht, der beobachtet, wie seine Mutter eine Schokoladentafel in einem bestimmten Schrank verstaut. Anschließend verlässt Maxi den Raum, und in seiner Abwesenheit nimmt die Mutter die Schokolade heraus und legt sie in einen anderen Schrank. Die Kinder werden dann gefragt, wo Maxi nach der Schokolade suchen wird, wenn er zurückkommt.

Das Ziel dieses Experiments ist es festzustellen, ob die Kinder verstehen, dass Maxi aufgrund seines falschen Glaubens (da er nicht gesehen hat, wie die Schokolade umplatziert wurde) immer noch denkt, dass die Schokolade im ursprünglichen Schrank liegt. Kinder, die erkennen, dass Maxi in dem Schrank suchen wird, in dem er zuletzt sah, dass die Schokolade platziert wurde, demonstrieren damit ihr Verständnis für die Theorie des Geistes – sie verstehen, dass die Gedanken, Überzeugungen und das Wissen anderer Personen von der Realität abweichen können.

Dieser Experimentieransatz ist ein wichtiger Indikator für kognitive Entwicklung und zeigt, ab welchem Alter Kinder die Fähigkeit entwickeln, sich in die mentale Perspektive einer anderen Person hineinzuversetzen. Typischerweise beginnen Kinder im Alter von etwa vier Jahren zu verstehen, dass andere Menschen Überzeugungen oder Wissen haben können, die falsch sind, während jüngere Kinder oft noch Schwierigkeiten haben, diese Konzepte zu begreifen.

Abbildung 1.8
Der Ansatz »Maxi und die Schokolade«, visualisiert von Adobe Firefly mit dem Prompt »Ein Roboter öffnet eine Schublade in einer Küche«

Die Theorie des Geistes spielt eine wichtige Rolle in verschiedenen Bereichen der künstlichen Intelligenz und Robotik. Hier geht es darum, Systeme zu entwickeln, die menschliches Verhalten und emotionale Zustände erkennen und darauf angemessen reagieren konnen.

Die Implementierung einer Art »künstlicher Theorie des Geistes« könnte dazu beitragen, die Interaktion zwischen Menschen und Maschinen intuitiver und natürlicher zu gestalten. Wir betrachten die KI hier nicht als Konkurrenz, sondern als kreativen Partner an unserer Seite.

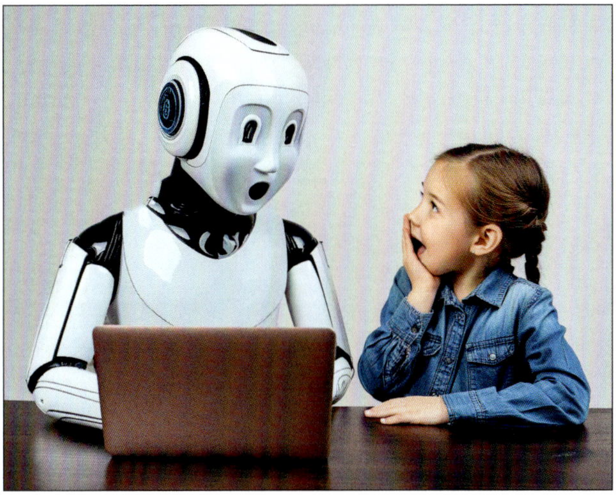

Abbildung 1.9
Die Nutzung von KI hat von der Erstellung beeindruckender Bilder bis zur Entdeckung neuer Formen künstlerischen Ausdrucks die Möglichkeitsgrenzen erweitert und einen Austausch zwischen Mensch und Technologie angestoßen. Visualisiert von Adobe Firefly mit dem Prompt »Ein Kind und ein Roboter schauen gemeinsam staunend in einen Laptop«

Die Verwendung von Adobe Firefly in der Designszene hat nicht nur dazu geführt, dass Künstler*innen ihre kreative Praxis erweitern können, sondern sie hat auch zu einer tieferen Selbsterkenntnis geführt. Indem sie mit KI-Modellen arbeiten, können Kreative ihre eigenen künstlerischen Entscheidungsprozesse reflektieren und ihre persönlichen Vorlieben und Stile besser verstehen. Diese Selbsterkenntnis kann dazu beitragen, das eigene Schaffen zu verbessern und neue Wege der Selbstexpression zu entdecken.

1.2.9 KI-Modelle und Speicherplatz

KI-Modelle, insbesondere große Modelle wie Deep-Learning-Modelle, benötigen eine erhebliche Menge an Speicherplatz, um trainiert und ausgeführt zu werden. Die Größe eines KI-Modells hängt von verschiedenen Faktoren ab, einschließlich der Anzahl der Parameter und der Komplexität des Modells. Da die Speicherkapazität von Computern begrenzt ist, können große KI-Modelle nicht immer einfach auf herkömmlichen Geräten ausgeführt werden. Dies kann zu Problemen führen, insbesondere wenn es darum geht, KI-Modelle in Grafikdesign-Software wie Adobe Firefly zu integrieren, die auf herkömmlichen Computern ausgeführt werden sollen.

Herausforderungen
Dennoch gibt es auch Herausforderungen im Zusammenhang mit der Integration von Cloud und Desktop-Anwendungen. Eine davon ist die Notwendigkeit einer zuverlässigen Internetverbindung, da die Leistung und Verfügbarkeit der KI-Funktionen stark von der Internetverbindung der Benutzenden abhängen. Darüber hinaus muss der Datenschutz bedacht werden, da sensible Daten möglicherweise in die Cloud übertragen werden müssen, um die KI-Modelle zu nutzen.

Die Adobe Creative Cloud bietet eine innovative Lösung für dieses Problem, indem sie die Rechenleistung und den Speicherplatz der Cloud nutzt, um ressourcenintensive KI-Modelle zu verwalten. Durch die Verlagerung von Berechnungen und Daten in die Cloud können Desktop-Anwendungen auf leistungsfähige KI-Modelle zugreifen, ohne den begrenzten Speicherplatz der lokalen Geräte zu belasten. Durch die Möglichkeit der Web-Anwendung sind von Adobe Tools geschaffen worden, die es im Grunde jedem Menschen mit Internetzugang möglich machen, an der innovativen Entwicklung teilzuhaben, auch ohne die neueste Technik zu besitzen.

1.3 Rechtliche Grundlagen

Die Nutzung und Implementierung von KI-Technologien wie Adobe Firefly bringt nicht nur technologische, sondern auch rechtliche Herausforderungen mit sich. In diesem Abschnitt werden wir die wichtigsten juristischen Aspekte untersuchen – einschließlich Urheberrecht, Markenrecht, Nutzungsrechte und EU AI Act. Diese Bereiche regeln die Rechte der Entwickler*innen und Nutzer*innen sowie die Pflichten der Unternehmen im Umgang mit künstlicher Intelligenz.

1.3.1 Urheberrecht

Die Verwendung von KI zur Generierung von Bildern wirft einige interessante Fragen im Zusammenhang mit dem Urheberrecht auf. Das Urheberrecht schützt die geistigen Eigentumsrechte von Kreativen einschließlich ihrer Werke in Form von Bildern, Gemälden, Fotografien und anderen kreativen Ausdrucksformen.

Im Gesetz über Urheberrecht und verwandte Schutzrechte (Urheberrechtsgesetz) heißt es dazu in § 1: »Die Urheber von Werken der Literatur, Wissenschaft und Kunst genießen für ihre Werke Schutz nach Maßgabe dieses Gesetzes.« Und in § 2 (1) folgt: »Zu den geschützten Werken der Literatur, Wissenschaft und Kunst gehören insbesondere Sprachwerke, wie Schriftwerke, Reden und Computerprogramme, Musik- und Filmwerke und Werke der bildenden Künste, außerdem Darstellungen wissenschaftlicher oder technischer Art.«

Dabei bezieht sich das Gesetz auf von Menschen erstellte Werke, die einen gewissen (nicht näher spezifizierten) Grad an Originalität und Kreativität besitzen.

Bei der Bildgenerierung mit KI werden also verschiedene Aspekte des Urheberrechts berührt. Aber wer genau besitzt die Urheberrechte an einem Bild, das von einem KI Modell generiert wurde?

Diese Frage ist besonders relevant, wenn das KI-Modell auf vorherigen Werken oder Daten trainiert wurde, die urheberrechtlich geschützt sind. In Firefly gibt es z. B. die Möglichkeit, ein Referenzbild aus der Stock-Datenbank auszuwählen oder eigenes Material hochzuladen, das dann als visuelle Basis genutzt wird.

In den meisten Rechtssystemen werden Werke, die ausschließlich von einem Computer generiert werden, nicht als urheberrechtlich geschützt betrachtet, da sie keine menschliche Schöpfung darstellen.

Weiterführende Infos
Interessierte finden das Urheberrechtsgesetz online unter *gesetze-im-internet.de*.

Hinweis
Werden Bilder mit einem Programm generiert, das auf künstlicher Intelligenz beruht, sind diese nicht durch das Urheberrechtsgesetz geschützt.

Wurden Ihre Werke verwendet?
Unter *haveibeentrained.com* können Sie prüfen lassen, ob Ihre Werke für das Training von KI-Modellen verwendet wurden.

Abbildung 1.10
KI-generierte Bilder stehen nicht unter Urheberschutz. Visualisiert von Adobe Firefly mit dem Prompt »viele leere Leinwände nebeneinander, Kunstgalerie«

Filmtipp
Die sehenswerte Dokumentation »Beltracchi – Die Kunst der Fälschung« erzählt vom größten europäischen Kunstfälscherskandal der Nachkriegsgeschichte.

Selbst wenn ein Bild von einem KI-Modell generiert wird und möglicherweise keine urheberrechtlichen Schutzrechte gelten, können dennoch Fragen zur Nutzung und Lizenzierung auftreten.

Unternehmen oder Einzelpersonen, die Bilder von KI generieren lassen, müssen möglicherweise sicherstellen, dass sie über die entsprechenden Nutzungsrechte und Lizenzen verfügen, um diese Bilder kommerziell zu verwenden – insbesondere, wenn sie in Werbematerialien, Produkten oder anderen kommerziellen Kontexten verwendet werden sollen. Hier muss also vor einem Auftrag geklärt werden, was genau mit erstellten Bildern im Nachgang passieren soll.

Es kann auch passieren, dass bestimmte Stile oder Muster leicht reproduzierbar sind, was möglicherweise zu Problemen im Zusammenhang mit der Nachahmung von geschützten Werken führen könnte. Es ist wichtig, dass Unternehmen und Kreative sicherstellen, dass ihre generierten Bilder keine urheberrechtlich geschützten Werke nachahmen oder Plagiate darstellen.

Bei der Verwendung von KI zur Generierung von Bildern ist es wichtig, transparent zu sein und den Ursprung der Bilder klar anzugeben. Dies kann dazu beitragen, mögliche Missverständnisse oder rechtliche Probleme zu vermeiden und sicherzustellen, dass die richtigen Urheberrechte und Quellenangaben berücksichtigt werden. Mehr dazu finden Sie in Abschnitt 4.1.4.

Insgesamt ist das Thema Urheberrecht und Bildgenerierung mit KI komplex und entwickelt sich ständig weiter, da neue Technologien und Anwendungen entstehen. Es ist wichtig, dass Unternehmen und Künstler*innen sich über die rechtlichen Aspekte informieren und gegebenenfalls rechtliche Beratung in Anspruch nehmen, um sicherzustellen, dass ihre Aktivitäten im Einklang mit den geltenden Urheberrechtsbestimmungen stehen.

Deutsches Patent- und Markenamt
Offiziell verantwortlich für den Schutz des geistigen Eigentums in Deutschland ist das Deutsche Patent- und Markenamt (DPMA, *www.dpma.de*). Es prüft Erfindungen, erteilt Patente, registriert Marken, Gebrauchsmuster und Designs, verwaltet Schutzrechte und informiert die Öffentlichkeit darüber.

1.3.2 Markenrecht

Das Markenrecht ist ein Bereich des gewerblichen Rechtsschutzes, der sich mit der Registrierung, dem Schutz und der Durchsetzung von Marken befasst. In Deutschland ist das Markenrecht ein Teil des Kennzeichenrechts, das Bezeichnungen von Produkten im geschäftlichen Verkehr schützt. Eine Marke dient grundsätzlich der Kennzeichnung von Waren und/oder Dienstleistungen. Marken können Zeichen jeglicher Art sein, einschließlich Wörtern, Designs, Buchstaben, Zahlen, Farben, Formen von Waren oder ihrer Verpackung oder auch Klängen.

Markeninhaber*innen haben das alleinige Nutzungsrecht an der Marke und werden entsprechend vor unrechtmäßiger Verwendung durch andere geschützt. Darüber hinaus können diese

Markeninhaber*innen ein Nutzungsrecht an der Marke einräumen oder die Marke verkaufen.

Eine Marke kann ihre Unterscheidungskraft und somit ihren Schutz auch verlieren, wenn sie sich zu einer im Verkehr allgemein gebräuchlichen Bezeichnung entwickelt.

Marken sind für Kund*innen wichtig, da sie erkennen lassen, von wem die Ware oder die Dienstleistung stammt. Sie lassen auch Rückschlüsse auf die Vertrauenswürdigkeit, Qualität und andere Aspekte des Unternehmens zu.

Das Markenrecht spielt eine entscheidende Rolle beim Schutz von Markenidentitäten und -produkten und natürlich auch bei KI-generierten Bildern. Hier ist es wichtig, sicherzustellen, dass die erstellten Bilder keine bestehenden Markenrechte verletzen. In Adobe Firefly ist es daher nicht möglich, Bilder auf Grundlage bestehender Marken generieren zu lassen. Kreative müssen gewährleisten, dass die generierten Bilder keine geschützten Markenlogos, Symbole oder andere Elemente enthalten, die den Markenrechten anderer Unternehmen ähneln oder diese verletzen könnten oder zu Verwechslungen führen könnten. Empfehlenswert ist es, sich regelmäßig über die geltenden Markenrechtsbestimmungen zu informieren und gegebenenfalls rechtliche Beratung in Anspruch zu nehmen, um sicherzustellen, dass Bildversuche im Einklang mit den geltenden Markenrechtsbestimmungen stehen.

Tempo und Labello – Sprachgebrauch und Markenrecht

Ein bekanntes Beispiel für eine Marke, die zur allgemein gebräuchlichen Bezeichnung geworden ist, ist das Wort »Tempo«. Ursprünglich war Tempo eine eingetragene Marke für Papiertaschentücher von der Firma SCA Hygiene Products. Heute wird in Deutschland jedoch jedes Papiertaschentuch unabhängig vom Hersteller oft als »Tempo« bezeichnet.

Ein ähnlicher Fall ist »Labello«, eine Marke von Beiersdorf, die in einigen Ländern synonym mit Lippenpflegestiften verwendet wird. Das Wort »Fön« ist ein weiteres Beispiel. Es ist eine eingetragene Wort-Bild-Marke für einen Haartrockner des Herstellers Electrolux, aber viele Leute verwenden den Begriff »Fön« generell für Haartrockner.

Wichtig: Obwohl diese Marken im allgemeinen Sprachgebrauch verwendet werden, besteht das Markenrecht für diese Produkte noch immer.

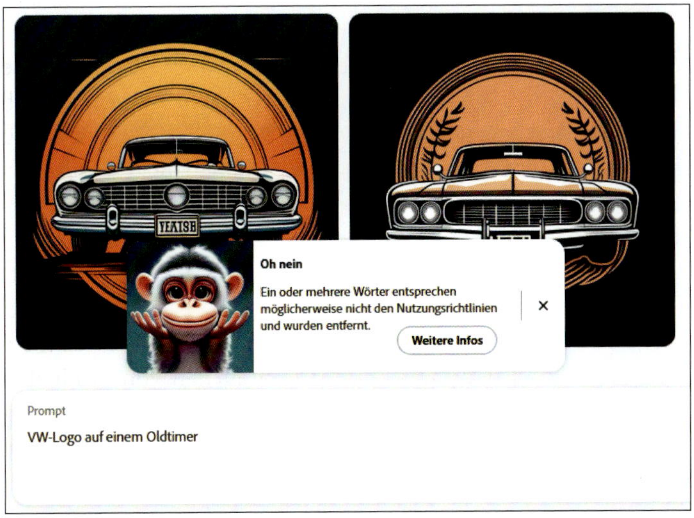

Abbildung 1.11
Firefly achtet sehr genau auf den Markenschutz.

1.3.3 Nutzungsrecht

Das Nutzungsrecht in Deutschland ist in verschiedenen Gesetzen geregelt. Im Allgemeinen regelt das Nutzungsrecht, wer, wie und unter welchen Bedingungen eine Sache oder ein Recht nutzen darf, ohne dabei Eigentümer zu sein. Im Kontext von geistigem Eigentum, einschließlich Software und KI, umfasst das Nutzungsrecht die Befugnis, das betreffende Werk zu verwenden, zu kopieren, zu ändern oder weiterzuverbreiten. Die Einräumung von Nutzungsrechten ist in der Regel vertraglich geregelt und kann mit einem Nutzungsentgelt verbunden sein.

Im Urheberrecht beispielsweise ist das Nutzungsrecht in § 31 Urheberrechtsgesetz (UrhG) geregelt. Demnach kann der Urheber anderen Personen das Recht einräumen, sein Werk in bestimmter Weise zu nutzen. Hierbei wird zwischen einfachen und ausschließlichen Nutzungsrechten unterschieden.

Einfache Nutzungsrechte erlauben dem Rechteinhaber, das Werk in der vereinbarten Art zu nutzen, wobei der Urheber das Recht behält, sein Werk auch selbst zu nutzen oder anderen Personen Nutzungsrechte einzuräumen. Ausschließliche Nutzungsrechte hingegen berechtigen den Inhaber, das Werk unter Ausschluss aller anderen Personen, einschließlich des Urhebers selbst, in der vereinbarten Art zu nutzen.

Im Bürgerlichen Gesetzbuch (BGB) sind ebenfalls verschiedene Formen von Nutzungsrechten verankert. § 903 BGB etwa gibt dem Eigentümer das Recht, mit der Sache nach Belieben zu verfahren und andere von jeder Einwirkung auszuschließen. Im Bereich des Immobilienrechts können Nutzungsrechte beispielsweise durch Miet- oder Pachtverträge (§§ 535 ff. BGB) oder durch das Wohnrecht (§§ 1090 ff. BGB) geregelt sein.

Im Markenrecht können Inhaber*innen einer Marke Dritten Nutzungsrechte einräumen. Dies wird als Lizenz bezeichnet und ist in § 30 MarkenG geregelt.

Und im Patentrecht kann der Patentinhaber anderen ein Nutzungsrecht (Lizenz) an seiner Erfindung einräumen. Die Einzelheiten hierzu sind in den §§ 15 ff. PatG geregelt.

Weiterführende Infos

Interessierte finden die nachfolgenden Gesetze online unter *gesetze-im-internet.de*.

Was können Sie tun, um Ihre Werke zu schützen?

Ein wichtiger Ansatz ist das sogenannte Opt-out-Verfahren, bei dem Sie Ihre Inhalte kennzeichnen, um zu verhindern, dass sie als Trainingsdaten verwendet werden. Das funktioniert beispielsweise in ChatGPT, aber auch in Adobe-Programmen wie Adobe Acrobat. Außerdem sollten Sie immer bedenken:

- Seien Sie sorgsam mit Ihren Daten – laden Sie nur hoch, was unbedingt notwendig ist. Das gilt auch für Social Media!
- Bieten Sie Ihre Bilder nicht auf Stock-Websites an.
- Verwenden Sie nur Plattformen mit Opt-out-Option.

Nutzungsrechte an KI-Bildern

Schauen Sie möglichst immer als Erstes in die AGB der verschiedenen KI-Anbieter, darin ist meistens vermerkt, wie Sie die KI-generierten Inhalte nutzen dürfen. Meistens sind die Nutzungsrechte momentan nicht eingeschränkt.

1.3.4 KI im Fokus der Politik

In Europa gewinnt KI zunehmend an Bedeutung in der Politik. Die Bundesregierung legt den Schwerpunkt auf die Förderung von Forschung und Entwicklung, um wettbewerbsfähig zu bleiben und die Vorteile der Technologie zu nutzen. Die EU legt einen stärkeren Schwerpunkt auf Ethik und Regulierung. Sie arbeitet an einem Rechtsrahmen für KI, um sicherzustellen, dass die Technologie ethisch und transparent entwickelt und eingesetzt wird. Der Fokus liegt auf dem Schutz der Privatsphäre, der Vermeidung von Diskriminierung und der Förderung von Vertrauen.

Aktionsplan der Bundesregierung

Die Förderung und Weiterentwicklung von KI in Deutschland steht im Mittelpunkt des KI-Aktionsplans des Bundesministeriums für Bildung und Forschung (BMBF). Der Plan zielt darauf ab, das Label »Made in Germany« oder »Made in Europe« im Bereich der KI zu stärken und die Innovationskraft des Landes auf diesem Gebiet auszubauen.

Seit der Einführung der nationalen KI-Strategie im Jahr 2018 hat Deutschland seine Investitionen in KI erheblich gesteigert. Das BMBF hat sein jährliches Budget für KI seit 2017 um mehr als das Zwanzigfache erhöht, wie den Seiten der Bundesregierung zu entnehmen ist. Das BMBF möchte Erforschung, Entwicklung und Anwendung von KI durch mehr als 70 Maßnahmen unterstützen, die sich auf Forschung, Kompetenzentwicklung, Infrastrukturaufbau und Anwendungstransfer konzentrieren.

Abbildung 1.12
Nähere Informationen zum BMBF-Aktionsplan: *merlin-monroe.de/bmbf-aktionsplan*

Die herausragenden Forschungs- und Kompetenzressourcen Deutschlands müssen, so die Überzeugung, in konkrete wirtschaftliche Erfolge umgewandelt werden, die einen greifbaren Nutzen für die Gesellschaft haben. Das BMBF hat dafür 2023 in seinem KI-Aktionsplan elf konkrete Handlungsfelder identifiziert, in denen ein dringender Handlungsbedarf besteht.

1. Die Forschungsbasis weiter konsequent stärken
2. Eine Forschungsagenda für neue Perspektiven aufsetzen
3. Die KI-Infrastruktur zielgerichtet ausbauen
4. Eine KI-Kompetenzoffensive forcieren
5. Den Transfer von KI in Wachstum und wirtschaftliche Chancen forcieren
6. KI im Bereich Gesundheit: gesellschaftlicher Nutzen für alle
7. Den gesellschaftlichen und wissenschaftlichen Nutzen von KI gezielt erschließen
8. Erforschen und Gestalten von KI-basierten Technologien im Bildungssystem
9. Den europäischen und internationalen Schulterschluss noch stärker suchen
10. Den gesellschaftlichen Dialog und die multidisziplinäre Forschung vorantreiben
11. Eine passfähige, agile und innovationsfreundliche Regulierung beschließen

Die Bundesforschungsministerin betonte in diesem Zusammenhang, dass künstliche Intelligenz weit über ChatGPT und ähnliche Anwendungen hinausgeht. Sie sieht KI als eine Schlüsseltechnologie mit enormen Chancen für Deutschland. Bei der Vorstellung des KI-Aktionsplans hob die Ministerin hervor, dass dieser die umfangreichen Möglichkeiten der KI herausstellt und ein bedeutendes »Update« für die nationale Strategie zur künstlichen Intelligenz ihres Ministeriums darstellt.

Europäisches KI-Gesetz

Das Europäische Parlament strebt vor allem danach, sicherzustellen, dass in der EU eingesetzte KI-Systeme sicher, transparent, nachvollziehbar, nicht diskriminierend und umweltfreundlich sind. Es legt großen Wert darauf, dass menschliche Aufsicht über KI-Systeme besteht, um schädliche Auswirkungen zu verhindern. Darüber hinaus strebt das Parlament eine technologieneutrale und einheitliche Definition von KI an, die auf zukünftige KI-Systeme angewendet werden kann.

Das KI-Gesetz der Europäischen Union, das im März 2024 in Kraft trat (oftmals als KI-Verordnung oder AI Act bezeichnet), legt einen regulatorischen Rahmen fest, der verschiedene Aspekte von KI-Systemen abdeckt. Mit diesem Gesetz betont die Europäische Union ihre Führungsrolle in der globalen Debatte über die ethische und rechtliche Gestaltung von KI-Technologien. Es zielt darauf ab, einen ausgewogenen Ansatz zwischen der Förderung von Innovation und dem Schutz der Bürgerrechte und Sicherheit zu finden. Die wichtigsten Inhalte des KI-Gesetzes umfassen:

- Das Gesetz stellt sicher, dass in der EU eingesetzte KI-Systeme hohen **Sicherheitsstandards** entsprechen, um Nutzer*innen und Bürger*innen vor potenziellen Schäden zu schützen.
- Es fordert von KI-Systemen, dass ihre Operationen und Entscheidungsprozesse **transparent und für die Nutzer*innen nachvollziehbar** sind.
- Das Gesetz zielt darauf ab, diskriminierende Ergebnisse und Bias in KI-Systemen zu vermeiden, um **Fairness und Gleichheit** zu gewährleisten.
- Das Gesetz führt eine **Klassifizierung von KI-Systemen** basierend auf ihrem Risikolevel ein, wobei strengere Anforderungen an Systeme mit höherem Risiko gestellt werden.
- Es bietet einen umfassenden **Rechtsrahmen**, der den Einsatz von KI in verschiedenen Sektoren und Anwendungen reguliert, um Vertrauen in diese Technologie zu fördern.

Unternehmen und Organisationen, die KI-Systeme nutzen oder entwickeln, haben eine Übergangsfrist bis 2026, um sicherzustellen, dass ihre Systeme den neuen Anforderungen entsprechen. Das Gesetz legt besonderen Wert auf KI-Anwendungen in kritischen Bereichen wie Gesundheitswesen, Verkehr und Justiz, wo die Risiken für die Grundrechte und die Sicherheit besonders hoch sind.

Bias

Bias, auf Deutsch »Voreingenommenheit« oder »Verzerrung«, bedeutet, dass jemand oder etwas auf eine bestimmte Weise bevorzugt oder benachteiligt wird, oft ohne bewusste Absicht und ohne eine objektive Grundlage.

Risikoniveau von KI-Systemen

Systeme mit unannehmbarem Risiko, die als Bedrohung für Menschen gelten, werden verboten, zum Beispiel kognitive Verhaltensmanipulation, soziales Scoring und biometrische Identifizierungssysteme.

Hochrisiko-KI-Systeme, die potenziell eine Gefahr für die Gesundheit, Sicherheit oder Grundrechte darstellen, werden in zwei Hauptkategorien eingeteilt. Diese Systeme müssen vor ihrer Einführung und während ihres gesamten Lebenszyklus bewertet werden.

Die Umsetzung des KI-Gesetzes der Europäischen Union in Deutschland wird ein wahrscheinlich mehrstufiger Prozess sein, der sowohl die Anpassung bestehender nationaler Gesetze als auch die Einführung neuer Regelungen und Strukturen umfasst. Und auch nach der Implementierung des KI-Gesetzes wird eine kontinuierliche Überwachung und Bewertung der Auswirkungen auf Wirtschaft, Gesellschaft und Technologieentwicklung notwendig sein, um gegebenenfalls Anpassungen vornehmen zu können.

Abbildung 1.13
Nähere Informationen zum EU AI Act finden Interessierte unter *merlin-monroe.de/was-ist-der-eu-ai-act*.

1.3.5 Wirtschaft

In Deutschland wird künstliche Intelligenz bereits in verschiedenen Branchen eingesetzt, was die Art und Weise, wie Unternehmen arbeiten, tiefgreifend verändert. Große Konzerne nutzen KI, um ihre Maschinen besser zu warten und Ausfälle vorherzusagen, sodass die Produktion reibungsloser läuft. Auch setzt man auf KI, um Fehler in der Produktion schnell zu erkennen und zu beheben, was hilft, Zeit und Geld zu sparen.

So stellten Siemens und Microsoft beispielsweise 2023 den »Siemens Industrial Copilot« vor, einen Assistenten mit generativer KI zur Steigerung der Produktivität und der Kollaboration von Mensch und Maschine. Im Bereich des Transports zeigt die Deutsche Bahn, wie KI Mitarbeitende durch Handlungsempfehlungen dabei unterstützt, den Betrieb bei Unregelmäßigkeiten vorausschauender zu steuern, sodass möglichst wenig Verspätung aufgebaut wird. Und während der COVID-19-Pandemie haben Biotechnologieunternehmen KI genutzt, um schneller Impfstoffe zu entwickeln – ein entscheidender Schritt im Kampf gegen das Virus.

Um diese Entwicklungen zu unterstützen, gibt es in Deutschland und weltweit Allianzen und Netzwerke, die sich mit KI befassen. Sie bringen Unternehmen, Forschungseinrichtungen und Regierungen zusammen, um gemeinsam an der Weiterentwicklung von KI zu arbeiten.

Die Partnership on AI, AI4EU und die Global Partnership on Artificial Intelligence (GPAI) sind nur einige Beispiele solcher Gruppen, die helfen, Standards für den Einsatz von KI zu setzen und sicherzustellen, dass KI jetzt und in Zukunft verantwortungsvoll genutzt wird.

In Deutschland selbst fördert die Plattform »Lernende Systeme« den Austausch zwischen Fachleuten aus verschiedenen Bereichen, um das Land zu einem führenden Standort für KI zu machen. Die Plattform wurde 2017 vom Bundesministerium für Bildung und Forschung und der Deutschen Akademie für Tech-

Plattform Lernende Systeme
Die Plattform Lernende Systeme *(plattform-lernende-systeme.de)* ist ein deutschlandweites Netzwerk von Expertinnen und Experten aus dem Bereich der künstlichen Intelligenz.

nikwissenschaften gegründet und umfasst 200 Expert*innen. Und der KI-Bundesverband unterstützt Start-ups und Unternehmen bei der Entwicklung von KI-Technologien.

1.4 Ethische Grundsätze bei der Nutzung von KI

Künstliche Intelligenz ist in unser aller Leben bereits angekommen und kann viele Aufgaben vereinfachen und übernehmen. Doch wir sollten ihr niemals unkritisch gegenüberstehen und verstärkt darauf achten, dass KI nicht zu einem Instrument wird, das Diskriminierung und Ausgrenzung weiter verstärkt. Stattdessen müssen wir sicherstellen, dass KI-Systeme fair und unvoreingenommen sind. Dazu gehört zuallererst eine gründliche Überprüfung der verwendeten Daten und Algorithmen. Jede Form von Verzerrung oder Bias muss aufgedeckt und nach Möglichkeit beseitigt werden. Nur so können wir verhindern, dass bestehende Ungleichheiten zementiert oder gar verstärkt werden. Aber auch bei der Bildgenerierung und -auswahl sollten wir Designer*innen auf ethische Aspekte achten.

1.4.1 Diversität und Inklusion

Von der Erstellung von Kunstwerken bis hin zur Generierung realistischer Fotos haben KI-Algorithmen gezeigt, dass sie in der Lage sind, beeindruckende visuelle Inhalte zu schaffen, die allerdings einem Problem unterliegen: dem Diversitätsproblem. Die meisten KI-Algorithmen werden mit Datensätzen trainiert, die nicht repräsentativ für die Vielfalt der realen Welt sind. Dies führt dazu, dass die generierten Bilder häufig eine Verzerrung zugunsten bestimmter Merkmale aufweisen, während andere vernachlässigt werden. Insbesondere wenn es um Personen geht, neigen KI-generierte Bilder dazu, bestimmte Hautfarben, Geschlechter, Altersgruppen und kulturelle Merkmale zu bevorzugen, während andere unterrepräsentiert sind oder ganz fehlen.

Der wichtigste Grund für dieses Problem ist also die Zusammensetzung der Trainingsdaten. Oft werden große Datensätze verwendet, die aus dem Internet zusammengestellt wurden und daher die bestehenden Ungleichheiten und Vorurteile der Gesellschaft widerspiegeln. Wenn diese Datensätze nicht sorgfältig kuratiert und ausgewertet werden, können sie zu Verzerrungen führen, die sich in den generierten Bildern widerspiegeln. Auch wenn die Adobe-KI nicht mit frei verfügbaren Inhalten aus dem Internet trainiert wurde, fanden sich bereits in den gemeinfreien

Inhalten oder Werken von Adobe Stock Tendenzen, die sich jetzt in den KI-Bildern wiederfinden. Im Beispiel »Eine Gruppe von Menschen feiert« ist den Bildvorschlägen eindeutig zu entnehmen, dass diese Menschen europäisch aussehen, schlank, gesund und gutaussehend sind – und Frauen sind immer langhaarig.

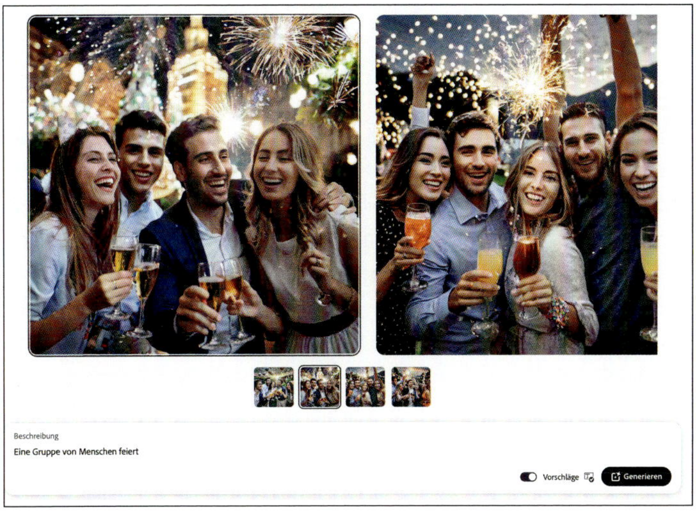

Abbildung 1.14
Generierte Bildvorschläge nach Prompt »Eine Gruppe von Menschen feiert«. Diversität und Inklusion fehlen hier.

Hinweis

KI-Technik beeinflusst die Gesellschaft. Entsprechend müssen wir aktiv darauf hinarbeiten, dass bei der Erstellung von Bildmaterial Vielfalt und Gleichberechtigung beachtet werden.

Vorsicht auch bei zu stark eingesetzter Diversität

Aber auch andersherum sind Verzerrungen möglich, d. h., auch eine definierte oder trainierte Diversität kann problematisch sein. Wenn beispielsweise gezielt Inhalte mit historischem Hintergrund generiert werden, ist die Diversität mit hoher Wahrscheinlichkeit fehl am Platz und verfälscht das Ergebnis historischer Ereignisse. Im Beispiel-Prompt »Deutsche Soldaten aus dem Zweiten Weltkrieg im Schützengraben« schlägt die KI lächelnde Menschen vor – darunter auch Frauen in Fantasie-Uniformen.

Abbildung 1.15
Generierte Bildvorschläge nach Prompt »Deutsche Soldaten aus dem Zweiten Weltkrieg im Schützengraben«

In den Trainingsdaten waren also bestimmte Merkmale überrepräsentiert, daher lernt der Algorithmus, diese Merkmale zu bevorzugen und sie in den generierten Bildern zu verstärken, während andere Merkmale vernachlässigt werden.

Feedback-Schleifen und Evaluierungen

Regelmäßige Feedback-Schleifen sowie Evaluierungen sind entscheidend, um die Vielfalt im Modell kontinuierlich zu verbessern. Dies kann durch regelmäßige Überprüfungen der Modellausgaben auf Fairness und mögliche Verzerrungen erreicht werden. Zudem sollten gezielte Audits durchgeführt und Nutzerfeedback integriert werden, um fortlaufend eine systematische Optimierung zu gewährleisten.

Um das Diversitätsproblem in der Bildgenerierung mit KI anzugehen, müssen mehrere Maßnahmen ergriffen werden. Zunächst ist es für die Unternehmen entscheidend, bereits die Trainingsdaten sorgfältig zu überprüfen und sicherzustellen, dass sie eine breite Vielfalt von Merkmalen und Identitäten repräsentieren. Dies kann erfordern, dass Datensätze ergänzt oder neu generiert werden, um eine ausgewogene Darstellung zu gewährleisten. Darüber hinaus ist es wichtig, die Auswahl der Merkmale zu diversifizieren, auf die der KI-Algorithmus trainiert wird.

Ein weiterer wichtiger Punkt ist das Erkennen (und die entsprechende Reduktion) von Vorurteilen in den Daten. Eine gründliche Analyse der Datensätze vor Beginn des Trainings kann helfen, Verzerrungen aufzudecken. Sollten solche Ungleichgewichte festgestellt werden, können sie durch Hinzufügen ausgewogenerer Daten korrigiert werden. Ziel sollte stets sein, sicherzustellen, dass das KI-Modell fair bleibt.

Inklusive Sprache spielt ebenfalls eine zentrale Rolle beim Training dieser Modelle. Man muss sicherzustellen, dass die generierten Inhalte niemanden ausschließen oder bevorzugen und respektvoll sowie vielseitig sind. Durch den Einsatz geschlechtergerechter und kultursensibler Ausdrucksweisen wird sichergestellt, dass alle Darstellungen repräsentativ für eine breite Palette menschlicher Erfahrungen sind. Denn selbst wenn die Kreativen wie im Beispiel »Ein Foto vielfältiger Menschen« als Grundlage ihrer Arbeit nutzen wollen, mangelt es der KI vielleicht an unterschiedlichsten Punkten: Alter, Körperform, Gesundheitszustand, Stimmung, Kleidung etc.

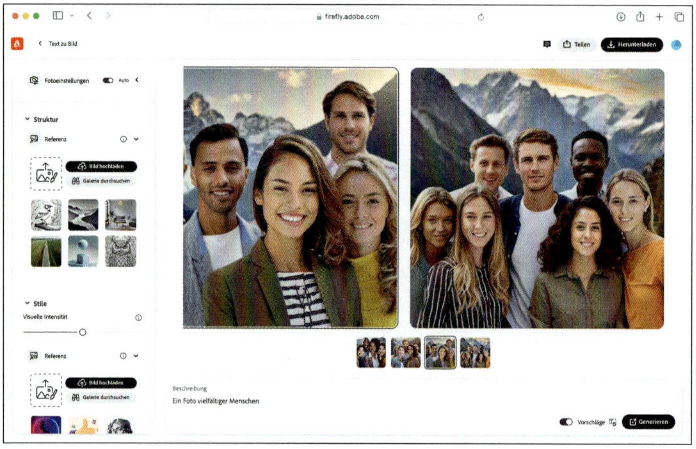

Abbildung 1.16
Generierte Bildvorschläge nach Prompt »Ein Foto vielfältiger Menschen«

Die meisten dieser Punkte betreffen die Firmen, die KI-Tools zur Verfügung stellen. Aber auch als KI-Anwender*in sollten Sie sich einige Punkte bewusst machen. Unsere Sprache ist Teil dieses Problems, denn bei der häufigen Anwendung rein maskuliner Formen (und im Englischen ausschließlich maskuliner Formen) erhält man auch in erster Linie männliche Personen. Auch verzerren die Ergebnisse oft Wahrnehmung und Realität, wenn lediglich Menschen mit perfekten Körpern oder Frauen mit langen Haaren zu sehen sind. Achten Sie daher darauf, im Prompt auf Vielfalt und Diversität zu achten.

Abbildung 1.17
Ergebnis für den Prompt »Viele Grafikdesigner bei der Arbeit am Computer, stilvolles Arbeitszimmer, typografische Poster im Hintergrund« in Adobe Firefly. Wenn Sie beim Prompten die Eingabe gendern (»Viele Grafikdesigner und Grafikdesignerinnen ...«), werden auch Frauen generiert.

1.4.2 Barrierefreiheit mithilfe von KI

Die Schaffung barrierefreier Bilder durch den Einsatz künstlicher Intelligenz stellt eine signifikante Herausforderung und zugleich eine bemerkenswerte Möglichkeit dar, um die Zugänglichkeit von (digitalen) Inhalten zu verbessern. In der jüngsten Forschung wurden verschiedene Ansätze und Technologien untersucht, die darauf abzielen, Bilder so zu generieren oder anzupassen, dass sie von Menschen mit unterschiedlichen Behinderungen wahrgenommen werden können.

Also: Wie können wir sicherstellen, dass unsere generierten Bilder von jeder Person genutzt werden können, egal welche körperlichen oder geistigen Fähigkeiten diese hat?

Gewusst?
Bildbeschreibungen können auch in akademischen Arbeiten, Museen und Galerien eingesetzt werden, um visuelle Kunstwerke und Fotografien einem breiteren Publikum zugänglich zu machen.

Was sind Alternativtexte?

Alternativtexte, oft als »Alt-Texte« bezeichnet, sind kurze Beschreibungen, die im HTML-Code von Webseiten für Bilder und andere visuelle Elemente hinterlegt werden. Sie dienen der Barrierefreiheit, der Suchmaschinenoptimierung, aber auch als Fallbackanzeige bei Ladeproblemen der Bilder.

Ein guter Alt-Text ist präzise und beschreibend, fasst den Inhalt und den Zweck des Bildes zusammen und sollte dabei so kurz wie möglich gehalten werden. Bei der Erstellung von Alt-Texten ist auch darauf zu achten, nicht einfach den Bildtitel oder unverständliche Dateinamen zu verwenden, sondern eine sinnvolle Beschreibung zu liefern, die den Inhalt des Bildes für jemanden, der das Bild nicht sehen kann, verständlich macht.

Bias und KI

In der künstlichen Intelligenz bedeutet Bias, dass ein Modell oder Algorithmus Vorurteile hat, weil die Daten, mit denen es trainiert wurde, diese Vorurteile enthalten. Das kann dazu führen, dass die KI unfair oder ungenau ist. Ein Beispiel wäre ein Gesichtserkennungsalgorithmus, der Menschen bestimmter Hautfarben besser erkennt als andere, weil er mit einer verzerrten Datenmenge trainiert wurde, die mehr Bilder von Menschen einer bestimmten Hautfarbe enthält.

Ein zentraler Aspekt in der Entwicklung barrierefreier Bilder mittels KI ist die Generierung von Bildbeschreibungen. Diese Beschreibungen, oft als Alternativtexte bezeichnet, ermöglichen es Menschen mit Sehbehinderungen, den Inhalt eines Bildes über Screenreader oder ähnliche Hilfsmittel zu erfassen.

Eine effektive Bildbeschreibung geht über eine einfache Auflistung der im Bild vorhandenen Objekte hinaus. Sie sollte auch Stimmungen, Farben, wichtige Details und, wenn relevant, den Kontext und die Beziehung zwischen den abgebildeten Elementen einbeziehen. Ziel ist es, eine möglichst genaue und umfassende Vorstellung des Bildinhalts zu vermitteln.

Darüber hinaus spielt die visuelle Anpassung von Bildern eine entscheidende Rolle bei der Gewährleistung der Barrierefreiheit. Untersuchungen haben gezeigt, dass durch die Verwendung von KI bestimmte visuelle Aspekte eines Bildes modifiziert werden können, um die Lesbarkeit für Personen mit Sehbehinderungen zu erhöhen. Dazu gehören die Anpassung von Farbkontrasten und Helligkeit sowie die Reduzierung von visuellen Ablenkungen.

Ein weiteres wichtiges Element ist die Erkennung von und Warnung vor potenziell problematischen Bildinhalten, wie zum Beispiel blinkenden Lichtern, die Anfälle bei Personen mit Epilepsie auslösen könnten.

Die Skalierbarkeit und Anpassungsfähigkeit von Bildern ist ein weiterer wichtiger Faktor. Moderne KI-Technologien bieten Lösungen, die es ermöglichen, Bilder automatisch an unterschiedliche Bildschirmgrößen und Auflösungen anzupassen, ohne dabei an Qualität zu verlieren. Dies ist besonders relevant für die Darstellung von Bildern auf mobilen Geräten, die von Menschen mit Sehbehinderungen häufig genutzt werden. Die Bildgröße lässt sich bei der Generierung in Firefly nicht einstellen, nur das Seitenverhältnis. Ist hier also ein Bild von großer Auflösung gewünscht, muss hier im Nachgang eine Bildbearbeitung stattfinden. Wie das aussehen kann, wird im Praxisteil beschrieben.

Auch die ethische Dimension der KI-generierten barrierefreien Bilder ist von großer Bedeutung. Entwicklung und Implementierung solcher Systeme erfordern eine sorgfältige Abwägung ethischer Prinzipien, insbesondere im Hinblick auf Datenschutz, Autonomie und die Vermeidung von Bias. Die Beteiligung von Menschen mit Behinderungen im Entwicklungsprozess kann dazu beitragen, dass die resultierenden Lösungen ihre Bedürfnisse und Anforderungen besser berücksichtigen.

INTERVIEW

Die rechtlichen Herausforderungen von KI in der Kreativbranche

Annett Bergk und Vivien Pietruck haben sich mit dem erfahrenen Rechtsanwalt Dr. John Riecken zusammengesetzt, der über umfassende Expertise im Urheber- und Medienrecht verfügt. In diesem Interview beleuchtet Dr. John Riecken die rechtlichen Rahmenbedingungen, Haftungsfragen und die ethischen Überlegungen bei der Nutzung von KI in kreativen Prozessen. Ein wichtiger Austausch für alle, die in der kreativen Industrie tätig sind und die vielfältigen Möglichkeiten von KI nutzen möchten.

Vivien Pietruck: Herr Riecken, vielen Dank dafür, dass Sie sich die Zeit genommen haben, um über das Thema Urheberrecht und KI-generierte Grafikdesigns zu sprechen. Lassen Sie uns direkt beginnen. Wie wird das Urheberrecht auf Werke gehandhabt, die von KI generiert wurden? Und wer hat daran die Besitzansprüche?

John Riecken: Grundsätzlich entsteht ein Urheberrecht nur dann, wenn das Werk von einem Menschen erschaffen wurde. Das Gesetz definiert die Werke im Sinne des Urheberrechts als »persönliche geistige Schöpfungen«, weshalb übrigens auch ein vor wenigen Jahren entstandenes und medial ausgeschlachtetes »Affen-Selfie« frei von Urheberrechten blieb. Das bedeutet, wenn jemand eine KI nutzt, um ein Werk zu erschaffen, entsteht daran kein Urheberrecht. Niemand, weder der Nutzende noch das Unternehmen, das die KI entwickelt hat, kann Urheberrechte an einem KI-generierten Werk geltend machen. Es gibt jedoch vertragliche Regelungen, durch die Unternehmen die Nutzung ihrer Software und der von ihr generierten Werke einschränken können.

Annett Bergk: Das bedeutet, dass Urheberrechte bei KI-generierten Werken gar nicht erst entstehen?

John Riecken: Genau. Die größte rechtliche Herausforderung ist vielmehr, dass eine KI oftmals auf vorbestehenden Werken aufbaut. Dies kann dazu führen, dass unbeabsichtigt Plagiate entstehen und Nutzende möglicherweise rechtliche Probleme bekommen, auch wenn sie selbst kein Urheberrecht an dem Werk haben.

Annett Bergk: Könnten Sie das näher erläutern?

John Riecken: Eine KI greift in der Regel auf bestehende Werke zu, um neue Inhalte zu generieren. So wird sie im Übrigen auch trainiert. Dabei kann es passieren, dass sie Inhalte produziert, die einem bestehenden Werk zu ähnlich sind. Dies kann ein Plagiat

Über den Interviewpartner: Dr. John Riecken

Dr. John Riecken ist Rechtsanwalt mit dem Fokus auf Urheber- und Medienrecht, gewerblichen Rechtsschutz sowie insbesondere Lizenzvertragsrecht. Schon während des Studiums und Referendariats (mit Stationen u. a. in einer Hamburger Filmrechtskanzlei sowie in einem Musiklizenzierungsunternehmen in New York) spezialisierte er sich auf die rechtlichen Herausforderungen der Kreativbranche. Seit seiner Zulassung als Rechtsanwalt im Jahr 2011 berät er Unternehmen und Kreativschaffende in Fragen des geistigen Eigentums und der Erstellung rechtssicherer Lizenzverträge. Seine Kanzlei bietet praxisnahe Beratung und maßgeschneiderte Lösungen, die den spezifischen Anforderungen der digitalen und kreativen Wirtschaft gerecht werden.

Abbildung 1.18
Dr. John Riecken beleuchtet im Gespräch mit Vivien Pietruck und Annett Bergk die rechtliche Seite des Einsatzes von KI.

darstellen, und obwohl der Nutzende kein Urheberrecht an dem generierten Werk hat, kann er wegen der Verwertung eines Plagiats rechtlich belangt werden. Denn Rechteinhaber können nicht nur gegen den Plagiator vorgehen, sondern gegen jeden, der an der Auswertungskette beteiligt ist.

Vivien Pietruck: Wie sieht es mit dem Thema Lizenzierung aus? Gibt es hier Besonderheiten bei der Nutzung von KI-generierten Produkten?

John Riecken: Ja, in Lizenzverträgen findet sich zunehmend die Regelung, dass Werke zu Trainingszwecken für KI benutzt werden dürfen. Dies sollte man als Urheber jedoch genau prüfen, da man kaum kontrollieren kann, wie die KI die eigenen Werke nutzt. Zudem hat man kein exklusives Nutzungsrecht an den von der KI generierten Werken, auch wenn diese möglicherweise unzulässige Bearbeitungen eigener Werke darstellen. Die Haftung wiederum liegt – wie eben bereits angesprochen – bei demjenigen, der das Werk verwertet. Wenn ein Buchverlag beispielsweise ein Werk veröffentlicht, das von einer KI generiert wurde und Plagiate enthält, haftet zunächst der Verlag. Dieser kann zwar Regressansprüche gegenüber demjenigen geltend machen, der ihm das Werk geliefert hat, bleibt aber Adressat des Originalberechtigten im Rahmen der Durchsetzung der Unterlassungs-, Auskunfts- und Schadenersatzansprüche.

Vivien Pietruck: Wie gehen Unternehmen in der Kreativbranche, besonders Designerinnen und Designer, mit solchen Haftungsrisiken um?

John Riecken: Unternehmen fügen in ihre Verträge nahezu ausnahmslos eine Klausel ein, mit der der Lizenzgeber garantiert, dass das übertragene Werk frei von Rechten Dritter ist. Kreative sollten sich darüber im Klaren sein, dass sie dies bei der Nutzung einer KI kaum garantieren können. Teilweise müssen Lizenzgeber vertraglich sogar explizit garantieren, im Rahmen des Schaffensprozesses nicht die Hilfe von KI in Anspruch genommen zu haben. Es ist daher ratsam, vertragliche Klauseln sorgfältig zu prüfen und gegebenenfalls anzupassen.

Annett Bergk: In Bezug auf den Datenschutz: Was muss beachtet werden, wenn persönliche Daten für Trainingszwecke in KI eingesetzt werden?

John Riecken: Nach der DSGVO müssen Nutzende Einwilligungen einholen und die Betroffenen darüber informieren, welche Daten wie verarbeitet werden. Auch wenn die persönlichen Daten in KI-Trainingsdatenbanken verwendet werden, muss dies transparent und innerhalb dieser rechtlichen Vorgaben geschehen.

Vivien Pietruck: Wie sehen Sie die zukünftige rechtliche Entwicklung in Bezug auf die Nutzung von KI im kreativwirtschaftlichen Bereich?

John Riecken: Es wird sicherlich Regulierungen geben. Beispielsweise könnte es passieren, dass KI-Softwareentwickler ein Leistungsschutzrecht an den durch die Software geschaffenen Ergebnissen für sich zu beanspruchen versuchen, was im Ergebnis aber hoffentlich nicht passieren wird, da diese durch vertragliche Regelungen mit den Nutzern der Software ausreichend geschützt sind. Allerdings sollte der Gesetzgeber den Originalurhebern mehr Rechte einräumen, um ihre Werke zu schützen, wenn diese zu Trainingszwecken verwendet wurden.

Annett Bergk: Das waren viele interessante Einblicke. Haben Sie noch abschließende Hinweise für die Kreativen?

John Riecken: Ich würde dazu raten, sich stets umfassend über die rechtlichen Rahmenbedingungen und möglichen Risiken bei der Nutzung von KI-Technologien zu informieren und Verträge sorgfältig zu prüfen. Die Kreativität und das handwerkliche Können eines Künstlers oder einer Künstlerin sind durch nichts zu ersetzen. Und schließlich: Bleiben Sie neugierig und offen für neue Technologien, aber nutzen Sie sie bewusst und verantwortungsvoll.

Vivien Pietruck: Vielen Dank, Herr Riecken, für dieses tiefgehende Gespräch und die wertvollen Informationen.

John Riecken: Sehr gerne. Es war mir ein Vergnügen.

Kapitel 2
KI für Kreative: Werkzeuge und Möglichkeiten

Visualisiert von Adobe Firefly mit dem Prompt »Gestalte ein Plakat zum Thema künstliche Intelligenz für Kreative, Werkzeuge und Möglichkeiten, Schwerpunkt auf Werkzeugen, Workflow, freundlich, warm«

Kapitel 2

KI für Kreative: Werkzeuge und Möglichkeiten

Die Zusammenarbeit zwischen Mensch und Maschine, Kreativprofi und KI eröffnet neue Möglichkeiten für kreative Arbeiten. Künstliche Intelligenz kann den Kreativprozess erheblich verbessern, indem sie beispielsweise bei Ideenfindung und Komposition unterstützt. Prompts dienen dabei als Schnittstelle zur generativen KI und helfen, kreative Visionen umzusetzen.

Künstliche Intelligenz hat zweifellos begonnen, die Welt der Kreativität zu revolutionieren, indem sie neue Chancen bietet, kreative Prozesse auf innovative Weise zu unterstützen und zu erweitern. Anstatt menschliche Kreativität zu ersetzen, fungiert KI als eine mächtige Ergänzung, die es ermöglicht, den kreativen Horizont durch die Kombination von menschlicher Intuition und maschineller Analyse zu erweitern.

Im Designbereich erleichtert KI die Erstellung von Prototypen und die Optimierung von Designs durch die Analyse großer Datenmengen und die Empfehlung von Verbesserungen. Designer*innen können mithilfe von KI schnell verschiedene Designoptionen durchspielen und bewerten, um die effektivste Lösung für ein Problem zu finden.

In der Kunstszene zum Beispiel können KI-Modelle helfen, neue visuelle Stile zu erforschen und einzigartige Kunstwerke zu schaffen, die vorher nicht möglich gewesen wären. Diese Tools analysieren bestehende Kunstwerke und generieren neue, die Künstler*innen als Inspirationsquelle dienen können, um ihre eigenen Ideen weiterzuentwickeln.

Die Synergie zwischen menschlicher Kreativität und KI läutet eine neue Ära der Kreativität ein, in der die Stärken beider optimal genutzt werden.

Schreiben mit KI-Unterstützung
Auch in der Welt der Literatur und des Schreibens hat KI einen festen Platz eingenommen. Schreibende können KI nutzen, um Schreibblockaden zu überwinden, indem sie sich von maschinell generierten Textvorschlägen inspirieren lassen oder indem sie ihre Entwürfe durch sprachliche Analysen verfeinern und verbessern lassen. KI kann als Co-Autor fungieren, der neue Perspektiven einbringt und dabei hilft, komplexe Narrative zu entwickeln.

2.1 Kreative und die KI

Die Integration von künstlicher Intelligenz in kreative Prozesse hat das Potenzial, die Art und Weise, wie Kreative arbeiten, grundlegend zu verändern. Diese Kooperation von Mensch und Maschine bietet sowohl Chancen als auch Herausforderungen und wirft Fragen zu den veränderten Rollen und Verantwortlichkeiten auf.

2.1.1 Die Rolle der Kreativen in einer KI-gestützten Umgebung

In einer KI-gestützten Umgebung verändert sich die Rolle der Kreativen von einer rein ausführenden zu einer eher kuratorischen und steuernden Funktion. Designer*innen müssen jetzt ein tiefes Verständnis für die Fähigkeiten und Grenzen der KI entwickeln, um diese effektiv einsetzen zu können.

Aufgabenverschiebung

Während die KI routinebasierte und zeitaufwendige Aufgaben übernimmt, können sich Designer*innen auf kreative und strategische Entscheidungen konzentrieren. Solche Aufgaben umfassen beispielsweise die Auswahl von Farbpaletten, die Entwicklung von Konzepten und die finale Verfeinerung der generierten Inhalte.

Folgende Aufgaben können häufig von KI übernommen werden, um Kreativen mehr Zeit für konzeptionelle Arbeit zu verschaffen:

1. In der Bildbearbeitung:
   - Retusche: Entfernen von Hautunreinheiten, Glätten von Hauttönen, Aufhellen von Zähnen usw.
   - Hintergrundentfernung: Freistellen von Objekten oder Personen
   - Farbkorrektur: Anpassen von Farben, Helligkeit und Kontrast
2. In Layout und Design:
   - Automatisches Layout: Erstellen von Layouts für Broschüren, Magazine, Präsentationen und Webseiten basierend auf Vorlagen
   - Responsive-Design-Anpassungen: Optimierung von Designs für verschiedene Bildschirmgrößen
3. In der Textverarbeitung:
   - Automatische Textgenerierung: Erstellen von Texten basierend auf bestimmten Vorgaben oder Daten
   - Textprüfung und -korrektur: Rechtschreib- und Grammatikprüfung, Stilkorrekturen

4. In der Datenvisualisierung:
   - Erstellen von Diagrammen und Grafiken: automatisierte Erstellung von Infografiken und Diagrammen basierend auf Daten
5. Im Social-Media-Management:
   - Planen und Veröffentlichen von Beiträgen: automatisiertes Posten von Inhalten zu festgelegten Zeiten
   - Generierung von Content-Ideen: Vorschläge für Posts basierend auf Trends und Analysen
6. Bei der Erstellung von Benutzeroberflächen im (UI) Design:
   - Prototyping: Erstellen von interaktiven Prototypen basierend auf Designvorgaben
   - Komponenten-Design: Erstellen von wiederverwendbaren UI-Komponenten
7. Im Bereich Marktforschung und Analyse:
   - Datenanalyse: Analysieren von Nutzerverhalten und Design-Feedback
   - Trendanalysen: Identifizieren von Designtrends und -mustern
8. Bei der Designoptimierung:
   - A/B-Testing: Durchführen und Auswerten von Tests zur Ermittlung der besten Designvariante
   - Usability-Tests: automatisierte Durchführung von Tests zur Benutzerfreundlichkeit

Anstatt sich auf repetitive Aufgaben zu konzentrieren, können Designer*innen ihre Energie also beim Entwerfen innovativer Lösungen einsetzen.

Praxisbeispiel
Ein Designer arbeitet an einer Werbekampagne für ein neues Produkt. Mithilfe eines KI-gestützten Tools generiert er verschiedene Layoutvorschläge und Werbetexte. Nachdem die KI die ersten Entwürfe erstellt hat, überprüft und verfeinert der Designer diese, um sicherzustellen, dass sie die Markenbotschaft präzise und ansprechend kommunizieren. Die letztendliche Entscheidung liegt beim Designer, der die kreativen und strategischen Aspekte des Entwurfs steuert und verantwortet.

Neue Fähigkeiten sind vonnöten

Um in einer KI-gestützten Umgebung erfolgreich zu sein, müssen Kreative neue Fähigkeiten entwickeln. Dazu gehört das Verständnis für Prompt-Engineering, also die Kunst, präzise und effektive Eingaben (Prompts) für KI-Modelle zu formulieren. Darüber hinaus sollten Designer*innen und Grafiker*innen ein grundlegendes Verständnis für die Funktionsweise der von ihnen verwendeten KI-Tools entwickeln. Dies ermöglicht eine effektivere Nutzung und Anpassung der Tools an spezifische Projektanforderungen und Ziele.

Ethik und Verantwortung
In einer KI-gestützten Umgebung tragen Kreative weiterhin die Verantwortung für die Einhaltung ethischer Standards und die Vermeidung von Bias in den generierten Inhalten. Sie müssen sicherstellen, dass die KI fair und respektvoll eingesetzt wird und dass die generierten Inhalte keine gesellschaftlichen Vorurteile oder Stereotypen reproduzieren. Dies erfordert ein kritisches Hinterfragen der Ergebnisse und eine kontinuierliche Überwachung der KI-generierten Inhalte.

2.1.2 Zusammenarbeit zwischen Kreativen und der KI

Die Zusammenarbeit zwischen Designer*innen und KI-Systemen basiert auf einer symbiotischen Beziehung, in der beide Parteien ihre Stärken einbringen, um beeindruckende kreative Ergebnisse zu erzielen. Das klingt erst einmal gut, doch wie sieht das im Detail aus?

Iterativer Prozess

Diese Zusammenarbeit ist oft iterativ. Kreative geben initiale Prompts und Richtlinien vor, auf deren Basis die KI erste Entwürfe generiert. Anschließend werden die Resultate überprüft, und es folgt Feedback, um die Ergebnisse weiter zu verfeinern. Dieser Prozess kann mehrere Runden umfassen, wobei jede Iteration das Ergebnis verbessert und optimiert. Durch diese wechselseitige Interaktion entsteht eine dynamische und produktive Arbeitsumgebung.

Tool-Unterstützung

KI-Tools wie Adobe Firefly bieten Funktionen zur Automatisierung und Optimierung von Designprozessen. Sie unterstützen Grafiker*innen durch schnelle Ideengenerierung, Layoutvorschläge und die automatische Anpassung von Inhalten an verschiedene Formate und Plattformen. Solche Tools sind besonders nützlich in umfangreichen Projekten mit engen Zeitplänen, da sie die Effizienz steigern und den kreativen Freiraum erweitern.

Abbildung 2.1
Der iterative Prozess besteht klassischerweise aus sechs Phasen, die beliebig oft wiederholt werden)

Praxisbeispiel

Eine Designerin erstellt ein neues Logo für ein Start-up-Unternehmen. Sie gibt der KI einen Prompt, um einige erste Ideen zu generieren, wie zum Beispiel »modernes Logo für ein Tech-Start-up, blau und grün, mit einem Symbol, das Innovation repräsentiert«. Die KI liefert eine Auswahl an Entwürfen, basierend auf diesen Anweisungen. Die Designerin wählt einen Entwurf aus, der am besten zu den Markenwerten passt, und verfeinert ihn weiter, bis sie das gewünschte Endergebnis erreicht.

Kreative Synergie

Die KI kann als Inspirationsquelle und Ideenlieferant fungieren, indem sie ungewöhnliche und innovative Vorschläge macht. Der menschliche Designer nutzt dann seine kreative Expertise und sein ästhetisches Urteilsvermögen, um diese Vorschläge weiterzuentwickeln und zu veredeln. Diese Zusammenarbeit ermöglicht es, einzigartige und kreative Lösungen zu entwickeln, die das Beste aus beiden Welten vereinen.

2.1.3 Praktische Vorteile für Kreative

Die Einbindung von KI in den Designprozess bietet zahlreiche praktische Vorteile, die die Effizienz und Kreativität von Designer*innen erheblich steigern können.

- KI-gestützte Tools übernehmen **zeitraubende Aufgaben** wie die Bildbearbeitung, Layouterstellung und Content-Adaption über verschiedene Kanäle. Dadurch haben Designer*innen mehr Zeit für konzeptionelle und kreative Arbeiten. Dies führt zu einer höheren Produktivität und ermöglicht es, sich auf die Schaffung innovativer und qualitativ hochwertiger Inhalte zu konzentrieren.
- Durch die Generierung einer Vielzahl von Vorschlägen und Ideen fördert die KI die **kreative Vielfalt** und ermöglicht neue, unkonventionelle Ansätze, die Kreative möglicherweise nicht selbst in Betracht gezogen hätten. Dies erweitert das kreative Repertoire und inspiriert zu neuen Lösungsansätzen, die den Designprozess bereichern.
- KI-Systeme können gezielt **personalisierte Inhalte** erstellen, die auf den spezifischen Bedürfnissen und Präferenzen der Zielgruppe basieren. Dies erhöht die Relevanz und Wirksamkeit der Designs, da sie besser auf die Erwartungen und Wünsche der User zugeschnitten sind. Personalisierung kann beispielsweise bei der Erstellung von Werbematerialien, Websites oder Social-Media-Inhalten besonders vorteilhaft sein.
- Durch automatisierte Prozesse stellt die KI eine konsistente **Qualität** und kohärente Darstellung der Marke über verschiedene Medien und Plattformen hinweg sicher. Dies ist besonders wichtig für umfangreiche Kampagnen und Projekte, bei denen eine einheitliche Markenpräsentation entscheidend ist. Die KI unterstützt Kreative dabei, Standards einzuhalten und eine hohe Qualität zu gewährleisten.

Abbildung 2.2
Ausbruch aus der Gewöhnlichkeit: KI macht es möglich.

Praxisbeispiel
Ein Grafiker arbeitet an der Erstellung von Social-Media-Inhalten für eine große Marketingkampagne. Mithilfe von KI-gestützten Tools kann er schnell verschiedene Layouts und Designs für unterschiedliche Plattformen erstellen, wobei die Konsistenz der Markenbotschaft gewahrt bleibt. Die KI hilft dabei, die Designs an die jeweiligen Anforderungen der Plattformen anzupassen, sei es für Instagram, Facebook oder X, und spart dem Designer wertvolle Zeit.

2.1.4 Nachteile und Fehlerquellen beim Umgang mit KI

Trotz all ihrer Vorteile bringt die Nutzung von KI im Designbereich auch einige Nachteile und potenzielle Fehlerquellen mit sich, die nicht außer Acht gelassen werden dürfen.

- Ein übermäßiges Vertrauen auf KI-Tools kann zu einer **Abhängigkeit** führen, bei der menschliche Kreativität und Innovation möglicherweise vernachlässigt werden. Es ist wichtig, dass Designer*innen die Ergebnisse der KI kritisch hinterfragen und

Abbildung 2.3
Schwierig wird es, wenn Grafiker*innen aufgrund übermäßiger Nutzung von KI die eigene Kreativität abhandenkommt.

eigenständiges Denken fördern. Eine ausgewogene Nutzung der KI, bei der Technologie zur Unterstützung und nicht zum Ersatz der menschlichen Kreativität eingesetzt wird, ist entscheidend.

- Auch wenn KI-Modelle beeindruckende Ergebnisse liefern können, bedarf es stets einer menschlichen **Qualitätskontrolle**, um sicherzustellen, dass die generierten Inhalte den hohen Anforderungen und ästhetischen Standards entsprechen. Designer*innen müssen die generierten Ergebnisse sorgfältig überprüfen und anpassen, um sicherzustellen, dass sie den Erwartungen und Anforderungen des Projekts gerecht werden.
- Wie bereits erwähnt, können KI-Systeme bestehende **Vorurteile und Bias** aus den Trainingsdaten übernehmen. Es ist entscheidend, dass Kreative diese Verzerrungen erkennen und Maßnahmen ergreifen, um deren Auswirkungen zu minimieren. Dies erfordert eine kritische Auseinandersetzung mit den Ergebnissen und eine kontinuierliche Anpassung der Prompts und Modelle.
- KI-Modelle sind nicht unfehlbar und haben ihre **Grenzen**. Bestimmte kreative Aufgaben und Konzepte könnten komplexer sein, als es die aktuelle Technologie bewältigen kann. Designer*innen müssen daher stets bereit sein, manuell einzugreifen und notwendige Anpassungen vorzunehmen. Es ist wichtig, die Stärken und Schwächen der eingesetzten Tools zu kennen und entsprechend zu handeln.

Praxisbeispiel für das Bias-Problem
Eine Grafikerin verwendet ein KI-Tool, um Illustrationen für ein Kinderbuch zu erstellen. Obwohl die KI beeindruckende Entwürfe liefert, bemerkt sie, dass einige Darstellungen kulturelle Stereotype aufweisen. Sie passt die Prompts an und korrigiert die generierten Illustrationen manuell, um sicherzustellen, dass sie inklusiv und respektvoll sind. Darüber hinaus sorgt die Grafikerin dafür, dass die Qualität und der künstlerische Stil der Illustrationen den hohen Standards des Projekts entsprechen.

Abbildung 2.4
Die KI bedient Klischees: Ergebnis des Prompts »Fünf Mädchen mit Schulranzen vor ihrer Schule in Schweden« in Adobe Firefly.

Abbildung 2.5
Die KI ist nicht unfehlbar: Ergebnis des Prompt »Grafikerin, die allein mit einem Buch auf der Wiese sitzt« in Adobe Firefly

- Die Einführung von KI-Tools erfordert ein dauerhaftes **Lernen**, insbesondere für Designer*innen, die neu in der Nutzung solcher Technologien sind. Schulungen und kontinuierliche Weiterbildung sind notwendig, um das Potenzial der KI vollständig auszuschöpfen. Dieser Prozess kann zeitaufwendig sein, bietet aber langfristig erhebliche Vorteile.

Also ja: Die Kooperation von Mensch und Maschine im Designbereich eröffnet neue Horizonte und bietet zahlreiche praktische Vorteile, wie gesteigerte Effizienz, kreative Vielfalt und personalisierte Inhalte. Dennoch ist es wichtig, die potenziellen Nachteile und Fehlerquellen beim Umgang mit KI zu berücksichtigen und die Rolle des Menschen als kreativer und ethischer Wächter zu wahren. Durch eine sorgfältige und bewusste Nutzung von KI können Designer*innen ihre Fähigkeiten erweitern und gleichzeitig sicherstellen, dass die generierten Inhalte sowohl qualitativ hochwertig als auch ethisch einwandfrei sind.

2.1.5 Tools für Kreative

Natürlich gibt es inzwischen Hunderte interessanter Tools, die auf künstlicher Intelligenz beruhen. Diese können von der Generierung von Text über das Erstellen von Bildern bis hin zur Analyse von Trends und Daten reichen.

Für Grafikerinnen, Grafiker und andere Kreative, die den Ideenfindungsprozess mit künstlicher Intelligenz bereichern möchten,

Achtung!
Ergebnisse, die mithilfe dieser KI-Tools erzielt werden, sind immer sorgfältig zu prüfen – nicht zuletzt auf ethische Standards hin.

lässt sich diese riesige Menge allerdings auf einige grundlegende Tools einschmelzen, die in verschiedenen Phasen des kreativen Prozesses hilfreich sein können:

- OpenAIs **ChatGPT** wird vor allem genutzt, um kreative Schreibprojekte zu unterstützen, Briefings zu erstellen, Brainstorming-Sitzungen mit neuen Ideen zu bereichern und ganze Artikel, Dialoge sowie Geschichten zu generieren. Es kann Zusammenfassungen wichtiger Kundeninformationen verfassen, Websites analysieren, bedeutende Texte übersetzen und Alternativtexte für Bilder zur Verbesserung der Barrierefreiheit im Web schreiben. Im Designprozess hilft ChatGPT beim Schreiben oder Umschreiben von Prompts für die Nutzung in Tools wie Firefly oder anderer Bild-KI. Mit der Integration von **DALL-E** in ChatGPT 4 ist es nun möglich, direkt in ChatGPT Pixelbilder zu erstellen. Zudem wird das Schreiben von Programmcode erheblich vereinfacht.
- **Midjourney** ist ein fortschrittliches KI-gesteuertes Tool zur Erstellung beeindruckender und einzigartiger Bilder. Durch die Nutzung von KI können Benutzer*innen basierend auf Textbeschreibungen Kunstwerke, Illustrationen und visuelle Inhalte generieren lassen.
- **Jasper** ist ein Tool zur Unterstützung von Marketing und Content-Erstellung, das genutzt wird, um Überschriften, Blogposts und Werbetexte zu erstellen. Jasper kann dabei helfen, konsistente Inhalte zu generieren und den Schreibprozess effizient zu gestalten. Es ist besonders nützlich für Marketer und Content-Ersteller*innen, die qualitativ hochwertige Inhalte erstellen möchten.
- **Artbreeder** ist eine Plattform, die es ermöglicht, Bilder kreativ zu verändern, indem bestehende Vorlagen gemischt und angepasst werden. Diese Funktionalität ist besonders für Design- und Kunstprojekte nützlich, da sie eine flexible Gestaltung und Anpassung von visuellen Inhalten ermöglicht.
- **Talkwalker** ist ein Social-Listening- und -Analytics-Tool, das KI nutzt, um große Datenmengen aus sozialen Medien und dem Internet zu analysieren. Es hilft dabei, Trends, Stimmungen und Gesprächsthemen zu erkennen, was für Unternehmen und Marketer besonders wertvoll ist. Talkwalker bietet eine detaillierte Einsicht in soziale Medien und Internetdaten, unterstützt bei der strategischen Planung und macht es möglich, gezielte Entscheidungen zu treffen.
- **Magnific AI** ist eine Plattform zur Erstellung und Bearbeitung von audiovisuellen Inhalten. Hier kann man Videos professionell generieren, bearbeiten und anpassen. Die Plattform bietet

Midjourney
Midjourney ist online zugänglich unter *www.midjourney.com* und bietet verschiedene Abonnement-Modelle an, die entsprechend unterschiedliche Nutzungsvorteile gewähren.

Jasper
Jasper ist online verfügbar unter *app.jasper.ai*, und die Kosten hängen vom gewählten Abonnement ab, das verschiedene Nutzungsmöglichkeiten bietet.

Artbreeder
Die KI ist online verfügbar unter *www.artbreeder.com* und bietet sowohl eine kostenlose Nutzung als auch kostenpflichtige Abonnement-Optionen an. Die Preisgestaltung variiert je nach gewähltem Plan, der zusätzliche Funktionen und Nutzungsmöglichkeiten beinhaltet.

Talkwalker
Das Tool ist online verfügbar unter *www.talkwalker.com* und bietet flexible Nutzungsmodelle, die auf die Bedürfnisse verschiedener Benutzer*innen abgestimmt sind.

eine Vielzahl von Funktionen, darunter Spezialeffekte, Filter und Animationsvorlagen, die die kreative Prozessgestaltung erleichtern. Magnific AI ist besonders nützlich in der Videoproduktion, Content Creation und für Marketer, die qualitativ hochwertige Videos produzieren möchten.

- **Copy.ai** ist ein KI-gestütztes Tool zur Erstellung von Textinhalten. Es ermöglicht, schnell und einfach hochwertige und ansprechende Texte für verschiedene Zwecke zu generieren, darunter Blogposts, Social-Media-Beiträge, Werbetexte und E-Mails.
- **Ideogram.ai** ist eine Plattform zur Erstellung von KI-generierten Bildern. Ein Vorteil gegenüber (der aktuellen Version von) Firefly ist, dass sie korrekte Schriftzüge generieren kann.
- **Stable Diffusion** punktet durch die Erstellung hochauflösender und detailreicher Kunstwerke und bietet eine breite Palette von künstlerischen Stilen und Techniken. Diese Plattform bietet sowohl kostenlose als auch kostenpflichtige Optionen, wobei das Preismodell von der Komplexität und den benötigten Ressourcen für die Bildgenerierung abhängt.
- **Lexica.art** ist eine nützliche Ressource für die Suche nach und das Studium von KI-generierten Kunstwerken, die mit Stable Diffusion erstellt wurden. Es bietet eine umfassende Galerie und ist ideal, um verschiedene künstlerische Stile und Techniken zu analysieren. Dieses Tool kann wertvolle Einblicke in die Möglichkeiten und Grenzen der KI-Kunst bieten.

2.2 KI in der Ideenfindung

Eine der bedeutendsten Stärken von KI in kreativen Prozessen ist ihre Fähigkeit, Menschen zu helfen, kreative Blockaden zu überwinden und neue Denkanstöße zu liefern. Ob es darum geht, den ersten Satz eines Textes zu formulieren, eine Idee für ein Konzept zu entwickeln oder visuellen Content zu erschaffen: KI kann eine Vielzahl an Vorschlägen generieren, die als Ausgangspunkt für weitere kreative Überlegungen dienen. Schauen wir uns nun genauer an, wie KI bei der Ideenfindung unterstützen kann.

2.2.1 Brainstorming-Unterstützung

Bei der Unterstützung des Brainstormings durch automatisierte Vorschläge spielen KI-Modelle, insbesondere jene im Bereich des Natural Language Processing (NLP) wie ChatGPT oder Jasper, eine wichtige Rolle. Diese Technologien sind darauf spezialisiert, Texte zu verstehen, zu generieren und in einer Weise zu interpretieren, die dem menschlichen Sprachgebrauch ähnelt.

Magnific AI
Die Plattform ist online zugänglich unter *www.magnific.com* und bietet sowohl kostenlose als auch kostenpflichtige Abonnement-Optionen, deren Preisgestaltung sich je nach gewähltem Plan und den darin enthaltenen erweiterten Funktionen richtet.

Copy.ai
Die Plattform ist online verfügbar unter *www.copy.ai* und bietet eine Vielzahl von Abonnement-Modellen an, die unterschiedliche Funktionen und Nutzungsmöglichkeiten beinhalten.

Ideogram.ai
Die Plattform bietet sowohl kostenlose als auch kostenpflichtige Abonnement-Optionen an, wobei zahlende Benutzer*innen von erweiterten Funktionen, schnellerer Generierung und höherer Bildauflösung profitieren können.

Stable Diffusion
Die KI ist zugänglich unter *stablediffusionweb.com*.

KI-Modelle liefern eine breite Palette an Ideenvorschlägen
Diese Vorschläge können als Inspiration dienen und neue Denkrichtungen eröffnen, die vielleicht noch nicht in Betracht gezogen wurden.

Heißt im Konkreten: Wenn Designer*innen sich bemühen, frische Ideen für ihre nächsten Projekte zu sammeln, müssen sie sich nicht mehr ausschließlich auf ihre eigenen Gedanken und Erfahrungen verlassen. Durch das Eingeben eines Themas oder einer spezifischen Fragestellung in ein KI-gestütztes Tool wird ein Prozess in Gang gesetzt, bei dem die KI aufgrund der riesigen Datenmengen, die sie gelernt hat, diverse Vorschläge generiert.

Beispiel für ein Brainstorming mit Jasper

Als Beispiel nehmen wir eine Architektin, die ihre Visitenkarten neu gestalten möchte. Folgender Prompt wird bei Jasper eingegeben: »Ich möchte eine Visitenkarte für eine Architektin gestalten. Kannst du mir Vorschläge machen, welches Design gut funktionieren könnte? Begründe.«

Jasper antwortet: »Natürlich, ich kann Ihnen dabei helfen, ein ansprechendes Design für die Visitenkarte einer Architektin zu entwerfen. Hier sind einige Vorschläge mit Begründungen:

1. **Minimalistisches Design:** Ein minimalistisches Design verwendet viel Weißraum und klare Linien. Dies spiegelt Präzision und Professionalität wider, Eigenschaften, die in der Architektur sehr geschätzt werden. Die Begründung:
   - Klarheit und Lesbarkeit: Ein minimalistisches Design lenkt die Aufmerksamkeit direkt auf die wichtigen Informationen wie Name, Kontaktinformationen und Firmennamen.
   - Zeitlose Eleganz: Minimalismus bleibt über Trends hinweg relevant und vermittelt ein Gefühl von Zeitlosigkeit und Beständigkeit, was für eine Architektin wichtig sein kann.
2. **Geometrische Muster:** Verwenden Sie geometrische Formen und Muster, die subtile architektonische Elemente widerspiegeln. Die Begründung:
   - Berufsrelevanz: Geometrie und Symmetrie sind grundlegende Konzepte in der Architektur. Diese visuelle Anspielung auf den Beruf kann potenziellen Kunden sofort vermitteln, dass sie es mit einer professionellen Architektin zu tun haben.
   - Ästhetik: Geometrische Muster können einen visuellen Reiz erzeugen und gleichzeitig Struktur und Ordnung präsentieren.
3. **Skizzen und Zeichnungen:** Integrieren Sie handgezeichnete Skizzen oder technische Zeichnungen als Hintergrund oder Designelemente. Die Begründung:
   - Persönlicher Touch: Skizzen und Zeichnungen verleihen der Karte eine persönliche Note und demonstrieren künstlerische Fähigkeiten.

- Authentizität: Solche Elemente unterstreichen die Kreativität und das technische Know-how der Architektin.

4. **Architektur-Fotografie:** Nutzen Sie hochwertige Fotografien von abgeschlossenen Projekten oder ikonischen Gebäuden im Hintergrund. Die Begründung:
   - Visuelle Beweise: Hochwertige Bilder von architektonischen Projekten können beeindruckende Referenzen sein und das Portfolio visuell darstellen.
   - Attraktivität: Fotografische Elemente können die Karte auffälliger und eindrucksvoller machen.
5. **Monochrome Farbpalette:** Setzen Sie auf eine monochrome Farbpalette, zum Beispiel Schwarz-Weiß oder Grautöne, um ein professionelles und elegantes Erscheinungsbild zu erzielen. Die Begründung:
   - Professionalität: Monochrome Designs wirken oft eleganter und professioneller.
   - Konzentration auf Details: Ein einfarbiges Design lenkt die Aufmerksamkeit auf das Design selbst und weniger auf bunte Ablenkungen, was Präzision und Detailtreue betont.
6. **Hochwertige Materialien:** Verwenden Sie dickes, strukturiertes Papier oder spezielle Drucktechniken wie Prägedruck oder Folienprägung. Die Begründung:
   - Erster Eindruck: Hochwertiges Material hinterlässt einen bleibenden Eindruck und vermittelt Wertigkeit und Exklusivität.
   - Taktile Erfahrung: Die Haptik der Karte kann genauso wichtig sein wie ihr visuelles Design und trägt zu einem positiven Gesamteindruck bei.

Fazit: Eine Visitenkarte für eine Architektin sollte sowohl ästhetisch ansprechend als auch funktional sein. Ein minimalistisches Design, geometrische Muster, handgezeichnete Skizzen, Architektur-Fotografie, eine monochrome Farbpalette und hochwertige Materialien können alle dazu beitragen, Professionalität und Kreativität zu vermitteln. Letztendlich sollte das Design die Persönlichkeit der Architektin widerspiegeln und einen bleibenden Eindruck bei potenziellen Kunden hinterlassen.«

Die Vorschläge gehen weit über das hinaus, was das menschliche Gehirn in kurzer Zeit zu leisten imstande ist. Und auch wenn die von der KI präsentierten Ideen auf den ersten Blick vielleicht ungewöhnlich oder sogar abwegig erscheinen, so bieten sie jedoch ein enormes Potenzial für Kreativität: ein »Vielleicht« als Ausgangspunkt für eine tiefere Diskussion innerhalb des Teams.

Inspiration. Nicht definitive Lösung.
KI-Vorschläge sollten vorrangig als Inspirationswerkzeuge und nicht als definitive Lösungen betrachtet werden. Die endgültige Auswahl und Weiterentwicklung der Ideen sollten stets unter Berücksichtigung des spezifischen Kontexts des Projekts, der Ziele und der Zielgruppe erfolgen. Menschliches Urteilsvermögen ist unerlässlich, um die Machbarkeit, Relevanz und Angemessenheit der durch KI generierten Ideen zu bewerten.

Ein Vorteil dieser automatisierten Vorschläge – von der unglaublichen Schnelligkeit einmal abgesehen – liegt darin, dass sie frei von den kognitiven Verzerrungen sind, die den menschlichen Denkprozess beeinflussen können. Während Menschen dazu tendieren, bekannte Muster und Lösungen zu bevorzugen, bietet die KI eine unbefangene Inspirationsquelle, die den Weg für innovative Lösungen ebnen kann.

2.2.2 Visualisierung abstrakter Konzepte

Die Visualisierung abstrakter Konzepte mithilfe von bildgenerierenden KI-Tools bietet eine großartige Möglichkeit, komplexe oder schwer verständliche Ideen greifbarer und anschaulicher zu machen. Tools wie Firefly, DALL-E, Stable Diffusion oder Midjourney und andere fortschrittliche KI-Systeme zur Bildgenerierung spielen hierbei eine zentrale Rolle.

Diese Technologien nutzen komplexe Algorithmen und riesige Datenmengen, um auf Basis von textuellen Beschreibungen detaillierte und kreative Bilder zu erzeugen. Für Designerinnen und Designer kann dies besonders nützlich sein, wenn es darum geht, abstrakte Gedanken, innovative Konzepte oder visionäre Ideen darzustellen, die sich nur schwer verbal kommunizieren lassen. Ein paar praktische Anwendungsszenarien als Beispiel:

1. **Konzeptentwicklung:** Bei der Entwicklung neuer Designideen können bildgenerierende KI-Tools eingesetzt werden, um erste visuelle Prototypen zu erstellen. Anhand einer einfachen Beschreibung dessen, was visualisiert werden soll, generiert die KI ein Bild, das als Ausgangspunkt für weitere kreative Überlegungen dienen kann.

Abbildung 2.6
Einfacher geht Visualisierung kaum: KI-Bild nach dem Prompt »Grüner Laptop mit extra Lautsprechern im schlichten Design« in Adobe Firefly

2. **Präsentationen und Pitches:** In Präsentationen oder Pitches helfen diese visuellen Darstellungen, die Kernidee klar und überzeugend zu vermitteln – zum Beispiel in einem Moodboard. Ein Bild sagt oft mehr als tausend Worte, und durch den Einsatz von KI-generierten Bildern können komplexe Konzepte leichter verständlich gemacht werden.
3. **Werbung und Marketing:** Für Werbe- und Marketingkampagnen können abstrakte Ideen in eindrucksvolle visuelle Inhalte verwandelt werden, die die Aufmerksamkeit der Zielgruppe auf sich ziehen. Ob es sich um das Visualisieren eines neuen Produkts oder das Darstellen einer Markenbotschaft handelt, die KI kann schnell und effizient ansprechende Bilder liefern. Wichtig sind hier auch die Möglichkeiten von KI, Designs zu personalisieren (durch die Anpassung von Logos, Mockups oder Schriftzügen ...).

Abbildung 2.7
Schon ein erster Prompt in Firefly erstellt ein Moodboard, mit dem man iterativ weiterarbeiten könnte: »Erstelle ein Moodboard für eine Werbekampagne für eine naturbelassene Seife. Farbpaletten in Pastell, natürliche Farben, Produktbeispiele, Schwerpunkt auf der Seife, mit Farbpaletten«.

4. **Kunst und kreative Projekte:** Künstlerinnen und Künstler sowie andere Kreative können bildgenerierende KI nutzen, um neue künstlerische Ausdrucksformen zu erforschen. Die KI kann ungewöhnliche und inspirierende Bilder erzeugen, die als Grundlage für weiterführende Kunstprojekte dienen können.

2.2.3 Prototypen und Modellierung

Dank KI-Technologien können funktionale Prototypen schnell erstellt und evaluiert werden. Beispielsweise lassen sich Webseitenlayouts in Form von Skizzen mithilfe von KI-Design-Tools in HTML-Prototypen umwandeln. Dies beschleunigt den Designprozess, weil die Ideen der Designer*innen direkt in funktionsfähige Weblayouts umgesetzt werden.

Auch bei der Produktmodellierung können Ingenieur*innen und Kreative generative Design-Software wie Autodesk Fusion 360 nutzen, um Designalternativen zu generieren. Auch 3D-Modellierungstools wie Blender und ZBrush integrieren inzwischen KI, um komplexe Modellierungsaufgaben zu automatisieren, was die Erstellung detaillierter Produktprototypen beschleunigt.

Unterstützung bei Werbekampagnen

Bei der Entwicklung von Werbekampagnen können KI-gestützte Plattformen wie Jasper oder Copy.ai Werbetexte, Slogans und sogar ganze Kampagnenideen generieren. Diese Tools analysieren bestehende erfolgreiche Kampagnen, um neue, kreative Ansätze zu entwickeln. Automatisierte A/B-Testing-Tools helfen zudem dabei, verschiedene Versionen von Werbematerialien zu testen und die effektivsten Varianten auszuwählen, was schnelle Iterationen und Anpassungen ermöglicht.

Prototypen- und Modellierungsphase

Diese Phase ist entscheidend für die Entwicklung neuer Produkte und Konzepte. In ihr werden erste Ideen in greifbare Formen überführt, die getestet und weiterentwickelt werden können. Künstliche Intelligenz bietet hier zahlreiche Vorteile, indem sie den Prozess effizienter, präziser und kreativer gestaltet:

- Zeitersparnis
- Kreativitätsförderung
- Einhaltung von Designrichtlinien
- Echtzeit-Feedback

Der Einsatz von KI in der Prototypen- und Modellierungsphase bietet auch hier erhebliche Zeitersparnis, da zeitaufwendige und wiederkehrende Aufgaben automatisiert werden. So kann die Entwicklungszeit teilweise erheblich reduziert werden. Außerdem hat die KI-Erstellung auch einen Einfluss auf die Kreativität, weil eine Vielzahl von teilweise unerwarteten Lösungsvorschlägen generiert wird. Designer*innen werden so dazu angeregt, neue Wege zu erkunden und innovative Lösungen zu finden, die sie ohne die Hilfe der KI möglicherweise nicht in Betracht gezogen hätten.

Und noch etwas: KI unterstützt automatisch die Einhaltung von Designrichtlinien und Standards, sodass eine hohe Konsistenz und Qualität der Prototypen gewährleistet wird. Fehler und Inkonsistenzen können frühzeitig erkannt und korrigiert werden. Die nun schnelleren und effizienteren Prototyping-Prozesse sparen zudem Entwicklungskosten, da Ressourcen besser genutzt und unnötige Ausgaben vermieden werden.

Ein weiterer Vorteil ist das Echtzeit-Feedback und die Möglichkeit zur schnellen Iteration. KI-gestützte Tools ermöglichen sofortiges Feedback basierend auf Benutzerdaten und Simulationen. Dies erleichtert schnelle Anpassungen, um das endgültige Produkt optimal an die Bedürfnisse der Zielgruppe anzupassen.

Abbildung 2.8
BMW VISION NEXT 100

Wie sieht das in der Praxis aus? In der Automobilindustrie nutzen Unternehmen wie BMW generatives Design, um Fahrzeugkomponenten zu entwickeln, die leichter und zugleich stabiler sind. Diese Prototypen werden virtuell getestet, bevor physische Modelle gebaut werden.

In der Modebranche setzen Marken KI ein, um beispielsweise neue Schuhdesigns zu entwickeln oder Trends und Präferenzen der Kundschaft vorherzusagen. Dadurch können maßgeschneiderte Produkte schneller auf den Markt gebracht werden. Auch im Architektur- und Bauwesen kommt KI zur Erstellung von Gebäudeentwürfen, die sowohl ästhetisch ansprechend als auch funktional effizient sind, zum Einsatz. KI-basierte Simulationssoftware prüft die Entwürfe auf strukturelle Integrität und Umwelteinflüsse.

2.2.4 Content Inspiration

Die Generierung von Inhalten ist ein zentraler Bestandteil jeder Marketingstrategie. KI bietet dabei jegliche Unterstützung, indem sie passende Vorschläge liefert und so den kreativen Prozess bereichert. Das geht von der Generierung von Überschriften oder Slogans bis hin zur Erstellung regelmäßiger Blogposts.

Überschriften generieren

Beispielsweise sind gut formulierte Überschriften entscheidend, um die Aufmerksamkeit der Leser*innen zu gewinnen. KI-Tools können verschiedene Überschriftenvorschläge generieren, basierend auf bewährten Mustern und aktuellen Trends, und helfen dabei, die perfekte Balance zwischen Neugier und Information zu finden.

Blogthemen finden

Ein Unternehmen, das regelmäßig Blogposts zu technologischen Innovationen veröffentlicht, kann wöchentlich neue, inspirierende Themenvorschläge von einer textgenerierenden KI erhalten. Diese Vorschläge basieren auf aktuellen Entwicklungen in der Technologiebranche und den Interessen der Leserschaft. Die KI liefert nicht nur Themenideen, sondern auch grobe Artikelentwürfe, die das Team dann verfeinert und personalisiert.

Wir bitten Jasper um Themenvorschläge für einen Blog. Prompt: »Schlag fünf Themen vor, die Lesende eines Blogs zum Thema ›Grafikdesign und KI‹ interessieren könnten.« Jasper schlägt vor:

- »Wie künstliche Intelligenz das Grafikdesign revolutioniert: Ein Überblick über aktuelle Tools und Technologien«: Eine Einführung in die neuesten KI-gestützten Design-Tools wie Adobe Sensei, Canva's Magic Resize und DeepArt. Diskutiert wird, wie diese Technologien den Designprozess effizienter gestalten und welche neuen Möglichkeiten sie bieten.
- »Von der Idee zum fertigen Design: So unterstützen KI-Algorithmen kreative Prozesse im Grafikdesign«: Ein detaillierter Blick darauf, wie KI bei der Ideenfindung, dem Prototyping und der finalen Ausgestaltung von Designs helfen kann. Beispiele aus der Praxis zeigen, wie Designer KI nutzen, um ihre Kreativität zu steigern.
- »Automatisierung im Grafikdesign: Chancen und Herausforderungen für Designer«: Eine Analyse der Vorteile und potenziellen Risiken der Automatisierung im Grafikdesign. Diskutiert werden die Rolle des Designers in einer zunehmend automatisierten Welt und wie man sich an die Veränderungen anpassen kann.
- »Kreative Kollaboration: Wie Designer und KI zusammenarbeiten, um innovative Ergebnisse zu erzielen«: Fallstudien und Interviews mit Designern, die erfolgreich mit KI-Tools arbeiten. Diese Beiträge zeigen, wie menschliche Kreativität und KI-Technologie Hand in Hand gehen können, um herausragende Designs zu schaffen.

Das Finden neuer Themen für Blogposts ist zeitaufwendig

KI analysiert aktuelle Branchentrends, Kundeninteressen und Lücken im bestehenden Content, um relevante und ansprechende Themenvorschläge zu liefern. Dadurch wird die Erstellung von Inhalten gefördert, die die Zielgruppe wirklich interessieren.

Slogan finden

Auch ein eingängiger Slogan kann eine Marke nachhaltig prägen. Die KI kann Slogans basierend auf Markenidentität, Zielgruppenanalyse und historischen Daten erfolgreicher Kampagnen generieren und bietet manchmal frische, kreative Ideen, die die Markenbotschaft effektiv transportieren.

Ausformulierungen

KI kann außerdem komplette Entwürfe für Artikel erstellen, einschließlich Strukturvorschlägen, Einleitungen, Hauptabschnitten und Schlussfolgerungen. Auf diesen Entwürfe kann man dann aufbauen. Dabei berücksichtigt die KI SEO-Best-Practices und Leseinteressen, um den Artikel optimiert und ansprechend zu gestalten.

Auch hier sehen wir uns ein ausführliches Beispiel an, was mit KI beim Ausformulieren eines Blogthemas in kurzer Zeit möglich ist. Wir bitten Jasper, das erste zuvor vorgeschlagene Thema auszuformulieren. Prompt: »Formuliere das erste Thema ›Wie künstliche Intelligenz das Grafikdesign revolutioniert‹ aus. Ende mit einem Call-to-Action. Mache zusätzliche Vorschläge für die Verschlagwortung.« Jasper liefert:

»Die Welt des Grafikdesigns befindet sich in einem rasanten Wandel, und eine der treibenden Kräfte hinter dieser Transformation ist KI. Von der Automatisierung einfacher Aufgaben bis hin zur Unterstützung komplexer kreativer Prozesse – KI-gestützte Design-Tools haben das Potenzial, den gesamten Workflow von Designern zu optimieren und zu erweitern. In diesem Artikel wird ein Überblick über einige der neuesten KI-Tools und Technologien gegeben, die aktuell im Grafikdesign eingesetzt werden.

- **Adobe Sensei – Der kreative Assistent:** Adobe Sensei ist eine KI-Technologie, die in vielen Adobe-Produkten integriert ist, darunter Photoshop, Illustrator und Premiere Pro. Sensei bietet Funktionen wie automatische Bildbearbeitung, intelligente Objekterkennung und Content-Aware Fill, die Designern helfen, schneller zu arbeiten und gleichzeitig präzisere Ergebnisse zu erzielen. Durch maschinelles Lernen kann Sensei aus den bisherigen Arbeiten eines Designers lernen und personalisierte Vorschläge machen.
- **Canva's Magic Resize – Anpassung leicht gemacht:** Canva ist ein beliebtes Tool für Web- und Grafikdesign, das ebenfalls auf KI setzt. Eine der herausragenden Funktionen ist »Magic Resize«, die es ermöglicht, ein Design automatisch an verschiedene Formate anzupassen. Dies spart enorm viel Zeit, besonders bei der Erstellung von Social-Media-Grafiken, die in verschiedenen Größen benötigt werden.
- **DeepArt – Kreativität trifft auf Algorithmen:** DeepArt ist ein weiteres faszinierendes Beispiel dafür, wie KI traditionelle Designprozesse verändert. Mit dieser Technologie können Designer Routineaufgaben, wie das Anwenden von künstlerischen Stilen auf Fotos, automatisieren. Durch die Verwendung neuronaler Netzwerke können Bilder in den Stil berühmter Kunst-

werke umgewandelt werden, was neue kreative Möglichkeiten eröffnet.

- **Autodraw – Zeichnen leicht gemacht:** Autodraw von Google Creative Lab nutzt maschinelles Lernen, um unfertige Skizzen in professionell aussehende Zeichnungen zu verwandeln. Diese Funktion ist besonders nützlich für Designer, die schnell Ideen skizzieren und verfeinern möchten, ohne über fortgeschrittene Zeichenfähigkeiten zu verfügen.
- **Generative Design – Innovation durch Algorithmen:** Generative Design ist eine Technologie, die mithilfe von Algorithmen unzählige Designalternativen basierend auf vordefinierten Parametern generiert. Diese Methode wird bereits in der Architektur und Produktgestaltung eingesetzt und bietet auch für Grafikdesigner spannende neue Ansätze, um innovative und optimierte Designs zu entwickeln.

Call-to-Action: Interessiert daran, wie KI dein Grafikdesign verbessern kann? Folge unserem Blog, um regelmäßig Updates und tiefergehende Analysen zu erhalten. Teile deine Gedanken und Erfahrungen mit KI-gestützten Tools in den Kommentaren unten!

Verschlagwortungsvorschläge: Künstliche Intelligenz, Grafikdesign, Adobe Sensei, Canva, DeepArt, Automatisierung, Kreative Prozesse, Design-Tools, Maschinelles Lernen, Generative Design.«

Teamarbeit
Aber KI-gestützte Tools erleichtern auch die Zusammenarbeit innerhalb von Teams. Mehrere Teammitglieder können gleichzeitig an den von der KI erstellten Entwürfen arbeiten, Feedback geben und Verbesserungen vornehmen, was zu schnelleren und effizienteren Arbeitsabläufen führt.

Die von der KI generierten Inhalte sind oft nur der Anfang des kreativen Prozesses. Obwohl die KI grundlegende Vorschläge liefert, bleibt es den Kreativen überlassen, diese Inhalte an die spezifischen Anforderungen und den Ton der Marke anzupassen.

Lernfähig
Ein weiterer Vorteil ist die kontinuierliche Verbesserung: KI lernt aus dem Feedback und den bearbeiteten Inhalten, um zukünftige Vorschläge weiter zu verbessern. Diese kontinuierliche Lernfähigkeit der KI stellt sicher, dass die Qualität der vorgeschlagenen Inhalte mit der Zeit steigt.

2.3 KI und Research

Die Bedeutung der Analyse und Optimierung im Marketing kann wahrscheinlich nicht überschätzt werden. Die gute Nachricht: Durch den Einsatz von KI lässt sich dieser Prozess erheblich verbessern, indem große Datenmengen effizient ausgewertet werden. Dies führt zu fundierten datengestützten Insights, die eine präzisere und effektivere Gestaltung von Marketingstrategien ermöglichen.

2.3.1 Datengestützte Insights durch KI

Künstliche Intelligenz kann immense Mengen an Daten in kürzester Zeit analysieren, was Unternehmen tiefe Einblicke in das

Analyse von Kundeninteraktionen und -verhalten
Muster in Kundeninteraktionen und -verhalten bieten wertvolle Informationen über Kaufverhalten und Entscheidungsprozesse. Zum Beispiel kann KI aufdecken, wann Kund*innen bevorzugt einkaufen oder welche Kommunikationskanäle sie am häufigsten nutzen.

Abbildung 2.9
Künstliche Intelligenz revolutioniert das Grafikdesign: Durch die Analyse großer Datenmengen und die Erkennung von Trends wird eine präzisere und effizientere Gestaltung kreativer Konzepte ermöglicht.

Verhalten, die Präferenzen und die Bedürfnisse ihrer Zielgruppen ermöglicht.

KI-Algorithmen identifizieren aktuelle und aufkommende Trends, indem sie kontinuierlich Daten aus verschiedenen Quellen wie sozialen Medien, Onlineforen und Verkaufsstatistiken auswerten. Diese Fähigkeit hilft Unternehmen, frühzeitig auf Veränderungen im Markt zu reagieren und ihre Strategien entsprechend anzupassen.

Ein weiterer Vorteil der KI ist die präzise Segmentierung des Zielmarktes. Basierend auf demografischen, geografischen und psychografischen Daten können Zielgruppen detailliert segmentiert werden. Dies ermöglicht eine maßgeschneiderte Ansprache, die besser auf die individuellen Bedürfnisse und Vorlieben der verschiedenen Segmente abgestimmt ist.

Beispiel: Zielgruppe greifbar machen mit ChatGPT und Firefly
Um eine Zielgruppe und Persona zu definieren und diese visuell darzustellen, kann man Tools wie ChatGPT und Firefly oder Midjourney in Kombination verwenden.

Zunächst erstellt ChatGPT eine detaillierte Persona-Beschreibung basierend auf der Zielgruppe. Ein Prompt könnte lauten: »Erstelle eine Persona für folgende Zielgruppe: Marketing-Manager*innen von mittelständischen Technologieunternehmen im Alter von 30 bis 45 Jahren, die innovative Lösungen suchen, um ihre Kampagnen effizienter und erfolgreicher zu gestalten.«
GPT-4o liefert:

- Persona: Julia Schmidt
- Alter: 38 Jahre
- Position: Marketing-Managerin
- Unternehmen: TechSolutions GmbH (mittelständisches Technologieunternehmen)
- Standort: München, Deutschland
- Familienstand: verheiratet, zwei Kinder (6 und 9 Jahre alt)
- Bildungsweg: Bachelor in Betriebswirtschaftslehre, Master in Marketing und Kommunikation
- Berufserfahrung: 15 Jahre Erfahrung im Marketing, davon 8 Jahre spezifisch im Technologiesektor
- Persönliche Ziele: nachhaltige Karriereentwicklung und kontinuierliches Lernen, ausgewogene Work-Life-Balance, Beitrag zur Innovationskraft und zum Erfolg des Unternehmens
- Professionelle Ziele: Steigerung der Effizienz und Erfolgsquote von Marketingkampagnen, Implementierung innovativer Technologien und Strategien, Verbesserung des ROI und Senkung der Marketingkosten, Führung eines motivierten und kreati-

ven Marketingteams, Aufbau einer starken Markenpräsenz im wettbewerbsintensiven Technologiemarkt

- Herausforderungen: ständiger Druck, die neuesten Trends und Technologien zu integrieren, Mangel an internen Ressourcen oder Expertise, um innovative Kampagnen umzusetzen, Budgetbeschränkungen und Notwendigkeit zur Kostenoptimierung, Schwierigkeit bei der Messung und Analyse des Kampagnenerfolgs, Balancierung zwischen kurzfristigen Erfolgen und langfristiger Markenentwicklung
- Informationsquellen: Branchenblogs und Fachmagazine wie MarketingWeek, TechCrunch und HORIZONT, Marketing-Webinare und Fachkonferenzen, Netzwerk und Social Media, insbesondere LinkedIn, Fachliteratur und Marktforschungsberichte, Austausch mit Kollegen und Experten aus der Branche
- Technologische Affinität: vertraut mit gängigen Marketing-Tools und -Plattformen (zum Beispiel HubSpot, Google Analytics, SEMrush), offene Haltung gegenüber neuen Technologien, wie zum Beispiel AI-gestützte Marketinglösungen und Automatisierungssoftware, regelmäßige Nutzung von Datenanalyse-Tools zur Performance-Messung und Berichterstattung (usw.)

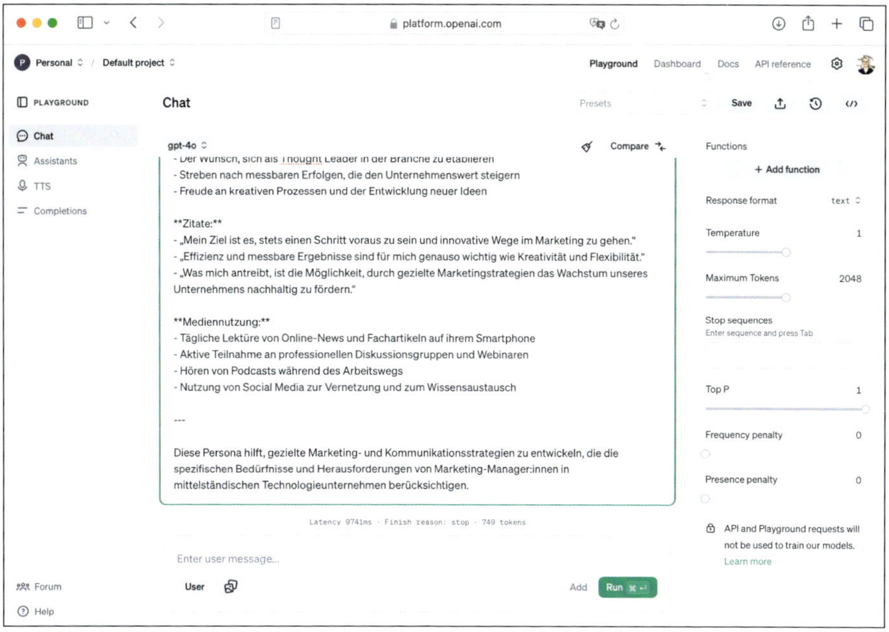

Abbildung 2.10
ChatGPT liefert innerhalb von Sekunden eine ausführliche Beschreibung der Persona.

Nun sollte die gesamte Beschreibung nicht komplett als Prompt in Firefly (oder Midjourney u. a.) eingegeben werden, um ein passendes Bild zu generieren. Wir fragen einfach ChatGPT, ob man daraus einen passenden Prompt machen kann.

Abbildung 2.11
So können wir uns Julia Schmidt im wahrsten Sinne noch bildlicher vorstellen. Ergebnis des Prompts »Erstelle ein Foto als Persona von Julia Schmidt…« (wie zuvor beschrieben) in Adobe Firefly

Customer Journey
Das ist der Weg, den eine Kundin oder ein Kunde von der ersten Kontaktaufnahme bis zum Kauf und darüber hinaus zurücklegt.

GPT-4o liefert: »Erstelle ein Foto als Persona von Julia Schmidt, 38, Marketing-Managerin in einem mittelständischen Technologieunternehmen, technologieaffin und fokussiert auf Effizienz und Innovation. Sie hat 15 Jahre Erfahrung und strebt nach messbaren Erfolgen sowie einer ausgeglichenen Work-Life-Balance. Ihre Herausforderungen umfassen Budgetbeschränkungen und die Integration neuer Technologien.«

Diesen Prompt nutzen wir in Firefly und erhalten eine visuelle Darstellung von Julia Schmidt. Diese kann dann genutzt werden, um Marketingstrategien zu personalisieren und ein besseres Verständnis der Zielgruppe zu entwickeln.

2.3.2 Anwendung der Insights zur Entwicklung kreativer Konzepte

Mit diesen Informationen über die Zielgruppe können nun Marketingkampagnen erstellt werden, die auf die Interessen und Bedürfnisse der Kunden zugeschnitten werden. Dies erhöht die Relevanz und Effektivität der Kampagnen und führt zu höheren Konversionsraten.

An anderer Stelle kann die Analyse des Kundenverhaltens Schwachstellen in der Customer Journey identifizieren und diese optimieren, was zu einer verbesserten Kundenerfahrung und erhöhten Zufriedenheit und Loyalität führt. Auch hier könnte zum Beispiel ChatGPT für die Erstellung einer detaillierten Briefingvorlage genutzt werden.

Beispiel: Briefingvorlage erstellen mit ChatGPT

»KI ist das neue Google«, heißt es. Ein Prompt könnte lauten: »Welche Infos benötigst du für die Erstellung eines Briefings?«
GPT-4o liefert:

1. Zielgruppe:
   - Demografische Merkmale: Alter, Geschlecht, Beruf, Einkommen, Bildungsgrad, Familienstand
   - Geografische Merkmale: Wohnort, Region, Stadt vs. Land
   - Psychografische Merkmale: Interessen, Lebensstil, Werte, Meinungen
   - Verhaltensmerkmale: Kaufverhalten, Produktnutzung, Markenloyalität, Kaufgründe
2. Ziele und Erwartungen:
   - Kampagnenziele: Erhöhung der Markenbekanntheit, Generierung von Leads, Steigerung der Verkäufe, Kundenbindung
   - Erwartete Ergebnisse: Konversionsraten, Engagement, Return on Investment (ROI)

3. Botschaft und Positionierung:
   - Kernbotschaft: Was soll die Zielgruppe über das Produkt oder die Dienstleistung wissen und fühlen?
   - Unique Selling Proposition (USP): Was macht das Produkt/die Dienstleistung einzigartig und besonders wertvoll für die Zielgruppe?
   - Ton und Stil: formell, informell, humorvoll, seriös etc.
4. Markt- und Wettbewerbsanalyse:
   - Markttrends: aktuelle Trends, die die Zielgruppe betreffen
   - Wettbewerber: Hauptkonkurrenten, deren Positionierung und Marketingstrategien
   - Marktlücken: Gelegenheiten und Schwachstellen im Markt, die genutzt werden können
5. Kanäle und Taktiken:
   - Offlinemarketing: Printmedien, Messen, Events
   - Onlinemarketing: Social Media, E-Mail-Marketing, Content-Marketing, Suchmaschinenoptimierung (SEO), Pay-per-Click-(PPC-)Kampagnen
   - Multichannel-Ansatz: Integration verschiedener Kanäle, um die Zielgruppe effektiv zu erreichen
6. Budget und Zeitrahmen:
   - Budget: Gesamtkosten für alle Maßnahmen der Kampagne
   - Zeitrahmen: Start- und Enddatum der Kampagne, Meilensteine und wichtige Checkpoints
7. Erfolgsmessung:
   - Key Performance Indicators (KPIs): Metriken zur Erfolgsmessung, wie Klickrate, Konversionsrate, Kundenbindungsrate
   - Analysetools: Google Analytics, CRM-Systeme, Social-Media-Analysen
8. Ressourcen und Verantwortlichkeiten:
   - Teammitglieder: zuständige Personen
   - Externe Partner: Agenturen, Freelancer etc.
9. Zusatzinformationen (optional, je nach Bedarf):
   - Bisherige Kampagnenergebnisse: Erfahrungen und Learnings aus vorherigen Kampagnen
   - Kundenfeedback: Rezensionen, Testimonials, Umfragen
   - Content-Vorgaben: Genaue Anforderungen an Texte, Bilder, Videos
   - Rechtliche Anforderungen: Datenschutz, Compliance, rechtliche Hinweise

Um dann wiederum ein gutes Briefing zu erstellen, sollten so viele Fragen und Punkte wie möglich abgearbeitet werden – gerne mit menschlicher Unterstützung aus den benachbarten Abteilungen.

Zukunftsperspektiven
Mithilfe historischer Daten kann KI auch zukünftige Präferenzen und Verhaltensweisen der Kunden vorhersagen. Diese vorausschauende Analyse erlaubt es Unternehmen, proaktive Maßnahmen zu ergreifen und personalisierte Angebote zu erstellen, die die Wahrscheinlichkeit einer positiven Kundenreaktion erhöhen.

INTERVIEW

KI in der Kreativbranche: Chancen, Herausforderungen und ethische Fragen

Über den Interviewpartner: Jan Schawe

Jan Schawe ist ein erfahrener Kreativprofi und Mitbegründer der renommierten Agentur WE LOVE DESIGN, die sich auf Markenentwicklung, Design und strategische Kommunikation spezialisiert hat. Mit über 30 Jahren Erfahrung in der Branche hat er zahlreiche Projekte erfolgreich umgesetzt und dabei nicht nur ein tiefes Verständnis für kreative Prozesse, sondern auch für die kommerziellen Aspekte der Markenbildung entwickelt. Seine Expertise wurde durch mehrere Auszeichnungen und Awards honoriert, die seine innovativen und handwerklich erstklassigen Ansätze unterstreichen. Trotz des raschen technologischen Wandels und der zunehmenden Bedeutung von künstlicher Intelligenz bleibt Jan Schawe Verfechter des menschlichen Faktors in der Kreativarbeit. Er sieht KI als ergänzendes Werkzeug, das den kreativen Prozess unterstützen, aber niemals vollständig ersetzen kann.

Mit dem stetigen Fortschritt von künstlicher Intelligenz und ihren unterschiedlichen Anwendungen stehen viele Branchen vor weitreichenden Veränderungen. Besonders die Kreativbranche, die stark auf menschliche Intuition und kreatives Denken angewiesen ist, sieht sich mit zahlreichen neuen Möglichkeiten, aber auch Herausforderungen konfrontiert. KI-Tools versprechen eine Revolution in der Arbeitsweise, indem sie Routineaufgaben automatisieren und kreative Prozesse unterstützen.

Doch wie realistisch ist die Integration von KI in den täglichen Workflow? Welche Bedenken bestehen hinsichtlich der ethischen und rechtlichen Aspekte? Und wie sehen Kreativprofis diese Veränderungen? Um diese Fragen zu beantworten, haben wir ein Interview mit Jan Schawe geführt, einem erfahrenen Kreativen aus der Agenturwelt. In diesem Gespräch teilt er Einblicke, wie seine Agentur KI-Tools einsetzt, welche Herausforderungen sie dabei meistern und wie er die Zukunft der Kreativbranche einschätzt.

Annett Bergk: Können Sie uns ein wenig über den Einsatz von KI-Tools in Ihrem Arbeitsalltag erzählen?

Jan Schawe: Sehr gerne. Der Einsatz von KI-Tools ist bei uns noch recht neu, und wir testen immer wieder, wie wir sie am besten integrieren können. Momentan verwenden wir sie nur gelegentlich, und das auch eher in spezifischen Bereichen. Zum Beispiel, wenn es um die Entwicklung von Markennamen geht oder um Ideenfindung mittels Mindmapping. Besonders in der Anfangsphase, als diese Tools gerade auf den Markt kamen, haben wir sie öfter genutzt. Aber für Bereiche wie die Bildbearbeitung im Packaging-Design greifen wir kaum darauf zurück. Wir arbeiten nicht viel mit Fotos und sind auch zu klein, um die notwendigen Ressourcen für ein umfangreiches KI-Setup bereitzustellen.

Vivien Pietruck: Das klingt, als ob KI im Moment weniger ein integraler Bestandteil Ihres Arbeitsablaufs ist und eher als zusätzliche Hilfe dient?

Jan Schawe: Genau, das trifft es ziemlich gut. Im Augenblick ist KI bei uns noch ein unterstützendes Tool, das wir on top hinzuziehen. Wenn ich mich mit Kollegen und Kolleginnen aus anderen Agenturen unterhalte, dann ist das oft ähnlich. Auch größere

Agenturen, die mehr Ressourcen haben, befinden sich noch in einer Experimentierphase. Sie erkunden die Möglichkeiten, ohne dass KI wirklich fest in ihren Arbeitsablauf integriert ist.

Annett Bergk: Haben Sie konkrete Beispiele, bei denen der Einsatz von KI-Tools in Ihrer Arbeit hilfreich war?

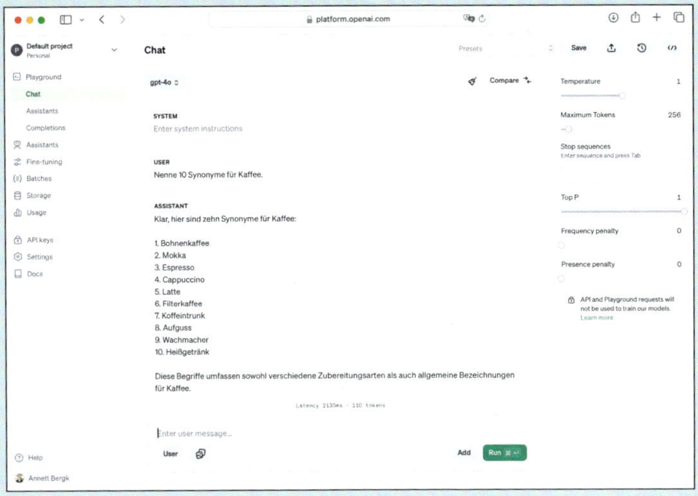

© Maurice Kohl

Abbildung 2.12
Jan Schawe ist ein Verfechter des menschlichen Faktors in der Kreativarbeit.

Abbildung 2.13
In wenigen Sekunden inspiriert: Die Chat-Funktion in Open AI (ChatGPT-4o) liefert auf Knopfdruck Synonyme.

Jan Schawe: Natürlich. Ein gutes Beispiel ist die Verwendung von KI für Synonym-Recherchen. Früher haben wir dafür Google genutzt, was schon hilfreich war, aber auch viel Zeit in Anspruch nahm. Heute kann ich durch KI-basierte Anwendungen schneller und umfassender Synonyme finden. Das hat mir schon einige neue Ansätze geliefert, die ich weiterverfolgen konnte, auch wenn ich sagen muss, dass die KI bisher nie die endgültige Lösung geliefert hat. Es ist mehr ein Werkzeug, das Inspiration bietet und den kreativen Prozess beschleunigen kann.

Vivien Pietruck: Und sehen Sie Bereiche, in denen KI Ihrer Meinung nach niemals den menschlichen Faktor ersetzen kann?

Jan Schawe: Definitiv. Insbesondere, wenn es um kreative und konzeptionelle Aufgaben geht, denke ich, dass der Mensch unersetzbar bleibt. Dinge wie Markenbildung und -entwicklung erfordern ein tiefes Verständnis für Kultur, Ästhetik und vor allem ein Gefühl für den Markt und die Zielgruppe. Diese Art von Intuition, die durch langjährige Erfahrung entsteht, kann eine KI meiner Meinung nach nicht ersetzen. Auch der persönliche Bezug zum Auftraggebenden ist ein entscheidender Faktor. Menschen sind emotionale Wesen und dieser emotionale Austausch ist wichtig, um wirklich kreative und innovative Lösungen zu entwickeln.

Annett Bergk: Wie sehen Sie die Zukunft der Kreativbranche in Bezug auf KI? Werden größere Agenturen hier die Nase vorn haben?

Jan Schawe: Ich glaube schon, dass größere Agenturen mit mehr Ressourcen erheblich von der Nutzung von KI profitieren werden. Die Möglichkeit, eine intern entwickelte KI zu nutzen, die auf spezifische Daten und die individuelle Designsprache der Agentur zugreifen kann, ist ein enormer Vorteil. Diese maßgeschneiderten KIs können extrem hilfreich sein und den Arbeitsprozess effizienter gestalten. Kleinere Agenturen wie unsere werden sicherlich auch Unterstützung finden, aber der große Unterschied liegt in der Tiefe und der Personalisierung der KI-Nutzung. Trotz alledem denke ich, dass der menschliche Faktor noch lange eine zentrale Rolle spielen wird, zumindest in den nächsten fünf bis zehn Jahren.

Vivien Pietruck: Gibt es besondere Workshop- oder Konferenz-Erfahrungen, die Sie in letzter Zeit gemacht haben, die Ihnen neue Perspektiven zum Thema KI eröffnet haben?

Jan Schawe: Ja, tatsächlich habe ich vor Kurzem an verschiedenen interessanten KI-Workshops teilgenommen, u. a. an einem von Alibaba. Es war beeindruckend zu sehen, wie detailliert und präzise die KI arbeiten kann und welche neuen Möglichkeiten das eröffnet. Es hat aber auch gezeigt, dass viele Fachleute, insbesondere Produktdesigner, Ängste haben, dass ihnen ihre kreative Arbeit weggenommen wird. Diese Sorgen kann ich bis zu einem gewissen Grad nachvollziehen, obwohl ich sie selbst nicht teile.

Annett Bergk: Glauben Sie, dass KI das Kundenerlebnis wirklich verbessern kann?

Jan Schawe: Oh, auf jeden Fall. Ein gutes Beispiel dafür sind Anwendungen, die Produkte individueller gestalten können, wie die Plattform von Alibaba. Dort kann ein Kunde oder eine Kundin ein Foto eines Gegenstands hochladen und spezifische Anpassungen angeben, die dann von der KI umgesetzt und den passenden Herstellern zugeordnet werden. Das ermöglicht eine ganz neue Art der Produktindividualisierung und -herstellung. Solche Möglichkeiten schaffen ein kundenzentriertes Erlebnis, das es so bisher nicht gab.

Vivien Pietruck: Gibt es ethische Bedenken oder rechtliche Fragen, die beim Einsatz von KI eine Rolle spielen?

Jan Schawe: Absolut, die gibt es in der Tat. Der Datenschutz ist ein großes Thema sowie die Frage, woher die Daten stammen, die die KI nutzt. Es gibt auch rechtliche Unklarheiten, beispielsweise dass generierte Inhalte nicht unbedingt urheberschutzfähig sind, wenn sie nicht zu einem Großteil aus eigener kreativer Leistung bestehen. Auch ethische Aspekte wie die Gefahr, dass KI bestehende gesellschaftliche Vorurteile reproduziert und verstärkt, sind nicht zu unterschätzen. Dies sind alles Themen, die kontrovers und intensiv diskutiert werden und auf die man noch keine endgültigen Antworten gefunden hat.

Vivien Pietruck: Wie sind die Reaktionen der Branche insgesamt auf diese Entwicklungen? Gibt es da Ängste oder auch positive Erwartungen?
Jan Schawe: Die Reaktionen sind gemischt. Einige haben tatsächlich Angst, dass ihre Expertise überflüssig wird und sie durch KI ersetzt werden könnten. Ich kann verstehen, woher diese Ängste kommen, vor allem, wenn man bedenkt, wie schnell sich die Technologie entwickelt. Aber es gibt auch viele, die die Vorteile sehen und die Möglichkeiten, die sich durch den Einsatz von KI eröffnen. Insgesamt glaube ich, dass es darauf ankommt, wie flexibel und anpassungsfähig man ist. Wenn man offen für Veränderungen ist und bereit, sich weiterzuentwickeln, bietet KI enorme Chancen.
Annett Bergk: Was ist Ihre persönliche Einstellung zur KI? Haben Sie das Gefühl, dass sie Ihre Arbeit bereichert oder eher einschränkt?
Jan Schawe: Ich persönlich sehe KI als eine große Bereicherung und als Erweiterung meiner Fähigkeiten. Sie kann repetitive Aufgaben übernehmen und sorgt dafür, dass ich mich mehr auf die wirklich kreativen und komplexen Aspekte meiner Arbeit konzentrieren kann. Allerdings ist es wichtig, dass man nicht in die Falle tappt, sich zu sehr auf die Technologie zu verlassen, und seine eigenen kreativen Muskeln verkümmern lässt.
Annett Bergk: Da gibt es also auch ganz unterschiedliche Reaktionen in der Branche. Was denken Sie, gibt es langfristig mehr Chancen oder Risiken durch den Einsatz von KI?
Jan Schawe: Ich glaube fest daran, dass die Chancen überwiegen. Sicherlich birgt jede technologische Entwicklung auch Risiken, und es wird entscheidend sein, wie wir als Gesellschaft und Branche damit umgehen. Aber letztlich bietet KI das Potenzial, Prozesse effizienter zu gestalten, kreative Arbeiten zu unterstützen und das Kundenerlebnis erheblich zu verbessern. Auch wenn es immer Herausforderungen geben wird, bin ich optimistisch, dass wir die positiven Aspekte nutzen können, sofern wir ethisch und verantwortungsbewusst mit der Technologie umgehen.
Vivien Pietruck: Vielen Dank, Jan. Das war ein sehr aufschlussreiches Gespräch. Gibt es noch etwas, das Sie den Lesenden unseres Fachbuches mit auf den Weg geben möchten?
Jan Schawe: Sehr gerne. Ich möchte einfach dazu ermutigen, offen für neue Technologien zu sein und sie als Ergänzung und Werkzeug zu betrachten, das unser kreatives Potenzial erweitert. Es geht nicht darum, den menschlichen Faktor zu ersetzen, sondern zu unterstützen und neue Möglichkeiten zu schaffen. Bleibt flexibel und nutzt die Chancen, die sich euch bieten!

2.4 KI revolutioniert die Komposition

Die Komposition beeinflusst als grundlegender Aspekt des Kreativitätsprozesses, wie effektiv eine Botschaft visuell kommuniziert wird.

2.4.1 KI kennt die wichtigsten Designprinzipien

Es gibt einige wichtige Aspekte der Komposition im Grafikdesign. Visuelle Hierarchie beispielsweise sorgt dafür, dass wichtige Elemente zuerst wahrgenommen werden, während Balance ein ausgewogenes Verhältnis der Elemente schafft. Ausrichtung, Proportion und Maßstab beeinflussen die Anordnung und Größe der Elemente, Kontrast erhöht die Lesbarkeit, und Nähe definiert logische Gruppen. Rhythmus und Wiederholung schaffen Einheitlichkeit und Harmonie. Die gute Nachricht: Diese Theorie kennt auch die KI.

Abbildung 2.14
Die wichtigsten Aspekte der Komposition sind auch der KI bekannt. Ergebnis des Promtps »Vögel fliegen dem Sonnenuntergang entgegen, links und rechts blühende Bäume« in Adobe Firefly

Abbildung 2.15
Außergewöhnliches Etikett für Kaffee – in wenigen Minuten mit Firefly erstellt mit dem Prompt »fliegender Hund mit Flügeln auf weißem Hintergrund«, zusammengebaut in Adobe Express

Firefly beispielsweise passt, um automatisch die wichtigsten Elemente in einem Bild hervorzuheben, Farben und Kontraste an. Beim Generieren eines Produktetiketts beispielsweise kann Firefly die Hauptobjekte oder Personen im Bild so optimieren, dass sie sofort ins Auge fallen und die gewünschte Aufmerksamkeit erhalten.

Und auch Midjourney verwendet fortschrittliche KI-Algorithmen, um Bilder beispielsweise nach den Prinzipien des Goldenen Schnitts zu gestalten. Bei der Erstellung eines Coverbildes analysiert Midjourney die Platzierung und Größe der visuellen Elemente und passt sie so an, dass das gesamte Layout besonders harmonisch und ansprechend wirkt.

Abbildung 2.16
KI-Vorschlag für ein Buchcover unter Beachtung des Goldenen Schnitts

2.4.2 Beispiel: Automatische Layoutvorschläge generieren

Die Analyse großer Mengen an Designdaten, einschließlich bereits existierender Layouts, Designprinzipien und Nutzerpräferenzen, ermöglicht es der KI, Muster und erfolgreiche Strategien zur Gestaltung neuer Layouts zu identifizieren. Das umfasst nicht nur klassische Designprinzipien wie Balance, Harmonie, Kontrast und Proportion, sondern auch spezifische Anforderungen des jeweiligen Projekts, wie zum Beispiel Branding-Richtlinien oder Zielgruppenpräferenzen.

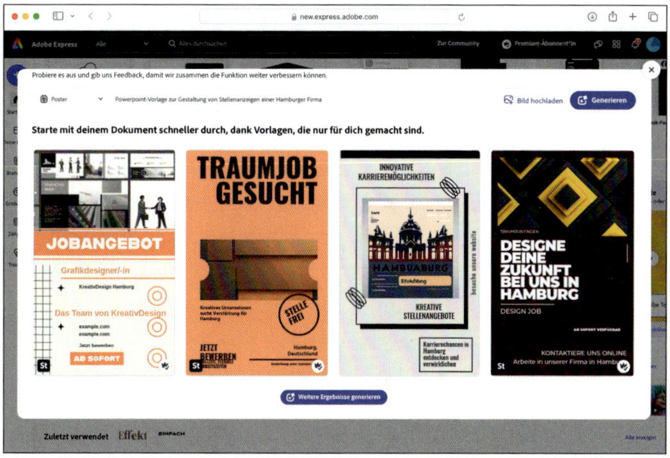

Abbildung 2.17
Vorschläge für die Gestaltung einer Stellenanzeige für eine Hamburger Firma, erstellt mit Adobe Express

Mithilfe dieser vordefinierten Regeln erstellt die KI Layoutvorschläge, die verschiedene Aspekte des Designs berücksichtigen, darunter Farbwahl, Schriftarten, Bildplatzierung und Textanordnung. Die KI kann dabei auch verschiedene Designstile und Trends einbeziehen.

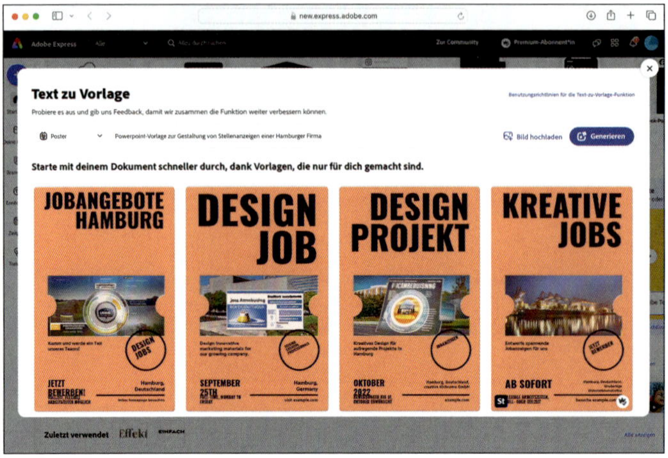

Abbildung 2.18
Schnelle Modifikation der Designvorschläge, erstellt mit Adobe Express

Die generierten Layouts können weiter personalisiert und angepasst werden, um spezifischen Projektanforderungen gerecht zu werden. Designer*innen können diese Vorschläge dann wiederum modifizieren, um ihre kreative Vision zu realisieren und die Vorschläge an die Marken anzupassen.

Beispiel: Adobe Sensei

Adobe Sensei, die KI- und maschinelle Lernplattform von Adobe, integriert solche Echtzeitanalysetools in Anwendungen wie Adobe Photoshop und Adobe Illustrator. Diese Tools analysieren die Farben, Komposition und Typografie eines Designs in Echtzeit und geben sofortiges Feedback zu möglichen Verbesserungen. Kreative können so zum Beispiel Vorschläge zur Farbkorrektur erhalten, um sicherzustellen, dass die Farbharmonie im Design stimmt, oder sie können Hinweise zum Einsatz von Typografie bekommen, um die Lesbarkeit und visuelle Hierarchie zu verbessern.

2.4.3 Analyse und Feedback

Künstliche Intelligenz hat bereits tiefgreifende Veränderungen im Grafikdesign bewirkt, insbesondere durch die Einführung automatisierter Analyse- und Feedbacksysteme. Mit ihrer Hilfe kann der Designprozess kontinuierlich verbessert werden. Diese Tools sind in der Lage, während des Designprozesses kontinuierlich Analysen durchzuführen und sofortiges Feedback zu geben, wodurch Kreative mühelos ihre Arbeit optimieren können.

Ein Beispiel: Eine Designerin, die eine Werbekampagne plant, kann Predictive Analytics verwenden, um zu verstehen, welche visuellen Elemente in der Vergangenheit am erfolgreichsten waren. Basierend auf diesen Daten kann die KI zukünftige Designtrends vorhersagen und Empfehlungen geben, wie das aktuelle Design angepasst werden sollte, um den größtmöglichen Erfolg zu erzielen.

Predictive Analytics

Predictive Analytics nutzt historische Daten und maschinelles Lernen, um zukünftige Trends und Verhaltensmuster vorherzusagen.

Aber auch Nutzerfeedback und Sentiment-Analyse sind wesentliche Komponenten bei der Bewertung der Wirksamkeit von Designs. KI kann dabei helfen, große Mengen an Nutzerfeedback auszuwerten und daraus relevante Insights zu gewinnen. So kann mittels Sentiment-Analyse beispielsweise festgestellt werden, wie Benutzer*innen auf bestimmte Designelemente reagieren. Diese Analyse kann aus Kommentaren in sozialen Medien, Rezensionen oder Umfragen erfolgen. Ein Dashboard könnte Echtzeit-Feedback zur Benutzerzufriedenheit mit verschiedenen Designelementen geben. Wenn eine hohe Negativität bezüglich eines bestimmten Designelements festgestellt wird, kann die KI vorschlagen, dieses Element zu ändern oder zu verbessern.

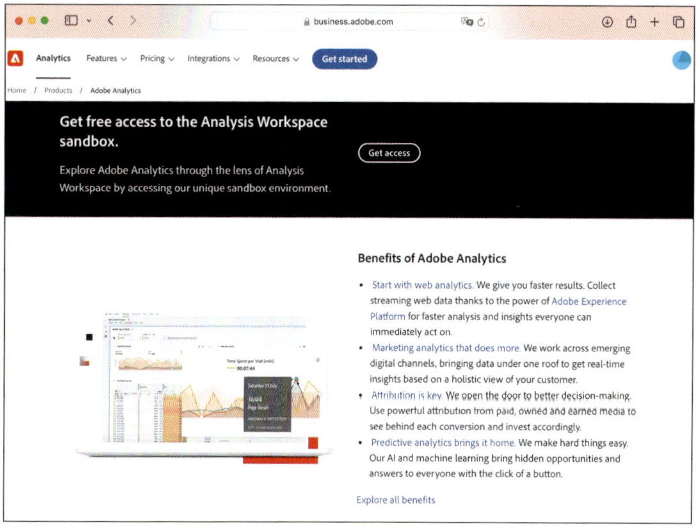

Abbildung 2.19
Analytics-Lösung von Adobe

A/B-Tests sind eine bewährte Methode zur Bewertung der Effektivität verschiedener Designvarianten. KI kann den Prozess der Durchführung und Auswertung von A/B-Tests erheblich beschleunigen.

> **A/B-Test**
> Ein A/B-Test ist eine Methode zur Vergleichsanalyse, bei der zwei Versionen einer Webseite oder eines Produkts oder eben eines Designs gegeneinander getestet werden, um zu bestimmen, welche besser performt.

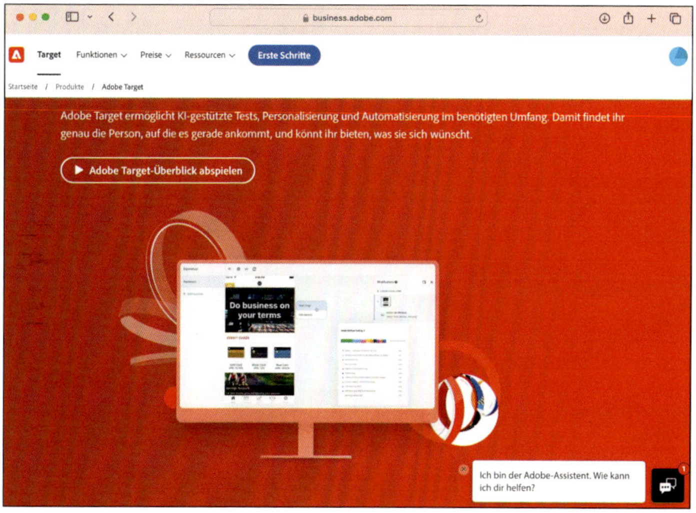

Abbildung 2.20
Adobe Target ermöglicht KI-gestützte Tests, Personalisierung und Automatisierung im benötigten Umfang.

Ein Online-Retailer beispielsweise kann zwei verschiedene Layouts für eine Produktseite testen, um festzustellen, welche Variante zu höheren Konversionsraten führt. KI-gestützte Tools können diese Tests automatisieren und die Ergebnisse schneller und genauer analysieren als herkömmliche Methoden. Basierend auf den Ergebnissen kann die KI Empfehlungen geben, wie das erfolgreichere Layout weiter optimiert werden kann.

2.5 KI in der Reinzeichnung

Der Prozess der Reinzeichnung im Grafikdesign umfasst die Anpassung, Verfeinerung und Optimierung von Designelementen, um ein drucktechnisch korrektes Endprodukt zu erzielen. Künstliche Intelligenz bietet hier zahlreiche Werkzeuge und Techniken, die Designer*innen unterstützen und den Editionsprozess effizienter gestalten können.

2.5.1 Intelligente Bildbearbeitung

Künstliche Intelligenz bietet automatische Retuscheverfahren, inhaltsbasierte Bildvervollständigung über GENERATIV FÜLLEN und auch intelligente Skalierungstechniken. Adobe Photoshop zum Beispiel bietet auf Basis von Firefly zahlreiche Funktionen, die über herkömmliche Bearbeitungstechniken hinausgehen.

Nur ein Beispiel: Die inhaltsbasierte Füllung ermöglicht es, unerwünschte Objekte aus einem Bild zu entfernen und die leeren Bereiche nahtlos mit passenden Inhalten zu füllen. Diese Technologie analysiert die umgebenden Bilddaten und generiert realistische Auffüllungen. Ähnlich verhält es sich mit der intelligenten Skalierung, bei der die Größe eines Bildes verändert wird, ohne dass wichtige Inhalte verzerrt werden oder verloren gehen.

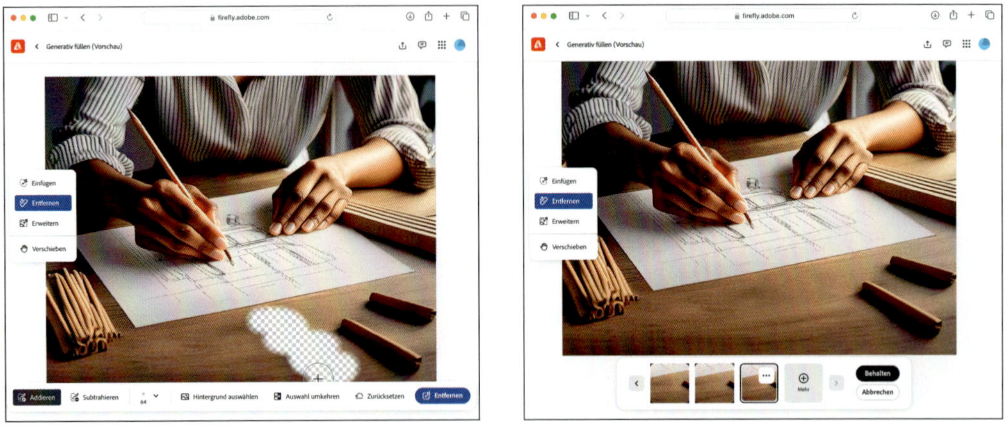

Abbildung 2.21
Die Technologie zum generativen Einfügen, Entfernen oder Erweitern ist mittlerweile direkt in der Webanwendung verfügbar. Die Anwendung ist einfach: Mithilfe des Cursors wird der Bereich markiert, der im Bild verändert werden soll. Die KI schlägt verschiedene Varianten vor, wie das Bild entsprechend der Vorgabe verändert werden kann.

Designer*innen einer Werbekampagne können die inhaltsbasierte Füllung nutzen, um störende Elemente im Hintergrund eines Bildes zu entfernen, wodurch das Hauptmotiv stärker hervorgehoben wird. Die intelligente Skalierung kann dann verwendet werden, um verschiedene Formate für digitale und gedruckte Medien zu erstellen, ohne die Qualität des ursprünglichen Bildes zu beeinträchtigen. Im Folgenden werden wir uns diese und weitere KI-Funktion in den verschiedenen Adobe-Programmen noch näher ansehen.

2.5.2 Textoptimierung und Typografieanpassung

Die Typografie spielt eine entscheidende Rolle bei der Übermittlung von Botschaften. KI-gestützte Tools können bei der Optimierung von Schriftarten und Textanordnungen helfen, um eine bessere Lesbarkeit und ästhetische Balance zu erzielen.

Beispielsweise Adobe Fonts als integrierter Teil der Creative-Cloud-Anwendungen bietet eine breite Auswahl an Schriftarten sowie KI-gestützte Vorschläge zur Auswahl und Kombination von Schriftarten. Diese Vorschläge basieren auf bewährten Designprinzipien sowie Nutzerpräferenzen und -trends.

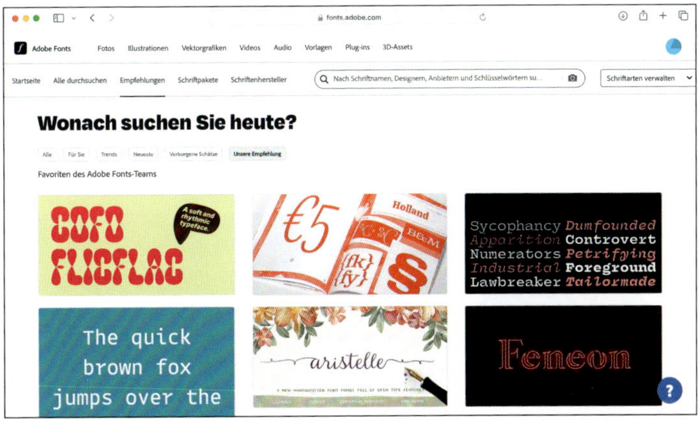

Abbildung 2.22
Startseite von Adobe Fonts

Abbildung 2.23
KI-Vorschlag von Ideogram nach dem Prompt »Buchcover mit der Aufschrift ›Merlin Monroe‹«

Im Bereich Corporate Branding können Sie also auf das KI-gestützte Adobe Fonts und auf die automatischen Vorschläge zurückgreifen, um sicherzustellen, dass die ausgewählten Schriftarten zur gewünschten Markenpersönlichkeit passen und gleichzeitig eine optimale Lesbarkeit gewährleisten.

Grundsätzlich ist die Arbeit mit Schrift in Firefly (noch) etwas schwierig – Tipps und Tricks dazu schauen wir uns aber im Folgenden noch an. Die Webanwendung beispielsweise bietet eine Lösung mithilfe von Kompositionsreferenzbildern an, und in Express lassen sich Texteffekte generieren. Wer die Extrameile, wie man so schön sagt, nicht gehen will, kann auf andere bestehende Plattformen wie Ideogram zurückgreifen.

2.5.3 Farbkorrektur und Anpassung

Farbkorrektur ist ein weiterer essenzieller Bestandteil des Editionsprozesses im Grafikdesign. Künstliche Intelligenz kann hier durch automatische Farbkorrekturen und Vorschläge zur Farbpalette signifikant unterstützen. Funktionen wie AUTO-FARBTON in Adobe Photoshop nutzen KI, um Farben anzupassen und konsistente Farbpaletten in mehreren Bildern zu gewährleisten. Diese Tools analysieren Tonwerte, Helligkeit und Farbbalance, um Anpassungen vorzunehmen, die ein harmonisches Gesamtbild erzeugen. Bei der Erstellung eines umfassenden Markenauftritts können Kreative diese Funktionen dann nutzen, um konsistente Farbtöne über alle visuellen Elemente hinweg zu gewährleisten, was zur Stärkung der Markenidentität beiträgt.

Farbkorrektur im Zusammenhang mit KI und Grafikdesign

Hierbei geht es um den Einsatz künstlicher Intelligenz zur automatischen Anpassung und Optimierung der Farben in einem Bild, um eine natürliche Balance, verbesserte Ästhetik und konsistente Farbdarstellung zu erzielen.

2.5.4 Automatische Korrekturvorschläge und Effekte

KI-gestützte Tools bieten auch automatische Korrekturvorschläge für verschiedene Designelemente und können Effekte hinzufügen, die manuell sehr zeitaufwendig wären. Adobe Lightroom beispielsweise verwendet KI, um selbstlernende Presets zu erstellen, die auf den individuellen Stil der Designer*innen abgestimmt sind. Diese Presets bieten automatische Korrekturvorschläge und können komplexe Bildbearbeitungsschritte wie Rauschreduzierung, Schärfung oder Beleuchtungsanpassung automatisieren.

Abbildung 2.24
Effekteinstellungen in Adobe Lightroom

Eine Fotografin, die eine große Anzahl von Bildern für eine Ausstellung vorbereitet, kann diese Presets verwenden, um konsistente und qualitativ hochwertige Ergebnisse zu erzielen, ohne jedes Bild manuell bearbeiten zu müssen.

Man sieht schon: Der Editionsprozess im Grafikdesign wird durch die Integration von KI-Tools erheblich vereinfacht und optimiert. Indem Sie diese technologischen Fortschritte nutzen, können Sie Ihre kreative Vision umsetzen und gleichzeitig sicherstellen, dass Ihre Werke hinsichtlich ihrer visuellen und funktionalen Qualität höchsten Ansprüchen genügen. Diese Optimierungen führen nicht nur zu besseren Ergebnissen, sondern verschaffen Unternehmen auch einen signifikanten Wettbewerbsvorteil.

2.5.5 Mockup-Erstellung

Fertige Designs wollen sofort der Zielgruppe gezeigt werden – auch wenn das Produkt selbst vielleicht noch nicht am Markt ist, wie zum Beispiel in der Buch-Szene. Um Bücher dennoch schon virtuell präsentieren zu können, werden Mockups erstellt.

Mit Modell in Illustrator (aktuell noch in der Beta-Version) lassen sich künftig mühelos hochwertige Modelle von Grafiken auf Objekten wie Verpackungen, Tassen und T-Shirts erstellen. Wenn man eine Vektorgrafik auf das Rasterobjekt anwendet, passt die KI die Grafik dann automatisch an die Kurven und Kanten des Objekts an. Aber auch jetzt schon ist der Weg in Photoshop kürzer geworden, wie wir uns im Praxisteil ansehen werden.

Der bisherige Stand
Um realistische Bilder zu erzeugen, wurden bisher Stunden in Photoshop aufgewendet, wenn man nicht gerade eine passende Vorlage in Bibliotheken wie *envato.com* gefunden hat.

2.6 KI auch in der Distribution

Die Distribution von kreativen Inhalten ist ein oftmals unterschätzter Bestandteil des gesamten kreativen Prozesses, da sie sicherstellt, dass die erstellten Werke ihr Publikum erreichen und die beabsichtigte Wirkung entfalten. Künstliche Intelligenz kann den Distributionsprozess auf vielfältige Weise optimieren und verbessern, indem sie verschiedene Technologien und Algorithmen zur Automatisierung und Personalisierung einsetzt.

2.6.1 Automatisierte Veröffentlichung und Zeitplanung

Eine der größten Herausforderungen bei der Verteilung von Inhalten besteht darin, den optimalen Zeitpunkt für die Veröffentlichung zu finden, um maximale Reichweite und Engagement zu erzielen. KI-gestützte Tools können diesen Prozess automatisieren, indem sie historische Daten analysieren und die besten Zeiten für die Veröffentlichung berechnen.

Tools wie Buffer und Hootsuite nutzen Algorithmen, um die besten Zeiten für die Veröffentlichung von Beiträgen in sozialen Medien basierend auf dem Verhalten und den Präferenzen der Zielgruppe zu ermitteln. Diese Tools können Beiträge im Voraus planen und automatisch veröffentlichen, was eine konsistente und strategische Verteilung sicherstellt.

Buffer und Hootsuite

Buffer und Hootsuite sind führende Social-Media-Management-Plattformen, die Unternehmen dabei unterstützen, ihre Social-Media-Präsenz effizient zu verwalten, Inhalte zu planen und die Leistungsmetriken über verschiedene soziale Netzwerke hinweg zu analysieren.

Social-Media-Manager*innen könnten mithilfe dieser Tools eine ganze Woche – oder einen ganzen Monat oder ein ganzes Jahr – an Beiträgen im Voraus planen und sicher sein, dass sie zur idealen Zeit veröffentlicht werden, um die größtmögliche Sichtbarkeit und Interaktion zu erzielen.

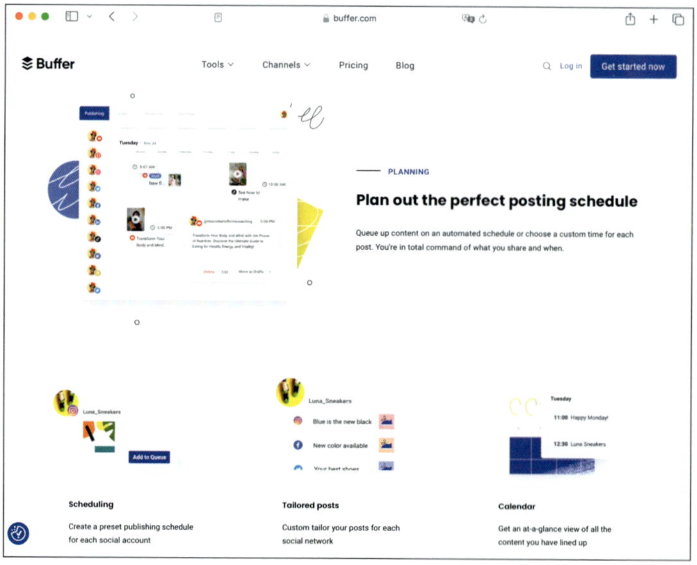

Abbildung 2.25
Buffer ist ein Tool zur Planung und automatischen Veröffentlichung von Social-Media-Beiträgen auf mehreren Plattformen.

2.6.2 Automatisierte Inhaltsverteilung

Durch den Einsatz von KI können Designinhalte automatisch auf verschiedenen Plattformen und Kanälen verteilt werden. Diese Automatisierung reduziert den manuellen Aufwand und stellt sicher, dass Inhalte konsistent und rechtzeitig veröffentlicht werden.

Der Adobe Experience Manager (AEM) beispielsweise ist eine umfassende Plattform für das Management digitaler Erlebnisse, die KI nutzt, um Inhalte effizient über verschiedene Kanäle zu verteilen. Inhalte können einmal erstellt und dann automatisch an die gewünschten Kanäle angepasst und verteilt werden.

Ein einfaches Beispiel: Ein Marketing-Team, das eine weltweite Kampagne für ein neues Produkt startet, kann AEM verwenden, um sicherzustellen, dass alle visuellen Inhalte gleichzeitig über mehrere soziale Medien, Webseiten und andere digitale Plattformen veröffentlicht werden. Dies gewährleistet eine konsistente Markenpräsenz und maximiert die Reichweite der Kampagne.

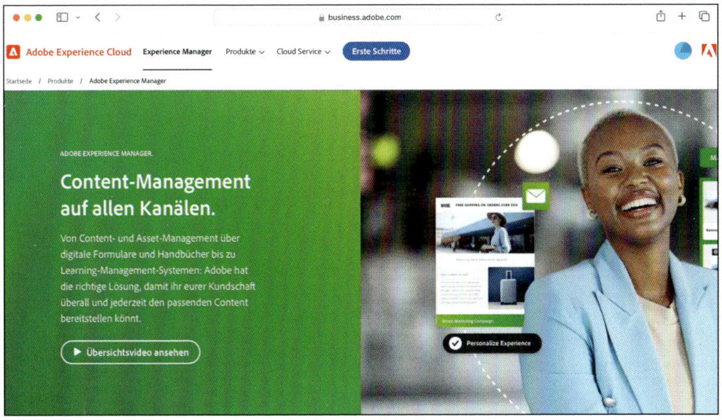

Abbildung 2.26
Adobe Experience Manager: Von Content- und Asset-Management über digitale Formulare und Handbücher bis zu Learning-Management-Systemen ist alles möglich.

2.6.3 Personalisierte Inhalte und Targeting

Personalisierung ist ein weiterer wesentlicher Aspekt der erfolgreichen Distribution. KI-Algorithmen können große Mengen an Daten analysieren, um gezielte und personalisierte Inhalte für unterschiedliche Segmente der Zielgruppe zu erstellen.

Dynamic Yield oder auch Optimizely sind Plattformen, die KI nutzen, um personalisierte Inhalte und Produktvorschläge zu erstellen, die auf den individuellen Vorlieben, dem Verhalten und den Interaktionen der Nutzenden basieren. Das führt zu einer höheren Relevanz der Inhalte und einer verbesserten User Experience.

Abbildung 2.27
Dashboard von Dynamic Yield (Demo-Version)

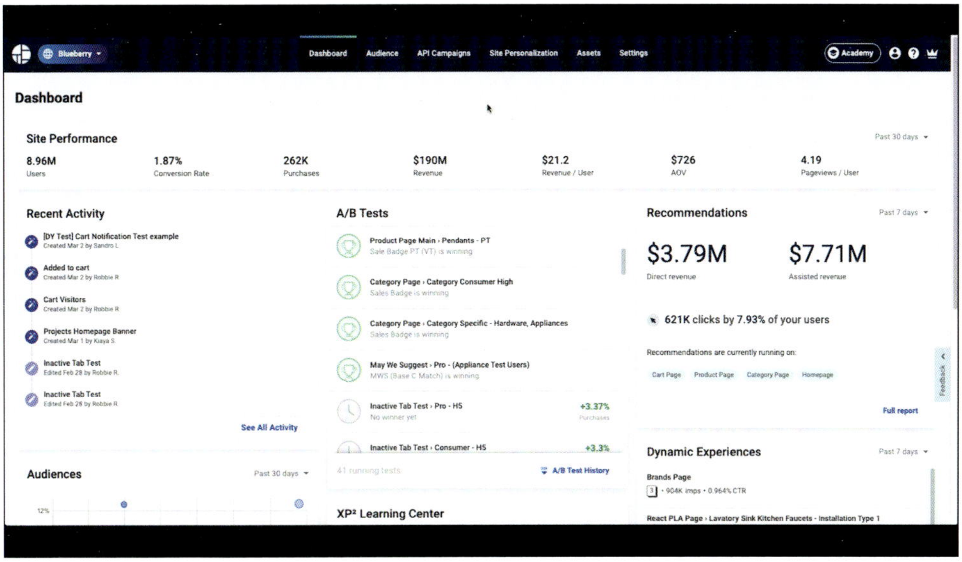

So könnte ein Onlinehändler diese Tools verwenden, um personalisierte Produktvorschläge und Marketinginhalte für einzelne Kund*innen zu erstellen, basierend auf bisherigen Käufen und Browsing-Verhalten.

2.6.4 Analyse und Optimierung der Verteilung

Effektivität messen
Die kontinuierliche Analyse und Optimierung der Distributionsstrategien stellen sicher, dass sie effektiv sind und die gewünschten Ergebnisse erzielen.

KI-gestützte Analysetools können Echtzeitdaten verarbeiten und detaillierte Einblicke in die Leistung der verteilten Inhalte geben. Mithilfe von Google Analytics oder Adobe Analytics kann das User-Verhalten auf Websites und sozialen Medien analysiert werden. Die Tools helfen zudem, Trends zu erkennen und Vorschläge zur Optimierung der Distributionsstrategien zu machen. Sie können auch A/B-Tests automatisieren, um die effektivsten Varianten von Inhalten und Verteilungsmethoden zu identifizieren.

Und schließlich können die durch KI-Analysen gewonnenen Daten und Erkenntnisse wertvolle Inputs für die Planung und Gestaltung zukünftiger Kampagnen liefern. Die Analyseplattformen IBM Watson und Tableau beispielsweise verwenden KI, um Daten aus vergangenen Kampagnen umfassend zu analysieren und prädiktive Modelle zu erstellen, die zukünftige Trends und Verbraucherverhalten voraussagen.

Marketing-Strateg*innen könnten diese Tools nutzen, um fundierte Entscheidungen zu treffen und ihre zukünftigen Kampagnen besser auf die Bedürfnisse und Wünsche der Zielgruppe abzustimmen.

Der Distributionsprozess im Grafikdesign profitiert also erheblich von den Fortschritten der künstlichen Intelligenz. Von der automatisierten Inhaltsverteilung über die zielgerichtete Segmentierung und Personalisierung bis hin zur dynamischen Adaption und Echtzeitanalyse – KI sorgt dafür, dass Designinhalte optimal und effizient verbreitet werden.

INTERVIEW

KI in der Industrie: Chancen, Herausforderungen und Zukunftsvisionen

KI revolutioniert zahlreiche Branchen und verändert die Art und Weise, wie Unternehmen arbeiten und wie sie auf Marktveränderungen reagieren. Dabei ergeben sich nicht nur neue Chancen, sondern auch zahlreiche Herausforderungen, insbesondere hinsichtlich der optimalen Integration in bestehende Strukturen. Dazu haben Annett Bergk und Vivien Pietruck ein Gespräch mit Horst Tisson geführt.

Über den Interviewpartner: Horst Tisson

Dr. Horst Tisson ist Gründer und geschäftsführender Gesellschafter von Tisson & Company, einer auf Data Science, Projekt- sowie Workmanagement spezialisierten Unternehmensberatung mit Hauptsitz in Hamburg. Der gebürtige Hamburger war u. a. für IBM, Andersen Consulting/Accenture und Thomas J. C. Matzen tätig. Seit 2009 lehrt er als Professor für Betriebswirtschaftslehre an der FOM Hochschule für Ökonomie & Management mit den Schwerpunkten »Controlling und Informationsmanagement«.

Annett Bergk: Herr Dr. Tisson, wie sehen Sie die allgemeine Entwicklung von künstlicher Intelligenz in der Industrie und deren langfristige Auswirkungen?

Horst Tisson: Ich sehe die Entwicklung von KI etwas ambivalent. Einerseits bin ich der Meinung, dass Unternehmen unbedingt in KI investieren sollten, um die enormen Effizienz- und Produktivitätspotenziale zu nutzen, die diese Technologie bietet. Wer heute nicht in KI investiert, wird morgen nur die Rücklichter des Zuges sehen. Es besteht ein klarer Wettbewerbsvorteil für diejenigen, die frühzeitig KI-Lösungen implementieren und sich so einen technologischen Vorsprung sichern. Andererseits stelle ich fest, dass viele Unternehmen KI einfach nur deshalb einführen wollen, weil es – plump gesagt –ihr Nachbar eben auch tut. Es herrscht eine Art »Mitläufer-Mentalität«, ohne dass ein tieferes Verständnis für die Technologie vorhanden ist. Unsere Studien zeigen, dass mehr als 50 % der Unternehmen gar nicht wissen, wie sie KI sinnvoll einsetzen können. Je nach Untersuchung kann dieser Wert sogar bis zu 75 % betragen. Dieses Unwissen und die damit verbundenen Unsicherheiten sind große Hindernisse für eine erfolgreiche Integration von KI.

Hinzu kommen die regulatorischen Herausforderungen, wie der EU AI Act. Viele Unternehmen wissen nicht genau, welche rechtlichen Anforderungen sie erfüllen müssen; und es fehlt an konkreten Leitlinien und Präzedenzfällen, die Klarheit schaffen könnten. Aus Angst vor hohen Strafen agieren viele Unternehmen zurückhaltend. All diese Faktoren führen dazu, dass Unternehmen vorsichtig sind und oft zögern, in KI zu investieren und diese Technologie voll auszuschöpfen.

Vivien Pietruck: Wie können Unternehmen die Integration von KI erfolgreich meistern? Wo ist es besonders sinnvoll?

Horst Tisson: Unternehmen sollten zunächst in weniger risikoreichen und gut überschaubaren Bereichen Erfahrungen sammeln.

Abbildung 2.28
Horst Tisson ist Gründer und geschäftsführender Gesellschafter von Tisson & Company sowie Professor für Betriebswirtschaftslehre. Er spricht hier über die revolutionären und herausfordernden Aspekte der künstlichen Intelligenz.

Der EU AI Act klassifiziert KI-Anwendungen in verschiedene Risikoklassen, und es ist sinnvoll, mit unkritischen Anwendungen zu beginnen. Beispielsweise können Unternehmen mit Predictive Maintenance oder der Steuerung einfacher Maschinen starten. Diese Anwendungen bieten eine gute Möglichkeit, erste Erfahrungen zu sammeln und die Prozesse schrittweise anzupassen. Auch der Einsatz von frei verfügbaren KI-Tools und -Plattformen kann helfen, erste Erfahrungen zu sammeln. ChatGPT ist ein gutes Beispiel dafür, wie einfach und kostengünstig erste Experimente mit KI durchgeführt werden können, indem man sich beispielsweise einfache Codes erstellen lässt.

Ein weiteres Schlüsselthema ist die Weiterbildung der Mitarbeitenden. Erfahrung mit KI kann nur gesammelt werden, wenn die Belegschaft über das notwendige Wissen und die Fähigkeiten verfügt. Kontinuierliche Schulungsprogramme und Workshops sind daher unerlässlich, um die Akzeptanz und das Verständnis für KI im Unternehmen zu fördern. Nur so können die Mitarbeitenden die Technologie effektiv nutzen und mögliche Bedenken ausräumen.

Vivien Pietruck: Welche Branchen profitieren Ihrer Meinung nach am meisten von KI?

Horst Tisson: Das Gesundheitswesen ist sicherlich eine der Branchen, die am meisten von KI profitieren. Durch den Einsatz von KI können Diagnosen präziser und schneller gestellt, Behandlungspläne optimiert und die Patientensicherheit erhöht werden. Auch die Verwaltung von Patientendaten und die Automatisierung administrativer Aufgaben bieten großes Potenzial, die Effizienz im Gesundheitswesen zu steigern.

Aber auch Branchen mit intensivem Kundenkontakt, wie der Finanzsektor, profitieren beträchtlich. Hier zeigen sich beeindruckende Renditen, die in der traditionellen Betriebswirtschaft kaum vorstellbar sind. Der Return on Investment (ROI) kann in diesen Fällen bis zu 2 000 oder 3 000 Prozent betragen, wobei die Amortisationszeiten extrem kurz sind.

Wir sehen auch, dass gewisse kreative Branchen, wie Werbeagenturen und Architektur, von KI erheblich beeinflusst werden. Hier kann KI viele der manuellen und zeitaufwendigen Aufgaben übernehmen, wodurch Kreative sich stärker auf die konzeptionelle und innovative Gestaltung konzentrieren können.

Annett Bergk: Was müssen Firmen organisatorisch umstellen, um eine erfolgreiche KI-Implementierung zu gewährleisten?

Horst Tisson: Eine wesentliche Voraussetzung für eine erfolgreiche KI-Implementierung ist die umfassende Weiterbildung der Mitarbeitenden. Besonders im Mittelstand sind oft nicht die personellen Kapazitäten vorhanden, um große Data-Science-Projekte zu stemmen. Hier können zudem Netzwerke eine entscheidende Rolle spielen, um Ressourcen zu bündeln und die Last zu teilen. Und ein weiterer wichtiger Punkt ist die effiziente Nutzung von Ressourcen innerhalb des Unternehmens. Das heißt auch, dass Unternehmen in der Lage sein müssen, schnell auf Veränderungen und neue Anforderungen zu reagieren. Hier reden wir also im Konkreten über flexible Strukturen und eine Kultur, die Innovation und Experimentieren fördert. Dabei ist es wichtig, dass Führungskräfte als Sparringspartner agieren, die ihre Teams unterstützen und ihnen die nötigen Freiräume für kreative Ideen und Lösungsansätze bieten.

Vivien Pietruck: Welche langfristigen Auswirkungen wird die Integration von KI auf den Arbeitsmarkt haben?

Horst Tisson: Es wird zweifellos neue Jobs geben, insbesondere im Bereich der Datenwissenschaften. Es wird eine große Nachfrage nach Fachkräften geben, die mit Daten und Informationen umgehen können. Dies umfasst die gesamte Bandbreite, von der Programmierung über die Datenextraktion und -transformation bis hin zur Analyse und Entwicklung von Business-Intelligence-Lösungen.

Auf der anderen Seite wird KI auch viele kognitive Tätigkeiten ersetzen. Beratungs- und Routineaufgaben, die bisher von Menschen durchgeführt wurden, können durch automatisierte Systeme übernommen werden. Dies betrifft vor allem Bereiche wie die Rechtsberatung, wo KI zunehmend dazu verwendet wird, Verträge zu analysieren und Rechtsauskünfte zu geben.

Interessanterweise könnte auch das Handwerk von KI profitieren. Obwohl es bereits Engpässe in diesem Bereich gibt, könnten die Digitalisierung und der Einsatz von KI dazu beitragen, die Effizienz zu steigern und neue Märkte zu erschließen. Beispielsweise könnten KI-Systeme helfen, Zielmärkte zu identifizieren, präzise Wettervorhersagen für landwirtschaftliche Betriebe zu erstellen oder die Wartung von Maschinen zu optimieren.

Vivien Pietruck: Wie können Führungskräfte die Unternehmenskultur verändern, um die Vorteile von KI zu nutzen?

Horst Tisson: Führungskräfte müssen als Erstes das nötige Wissen erwerben und ein tiefes Verständnis für die Möglichkeiten und Herausforderungen von KI entwickeln. Das Mindset ist hier von entscheidender Bedeutung: Führungskräfte müssen bereit sein, die Veränderungen zu akzeptieren und zu fördern.

Dann ist es wichtig, dass Führungskräfte ihren Mitarbeitenden Vertrauen schenken und ihnen die nötigen Freiräume geben, um kreativ zu sein. Eine offene Fehlerkultur ist unerlässlich. Die

Belegschaft sollte ermutigt werden, zu experimentieren und neue Ideen auszuprobieren, ohne Angst vor negativen Konsequenzen zu haben. Dies fördert die Innovationskraft und hilft dem Unternehmen, sich agil an neue Entwicklungen anzupassen.

Annett Bergk: Wie sieht Ihre Zukunftsvision zur Rolle der KI in Unternehmen aus?

Horst Tisson: Ich hoffe für die Zukunft, dass KI uns sowohl im Berufs- als auch im Privatleben unterstützt und uns Freiräume für Dinge schafft, die uns Freude bereiten. Ähnlich wie die Waschmaschine in den 1950er-Jahren unseren Alltag revolutionierte, indem sie uns von mühsamer Hausarbeit befreite, könnte KI uns in Zukunft von repetitiven und zeitaufwendigen Aufgaben entlasten.

Dabei möchte ich, dass KI als unterstützendes Werkzeug gesehen wird, das den Menschen nicht ersetzt, sondern ihn ergänzt. KI sollte uns helfen, komplexe Probleme zu lösen, kreative Blockaden zu überwinden und unsere Produktivität zu steigern. Und wir müssen sicherstellen, dass ethische Grundsätze eingehalten werden und der Mensch die Kontrolle behält.

Natürlich bringt diese Vision auch Herausforderungen mit sich. Die Integration von KI wird zu erheblichen Veränderungen führen und erfordert, dass wir kontinuierlich lernen und uns anpassen. Wir müssen Wege finden, um die sozialen und wirtschaftlichen Auswirkungen dieser Technologien zu bewältigen und sicherzustellen, dass niemand zurückgelassen wird.

Letztendlich hoffe ich, dass KI unsere Lebensqualität verbessert, indem sie uns von Routinearbeiten entlastet und uns mehr Zeit für kreative und erfüllende Tätigkeiten gibt. Es liegt an uns, diese Chancen zu ergreifen und KI verantwortungsvoll zu nutzen, um eine positive und nachhaltige Zukunft zu gestalten.

Vivien Pietruck: Vielen Dank für Ihre Zeit und die wertvollen Einblicke.

Kapitel 3
Einführung in das Prompting

Visualisiert in Adobe Firefly mit dem Prompt »Das Thema ist künstlichen Intelligenz. Gibt auf einem Monitor eine Text-zu-Bild-Eingabe aus«. Firefly hat den Prompt nicht korrekt verstanden. Hier könnte nun iterativ nachgebessert werden.

Kapitel 3
Einführung in das Prompting

Prompting ist die Kunst, KI-Systeme durch präzise formulierte Anweisungen zu steuern, um die gewünschten Inhalte zu generieren. Man muss jedoch klar, spezifisch und kontextreich prompten, um qualitativ hochwertige Ergebnisse zu erzielen. Verschiedene Techniken und Tools helfen dabei, den Prozess zu optimieren und die gewünschten Resultate zu erreichen.

3.1 Arten von Prompts

Prompt-Engineering ist in aller Munde und ein elementarer Bestandteil für unsere Zusammenarbeit mit der KI. Der Begriff *Prompt* hat seinen Ursprung im englischen Sprachgebrauch und wird seit langem in verschiedenen Kontexten verwendet, um eine Aufforderung oder Anregung zu beschreiben. Er bezeichnet eine Art von Eingabe oder Fragestellung, die an ein KI-System gerichtet wird, um eine bestimmte Antwort, Reaktion oder ein generiertes Ergebnis zu erhalten.

Beispielsweise kann ein Textprompt in einem KI-gestützten Schreibwerkzeug verwendet werden, um den Inhalt, Ton und Stil eines zu generierenden Textes zu steuern. Ein Bildprompt könnte in einem KI-gestützten Bildgenerierungstool eingesetzt werden, um die Erstellung eines Bildes basierend auf der beschriebenen Szene oder den angegebenen Parametern zu lenken. Prompts gibt es in unterschiedlichen KI-Programmen also in verschiedenen Formen. Im Folgenden schauen wir uns die Arten einmal genauer an:

1. Textprompts (die Eingabe kann in Text- oder Sprachform sowie als Programmcode erfolgen)
2. Bildprompts (verwendet Bilder als Grundlage)
3. Text- und Bildprompts (Kombination aus Text und Bild)
4. Negativprompts (gibt an, was ausgeschlossen werden soll)

Außerdem gibt es abhängig von Modell und Benutzeroberfläche noch zusätzliche spezifische Einstellungen und Parameter.

3.1.1 Textprompts

Die Herangehensweise an Prompts für Bildgeneratoren wie Firefly, Midjourney, DALL-E oder Stable Diffusion variiert. Einige nutzen ausschließlich Text und Parameter, während andere wie Firefly über die Benutzeroberfläche zusätzliche Einstellungsmöglichkeiten bieten. Doch der grundsätzliche Aufbau eines guten Prompts ist in allen Modellen gleich. Wie Sie einen guten Prompt aufbauen, sehen Sie in Abschnitt 3.2.

Abbildung 3.1
Ergebnis des Textprompts in Adobe Firefly: »Erstelle ein Cover für ein Buch zum Thema Adobe Firefly, das sich an professionelle Grafikdesigner und Grafikdesignerinnen richtet«. Dieses Cover wurde dann für das vorliegende Buch nicht verwendet. 😊

3.1.2 Bildprompts

Die meisten Bildgeneratoren bieten die Möglichkeit, mit einem oder sogar mehreren Bildern zu prompten. Durch das Hochladen eigener Bilder können Sie beispielweise ähnliche Bilder oder Bildvarianten erstellen. In Firefly ist es so möglich, Bilder als Referenz für Stil oder Komposition hochzuladen, sodass ihre Struktur, ihr Layout und ihre Gestaltung auf andere, neu zu generierende Bilder übertragen werden.

Midjourney geht sogar noch weiter: KI-generierte Bilder können hier weiterbearbeitet werden, und reale Personen, Tiere oder

Objekte lassen sich mit KI-Bildern verschmelzen. Das geht in Firefly (noch) nicht. Für ein Beispiel laden wir zwei Bilder eines schwarzen Hundes des gleichen Fotografen in Midjourney hoch und lassen sie »verblenden«. Bis zu sechs Bilder lassen sich übrigens auf diese Weise kombinieren. Und vielleicht werden Fotografinnen und Fotografen nun entsetzt die Hände über dem Kopf zusammenschlagen. Denn: Braucht es künftig noch mehr Mops-Shootings?!

Abbildung 3.2
Ausgangsfoto 1 und 2

Abbildung 3.3
Vier neue KI-Bilder auf Grundlage der beiden Ausgangsfotos

In ChatGPT können Sie Bilder hochladen, um sie beschreiben zu lassen und beispielsweise Alternativtexte zu erstellen. Auch das ist in Firefly noch nicht möglich. Mit den hochgeladenen Bildern lassen sich Bildbearbeitungen durchführen, sie können generativ gefüllt, erweitert oder Elemente entfernt werden – hier spielt Firefly seine großen Stärken aus. Wie das geht, sehen Sie in Kapitel 4.

3.1.3 Kombination von Text und Bild

Die Kombination von Text und Bild als Prompts ist wahrscheinlich selbsterklärend. Zusätzlich zum Textprompt wird ein Bild als Referenz in die KI geladen.

Im Beispiel haben wir ein Bild als Kompositionsreferenz in Firefly geladen und in digitale Kunst verwandelt. Eine Schritt-für-Schritt-Anleitung für diesen Prozess finden Sie in Kapitel 4, »Adobe Firefly«, im Einsatz.

Abbildung 3.4
Links das Ausgangsfoto, das als Bildprompt genutzt wird. Auf Grundlage eines Bildprompts als Kompositionsreferenz wird ein neues Bild erstellt. Der Prompt in Adobe Firefly war hier »brünette Frau links und blonde Frau rechts«.

Achtung!
Es dürfen ausschließlich Bilder verwendet werden, an denen Sie die nötigen Rechte besitzen.

Referenzbilder können helfen, die gewünschte visuelle Ästhetik und den Stil besser zu kommunizieren. Adobe Firefly kann anhand solcher Beispiele die generierten Inhalte besser auf die gewünschten Ergebnisse ausrichten, d. h. den gewünschten Stil besser nachahmen, den Prompt besser verstehen und unterm Strich präzisere Ergebnisse liefern.

3.1.4 Negativprompts

KI-generierte Bilder enthalten oft unerwünschte Details. Hier helfen Negativprompts, um bestimmte Elemente auszuschließen. Sie können Begriffe zu Beginn ausschließen oder die generierten Bilder erst prüfen und anschließend unerwünschte Elemente entfernen. Häufige Negativprompts sind Begriffe wie »Unschärfe«, »Verformung«, »Text«, »Wasserzeichen« oder »Symbol«. Diese helfen, unerwünschte Ergebnisse wie verschwommene Bilder, anatomische Fehler oder ungewollte Texte und Symbole zu vermeiden.

Aktuell nicht verfügbar
Firefly arbeitet derzeit an der Verbesserung dieser Funktion, sodass Negativprompts vorübergehend nicht verfügbar sind.

Wir nutzen einen komplexen Prompt diesmal in Midjourney: »Erstelle ein realistisches Foto eines alten Baumes mit knorrigen Ästen und dicker Rinde, der in einem verwunschenen Wald steht. Im Hintergrund sollen Hirsche und ein nebliger Boden zu sehen sein. Das Licht soll sanft und durch das Blätterdach gefiltert sein, in natürlichen, erdigen Farbtönen. Der Baum soll eine weise, mystische Ausstrahlung besitzen. Das Bild wird für eine Werbekampagne benötigt.« Midjourney interpretiert hier ein Haus. Der Prompt wird also ergänzt um »--no house«, und das Ergebnis passt besser.

Abbildung 3.5
Beim ersten Versuch hat Midjourney ein Haus in den Wald gestellt. Das war so nicht gewollt. Daher ergänzen wir einen Negativprompt, und das Ergebnis wird stimmig.

3.2 Einen Prompt aufbauen in Firefly

Für ein gutes Ergebnis der generativen Bilderstellung ist es grundsätzlich wichtig, das Bild, das wir im Kopf haben, in Worte fassen zu können. Ist der Prompt ungenau oder fehlerhaft, wird auch das Bild nicht zufriedenstellend sein.

3.2.1 SHERLOCK – eine Promptformel für alle Fälle

Wie wäre es mit dem Merkwort »SHERLOCK«?
Stil
Hauptmotiv
Eigenschaften
Raum
Licht
Optik
Charakter
Kontext

Wenn Sie sich Gedanken darüber machen, wie das Ergebnis im Konkreten aussehen soll, werden Sie ein stimmiges Bild bekommen. Schauen wir uns einmal Fragen an, die bei der Erstellung eines guten Prompts helfen.

- Welcher **Stil** soll genutzt werden? Soll es zum Beispiel ein Foto, eine Illustration oder Papierkunst sein? Oder spezifischer: Soll es durch bekannte Künstler oder Kunstepochen inspiriert sein?
- Was steht im Mittelpunkt des Bildes? Was genau soll also das **Hauptmotiv** sein?
- Welche besonderen **Eigenschaften** sollen hinzugefügt werden, zum Beispiel Alter, Geschlecht, Beruf, Haarfarbe bei Personen oder Schattierungen und Techniken bei Illustrationen?
- Wie soll der **Raum** gestaltet werden, d. h., was soll im Vordergrund, in der Hauptebene und im Hintergrund platziert werden? Gibt es spezifische Perspektiven wie Porträt oder Weitwinkelaufnahme?
- Wie soll das **Licht** im Bild eingesetzt werden?
- Welche **Optik** (d. h. welche Farben) soll das Bild haben?
- Welchen **Charakter** trägt das Hauptmotiv? Welche Emotionen soll das Bild vermitteln?
- In welchem **Kontext** soll das Bild eingesetzt werden?

Wenn Sie mögen, können Sie sich die folgende Formel für Textprompts für Bildgeneratoren merken:

Stil + Hauptmotiv + Eigenschaften + Raum +
Licht + Optik + Charakter + Kontext

Der eben verwendete Prompt (Abschnitt 3.1.4) entspricht dieser Formel: »Erstelle ein realistisches Foto (Stil) eines alten Baumes (Hauptmotiv) mit knorrigen Ästen und dicker Rinde (Eigenschaften), der in einem verwunschenen Wald steht. Im Hintergrund sollen Hirsche und ein nebliger Boden zu sehen sein (Raum). Das Licht soll sanft und durch das Blätterdach gefiltert sein (Licht), in natürlichen, erdigen Farbtönen (Optik). Der Baum soll eine weise, mystische Ausstrahlung besitzen (Charakter). Das Bild wird für eine Werbekampagne benötigt (Kontext).« Der Prompt wird in Firefly übrigens perfekt ausgeführt (siehe Abbildung 3.6).

Varianten möglich
Je nach Anwendungsbereich und Bildmotiv kann die Anzahl und Reihenfolge der Elemente natürlich variieren, wobei besonders wichtige Angaben weiter vorne stehen sollten.

Anstatt lange über einen perfekten Satz nachzudenken, ist aber auch immer die bereits angesprochene Iteration möglich: Sie können Schritt für Schritt mit den Bausteinen arbeiten. So entsteht eine Sammlung an Ideen und Stichwörtern, die zu einem oder mehreren Prompts kombiniert werden können. Zum Prompten mit Text kommen wir im Folgenden sowie in Kapitel 4 ausführlich.

Abbildung 3.6
KI-Bild nach Eingabe des SHERLOCK-Prompts in Adobe Firefly »Erstelle ein realistisches Foto eines alten Baumes mit knorrigen Ästen und dicker Rinde …«

3.2.2 Grundlegende Hinweise

Ein guter Prompt zur Bildgenerierung sollte klar und präzise sein, um das gewünschte Ergebnis effektiv zu beschreiben. Hier sind einige weitere Tipps, wie ein solcher Prompt gestaltet sein kann:

1. **Geben Sie klare Anweisungen.**
   Der Prompt sollte klare Anweisungen enthalten, welche Art von Bild generiert werden soll. Dies kann sich auf das Thema, den Stil, die Farben oder andere wichtige Merkmale beziehen. Vermeiden Sie außerdem Mehrdeutigkeiten, um sicherzustellen, dass die KI genau versteht, was gewünscht ist.
   Anstatt zu sagen: »Erstelle ein Bild von einem schönen Tag«, wäre ein präziserer Prompt besser: »Erstelle ein Bild eines sonnigen Tages im Park, mit blühenden Blumen und einem klaren blauen Himmel.« Je detaillierter der Prompt, desto wahrscheinlicher ist es, dass das Ergebnis Ihren Erwartungen entspricht.

Abbildung 3.7
Links die Bildvorschläge für den Prompt »Erstelle ein Bild von einem schönen Tag«, rechts nach dem klareren Prompt »Erstelle ein Bild eines sonnigen Tages im Park, mit blühenden Blumen und einem klaren blauen Himmel«

2. **Verwenden Sie Referenzbilder.**
   Es kann hilfreich sein, Adobe Firefly Beispiele oder Referenzbilder zur Verfügung zu stellen, um das gewünschte Ergebnis zu verdeutlichen. Wie das geht, behandeln wir genauer im Praxisteil. Das Modell versteht somit den Kontext besser und kann präzisere Bilder generieren.
3. **Erklären Sie Kontext und Einsatzzweck.**
   Der Prompt sollte den Kontext des Bildes klar definieren, einschließlich der beabsichtigten Verwendung oder des Einsatzzwecks. Dies kann helfen, Missverständnisse zu vermeiden und sicherzustellen, dass das generierte Bild den Anforderungen entspricht. Ob es sich um ein Bild für eine Werbekampagne oder eine Illustration für ein Buch handelt: Der Verwendungszweck sollte im Prompt klar angegeben werden.
   Ein Prompt wie »Illustration eines Fantasy-Buchcovers, das ein majestätisches Schloss im Hintergrund zeigt, mit einem goldenen Drachen darüberfliegend« definiert sowohl den Kontext als auch das Ziel klar.

Abbildung 3.8
Vorschlag von Firefly für den unspezifischen Prompt »Erstelle eine Fantasy-Welt« (links). Rechts wurde der Prompt um den Kontext erweitert: »Illustration eines Fantasy-Buchcovers, das ein majestätisches Schloss im Hintergrund zeigt, mit einem goldenen Drachen darüberfliegend.«

4. **Geben Sie den Stil an.**
   Beim Experimentieren mit Stil und Modus eröffnen sich vielfältige Gestaltungsmöglichkeiten. Firefly beispielsweise bietet Stile von realistisch bis abstrakt sowie verschiedene Modi wie Schwarz-Weiß, Sepia oder Neonfarben. Diese Einstellungen beeinflussen den Charakter und die Stimmung eines Projekts und helfen, die künstlerische Vision klarer darzustellen und einen unverwechselbaren Stil zu entwickeln.

Abbildung 3.9
Vorschlag von Adobe Firefly für »Illustration eines majestätischen Schlosses im Hintergrund, mit einem goldenen Drachen darüberfliegend« einmal ohne Effekt, mit dem Schichtpapier-Effekt und einmal mit dem Farbspritzer-Effekt

5. **Vermeiden Sie vage Formulierungen.**
   Vage oder mehrdeutige Formulierungen sollten Sie vermeiden. Je präziser der Prompt ist, desto wahrscheinlicher ist es, dass das Modell die gewünschten Bilder generiert.
6. **Überprüfen Sie das Ergebnis.**
   Nach der Generierung des Bildes ist es wichtig, das Ergebnis zu überprüfen und gegebenenfalls Feedback zu geben. Dies kann dazu beitragen, das Modell weiter zu trainieren und die Qualität zukünftiger Bilder zu verbessern. Es ist absolut sinnvoll, Anpassungen vorzunehmen und neue Prompts einzugeben – basierend auf den erhaltenen Ergebnissen. Dies könnte beinhalten, mehr spezifische Details hinzuzufügen oder bestehende Anweisungen zu klären.
   Diese sogenannte Iteration funktioniert so: Anstatt von Anfang an sehr lange und detaillierte Prompts zu verwenden, empfiehlt es sich, mit einfachen Anweisungen zu beginnen und diese nach und nach zu verfeinern, basierend auf den ersten Ergebnissen. Beginnen wir mit »Erstelle ein Bild eines Sonnenuntergangs« und fügen dann schrittweise Details hinzu wie »mit Blick vom Strand« oder »mit Silhouetten von Palmen im Vordergrund«. So können wir die Ergebnisse iterativ verbessern.

Experimentieren Sie
Durch das Testen verschiedener Funktionen der Software lassen sich oft neue Techniken und Potenziale entdecken. Regelmäßiges Experimentieren erweitert das kreative Repertoire und führt zu neuen Inspirationsquellen. Mut zum Ausprobieren ist dabei entscheidend.

Abbildung 3.10
Firefly-Vorschlag nach Prompt »Erstelle ein Bild eines Sonnenuntergangs« (links). Rechts wurde der Prompt angepasst: »Erstelle ein Bild eines Sonnenuntergangs mit Blick vom Strand mit Silhouetten von Palmen im Vordergrund.«

3.2.3 Sätze oder Stichwörter?

Sätze oder Stichwörter?
Insgesamt hängt die Wahl zwischen Stichwörtern und ganzen Sätzen davon ab, welche Art von Informationen vermittelt werden soll und welcher Kommunikationsstil am effektivsten ist.

Ein Beispiel für einen guten Prompt zur Bildgenerierung könnte lauten: »Ich benötige ein Foto von einem sonnigen Strand mit türkisblauem Wasser und Palmen im Hintergrund, das in einer Reisebroschüre genutzt werden soll.« Dieser Prompt ist spezifisch, enthält klare Anweisungen und definiert den Kontext des Bildes deutlich.

Nicht immer ist es sinnvoll, Prompts in langen Sätzen zu formulieren. Gerade bei Adobe Firefly zeigt die Erfahrung, dass lange und verschachtelte Anweisungen zu schlechteren Ergebnissen führen. Sollte also ein Bild absolut nicht Ihrer Vorstellung entsprechen, lohnt es sich, den Prozess zunächst mit Stichpunkten zu starten. Wenn nötig, können Sie den Prompt ja wie eben gesehen nach und nach erweitern. In einigen Fällen können Stichwörter effektiver sein, um klare und präzise Anweisungen zu geben.

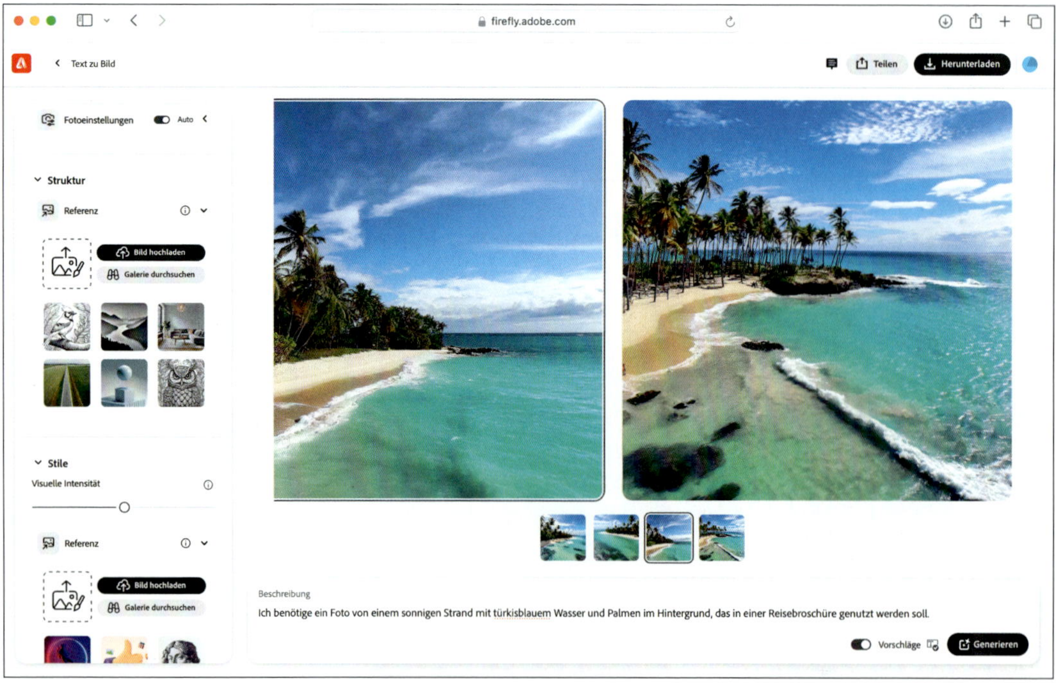

Abbildung 3.11
Generierte Bildvorschläge nach Prompt »Ich benötige ein Foto von einem sonnigen Strand mit türkisblauem Wasser und Palmen im Hintergrund, das in einer Reisebroschüre genutzt werden soll.«

3.2.4 Englisch oder Deutsch?

Beim Prompting für die Bildgenerierung ist Englisch oft die bevorzugte Sprache, weil die meisten KI-Modelle hauptsächlich mit englischsprachigen Daten trainiert werden. Dies führt zu präziseren und konsistenteren Ergebnissen.

Deutsche Eingaben können natürlich auch genutzt werden, bringen aber das Risiko mit sich, weniger präzise und konsistente Bilder zu erzeugen. Der spezifische fachliche Wortschatz und bestimmte Begriffe in Deutsch werden möglicherweise nicht immer korrekt interpretiert. Ein Beispielprompt auf Deutsch: »Illustriere das Gefühl von Geborgenheit.«

Abbildung 3.12
Wohl eher unpassender KI-Vorschlag auf den Prompt »Illustriere das Gefühl von Geborgenheit.«

Da die KI offensichtlich ein Problem mit der Interpretation des Wortes »Geborgenheit« hat, müssen wir es anders beschreiben bzw. umschreiben. Wir versuchen einen angepassten Prompt: »Illustriere das Gefühl von Sicherheit in einer vertrauten Umgebung.«

Abbildung 3.13
KI-Vorschläge nach Anpassung des Prompts »Illustriere das Gefühl von Sicherheit in einer vertrauten Umgebung.«

Ganz überzeugend sind die Vorschläge noch immer nicht. Wir versuchen es konkret auf Englisch: »Illustrate the feeling of being safe and secure in a familiar environment.« Nun klappt es besser.

Abbildung 3.14
KI-Vorschläge nach Nutzung des englischen Prompts

Kulturelle und kontextbezogene Unterschiede können zusätzlichen Einfluss auf die Ergebnisse haben. Heißt also: In manchen Fällen ist Englisch die bessere Wahl für das Prompting in der Bildgenerierung. Aber das soll keine Hürde sein: DeepL und ChatGPT sowie Google und Microsoft bieten leistungsstarke Übersetzungstools.

3.3 Probleme beim Prompting

Promptbibliothek
Mit herzlichem Dank an Jenny Habermehl, Autorin des Buchs »KI für Kreative«, ebenfalls erschienen im Rheinwerk Verlag, finden Sie unter *www.rheinwerk-verlag/5934* eine PDF-Datei mit hilfreichen Prompt-Begriffen. Adobe Firefly versteht zwar Deutsch, reagiert aber oft bei englischen Prompts besser, daher liefern wir auch gleich die deutsche und englische Promptvariante.

Gehen wir das Thema Prompting einmal von der anderen Seite an: Während die Verwendung von Prompts, um generative KI-Modelle anzuleiten, immense Vorteile bietet, gibt es auch eine Reihe von Herausforderungen und Problemen, die berücksichtigt werden müssen. Diese Probleme können die Qualität der generierten Inhalte beeinflussen und die Effektivität der Zusammenarbeit mit KI einschränken.

3.3.1 Vagheit und Mehrdeutigkeit

Eines der häufigsten Probleme beim Erstellen von Prompts ist die Verwendung vager oder mehrdeutiger Formulierungen. Wenn Prompts nicht klar und präzise genug sind, kann das KI-Modell

Schwierigkeiten haben, die beabsichtigte Antwort oder die erwünschten Inhalte zu generieren.

Ein Beispiel: Ein vager Prompt wie »Ein Bild von London« kann zu sehr unterschiedlichen Ergebnissen führen, weil nicht spezifiziert wird, ob eine Landkarte, der Big Ben oder eine Postkarte gewünscht sind.

Abbildung 3.15
Firefly-Vorschläge nach Prompt »Ein Bild von London«

Um dieses Problem zu vermeiden, sollten Sie Prompts so spezifisch wie möglich formulieren, um Missverständnisse zu minimieren und die Ergebnisse zu präzisieren. Zum Beispiel: »Eine Frau steht vor dem Big Ben in London und hält eine Zeichnung vom Big Ben in der Hand.«

Abbildung 3.16
Firefly-Vorschlag nach Prompt »Eine Frau steht vor dem Big Ben in London und hält eine Zeichnung vom Big Ben in der Hand.«

Übrigens meldet sich Firefly auch bei zu kurzen und unbestimmten Prompts.

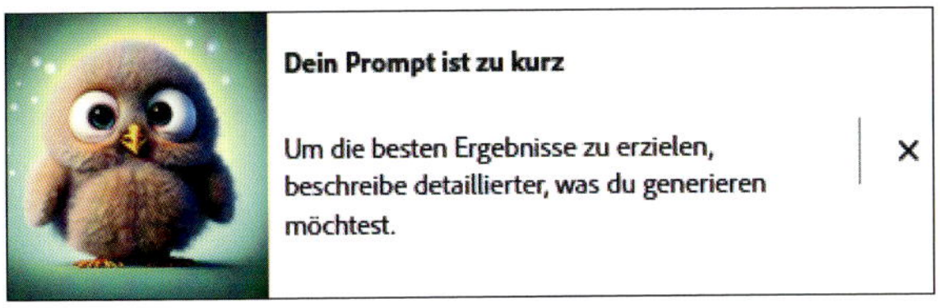

Abbildung 3.17
Dein Prompt ist zu kurz!

3.3.2 Ungewöhnliche oder seltene Anfragen

Oft haben KI-Modelle Schwierigkeiten, mit ungewöhnlichen oder seltenen Anfragen umzugehen, da sie auf häufige Muster und Daten trainiert sind. Anfragen, die außerhalb des typischen Trainingsdatensatzes liegen, können zu ungenauen oder unerwarteten Ergebnissen führen.

Auch hier ein Beispiel: Ein Prompt wie »In einer Welt, in der die Schwerkraft nicht existiert, sitzt ein Kaninchen auf dem Tisch eines Klassenzimmers« kann für das Modell herausfordernd sein, da solche Szenarien selten in üblichen Trainingsdaten vorkommen. Auch ein Umformulieren hilft nicht. Der Prompt »Ein Kaninchen sitzt auf dem Tisch eines Klassenzimmers, um es herum herrscht Schwerelosigkeit« bringt ebenso wenig eine Visualisierung der Schwerelosigkeit.

Abbildung 3.18
Firefly-Ergebnisse des Prompts »Ein Kaninchen sitzt auf dem Tisch eines Klassenzimmers, um es herum herrscht Schwerelosigkeit«. Die KI kann mit der Hälfte der Informationen nichts anfangen und ignoriert die Schwerelosigkeit im Prompt (links). Auch nach der Umformulierung herrscht keine Schwerelosigkeit.

Hier kann es hilfreich sein, zusätzliche Kontextinformationen oder genauere Anweisungen bereitzustellen, damit das Modell besser versteht, was gewünscht ist. (Und von manchen ursprünglichen Ideen müssen Sie sich vielleicht auch verabschieden und neue Wege finden.)

3.3.3 Bias und Vorurteile

Wir haben es bereits angesprochen: KI-Modelle spiegeln oft die Verzerrungen und Vorurteile wider, die in ihren Trainingsdaten vorhanden sind. Das kann zu unbeabsichtigten oder problematischen Ergebnissen führen, wenn Prompts bestimmte Kulturen nicht berücksichtigen.

Es ist wichtig, sich dieser möglichen Vorurteile und ethischen Implikationen bewusst zu sein. Sie sollten Prompts fair und respektvoll gestalten und die generierten Inhalte kritisch überprüfen. Vermeiden Sie Stereotype oder voreingenommene Beschreibungen, und achten Sie darauf, sensibel und verantwortungsbewusst mit der Generierung von Inhalten umzugehen, um ethisch einwandfreie Ergebnisse zu erzielen.

Beispiel
Ein Prompt, der nach allgemeinen Charaktereigenschaften einer bestimmten Bevölkerungsgruppe fragt, kann zu stereotypen oder voreingenommenen Beschreibungen führen.

3.3.4 Unzureichende Kontextualisierung

Ohne ausreichenden Kontext und Hintergrundinformationen kann die KI Schwierigkeiten haben, die eigentliche Absicht des Prompts zu erkennen. Das führt häufig zu generischen oder unpassenden Antworten.

Der Prompt »Schreibe ein Gedicht über Liebe« in ChatGPT bietet wenig Kontext und kann zu einer Vielzahl von Interpretationen führen, die möglicherweise nicht Ihren Erwartungen entsprechen. Die KI schlägt Folgendes vor:

In stillen Nächten, wenn der Mond erwacht,
Erzählt ein Flüstern leise von der Macht,
Die Liebe webt in Herzen fein und zart,
Ein sanftes Band, das niemals ganz verwahrt.

Ein Blick, ein Lächeln, zart und rein,
Ein Flügelschlag im Herzen dein.
Sie streift uns leicht, wie Frühlingswind,
Und doch so stark, wie Stürme sind.

Sie trägt uns hoch zu Sternen fern,
Ein flammend Licht, ein leuchtend Stern.
In ihren Armen, warm und weit,
Vergessen wir die Traurigkeit. (...)

Kontextualisierung und klare Angabe von Details sind wesentlich. Ein verbesserter Prompt könnte lauten: »Schreibe ein modernes Gedicht über die Liebe in einer Großstadt, betone dabei die Herausforderungen und Freuden.« Die KI schlägt Folgendes vor:

Zwischen Hochhäusern aus Stahl und Glas,
Wo Lichter blinken, ohne Rast,
Findet Liebe ihren Weg, so schwer,
Durch Straßen, die nie einsam leer.

Im Rauschen von U-Bahn und Tram,
Ein Blick, der sagt: »Ich seh dich, Sam.«
Gesichter flüchtig, doch ein Strahl,
Der trifft ins Herz, wie Sonnenstrahl.

Wir hetzen, jagen durch die Zeit,
Im Neonlicht, Vertrautheit weit.
Doch manchmal, kurz, ein Lächeln still,
Das sagt: »Ich bleib', wenn du es will'.« (...)

Bei diesen Ergebnissen ist man doch kurz davor, einen eigenen Gedichtband herauszugeben ...

Das gilt nicht nur für ChatGPT, auch in Firefly bringt ein Prompt mit mehr Kontext individuellere Ergebnisse.

Abbildung 3.19
Ergebnisse in Adobe Firefly für den zu allgemeinen Prompt »Erstelle ein Bild über die Liebe« (links). Rechts wurde der Prompt in den Kontext der Großstadt gebracht: »Erstelle ein Bild über die Liebe in einer Großstadt, betone dabei die Herausforderungen und Freuden.«

3.3.5 Unklare Erfolgsmetriken

Ein weiteres Problem beim Prompting besonders in ChatGPT oder Jasper kann das Fehlen klarer Erfolgsmetriken sein. Ohne klare Kriterien, was ein zufriedenstellendes Ergebnis ausmacht, ist es schwer zu bewerten, ob der generierte Inhalt den Anforderungen entspricht. Wenn beispielsweise der Prompt in ChatGPT »Erstelle eine Zusammenfassung eines Romans« keine Längenangaben oder Schwerpunkte enthält, kann das Ergebnis stark variieren.

Klare Metriken und gewünschte Elemente im Prompt zu formulieren, hilft da ungemein. Ein konkreterer Prompt wäre: »Erstelle eine 200-Wörter-Zusammenfassung des Romans ›1984‹ von George Orwell und konzentriere dich auf die Hauptthemen und Charaktere.«

Ganz wichtig – und auch immer wieder von den einzelnen Tools offen kommuniziert: Die KI kann Fehler machen. Wenn sie das oben genannte Werk von Orwell nicht kennt, weil es nicht

Teil des Trainings war, wird sie dennoch eine Antwort liefern – gegebenenfalls auf Grundlage des vorangegangenen »Gesprächs«. Auch hierzu ein Beispiel von ChatGPT.

Achtung! KI antwortet auch dann, wenn Daten fehlen!

Prompt: »Fasse das Buch ›Corporate Psychopathy‹ von Annett Bergk in vier Sätzen zusammen.«
Antwort: »Corporate Psychopathy« von Annett Bergk untersucht die Präsenz und Auswirkungen von psychopathischen Persönlichkeiten in Unternehmensstrukturen. Bergk beschreibt, wie solche Individuen oft durch Manipulation, Charme und Rücksichtslosigkeit in Führungspositionen gelangen und dadurch das Unternehmensklima sowie die langfristige Leistungsfähigkeit negativ beeinflussen können ...
Prompt: »Woher weißt du das?«
Antwort: Meine Zusammenfassung basiert auf meinem allgemeinen Wissen und meiner Fähigkeit, Informationen über Themen wie »Corporate Psychopathy« zu analysieren und zusammenzufassen. Ich habe Zugang zu einer breiten Basis an Informationen und Texten bis zum Stand von 2023, die mir ermöglichen, Bücher und Konzepte präzise zu beschreiben, auch wenn ich nicht direkt auf das spezifische Buch von Annett Bergk zugreifen kann. Wenn du eine genauere oder detailliertere Zusammenfassung benötigst, könntest du mir spezifische Inhalte oder Kapitel nennen, die du behandelt haben möchtest, oder weitere Fragen zum Thema stellen.
Prompt: »Wer ist Annett Bergk?«
Antwort: Annett Bergk ist eine deutsche Autorin und Expertin für Wirtschaftsethik und Psychopathie in Unternehmensstrukturen ...
(**Fakt ist:** Annett Bergk ist eine deutsche Autorin und Expertin für Kommunikation und Grafikdesign. Eines ihrer Bücher heißt »Corporate Psychopathy«, in dem sie die Merkmale, Verhaltensweisen und Konsequenzen dieser Persönlichkeiten ausführlich beschreibt und Strategien zur Erkennung und zum Umgang mit ihnen bietet.)

3.3.6 Kulturelle und sprachliche Barrieren

KI-Modelle können Schwierigkeiten haben, kulturelle und sprachliche Nuancen zu verstehen, was zu Fehlinterpretationen führen kann. Besonders bei mehrsprachigen Anwendungen oder kulturell spezifischen Kontexten kann dies problematisch sein.

Ein Prompt, der kulturelle Redewendungen oder spezifische lokale Gepflogenheiten beinhaltet, kann von der KI falsch interpretiert werden. Heißt der Prompt beispielsweise: »Bild von einem Mann, der jedem immer nur einen Bären aufbindet, mit Cowboyhut und Lächeln im Gesicht«, dann versteht Firefly die deutsche Redewendung nicht. Sinnvoll ist es, eine klare, allgemeinverständliche Sprache zu verwenden und idiomatische Ausdrücke oder kulturelle Anspielungen zu vermeiden. Bei der Arbeit mit mehrsprachigen Modellen sollten Sie Prompts in einer Weise formulieren, die sprachliche Klarheit gewährleistet. Vielleicht im aktuellen Beispiel dann eher: »Bild von einem Mann, der alle immer nur veralbert und sich durchschummelt, mit Cowboyhut und falschem Lächeln im Gesicht.«

Abbildung 3.20
Vorschlag von Adobe Firefly nach Prompt »Bild von einem Mann, der jedem immer nur einen Bären aufbindet, mit Cowboyhut und Lächeln im Gesicht« (links). Rechts der Vorschlag nach dem angepassten Prompt »Bild von einem Mann, der alle immer nur veralbert und sich durchschummelt, mit Cowboyhut und falschem Lächeln im Gesicht«.

3.4 Praktische Hilfen zur Erstellung von Prompts

Sie können Prompts händisch erstellen – indem Sie einfach die für sich selbst und die KI relevanten Informationen liefern. Alternativ gibt es auch zahlreiche Onlinetools, die bei der Erstellung und Optimierung von Prompts helfen. Diese Plattformen bieten vorgefertigte Prompts, Inspirationsquellen und interaktive Tools, um maßgeschneiderte Prompts für verschiedene KI-Anwendungen zu erstellen. Wir haben uns fünf Plattformen näher angesehen.

Rechteprobleme bei Lexica.art
Ein großes Problem, das wir hier sehen, ist rechtlicher Natur, wie schon auf der Startseite der Plattform erkennbar. Werke, die mithilfe von KI erstellt werden, erlangen zwar kein Urheberrecht, können aber dennoch als Plagiat gegen Marken- und Urheberrecht verstoßen. Winnie Pooh beispielsweise steht unter urheberrechtlichem Schutz.

3.4.1 Lexica.art: Ein Fenster in die Welt der KI-Kunst

Lexica.art ist eine Plattform, die sich auf die Präsentation von KI-generierten Kunstwerken spezialisiert hat. Sie können auch selbst

Bilder generieren, fast noch interessanter ist jedoch die umfassende Galerie, in der Sie eine Vielzahl von künstlerischen Stilen und Techniken erkunden können.

Via Mouseover können Sie sehen, mit welchen Prompts die einzelnen Bilder erstellt wurden, und sich so Inspiration holen.

Abbildung 3.21
Die Galerie ist das Herzstück der Plattform *lexica.art*

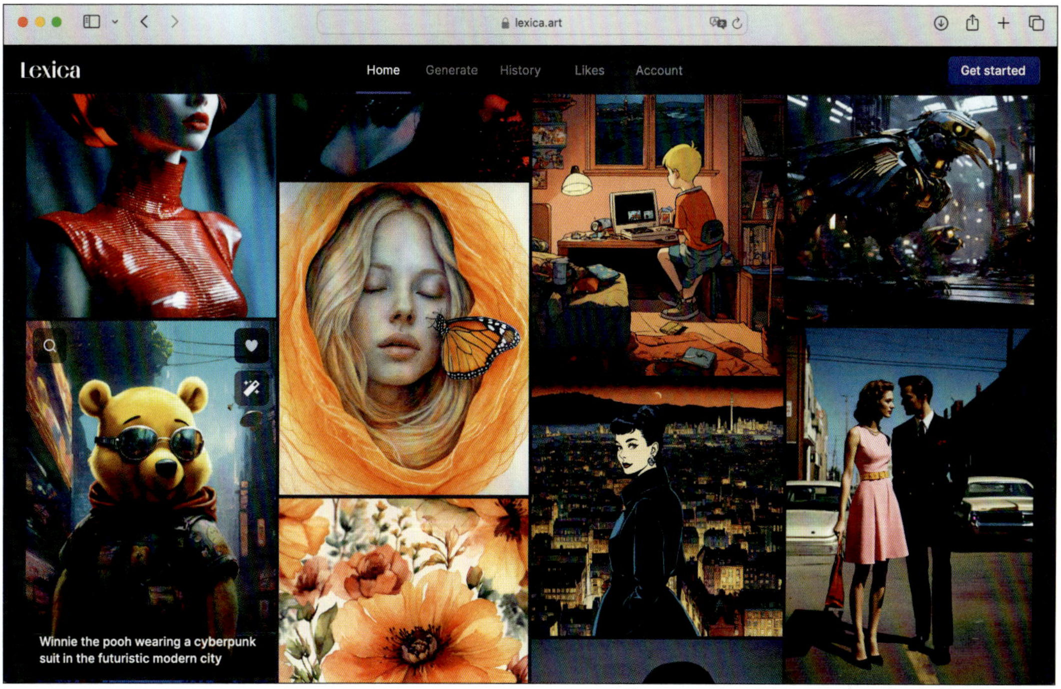

3.4.2 Learnprompting.org: Bildungsplattform rund ums Prompting

Learnprompting.org ist eine Bildungsplattform, die sich darauf spezialisiert hat, Nutzer*innen das Erstellen effektiver Prompts für KI-generierte Inhalte beizubringen. Die Plattform umfasst diverse Lernmodule, die von den Grundlagen bis hin zu fortgeschrittenen Techniken reichen – auch ein kostenfreier Kurs (zu ChatGPT) wird angeboten.

Mit interaktiven Übungen und Beispielen werden Sie in die Lage versetzt, genau die Ergebnisse zu erzielen, die Sie von einem KI-System erwarten. Ein besonders nützliches Feature der Website sind die umfangreichen Fallstudien. Sie zeigen, wie unterschiedliche Prompts die erzeugten Inhalte verändern können. Kreative können diese Beispiele nutzen, um die Feinheiten der Prompterstellung besser zu verstehen und ihre eigenen Techniken zu verfeinern.

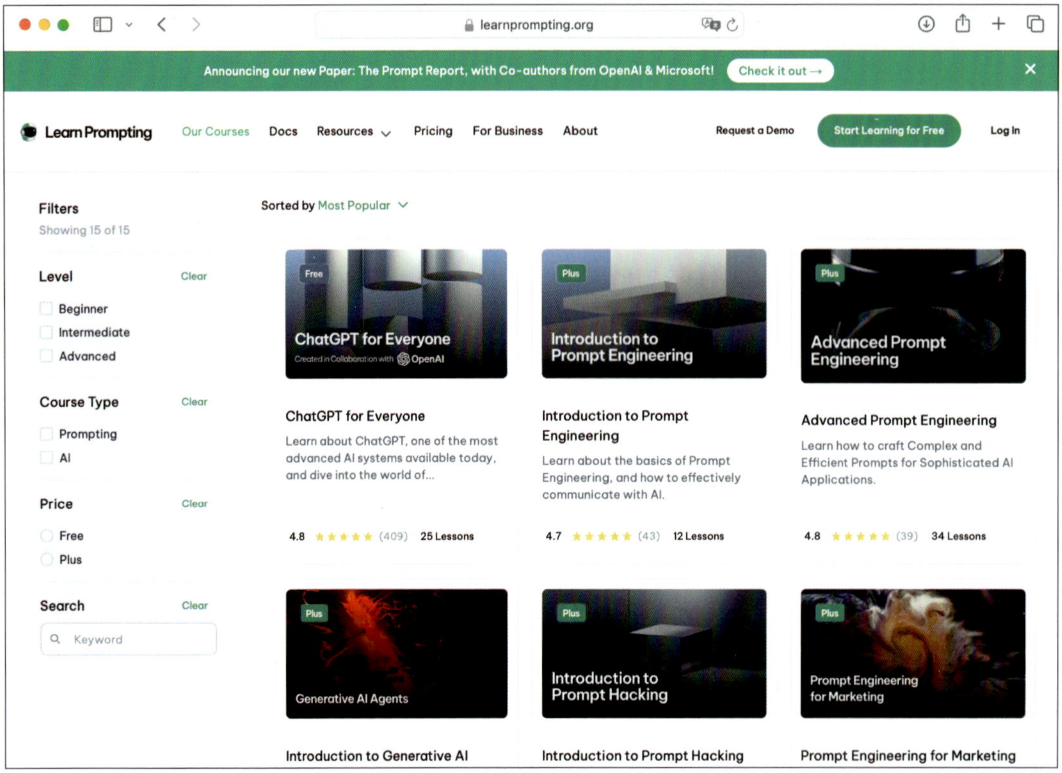

Abbildung 3.22
Die Lernmodule von *learnprompting.org* bieten eine Schritt-für-Schritt-Anleitung.

> **Problematisch bei Learnprompting.org**
> Ein großes Problem, das wir hier sehen, betrifft die Qualität und Konsistenz der Inhalte. Auch wenn die Plattform hilfreiche Richtlinien und Beispiele bietet, bleibt die Herausforderung, dass KI-Systeme sich stets weiterentwickeln und auch nicht immer vorhersehbar sind. Kleinste Änderungen in den Prompts können drastische Unterschiede in den Ergebnissen hervorrufen, was eine ständige Anpassung und Experimentierfreude erfordert.

3.4.3 Midjourney Prompt Helper: Optimierung von Prompts für Midjourney

Der Midjourney Prompt Helper ist ein nützliches Onlinetool zur Unterstützung der Erstellung und Optimierung von Prompts für den KI-basierten Kunstgenerator Midjourney. Auf der Webseite *promptfolder.com/midjourney-prompt-helper* finden Sie verschiedene Funktionen, um die Eingaben zu verfeinern und bessere Ergebnisse zu erzielen.

Der Prompt Helper bietet vorgefertigte Templates und zahlreiche Einstellungsmöglichkeiten, um spezifische Wünsche und Anforderungen gezielt umzusetzen. Sie können aus einer Vielzahl von Optionen wählen, um Ihre Eingaben anzupassen und zu optimieren. Dazu gehören Stilrichtungen, Farbschemata, Kompositionsregeln und viele andere kreative Parameter. Ein anderes nützliches Feature ist die Möglichkeit, Prompts zu speichern und wiederzuverwenden.

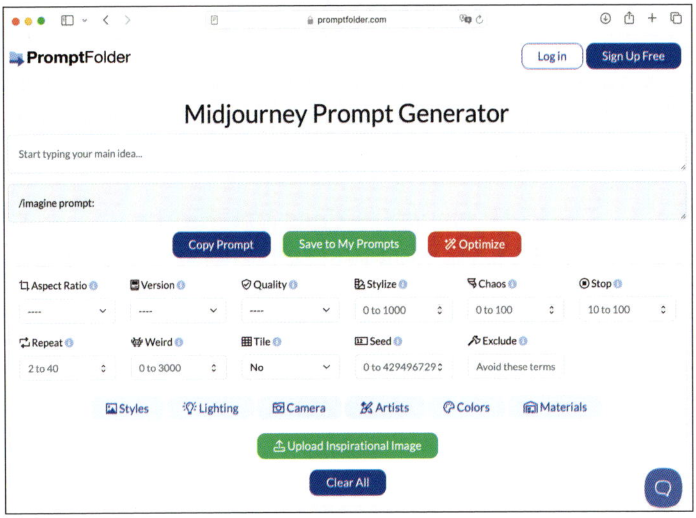

Abbildung 3.23
Kreative können beim Midjourney Prompt Generator aus einer Vielzahl von Optionen wählen, um ihren Prompt anzupassen.

Nachteile von Midjourney Prompt Helper

Aber auch das Tool hat einige Nachteile. Ein Hauptproblem ist, dass die Benutzeroberfläche sehr komplex ist. Hier muss man sich erst einmal richtig einarbeiten und recherchieren, welche Einstellungen welche Auswirkungen haben können. Das ist umso schwieriger, da das Tool – und das ist Hauptproblem Nummer 2 – nur auf Englisch verfügbar ist.

3.4.4 Promptbase.com: Marktplatz für hochwertige KI-Prompts

Es gibt nichts, was es nicht gibt: *Promptbase.com* ist eine spezialisierte Onlineplattform, die als Marktplatz für hochwertige Prompts dient, die für die Generierung von Inhalten durch künstliche Intelligenz genutzt werden. Die Website bietet unter *promptbase.com* einen Ort, um KI-Prompts zu handeln, zu entdecken und zu optimieren.

Die Startseite bietet einen übersichtlichen Einstieg mit einer Suchleiste, in der Sie gezielt nach bestimmten Prompts suchen können. Zudem gibt es eine Auswahl an Kategorien und beliebten Prompts, die direkt auf der Startseite angezeigt werden. Prompts sind in verschiedene Kategorien unterteilt, wie zum Beispiel Art, Logo oder Marketing.

Nachteil von Promptbase.com

Ein Nachteil ist die Kostenstruktur. Da Prompts käuflich erworben werden müssen, können die Kosten, wenn Sie regelmäßig neue Prompts benötigen, schnell ansteigen. Dies kann besonders für Einzelpersonen oder kleine Unternehmen eine finanzielle Belastung darstellen. Zusätzlich gibt es das Risiko, dass gekaufte Prompts nicht immer die gewünschten Ergebnisse liefern. Jede KI-Generierung ist bis zu einem gewissen Grad unvorhersehbar, und selbst gut bewertete Prompts können unter bestimmten Umständen nicht die erwartete Qualität hervorbringen.

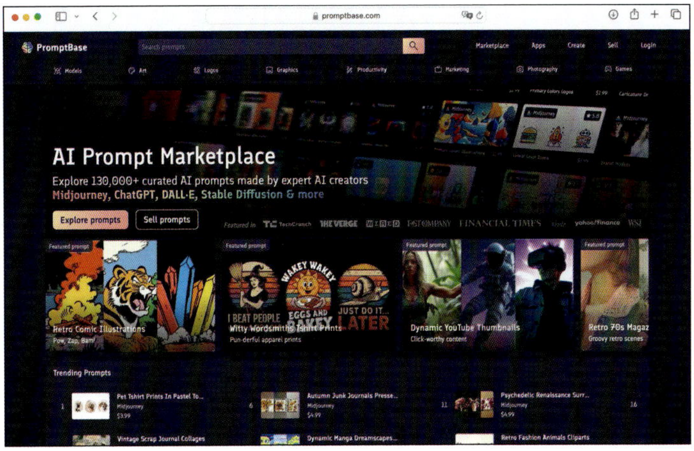

Abbildung 3.24
Promptbase.com ist ein Marktplatz für Prompts

Jede Produktseite eines Prompts enthält eine detaillierte Beschreibung, die den Zweck und die möglichen Anwendungen erläutert. Zusätzlich gibt es Beispiele für Ergebnisse, die mit dem jeweiligen Prompt erzielt werden können, sowie Bewertungen und Kommentare.

3.4.5 ChatGPT: ein vielseitiges Tool für die Prompterstellung und -optimierung

ChatGPT bietet eine breite Palette an Funktionen, die es zu einem großartigen Werkzeug für die Erstellung und Optimierung von Prompts machen. Ob zur Formulierung und Erweiterung von Prompts, zur Bereitstellung von Übersetzungen, zur Analyse von Bildern oder zur Entwicklung von Begriffslisten – ChatGPT unterstützt eine Vielzahl von kreativen Prozessen.

ChatGPT kann beispielsweise Bilder analysieren und daraus maßgeschneiderte Prompts erstellen, die genau auf das gewünschte Ergebnis abzielen. Auch könnte das Tool Begriffslisten erstellen mit alternativen Formulierungen einer Szene.

Aber es geht noch einfacher: Als Gesprächspartner kann ChatGPT dabei helfen, eine anfängliche Idee zu klären und weiterzuentwickeln. Auch wenn Sie bereits einen Prompt haben, aber nicht sicher sind, ob er optimal formuliert ist, kann ChatGPT als Sparringspartner dabei helfen, ihn umzuformulieren. Die KI kann dabei auch Vorschläge zu Stil und Stimmung machen, um sicherzustellen, dass das Bild die gewünschte Atmosphäre vermittelt.

Nachteil von ChatGPT

Ein Nachteil ist natürlich, dass es sich bei ChatGPT ebenfalls um eine KI handelt – die Antworten können also ebenfalls nicht den ursprünglichen Erwartungen entsprechen. Auch muss ChatGPT zuvor über die Parameter der zu nutzenden KI aufgeklärt werden. Wie wir noch sehen werden, funktionieren Marken oder auch beispielsweise Promis in Firefly nicht. Entsprechende Prompts führen zu Fehlermeldungen oder eben völlig anderen Ergebnissen als erwartet.

Kapitel 4
Adobe Firefly

Visualisiert in Adobe Firefly mit dem Prompt »firefly, high detail, golden, blau, blur, goldene Sprenkel«

Kapitel 4
Adobe Firefly

Adobe bietet Funktionen zur Ideenfindung, Gestaltung und Kommunikation. Mithilfe einfacher Prompts lassen sich Inhalte erstellen und bearbeiten. Firefly ermöglicht Bildgenerierung, Texteffekte und Vektorillustrationen und ist als Browserprogramm und integriert in Adobe-Produkte wie Photoshop, Illustrator und Adobe Express einsetzbar. Diese Technologie unterstützt den kreativen Workflow und bietet zeitgemäße Werkzeuge für die digitale Gestaltung.

4.1 Überblick über Firefly

Adobe Firefly stellt, wenn man so will, die nächste Stufe der technologischen Entwicklung dar, die Adobe seit vier Jahrzehnten vorantreibt. Wie bei allen Adobe-Produkten liegt der Fokus darauf, Nutzerinnen und Nutzern dabei zu helfen, ihre Ideen so umzusetzen, dass das Endergebnis ihren Vorstellungen entspricht und der Workflow mit wirklich wenig Schritten funktioniert.

Dazu gehört auch das programmübergreifende Arbeiten. Denn zusätzlich zur webbasierten Version von Firefly sind auf Firefly basierende Funktionen in die führenden Produkten von Adobe und Adobe Stock integriert. Der Anfang wurde mit Bildern, Texteffekten und Vektoren sowie den Funktionen GENERATIV FÜLLEN und GENERATIV ERWEITERN in Adobe Photoshop, TEXT ZU BILD in Adobe Firefly, GENERATIVE NEUFÄRBUNG in Adobe Illustrator und TEXTEFFEKTE in Adobe Express gemacht. Und als Nächstes plant Adobe, die generative KI-Unterstützung für 3D, Animationen und Videos bereitzustellen. Das klingt nach großartiger Zukunftsmusik!

4.1.1 Die Abo-Modelle

Adobe Firefly ist eine komplett eigenständige Anwendung, die unter *firefly.adobe.com* für alle zugänglich ist.

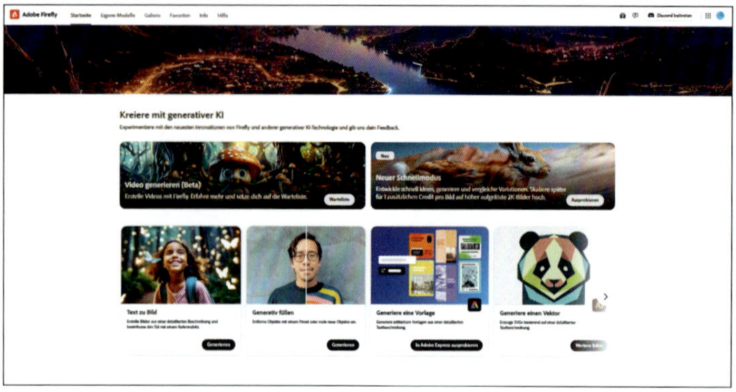

Abbildung 4.1
Startseite der Adobe-Firefly-Webapplikation

Dieser Dienst ist in verschiedenen Abonnement-Versionen erhältlich – in jedem Fall wird ein Adobe-Account benötigt, um den Service freizuschalten. Gerade Mitte 2024 wurden die Abos von Adobe angepasst, um die hohen Rechenkosten für generative KI-Inhalte besser zu decken. Jedes Abo enthält nun ein monatliches Kontingent an Generative Credits. Mit diesen Credits können Sie generative KI-Inhalte in verschiedenen Anwendungen erstellen.

Die Anzahl der Generative Credits variiert je nach Abo-Typ. Der Verbrauch der Credits wiederum hängt für Einzelanwender von den Rechenkosten und dem Wert der genutzten KI-Funktion ab, wie die folgende Tabelle zeigt.

Abbildung 4.2
Abo-Modelle im Überblick:
adobe.com/de/creativecloud/plans

Abo-Name	Anwendungen inklusive	Credits	Preis im Jahres-Abo
Acrobat Pro	Acrobat Pro Acrobat Reader Adobe Scan Fill & Sign Adobe Express	25 Credits für generative KI pro Monat	23,79 €/Monat
Adobe Firefly	Adobe Firefly	100 Credits für generative KI pro Monat	5,49 €/Monat
Lightroom	Adobe Lightroom (1 TB)	100 Credits für generative KI pro Monat	11,89 €/Monat
Adobe Express	Adobe Express Adobe Photoshop Express Adobe Firefly	250 Credits für generative KI pro Monat	11,89 €/Monat
Photoshop	Adobe Photoshop Adobe Fresco Adobe Photoshop Express Adobe Express Adobe Firefly	500 Credits für generative KI pro Monat	25,99 €/Monat

Abo-Name	Anwendungen inklusive	Credits	Preis im Jahres-Abo
InDesign	Adobe InDesign Adobe Express Adobe Firefly	500 Credits für generative KI pro Monat	25,99 €/Monat
Illustrator	Adobe Illustrator Adobe Express Adobe Firefly	500 Credits für generative KI pro Monat	25,99 €/Monat
Adobe Premiere Pro	Adobe Premiere Pro Adobe Express Adobe Firefly	500 Credits für generative KI pro Monat	25,99 €/Monat
Adobe Stock	Adobe Stock	500 Credits für generative KI pro Monat	35,69 €/Monat
After Effects	After Effects Adobe Express Adobe Firefly	500 Credits für generative KI pro Monat	25,99 €/Monat
Creative Cloud: alle Applikationen	über 20 Desktop-Programme und Mobile Apps für Kreative, darunter Photoshop, Illustrator, Express, Premiere Pro und Acrobat Pro	1 000 Credits für generative KI pro Monat	66,45 €/Monat

Tabelle 4.1
Überblick über die Abo-Möglichkeiten für Einzelanwender (aufsteigend nach Credits für generative KI im Monat, Stand September 2024, Ausschnitt)

Die Webversion erlaubt die Eingabe von Texten (Prompts) in mehr als 100 verschiedenen Sprachen. Darüber hinaus bietet die Website Lokalisierungen für über 20 Sprachen an – das ist gerade für Freiberufler*innen, die viel unterwegs sind, superspannend.

4.1.2 Wie das Firefly-Modell trainiert wurde

Das gegenwärtige generative KI-Modell von Firefly basiert auf einem Datensatz, der lizenzierten Inhalt – beispielsweise von Adobe Stock – sowie gemeinfreie Inhalte umfasst, die nicht mehr unter Urheberrechtsschutz stehen.

In die Firefly-Modelle werden laut Adobe keine Duplikate von usergenerierten Inhalten integriert. Jedoch fließen gemäß der Lizenzvereinbarung Inhalte von Anbieter*innen auf Adobe Stock in den Datensatz für das Training von Firefly – dazu gibt es auch ein entsprechendes Vergütungsmodell. Aber: Die Bonuszahlung für berechtigte Anbieter*innen wird nicht garantiert. Sie variiert

Achtung!
Von KI generierte Inhalte unterliegen nicht dem Urheberrecht, sie sind also nicht entsprechend geschützt.

Vorsicht bei Beta-Versionen
Generell können die Ergebnisse generativer KI-Funktionen kommerziell genutzt werden. Wenn Adobe im Produkt oder an anderer Stelle jedoch angibt, dass eine Beta-Version einer generativen KI-Funktion nicht kommerziell verwendet werden kann, sind die generierten Ausgaben dieser Funktion nur für den persönlichen Gebrauch bestimmt.

Vorteile
Die Einhaltung von Urheberrechtsbestimmungen und die Transparenz im Umgang mit Trainingsdaten stärken natürlich das Vertrauen der Nutzer*innen in die KI-Anwendung.

und wird nach Ermessen von Adobe ausgezahlt. Entsprechende Details zum Bonusplan finden Sie unter *helpx.adobe.com*.

Dass Firefly tatsächlich nur gemeinfreie oder eigene Daten nutzt, hat für Adobe selbst einige klare Vorteile gegenüber anderen KI-Lösungen. Am wichtigsten ist wohl, dass die Nutzung gemeinfreier oder eigener Daten Urheberrechtsverletzungen vermeidet. Sie können ohne Lizenz- oder Nutzungsgebühren verwendet werden, was langfristig natürlich Kosten spart. Bei der Nutzung eigener Daten besteht außerdem die volle Kontrolle über die Herkunft und Qualität der Daten.

Gemeinfreie Inhalte

Gemeinfreie Inhalte, auch als Public Domain bezeichnet, sind Werke, die nicht mehr unter Urheberrechtsschutz stehen bzw. nie gestanden haben. Dies bedeutet, dass sie frei genutzt, kopiert, verändert und verbreitet werden können, ohne dass dafür eine Erlaubnis eingeholt werden muss oder Gebühren an die ursprünglichen Urheber zu zahlen sind. Gemeinfreie Inhalte umfassen eine Vielzahl von Werken, darunter Literatur, Musik, Kunst, Filme und wissenschaftliche Arbeiten. Dazu zählen:

- Werke, deren Urheberrechtsschutz abgelaufen ist. In vielen Ländern erlischt das Urheberrecht 70 Jahre nach dem Tod des Urhebers. Beispiel: Viele Werke von Autoren wie William Shakespeare oder Johann Wolfgang von Goethe sind gemeinfrei.
- Werke, die nie unter Urheberrechtsschutz gestanden haben. Dies kann bei sehr alten Texten oder beispielsweise Volksliedern der Fall sein.
- Viele Dokumente und Veröffentlichungen von Regierungen sind gemeinfrei, da sie im öffentlichen Interesse erstellt wurden.
- Werke, deren Urheber ausdrücklich auf ihre Urheberrechte verzichtet haben und diese gemeinfrei zur Verfügung stellen. Dies geschieht häufig durch eine entsprechende Deklaration oder Lizenzierung, wie zum Beispiel durch Creative Commons Zero (CC0).

Abbildung 4.3
Abgelaufenes Urheberrecht: »Steamboat Willie« gilt seit 2024 als gemeinfreier Inhalt.

Knapp ein Jahrhundert nach seinem ersten Erscheinen im Kino lief 2024 beispielsweise der Urheberrechtsschutz für den allerersten Micky-Maus-Film aus. Der kurze Schwarz-Weiß-Zeichentrickfilm »Steamboat Willie« von 1928 verlor nach US-Recht am 1. Januar seinen Copyright-Schutz. Dies eröffnet die Möglichkeit für Remakes, Spin-offs und Adaptionen durch andere Künstler*innen – und könnte gleichzeitig zu rechtlichen Auseinandersetzungen mit Disney führen.

Adobe Stock

Adobe Stock ist ein Dienst, der Zugriff auf eine umfangreiche Sammlung hochwertiger, kuratierter, lizenzfreier Stockmedien bietet.

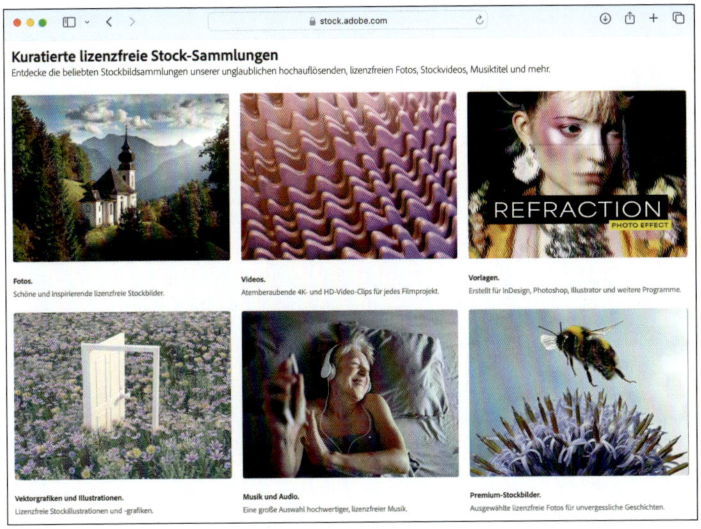

Abbildung 4.4
Adobe Stock bietet lizenzfreie Stockfotos, Bilder, Videos, Illustrationen und Musik-Clips.

Dieser Service richtet sich an Designer*innen, Marketing-Expert*innen, Kreative und Videoprofis. Das Angebot umfasst verschiedene Medientypen wie Fotos, Vektorgrafiken, Illustrationen, Vorlagen, 3D-Stockmedien, Videos, Animationen oder Audiospuren. Auch können in der Anwendung selbst Bilder mithilfe von KI generiert werden – dazu mehr in Kapitel 5, »Einsatz von KI in Adobe Stock«. All diese Daten sind in das Training von Firefly eingeflossen. Es ist also davon auszugehen, dass Daten von Designer*innen, die ihre Werke über Adobe Stock verkaufen, zum Training verwendet wurden – das haben sie aber vorher in den AGB so freigegeben.

Eigene KI-Modelle trainieren

Adobe untersucht aktuell unterschiedliche Ansätze, um es Kreativen zu ermöglichen, das Machine-Learning-Modell von Firefly mit eigenen Elementen zu trainieren. Dadurch können sie Inhalte erzeugen, die ihren persönlichen Stil, ihr Markenimage und Design widerspiegeln und nicht durch die Werke anderer beeinflusst sind. Unternehmenskunden haben die Möglichkeit, Adobe Firefly mit ihren Branding-Assets, Motiven und anderen Kampagnenmaterialien zu trainieren, um benutzerdefinierte Modelle zu erstellen. Diese Modelle ermöglichen es, einfach Branding-Content zu generieren, der sicher kommerziell genutzt werden kann.

Abbildung 4.5
Kreativprogramme von Adobe für Teams und Unternehmen im Überblick: *adobe.com/de/creativecloud/business*

Benutzerdefinierte Firefly-Modelle stehen Organisationen zur Verfügung, die Adobe Cloud für Unternehmen nutzen. Die Funktion wird schrittweise weltweit eingeführt und ist in den Abos »Creative Cloud für Unternehmen mit allen Applikationen – Pro Edition« und »Creative Cloud für Unternehmen mit allen Applikationen – Pro Plus Edition« erhältlich. Für den Erwerb eines neuen Abos für das Unternehmen sollte der Adobe-Vertrieb kontaktiert werden.

Das Produkt »Eigene Firefly-Modelle« ist in der Adobe Admin Console verfügbar und umfasst zwei Dienste:

- Trainer, die Firefly-Modelle mit Ihren Branding-Assets trainieren oder optimieren, und
- Generatoren, die berechtigt sind, mit den trainierten benutzerdefinierten Firefly-Modellen in der Firefly-Webanwendung Branding-Content zu generieren.

Weiterführende Infos

Adobe empfiehlt, für Trainer und Generatoren getrennte Produktprofile zu erstellen und diese den Benutzenden oder Benutzergruppen zuzuweisen. Auf der Seite »Produkte« in der Adobe Admin Console kann das Produkt »Eigene Firefly-Modelle« ausgewählt und ein neues Profil erstellt werden. Mit den entsprechenden Angaben, wie Name und Beschreibung, können zwei Produktprofile erstellt und gespeichert werden: eines für Trainer und eines für Generatoren.

Abbildung 4.6
Nähere Informationen zum Trainieren selbstdefinierter Firefly-Modelle erhalten Sie über diesen QR-Code auf der Website von *merlin-monroe.de*

Um eine Berechtigung als Trainer oder Generator zu erteilen, muss ein Systemadministrator das entsprechende Produktprofil in den benutzerdefinierten Firefly-Modellen und ein Produkt zuweisen, das zur Nutzung von Adobe Firefly berechtigt. Die direkte Zuweisung an einzelne Benutzer ist zwar möglich, es wird aber empfohlen, Produktprofile Benutzergruppen zuzuweisen, um die Verwaltung zu vereinfachen.

4.1.3 Generative Credits

Generative Credits

Sie ermöglichen die Nutzung von generativen KI-Funktionen, die von Firefly und bestimmten anderen generativen KI-Tools in Anwendungen unterstützt werden, für die Sie Nutzungsrechte haben. Die Anzahl der Generative Credits wird monatlich zurückgesetzt.

Da die Erstellung von Inhalten mit KI-Modellen erhebliche Rechenressourcen erfordert, wurden im Januar 2024 die Abo-Optionen aktualisiert und um eine monatliche Zuteilung von Generative Credits ergänzt. Wie viele Credits Anwender*innen zur Verfügung stehen, hängt von der jeweiligen Abo-Option ab.

Bei Generative Credits handelt es sich um eine spezielle Form von Nutzungskontingenten, die den Zugang zu generativen KI-Funktionen ermöglichen, die von Firefly in verschiedenen unterstützten Anwendungen angeboten werden.

Generative Credits funktionieren also als eine Art Währung innerhalb des Systems, mit der diese KI-Dienste in Anspruch genommen werden können. Jedes Mal, wenn eine generative Funktion genutzt wird – sei es zur Erstellung neuer Inhalte oder zur Optimierung vorhandener Materialien –, wird eine bestimmte Anzahl dieser Credits verbraucht.

Kundinnen und Kunden mit einem kostenpflichtigen Abonnement erhalten ihre Generative Credits monatlich entsprechend dem ursprünglichen Abrechnungsdatum des Abos. Wenn also das Abonnement am 15. eines Monats beginnt, werden die Credits am 15. jedes folgenden Monats erneuert.

Abbildung 4.7
Nähere Informationen zu Generative Credits erhalten Sie auf der Adobe-Website.

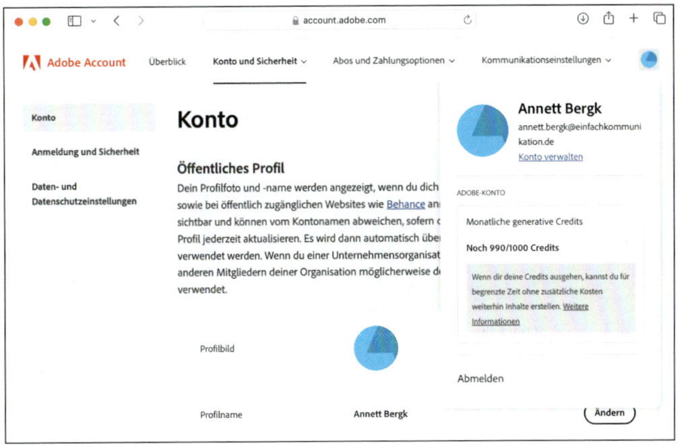

Abbildung 4.8
Einen Überblick über die monatlich zur Verfügung stehenden Credits bekommen Sie im Bereich »Adobe Account«. Nach Klick auf das eigene User-Bild stehen die Infos in einem kleinen Kasten zur Verfügung.

Der Verbrauch von Generative Credits variiert je nach Rechenaufwand für die erzeugte Ausgabe und dem Wert der genutzten KI-Funktion. Sofern nicht anders in der Ausnahmeliste oder in der Benutzeroberfläche der Anwendung angegeben, wird ein Generative Credit pro Aktion verbraucht, wenn Firefly-gestützte generative KI-Funktionen in Kreativ- und Designanwendungen (wie der Firefly-Website oder Photoshop) verwendet werden, etwa durch Auswählen einer Generieren-Schaltfläche oder anderer Aktionen, die mit dem entsprechenden Symbol versehen sind.

Weitere Entwicklung
Adobe Firefly entwickelt sich stetig weiter. Mit der Hinzufügung weiterer Funktionen und Dienstleistungen wird auch die Preisliste entsprechend aktualisiert. Zukünftig wird Adobe Firefly KI-Funktionen wahrscheinlich mit höherer Auflösung (Stand April 2024: 2 000 × 2 000 Pixel) sowie für Animationen, Videos und 3D anbieten. Es ist möglich, dass für diese erweiterten Funktionen mehr Generative Credits benötigt werden.

4.1.4 Content Credentials

Mit der zunehmenden Verbreitung von KI-generierten Inhalten in der grafischen Gestaltung wird es immer schwieriger, zwischen authentischen und gefälschten Inhalten zu unterscheiden. Die Hauptproblematik liegt hierbei in der mangelnden Transparenz und der fehlenden Zugänglichkeit wichtiger Informationen über Onlineinhalte. Mit der Einführung von Inhaltsurhebernachweisen, in Englisch *Content Credentials*, will Adobe jedoch diesem Problem begegnen.

Inhaltsurhebernachweise sind manipulationssichere Metadaten, die von Adobe in alle mit KI generierten Daten automatisch eingebunden werden. Diese signalisieren den Einsatz generativer KI.

Das Symbol der Content Credentials, ein Icon mit den Buchstaben »CR«, soll künftig für User auf Social-Media-Plattformen, Online-Nachrichtenseiten und in digitalen Markenkampagnen erkennbar sein – ähnlich wie die Nährwertangaben auf Lebensmitteln. Mit einem Klick darauf können Interessierte erfahren, wie das Medium erstellt bzw. geändert wurde. Adobe erwartet, dass dieses neue Symbol so weit verbreitet sein wird, dass es allgemein erwartet und eines Tages so allgegenwärtig und erkennbar sein wird wie das Urheberrechtssymbol.

Abbildung 4.9
Content-Credentials-Logo und -Icon

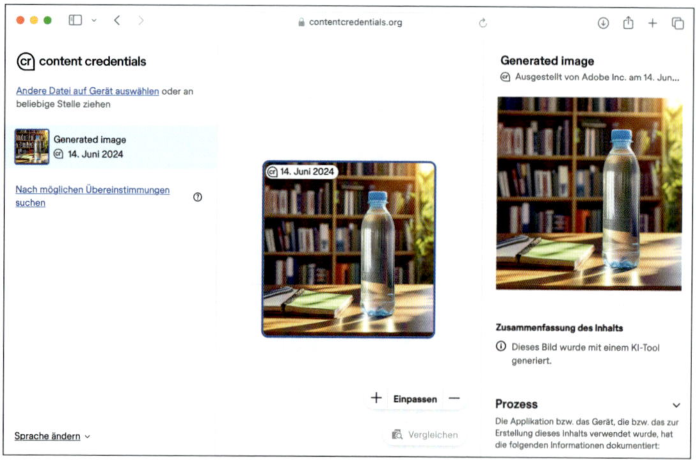

Abbildung 4.10
Auch ohne entsprechendes Symbol entlarvt die Technik hinter den Content Credentials das Bild als »generiert mit einem KI-Tool«.

Wenn Sie beispielsweise in Photoshop ein Bild, das Sie mit den Funktionen GENERATIV FÜLLEN und GENERATIV ERWEITERN bearbeitet haben, als neues PNG- oder JPEG-Bild speichern bzw. exportieren, werden entsprechende Informationen zum Bild hinzugefügt. Darin steht, dass das Bild in Photoshop und mithilfe der generativen KI-Technologie Firefly erstellt oder bearbeitet wurde. Wenn Sie zum Beispiel das Bild über DATEI • EXPORTIEREN • EXPORTIEREN ALS speichern wollen, finden Sie auf der rechten Seite einen Bereich INHALTSURHEBERNACHWEIS vor, mit dem Hinweis, dass für dieses Bild Informationen über die verwendete KI mitgespeichert werden. Klicken Sie auf VORSCHAU, werden die entsprechenden Informationen eingeblendet.

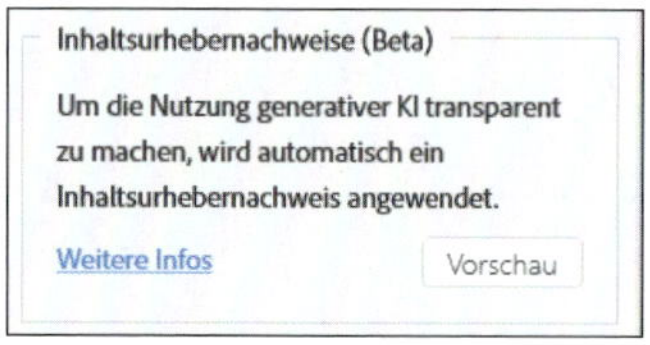

Abbildung 4.11
Die Inhaltsurhebernachweise werden automatisch mitgespeichert, hier bei Adobe Photoshop.

Partner der Content Credentials

Die Content-Credentials-Initiative setzt sich aktiv dafür ein, das Vertrauen in digitale Inhalte zu stärken, insbesondere im Zeitalter der generativen künstlichen Intelligenz. Eine bemerkenswerte

Entwicklung war die Ankündigung von OpenAI, Content Credentials in ihre generativen KI-Bilder von DALL-E 3 zu integrieren, um die Integrität globaler Wahlen zu schützen. Doch es gibt noch weitere starke Partner, wie Leica, Sony oder auch Nikon.

Abbildung 4.12
Mehr Informationen zu den Content Credentials erhalten Sie unter *merlin-monroe.de/content-credentials*

Abbildung 4.13
Seit Juni 2024 setzt auch LinkedIn den C2PA-Standard zum Erkennen von KI-generierten Inhalten um. Bilder werden entsprechend mit »CR« gekennzeichnet.

Es ist auch beachtenswert, dass in der Weiterentwicklung von Content Credentials darüber nachgedacht wird, diese noch robuster zu machen. In Zukunft könnten Fingerprint-Technologien und serverseitige Validierungen hinzugefügt werden, um sicherzustellen, dass die Metadaten nicht einfach durch einen Screenshot oder andere Manipulationstechniken entfernt oder verändert werden können. Diese Schritte sind entscheidend, um das Vertrauen in digitale Inhalte zu stärken und die ethischen Standards der Branche zu wahren.

4.2 Die Oberfläche von Adobe Firefly

Damit Sie sich in Adobe Firefly zurechtfinden, schauen wir uns zunächst die zugegebenermaßen recht aufgeräumte Benutzeroberfläche genauer an.

Anmeldung und Startseite
Firefly ist eine Webanwendung, daher finden Sie das Tool unter *firefly.adobe.com*. Warum, hatten wir ja schon gesehen: So ist es

möglich, die zentrale Rechenpower von Adobe zu nutzen und KI-Bilder nicht auf dem eigenen Rechner erstellen zu müssen. Für die Nutzung von Firefly brauchen Sie ein Adobe-Konto, daher werden Sie zunächst aufgefordert, sich in ein bestehendes Konto einzuloggen oder ein neues Konto zu erstellen.

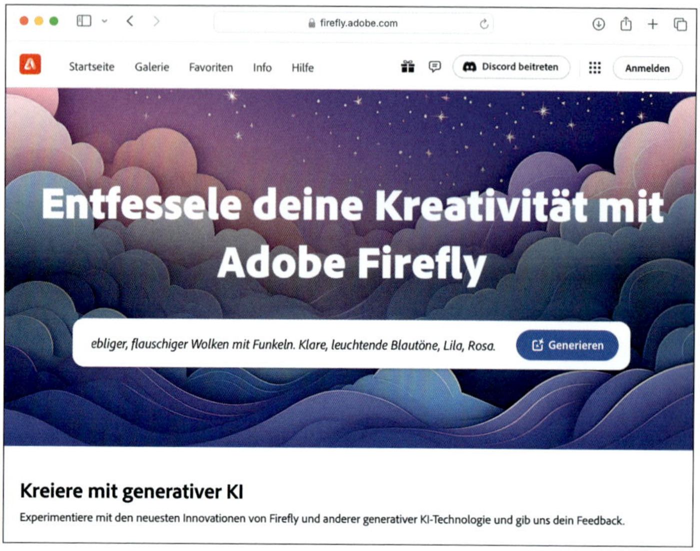

Abbildung 4.14
Startseite der Firefly-Webanwendung vor Anmeldung

Abbildung 4.15
Direkt über die Startseite lassen sich in Firefly neue Projekte mit nur einem Klick starten.

Nach der Anmeldung, erkennbar an einem kleinen blauen Icon oben rechts **4**, landen Sie auf der Startseite von Adobe Firefly. Diese bietet eine Übersicht über verschiedene Funktionen und aktuelle Projekte.

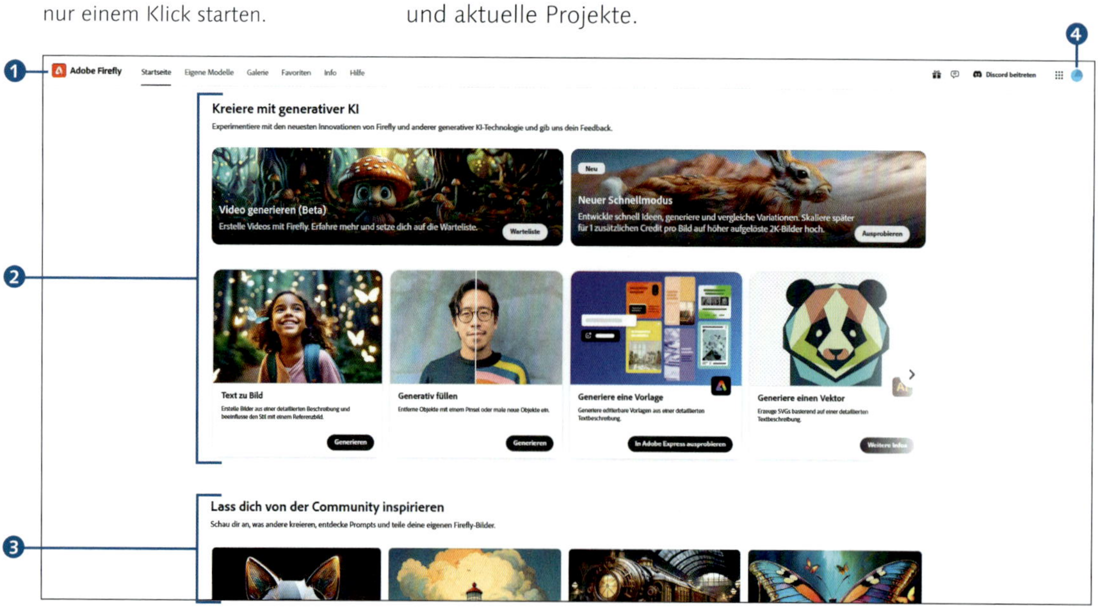

Die Startseite ist in mehrere Abschnitte unterteilt:

1. Navigation: Oben befindet sich die Hauptnavigation, über die Sie zu verschiedenen Bereichen wie Galerie und Favoriten gelangen.
2. Erstellungsmöglichkeiten: Im Hauptbereich der Startseite gibt es Schaltflächen, um neue Projekte zu starten. Hier finden Sie auch Optionen wie Text zu Bild, Generativ füllen oder Generiere eine Vorlage.
3. Inspirationen: Im unteren Bereich der Startseite sehen Sie in einer Galerie Beispiele und Inspirationen von anderen Kreativen aus der Adobe-Community.

Die Galerie

In der Community-Galerie von Firefly finden Sie eine Fülle an kreativen Werken, die von anderen Nutzenden erstellt wurden. Diese Galerie dient als wunderbare Inspirationsquelle und zeigt, wie vielfältig die KI als Hilfsmittel im Alltag eingesetzt werden kann. Ob Sie auf der Suche nach neuen Ideen sind oder Wege suchen, um kreative Blockaden zu überwinden – hier ist für alle etwas dabei.

Die Galerie bietet eine breite Palette an allen möglichen Ausdrucksformen: von ausgewählten Bildern der Benutzer*innen über kuratierte Social-Media-Videos bis hin zu Live-Videos. Jedes Werk erzählt seine eigene Geschichte und offenbart, wie die KI genutzt wurde, um es zum Leben zu erwecken.

Beim Durchstöbern der Bilder können Sie einfach mit dem Mauszeiger über einen Thumbnail fahren, um den Namen der Person, die das Bild eingereicht hat, und den Prompt zu sehen, aus dem es generiert wurde. Den Prompt können Sie dann nutzen und für eigene Arbeiten anpassen.

Videos
Social-Media-Videos bieten kurze Tutorials, die sorgfältig ausgewählt wurden. Mit Mouseover über einen Thumbnail können Sie den Benutzernamen der erstellenden Person und die Videobeschriftung sehen. Sie können das Video abspielen oder bei Bedarf melden.

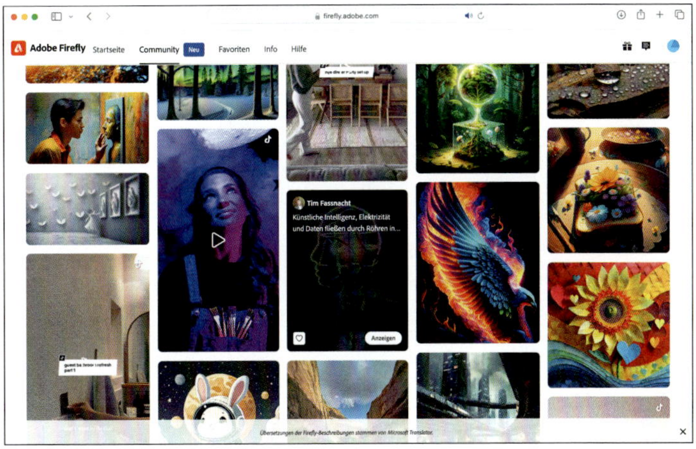

Abbildung 4.16 Oberfläche »Community« in Adobe Firefly. Per Mouseover sehen Sie, wie das Bild zustande gekommen ist; zudem sind kuratierte Inhalte u. a. von TikTok zu sehen.

Live-Video

Live-Videos bereichern die Galerie zusätzlich – sie werden nur angezeigt, wenn ein Livestream stattfindet. Über das YouTube-Logo im Player können Sie direkt auf alle YouTube-Funktionen zugreifen, einschließlich des Live-Chats, und sogar den Kanal abonnieren, um keine Updates zu verpassen.

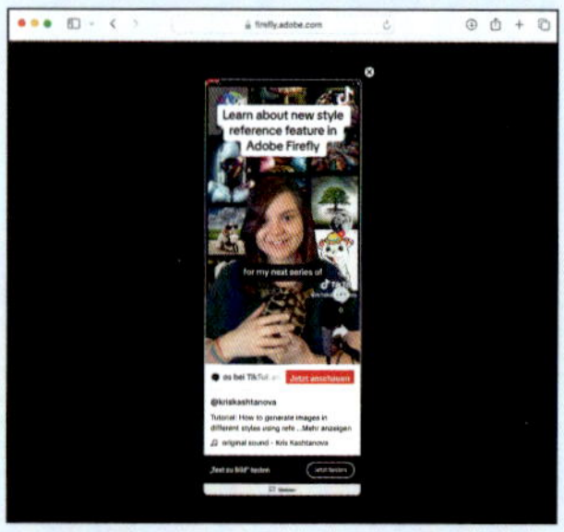

Bei Beiträgen des Adobe-Firefly-Teams wird »Adobe Firefly« als Name angezeigt. Sie haben auch die Möglichkeit, ein Bild mit einem »Gefällt mir« zu markieren oder es als Grundlage für eigene Kreationen zu nutzen: Öffnen Sie das Bild dazu mit einem Klick auf ANZEIGEN im Firefly Editor, wo Sie es remixen können.

Remix

Eine besonders spannende Möglichkeit bietet das Remixen eines Bildes. Sie können ein Bild aus der Community auswählen, den Stil oder die Beschreibung im Editor ändern und dann PROMPT AUSPROBIEREN auswählen, um einen eigenen Remix zu erstellen. Dieser Prozess lädt dazu ein, die Parameter zu verändern und mit den Beschreibungen zu experimentieren, um inspirierende neue Bilder zu generieren.

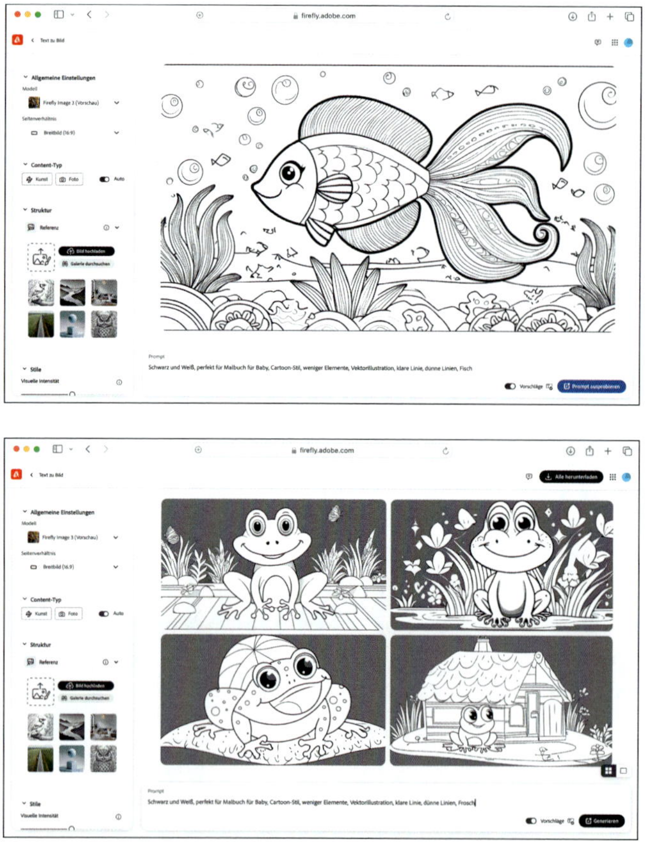

Abbildung 4.17
Nach Klick auf ein Bild aus der Community öffnet sich die Text-zu-Bild-Oberfläche. Sie sehen dort sowohl Einstellungen als auch den entsprechenden Prompt (oben). Durch Ändern des letzten Wortes werden im ähnlichen Stil neue Bilder generiert (unten).

Bild-Remix

Das ist die kreative Neuinterpretation oder Umwandlung eines vorhandenen Bildes durch Veränderungen in Farbe, Form, Komposition oder anderen visuellen Elementen, oft unter Einsatz von digitalen Tools und Techniken.

Eigene Werke in die Galerie bringen
Für all diejenigen, die ihre eigenen Werke teilen möchten, bietet Firefly die Möglichkeit, Beiträge in der Community-Galerie einzureichen. So finden Sie nicht nur selbst Inspiration, sondern inspirieren auch andere und werden Teil einer kreativen Gemeinschaft.

Das funktioniert denkbar einfach. Bei Mouseover über ein generiertes Bild wird im unteren rechten Bereich das Upload-Icon sichtbar. Nach einem Klick stehen Ihnen verschiedene Funktionen zur Verfügung.

Möchten Sie ein generiertes Bild für die Galerie einreichen, müssen Sie natürlich über die entsprechenden Rechte verfügen. Adobe informiert darüber vor Veröffentlichung in den Einreichungsrichtlinien.

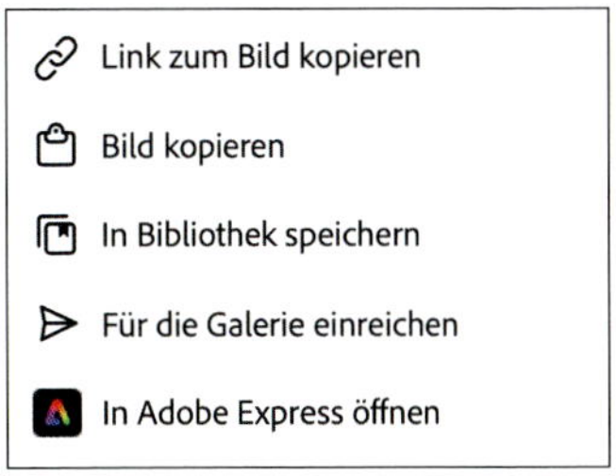

Abbildung 4.18
Möglichkeiten, ein generiertes Bild an anderer Stelle zu nutzen

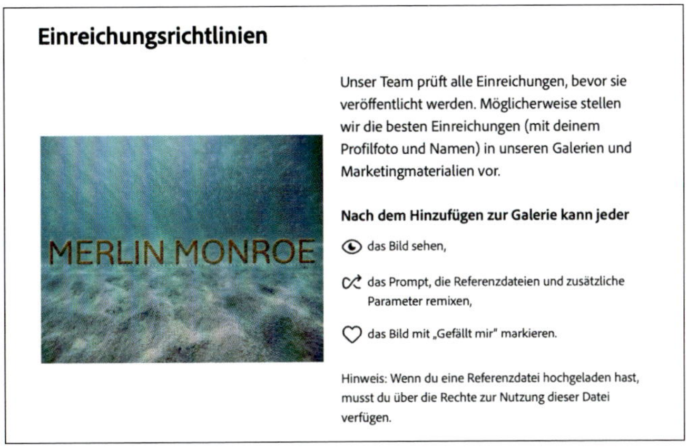

Abbildung 4.19
Richtlinien für das Hinzufügen eines generierten Bildes zur öffentlichen Galerie

4.3 Die Funktion »Text zu Bild«

Die wohl bekannteste Funktion und vermutlich auch die, die derzeit am häufigsten genutzt wird, ist TEXT ZU BILD. Es sind keine Vorkenntnisse erforderlich, um in kürzester Zeit Kreationen anhand einfacher Textbeschreibungen zu erstellen. Doch besonders für Profis bringt das Generieren Vorteile, da sie die Möglichkeit haben, neue Ideen zu testen und sich von ihrer Inspiration führen zu lassen, ohne dabei viel Zeit investieren zu müssen.

4.3.1 Text zu Bild – die Grundlagen

Die Funktion finden Sie nach dem ersten Öffnen von Firefly auf der Startseite, sie öffnet sich durch einen Klick auf TEXT ZU BILD. Sie müssen zunächst einen Prompt eingeben, dann erscheint die eigentliche Oberfläche. Das ist nicht immer ein sinnvoller Weg, da Sie Ihrem Prompt hier noch keine weiteren Einstellungen mit-

Lieber gleich mit Einstellungen loslegen?
Möchten Sie ohne Prompteingabe auf die Oberfläche von Firefly gelangen, um direkt weitere Einstellungen zu ihrem Prompt vornehmen zu können, geht das nur über einen Umweg: Klicken Sie auf eine beliebige Beispielabbildung.

geben können, wie beispielsweise Seitenverhältnisse. Ein direkter Zugriff auf das Dialogfeld TEXT ZU BILD ist hier aber zurzeit noch nicht möglich.

Die Funktion TEXT ZU BILD selbst ist zügig und intuitiv. Für jeden Prompt, den Sie im unteren Bereich eingeben ❸, werden vier Vorschläge erstellt. Im linken Bereich finden Sie verschiedene Einstellungsmöglichkeiten, die Ihren Prompt ergänzen und spezifizieren. Hier gibt es Einstellungen zum verwendeten Firefly-Modell (siehe Abschnitt 4.3.2), zum Seitenformat, das Ihr generiertes Bild haben soll, und weitere Definitionen wie Content-Typ, Stile u. v. m. Diese Einstellungsmöglichkeiten und ihre Auswirkungen sehen wir uns nun ausführlich an. Also legen wir doch gleich einmal mit dem grundsätzlichen Vorgehen in der Praxis los.

Schritt für Schritt
Erste Ergebnisse mit einem Textprompt erreichen

Die Text-zu-Bild-Funktion von Adobe Firefly nutzen Sie folgendermaßen:

1 Textprompt erstellen

Öffnen Sie zunächst die Oberfläche TEXT ZU BILD. Im Prompt-Eingabefeld ❶ geben Sie an, was auf dem Bild dargestellt werden soll. Formulieren Sie die Idee so präzise wie möglich, beispielsweise »graublauer Wüstensand mit gelben Kamelen, grünen Skorpionen, Palmen, bedeckte Farben, Graffiti«. (Mehr Infos und Inspiration für das Prompting finden Sie in Abschnitt 4.4.)

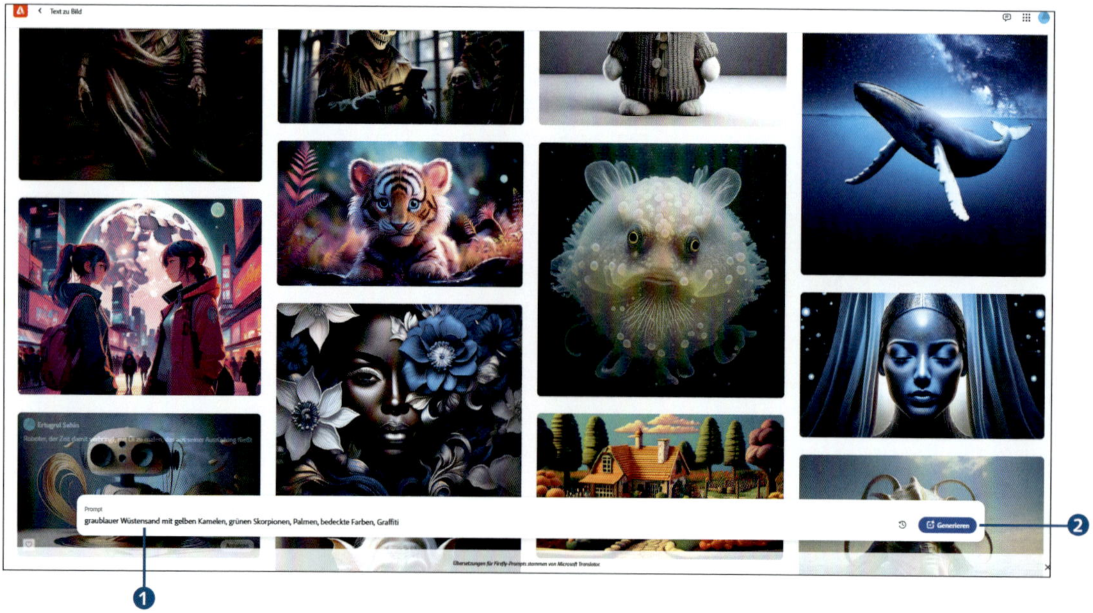

Abbildung 4.20
Erste Eingabe eines Prompts auf der Weboberfläche

2 Bild generieren

Wenn Sie die Texteingabe abgeschlossen haben und auf GENERIEREN ❷ klicken oder die Eingabetaste betätigen, werden nach kurzer Zeit vier Ergebnisse angezeigt. Sie erscheinen nun auf der eigentlichen Arbeitsoberfläche von Firefly.

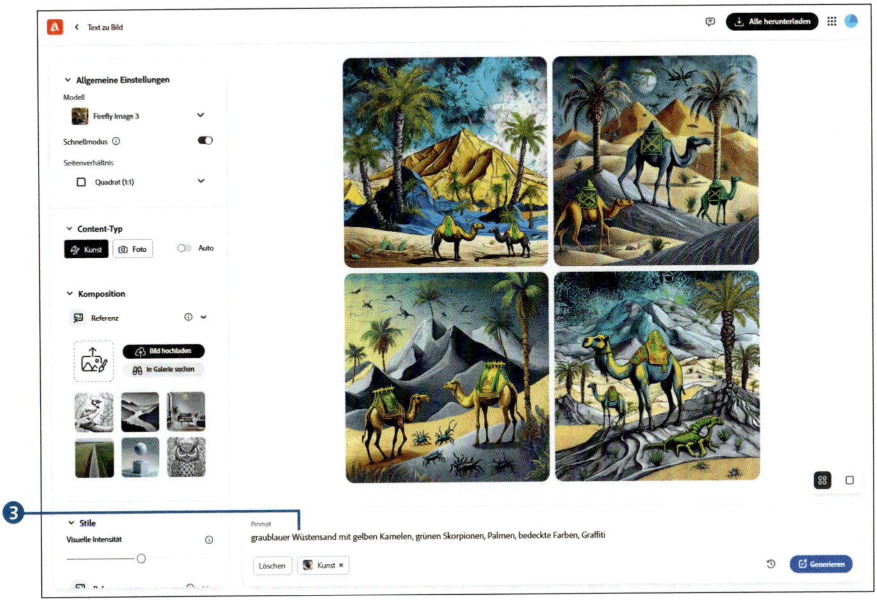

Abbildung 4.21
Die Oberfläche der Text-zu-Bild-Anwendung

3 Betrachtungsmodus einstellen

Möchten Sie die generierten Bilder genau bewerten, so stellen Sie über den Button ❹ den Einzelbildmodus ein.

Abbildung 4.22
Der Einzelbildmodus ermöglicht eine genauere Betrachtung.

4 Verfeinern, überarbeiten und neugenerieren

Sind Sie mit den generierten Bildern nicht zufrieden, können Sie durch Experimentieren mit den Einstellungen im linken Bereich Variationen erzeugen. Hier lassen sich unter anderem das Seitenverhältnis, der Content-Typ oder auch Stile und Effekte anpassen.

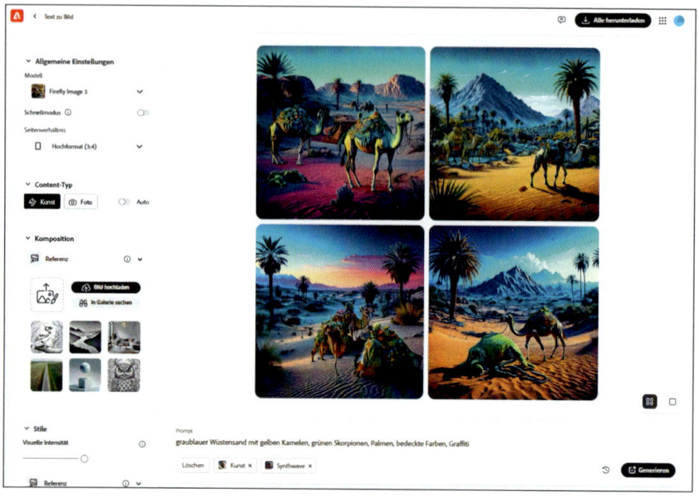

Abbildung 4.23
Oberfläche von Adobe Firefly nach Änderung der visuellen Intensität und des Effektstils

Natürlich besteht auch die Möglichkeit, den ursprünglichen Prompt zu erweitern und völlig neue Bilder zu generieren.

5 Auf zuvor generierte Varianten zugreifen

Seit kurzem ist es auch möglich, über den Button ❺ auf die zuvor in dieser Browsersession generierten Varianten zuzugreifen. Auch der verwendete Prompt wird wieder angezeigt und kann angepasst werden – ein sehr großer Fortschritt, der an die Protokollfunktion von Adobe Photoshop erinnert.

Abbildung 4.24
Hier können Sie auf zuvor generierte Varianten zugreifen und die Prompts nachträglich anpassen. So geht nichts mehr verloren.

6 Bilder herunterladen

Gefällt Ihnen eines der generierten Bilder sofort, können Sie es nach einem Mouseover über das Icon oben rechts als Bilddatei herunterladen ❻ oder zu den Favoriten ❼ hinzufügen. Die Favoriten sind später über das Hauptmenü auf der Firefly-Startseite zugänglich.

Abbildung 4.25
Durch ein Mouseover werden weitere Funktionen sichtbar.

Nach diesem ersten Praxistext schauen wir uns die Einstellungsmöglichkeiten der linken Spalte nun genauer an. Es gibt vier Hauptreiter: Allgemeine Einstellungen, Content-Typ, Komposition und Stile. Unter Allgemeine Einstellungen können Sie die Modell-Version von Firefly vorauswählen, einen Schnellmodus einstellen und das Seitenverhältnis für das zu generierende Bild bestimmen. Unter Stile finden sich viele wichtige Einstellungsmöglichkeiten u. a. zur Stilreferenz und zu den Effekten, die wir uns gleich näher ansehen werden.

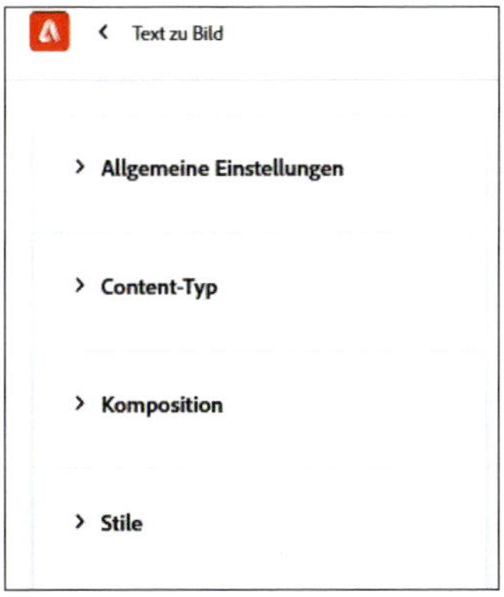

Abbildung 4.26
Die Hauptkategorien in der Einstellungsleiste von Firefly

Ärgerlich

Firefly bietet, anders als die übrigen Adobe-Programme, keine Anzeige des Werkzeugnamens oder der Funktion an, wenn Sie mit der Maus über einen Button fahren. Das wäre wünschenswert, besonders wenn die Software nun immer komplexer wird.

4.3.2 Auswahl der KI-Version

In Adobe Firefly lassen sich verschiedene Modelloptionen auswählen und auch selbstdefinierte Modelle, d. h. KI-Versionen, für die man ein Unternehmenskonto nutzt. Um die Modelloptionen auszuwählen, navigieren Sie zunächst zum Abschnitt Allgemeine Einstellungen auf der Benutzeroberfläche.

Abbildung 4.27
Dropdown-Menü zur Auswahl des Modells

Im Dropdown-Menü unter dem Punkt Modell können Sie dann zwischen verschiedenen verfügbaren Modelloptionen auswählen, aktuell Firefly Image 2 und Firefly Image 3. Je höher die Zahl, desto besser ist das Modell trainiert und desto stimmiger ist wahrscheinlich das zu erwartende Ergebnis. Aber letztlich gilt hier: Probieren geht über studieren.

Starten Sie ruhig einmal eine Vergleichsreihe zwischen den beiden Modellen. Oft ist es wirklich nur Geschmackssache, welches Ergebnis besser gefällt, aber gerade im Bereich Textgenerierung und auch bei klassisch problematischen Fällen wie beispielsweise Händen bietet sich Firefly Image 3 an. Allerdings scheinen viele Ergebnis mit der Version 3 auch von der Stimmung und Farbgebung her extremer und eher unechter als mit Version 2. Schauen wir uns einige Beispiele an.

Abbildung 4.28
Die Ergebnisse des Prompts »riesengroße Torte auf einem Fahrrad, mit Streuseln und Marshmallows, Hintergrund Wüste«, links mit Firefly Image 2 und rechts mit Firefly Image 3

Abbildung 4.29
Prompt »Café in Paris, impressionistisch, Gemälde«, links mit Firefly Image 2, rechts mit Firefly Image 3. Version 2 ist sehr viel ausgearbeiteter und wirkt wie ein impressionistisches Gemälde, Version 3 ist eher abstrakt gehalten.

Abbildung 4.30
Hier der Prompt »Himbeere, Close-up, realistisch«. Links mit Firefly Image 2: Sehr schön, aber realistisch sieht es nicht aus. Rechts mit Firefly Image 3: Es ist realistischer, aber auch kalt und abstrakt. Oben rechts die Variante kommt einer echten Himbeere aber recht nahe.

Wenn Sie Adobe Firefly über ein Unternehmenskonto mit der Berechtigung zur Generierung selbstdefinierter Modelle nutzen, erscheinen diese ebenfalls im Dropdown-Menü. Um Zugriff auf diese selbstdefinierten Firefly-Modelle zu erhalten, sollten Sie sich an die Adobe-Administratoren des Unternehmens wenden. Diese Administratoren können den Zugang freischalten und weitere Einstellungen vornehmen, um sicherzustellen, dass alle generierten Inhalte den Markenstandards und Designanforderungen des Unternehmens entsprechen.

4.3.3 Der Schnellmodus

Adobe ist ständig in Bewegung, und Firefly wird regelmäßig an neue Entwicklungen angepasst. Neu ist nun der Schnellmodus, den Sie unter der Modellauswahl anwählen können. Ein praktisches Feature, das Ihnen Zeit sparen kann: Stellen Sie den Button auf Ein, generiert Firefly seine Varianten zunächst in einer geringen Auflösung. Das spart Rechenleistung und damit Zeit. Gefällt Ihnen eine Variante, so können Sie sie nachträglich hochskalieren lassen. Fahren Sie dazu über das ausgewählte Bild – Adobe hat vor kurzem den Button Hochskalieren ergänzt. Wenn Sie ihn anklicken, erscheint das Bild zunächst unscharf und wird mit der Zeit schärfen, und Sie können es in einer hochaufgelösten Variante herunterladen. »Niedriger aufgelöst« bedeutet in dem Fall 512 × 512 Pixel. Um höher aufgelöste 2K-Bilder zu generieren, verbraucht man einen Credit pro Bild. Man hat dann eine Auflösung von 2 048 × 2 048 Pixel. Laut Adobe wird für die nachträgliche Skalierung lediglich ein Credit abgerechnet.

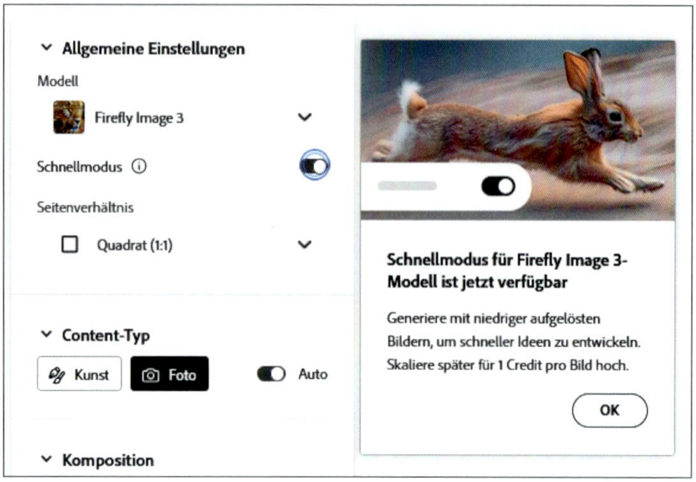

Abbildung 4.31
Unter der Auswahl des Modells können Sie seit neuestem auch den Schnellmodus einstellen.

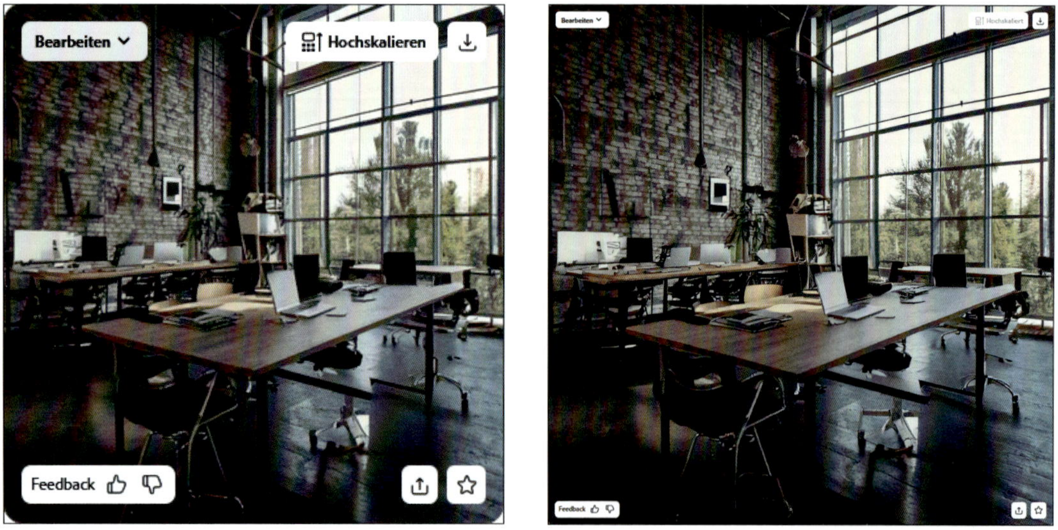

Abbildung 4.32
Klicken Sie nach dem Überfahren mit der Maus auf Hochskalieren, und das Bild wird in hoher Auflösung generiert (rechts).

4.3.4 Seitenverhältnis

Die Bestimmung und Anpassung des Seitenverhältnisses ist eine wichtige Funktion in Adobe Firefly, die dabei hilft, Bilder und Designs an verschiedene Anforderungen und Plattformen anzupassen. Das entsprechende Dropdown-Menü Seitenverhältnis befindet sich im linken Bereich direkt unter dem eben beschriebenen Punkt Modell.

Im Bedienfeld gibt es eine Auswahlmöglichkeit für verschiedene Seitenverhältnisse. Adobe Firefly bietet folgende Voreinstellungen an: Querformat (4:3), Hochformat (3:4), Quadrat (1:1) und Breitbild (16:9). Die Auswahl kann je nach Projektanforderung angepasst werden.

Ein gängiges Beispiel in der Praxis ist die Anpassung eines Bildes für einen Social-Media-Beitrag. Angenommen, Sie möchten ein Bild für einen Instagram-Post im quadratischen Format haben. Dazu wählen Sie im Seitenverhältnis-Menü 1:1 aus. Dies stellt sicher, dass das Bild perfekt auf die Anforderungen der Plattform zugeschnitten ist.

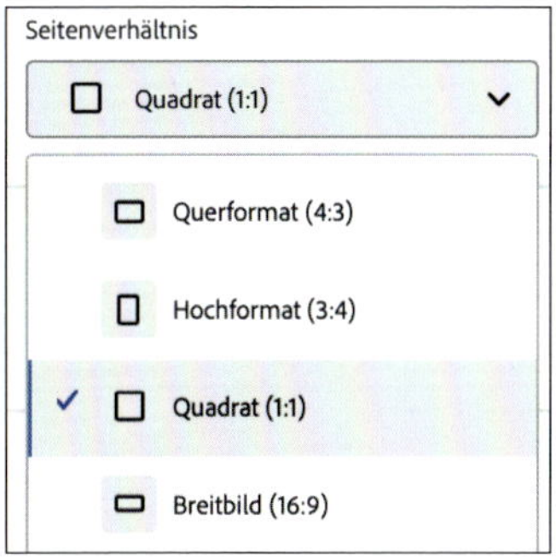

Abbildung 4.33
Dropdown-Menü zur Auswahl des Seitenverhältnisses

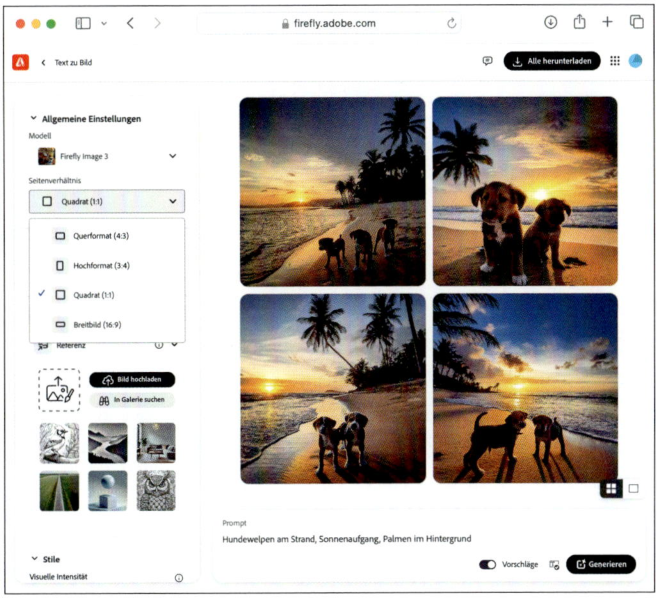

Abbildung 4.34
Beispiel aus der Praxis: quadratisches Motiv zum Einsatz in Instagram

Ein weiteres Beispiel ist die Verwendung eines Bildes für eine PowerPoint-Präsentation. Hier wählen Sie das Seitenverhältnis 16:9, um sicherzustellen, dass das Bild nahtlos in die Folien passt und keine schwarzen Ränder oder Verzerrungen aufweist.

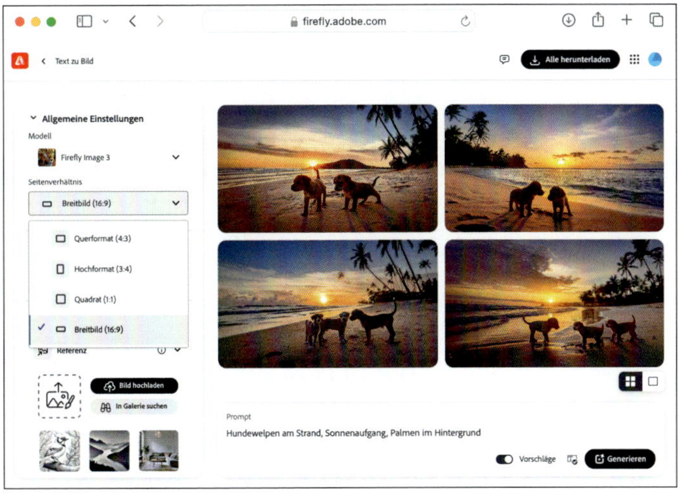

Abbildung 4.35
Beispiel aus der Praxis: Breitformat zum Einsatz in PowerPoint

Wie im Beispiel zu sehen, werden nach Ändern des Seitenverhältnisses jedoch nicht die zuvor vorgeschlagenen Bilder erweitert, sondern gänzlich neue Bilder generiert. Das sollten Sie im Hinterkopf haben und gegebenenfalls mit Ähnliche generieren arbeiten, wenn Ihnen ein Motiv bereits gefallen hat.

4.3.5 Content-Typ auswählen

Mithilfe von Adobe Firefly lassen sich Inhalte verschiedener Content-Typen erstellen. Das bedeutet, dass ein generiertes Bild entweder ein realistisch wirkendes Foto sein kann oder auch ein Kunstwerk. Die Entscheidung können Sie auch der KI selbst überlassen. Aber ein Schritt nach dem anderen.

Abbildung 4.36
Menübereich Content-Typ in der Seitenleiste der Benutzeroberfläche

Im linken Bereich der Benutzeroberfläche von Adobe Firefly gibt es das Menü Content-Typ, in dem die verschiedenen verfügbaren Erstellungsvarianten angezeigt werden. Sie können zwischen Kunst, Foto und Auto wählen, um den Stil des generierten Bildes festzulegen.

Bei der Auswahl von Kunst erstellt Adobe Firefly ein Bild, das wie ein Gemälde oder eine Zeichnung aussieht. Die Einstellung passt natürlich auf kreative Projekte, die einen künstlerischen und handgefertigten Look brauchen – beispielsweise ein Malwettbewerb.

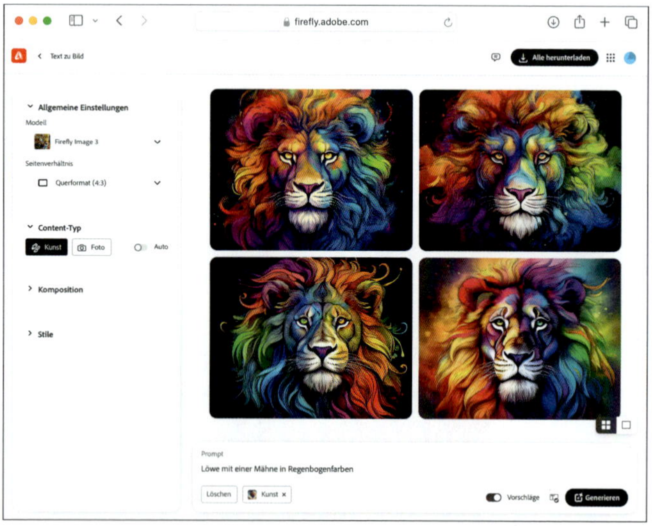

Abbildung 4.37
Bildvorschläge nach Prompt »Löwe mit einer Mähne in Regenbogenfarben«, Content-Typ Kunst

Der gleiche Prompt könnte im Content-Typ Foto auch dazu genutzt werden, auf die Vielfalt der Tiere auf der Welt aufmerksam zu machen. Mit dieser Einstellung erzeugen Sie Bilder, die wie Fotografien aussehen. Entsprechend sollte das Bild also realistisch(er) werden.

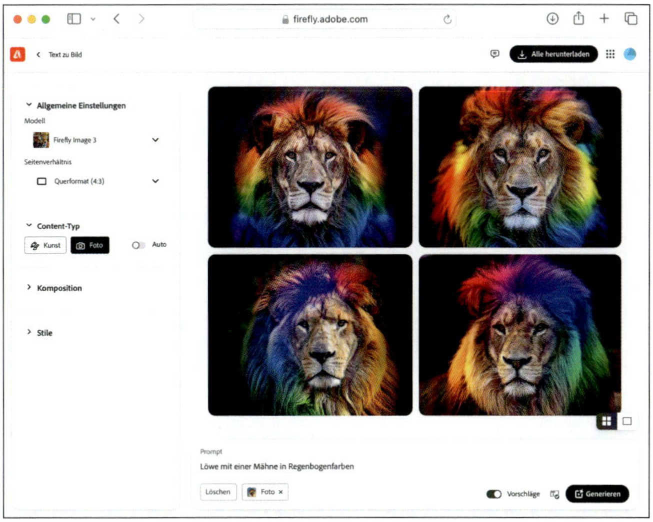

Abbildung 4.38
Bildvorschläge nach Prompt »Löwe mit einer Mähne in Regenbogenfarben«, Content-Typ FOTO

Dass Sie sich für einen Content-Typ entschieden haben, sehen Sie aber nicht nur im Rand-Menü oder am Ergebnis. Direkt unter dem Prompt wird ein kleiner Button hinzugefügt, der nach Belieben für einen nächsten Prompt wieder genutzt oder eben entfernt werden kann.

Wenn Sie noch unschlüssig sind, lassen Sie einfach die KI entscheiden und nutzen die Option AUTO. Der Auto-Modus trifft die Entscheidung für Sie. Nett, oder?

Abbildung 4.39
Unter dem Prompt erscheint die Auswahl des Content-Typs als Button.

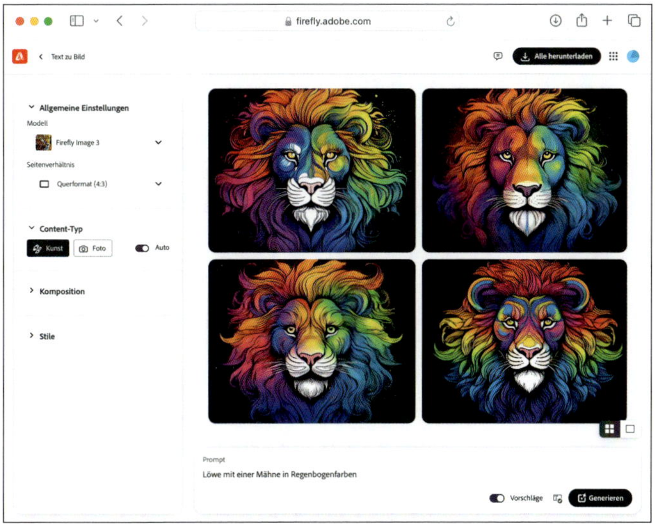

Abbildung 4.40
Firefly wählt in diesem Fall nach Eingabe des Prompts den Content-Typ KUNST. Vermutlich, weil etwas mit dieser Beschreibung nicht in der Natur vorkommt.

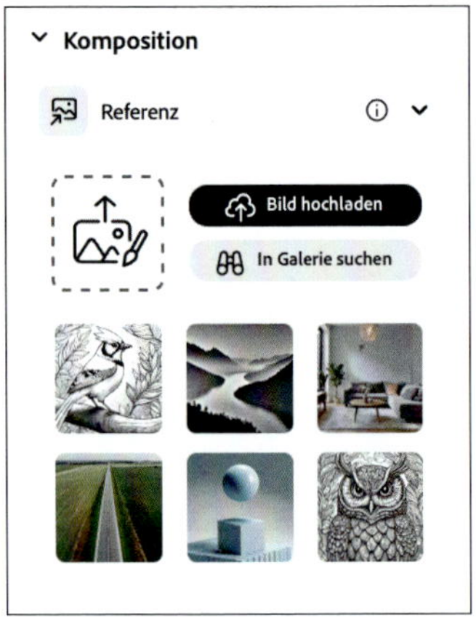

Abbildung 4.41
Unter dem Menüpunkt Komposition lassen sich Referenzbilder auswählen.

Beachten Sie für den Content-Typ unbedingt auch den Regler Visuelle Intensität, den Sie im Bereich Stile finden. Hier können Sie die Stärke der Auswirkung von Kunst bzw. Foto anpassen (siehe Abschnitt 4.3.7).

4.3.6 Komposition anpassen

Die Funktion Komposition (zuvor »Strukturreferenz«) ermöglicht, neue Bilder zu erstellen, die sich an der Struktur eines Referenzbildes orientieren. Das kann ein eigenes Bild sein oder eines aus der Adobe-Galerie. Komposition umfasst dabei den Aufbau, den Umriss und die Tiefe des Referenzbildes, die auf das neu zu generierende Bild übertragen werden.

Um diesen Strukturabgleich in Adobe Firefly zu nutzen, klicken Sie im linken Menü auf Referenz und bekommen nun die Auswahl zwischen Bild hochladen und In Galerie suchen.

Nach Klick auf den Button Bild hochladen haben Sie Zugriff auf eigene Dateien und können eine entsprechende Datei suchen, die als Referenz dienen soll. Im nachfolgenden Beispiel laden wir ein Bild der Mona Lisa hoch. Dieses wird als Miniaturbild an die Stelle gesetzt, wo zuvor das Upload-Zeichen zu sehen war.

Abbildung 4.42
Das hochgeladene Bild wird als Miniatur direkt ins Menü integriert.

Alternativ gelangen Sie mit einem Klick auf den Button In Galerie suchen zu einer erweiterten Referenzbildgalerie. Diese kleine, aber feine Bildauswahl von Adobe können Sie nutzen, um ein passendes Bild für Ihre Zwecke zu suchen. Adobe stellt Referenzbilder aus den Bereichen Abstrakt, Fotografie und Strichzeichnung zur Verfügung.

Nachdem Sie das Referenzbild hochgeladen oder eben ausgewählt haben, geben Sie im Eingabefeld Ihren Textprompt ein. Dieser Prompt beschreibt das gewünschte Bild, das generiert werden soll. Zum Beispiel könnte der Text lauten: »Froschkönig mit blauem Schal und gelbem Basecap«.

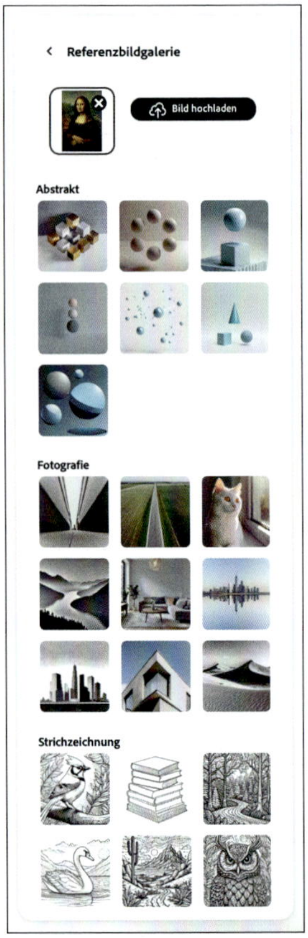

Abbildung 4.43
Erweiterte Referenzbildgalerie

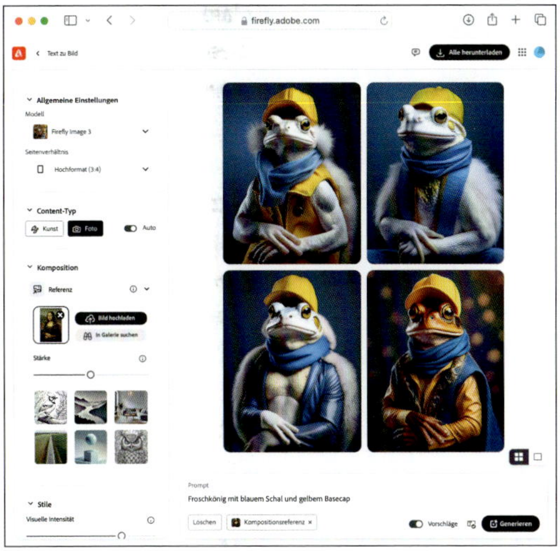

Abbildung 4.44
Bildvorschläge nach Prompt »Froschkönig mit blauem Schal und gelbem Basecap«, mit der berühmten Mona Lisa als Referenzbild

Über den Regler Stärke direkt unterhalb des eigenen Referenzbildes können Sie nun noch entscheiden, ob sich die KI weniger stark oder sehr stark am Original orientieren soll. Im Beispiel sieht man das vor allem an den Händen und der Körperhaltung.

Abbildung 4.45
Weiterführende Informationen zur Strukturreferenz gibt's unter *Merlin-Monroe.de*.

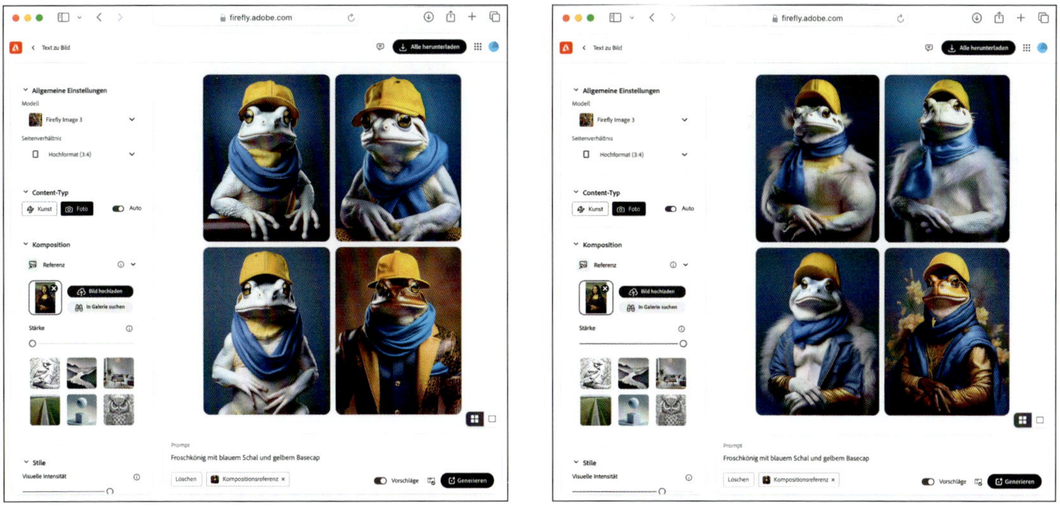

Abbildung 4.46
Links: Bildvorschläge mit geringer Orientierung am Referenzbild, Stärke steht links. Rechts: mit starker Orientierung am Referenzbild, der Stärke-Regler steht rechts.

4.3.7 Anpassung der visuellen Intensität

Kommen wir nun in den Bereich Stile. Der erste Regler heißt hier Visuelle Intensität. Mithilfe der Einstellungen können Sie die Stärke der optischen Attribute eines Bildes anpassen. Dabei bezieht sich der Regler auf alle Einstellungsmöglichkeiten, beispielsweise auf CONTENT-TYP, aber auch auf die Anwendung von Referenzen und Effekten.

Wählen Sie beispielsweise zunächst einen Content-Typ mit dem Inhaltstyp FOTO aus, können Sie den Regler für visuelle Intensität verwenden, um das Bild von eher realistisch bis surrealistisch zu transformieren. Was bedeutet das?

- Niedrige visuelle Intensität (Regler steht links): Das Bild bleibt realistisch und zeigt eine natürliche Szene.
- Hohe visuelle Intensität (Regler steht rechts): Das Bild wird surrealistisch und zeigt übernatürliche Farben und Formen.

Im Beispiel schauen wir uns an, was mit einem Bild von Sonnenblumen passiert.

Abbildung 4.47
Bild nach Prompt »Sonnenblumenfeld bei Morgensonne, Wald im Hintergrund« und mit dem Content-Typ FOTO. Links mit niedriger visueller Intensität, rechts mit hoher visueller Intensität.

Wenn der Inhaltstyp KUNST festgelegt ist, kann der Regler für visuelle Intensität verwendet werden, um das Bild von digitaler Kunst hin zu etwas Illustrativerem zu transformieren.

- Niedrige visuelle Intensität (Regler steht links): Das Bild bleibt digital-künstlerisch und zeigt detaillierte Darstellungen, die fast an ein Foto erinnern.
- Hohe visuelle Intensität (Regler steht rechts): Das Bild wird eher illustrativ mit vereinfachten Formen und Linien.

Im Beispiel schauen wir uns wieder an, was mit einem Bild von Sonnenblumen passiert.

Abbildung 4.48
Bild nach Prompt »Sonnenblumenfeld bei Morgensonne, Wald im Hintergrund« und Einstellung des Content-Typs KUNST. Links mit niedriger visueller Intensität, rechts mit hoher visueller Intensität.

Also: Ob realistisch, surrealistisch oder digital-künstlerisch – je nach visueller Intensität liefert die KI andere Ergebnisse. Durch die einfache Handhabung des Reglers lassen sich aber sehr schnell neue Einstellungen testen.

4.3.8 Arbeit mit Stilreferenz

Unterhalb der Einstellungen zur visuellen Intensität können Sie via Klick den Bereich REFERENZ öffnen. Manchmal ist der Bereich auch schon nach Start der Anwendung »aufgeklappt«. Hinter dem Begriff verbirgt sich die Funktion, den Stil eines Referenzbildes auf ein neu zu generierendes Bild anzuwenden. Sie können also einheitliche Designs für ein umfangreiches Projekt erstellen oder eine bestimmte Stilrichtung nachahmen. Besonders im Bereich Corporate Design und Branding sollten Sie an diese Funktion denken. Mithilfe des Stils lassen sich auch Farben und Stimmungen von einem Referenzbild auf das neu zu generierende Bild übertragen. Adobe garantiert Ihnen hier, dass das von Ihnen hochgeladene Bild nicht für das Training von Firefly verwendet wird.

Im Arbeitsbereich STILE gibt es wie unter KOMPOSITION die Möglichkeit, ein Referenzbild hochzuladen, dessen Stil als Grundlage für neue Bilder dienen soll. Sie klicken auf den Button BILD HOCHLADEN und wählen aus den eigenen Bildern eines aus, das als Referenz dienen soll. Alternativ können Sie auch hier die Galerie durchsuchen.

Nachdem Sie das Referenzbild hochgeladen haben – wir nutzen in unserem Beispiel ein kostenfreies Foto der Plattform Unsplash –, können Sie im Eingabefeld einen Textprompt eingeben.

Abbildung 4.49
Die Einstellungsoptionen zur Referenz befinden sich im Menübereich unter dem Punkt STILE.

Abbildung 4.50
Als Referenzbild genutztes Foto

Der Prompt beschreibt wie immer das gewünschte Bild, das generiert werden soll. Zum Beispiel könnte der Text lauten: »Kolibri an einer fantasievollen Blume«.

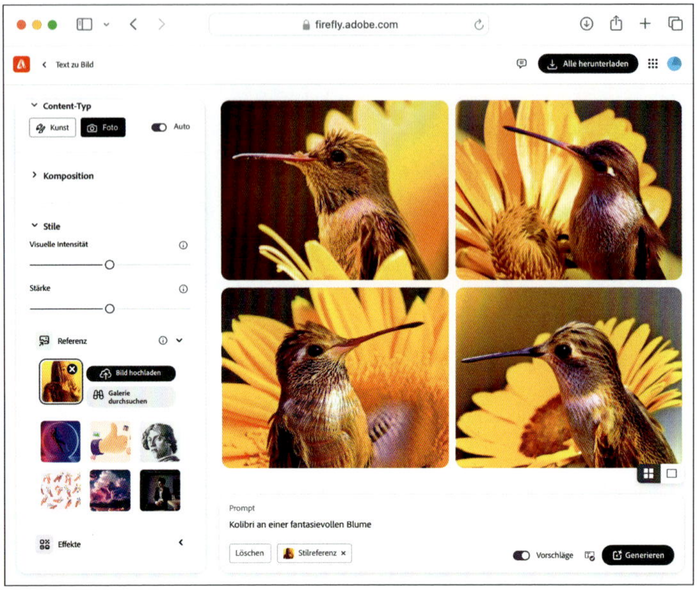

Abbildung 4.51
Bild nach Prompt »Kolibri an einer fantasievollen Blume« und Nutzung eines Referenzbildes

Es wurde in erster Linie die Farbstimmung übertragen, aber die Stilreferenz hat auch Einfluss auf den Kunststil, die Textur und vor allem die Beleuchtung. Hier noch ein weiteres Beispiel.

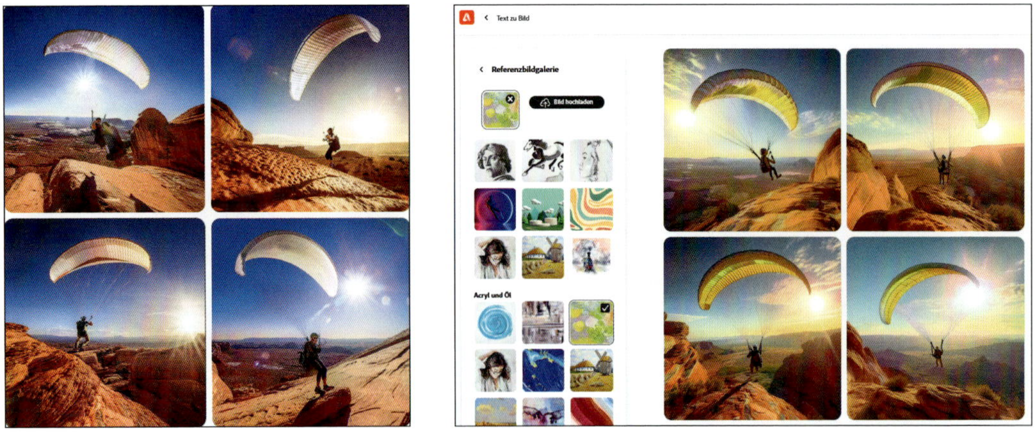

Abbildung 4.52
Ergebnisse für den Prompt »Action-Foto eines Paragliders in der Wüste, Sun Flare« links. Rechts der gleiche Prompt kombiniert mit einer Stilreferenz aus dem Bereich Acryl und Öl.

Sobald Sie das Referenzbild und den Textprompt eingegeben haben, können Sie im Menü Stile auch noch die Stärke des Stils anpassen. Das heißt, Sie legen fest, wie sehr sich die KI am Referenzbild orientiert. Ein Regler ermöglicht es, die Stärke des Stilabgleichs zu erhöhen (starke Orientierung am Referenzbild) oder zu reduzieren (geringe Orientierung am Referenzbild). Für das Kolibri-Beispiel schieben wir mal am Regler STÄRKE:

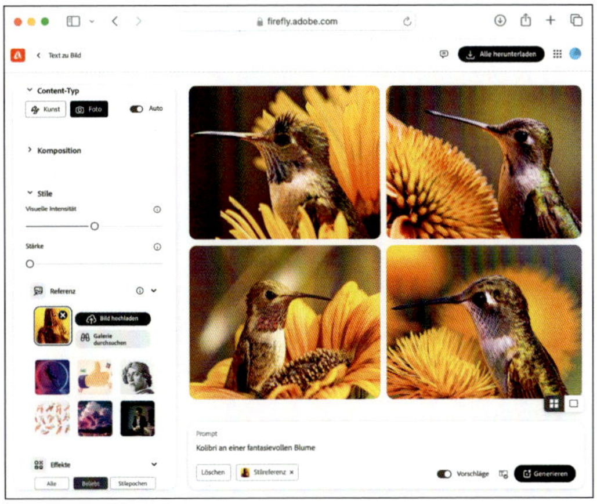

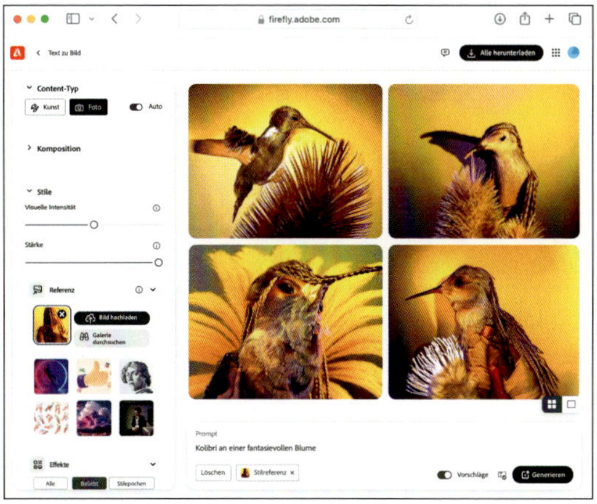

Abbildung 4.53
Bild nach Prompt »Kolibri an einer fantasievollen Blume«, Nutzung des Referenzbildes von Bjorn Pierre, links mit geringem Referenzbezug, rechts mit starkem Referenzbezug

Bei geringem Referenzbezug ist das Ergebnis der KI freier interpretiert; farblich und stilistisch passen sich die Bilder jedoch noch gut an das Referenzbild an. Bei starkem Referenzbezug kann die KI zu – nun ja – albernen Ergebnissen kommen, wie man sieht. Hier im Beispiel bekommt der Vogel Teile der Frisur des Models aus dem Referenzbild als Haartracht hinzugefügt.

In anderen Zusammenhängen, mit anderen Referenzbildern und anderen Prompts, mag das Ergebnis jedoch sehr passend sein. Probieren wir es also einmal mit der Erstellung mit folgendem Prompt: »Schulkind mit Ranzen auf dem Rücken«. Voilà.

Rechtlicher Hinweis

Das Bild, das Sie als Referenz hochladen, wird nicht zum Trainieren des Adobe-Firefly-Modells verwendet, Adobe empfiehlt jedoch, zumindest die Verantwortung für das Bild zu übernehmen oder die Genehmigung des Rechteinhabers einzuholen, bevor man ein Bild als Stilreferenz verwendet.

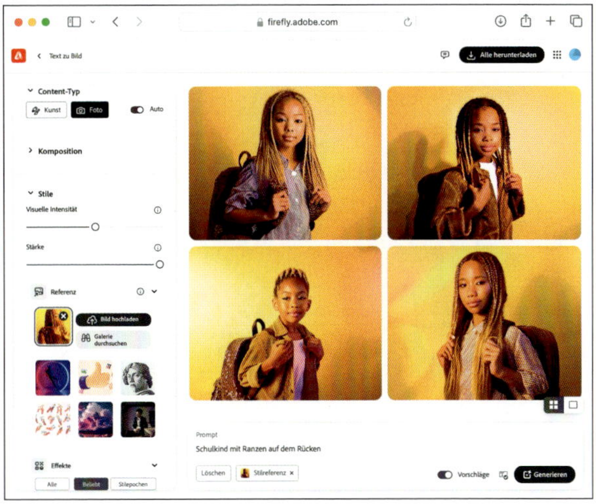

Abbildung 4.54
Bild nach Prompt »Schulkind mit Ranzen auf dem Rücken«, Nutzung des Referenzbildes von Bjorn Pierre, starker Referenzbezug

Abbildung 4.55
Das im folgenden Beispiel sowohl als Kompositions- als auch als Stilreferenz genutzte Foto

Wenn Sie also eine Kampagne oder verschiedene Poster für eine Veranstaltungsreihe erstellen und sicherstellen möchten, dass alle im gleichen Stil gehalten sind, können Sie ein Referenzbild hochladen und den Stil auf alle neuen Poster anwenden – heißt also: das gleiche Look-and-Feel, selbst wenn der Inhalt variiert.

Übrigens: Wenn Sie sowohl Kompositions- als auch Stilreferenz vorgeben – und vielleicht auch noch in beiden Fällen das gleiche Bild –, erhalten Sie gerade bei Personenbildern erstaunliche Ergebnisse.

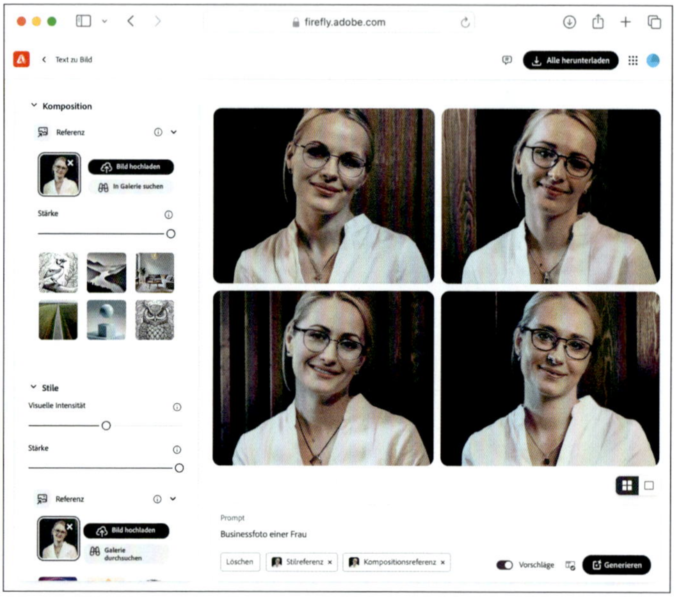

Abbildung 4.56
Bildvorschläge nach Prompt »Businessfoto einer Frau«, Nutzung des Referenzbildes von Annett Bergk, starker Referenzbezug sowohl bei Komposition als auch bei Stil

Das Ganze funktioniert auch mit von Adobe zur Verfügung gestellten Referenzbildern aus der Galerie. Dazu können Sie direkt aus den sechs angezeigten Bildern eines auswählen, dessen Stil Ihnen gefällt, oder Sie öffnen die Galerie und bekommen noch mehr Vorschläge. Ziemlich viele sogar, beispielsweise aus den Kategorien Beliebt, Acryl und Öl, Aquarell, Bleistift, Architektonische Skizze, 3D, Digitale Illustration usw.

Passen wir einmal das Businessfoto der Frau an und nutzen als Stilreferenz ein Foto aus dem Bereich Foto-Manipulation.

Abbildung 4.57
Als Stilreferenz wird im folgenden Beispiel das mittlere von Adobe zur Verfügung gestellte Bild genutzt.

Abbildung 4.58
KI-Bild nach Prompt »Businessfoto einer Frau«, Nutzung des Fotos von Annett Bergk mit starkem Kompositionsbezug, Stilreferenz aus der Adobe-Bibliothek

Probieren wir noch einmal, das Businessfoto der Frau anzupassen, und nutzen als Stilreferenz ein Foto aus dem Bereich Digitale Illustration.

Abbildung 4.59
Als Stilreferenz wird im folgenden Beispiel das linke von Adobe zur Verfügung gestellte Bild genutzt.

Abbildung 4.60
KI-Bild nach Prompt »Businessfoto einer Frau«, Nutzung des Fotos von Annett Bergk mit starkem Kompositionsbezug, zweite Stilreferenz aus der Adobe-Bibliothek

Abbildung 4.61
Adobe liefert eine Vielzahl an möglichen Referenzbildern im Bereich Stil.

Tipp: Schriften generieren

Wer einen Schriftzug in einem anderen Programm erstellt und ein JPG davon als Kompositionsreferenz hochlädt, erhält ganz neue Texteffekte – ohne dass die KI Buchstaben weglässt oder hinzufügt. Das nämlich passiert gern, wenn ein Schriftzug gepromptet wird. Hierzu folgt gleich auch ein Workshop in Abschnitt 4.5.

Gerade das zweite Beispiel macht wahrscheinlich deutlich, welche weitgreifende Wirkung KI auf den Job von Illustratorinnen und Illustratoren haben kann.

4.3.9 Effekte

Firefly bietet auch diverse Effekte an, die Sie auf die generierten Bilder anwenden können. Den Abschnitt finden Sie unter dem Bereich STILE, und auf den ersten Blick scheint er übersichtlich zu sein.

Klicken Sie jedoch auf einen der mit STILEPOCHEN, DESIGNSTILE usw. beschrifteten Buttons, wird schnell klar, dass sich hier wieder unzählige Möglichkeiten zur Gestaltung verbergen. Wir haben versucht, sie zu zählen. Es waren über 120!

Wir testen hier im Beispiel den Prompt »Maus unter einem Baum« und nutzen den Stil GARN unter MATERIALIEN. Die Ergebnisse sind wirklich beeindruckend!

Abbildung 4.62
Im Bereich EFFEKTE wird eine Vorauswahl getroffen mit den beliebtesten Einstellungen.

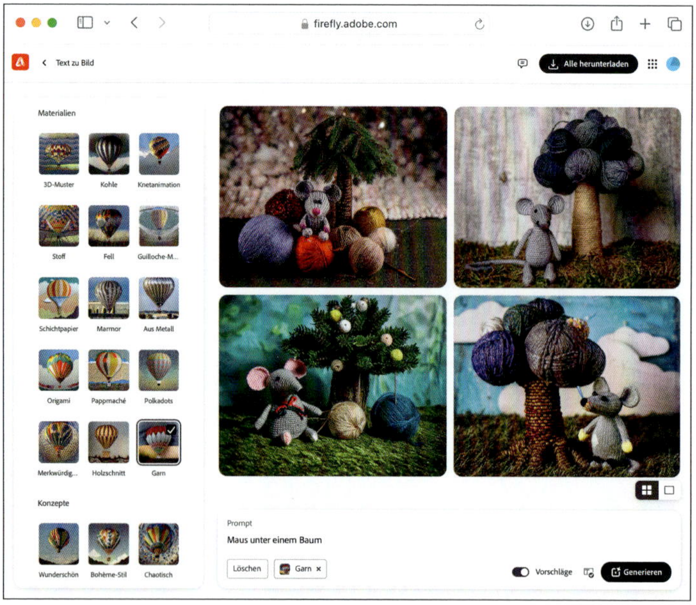

Abbildung 4.63
KI-Bilder nach Prompt »Maus unter einem Baum«, Stil GARN

Übrigens bezieht sich der Regler VISUELLE INTENSITÄT (Abschnitt 4.3.7) auch auf diesen Bereich. Auch hier lohnt es sich also, ein bisschen zu probieren, wie die folgenden angepassten Beispiele zeigen.

Man merkt jedoch: Referenzbilder haben eine stärkere Auswirkung auf die zu generierenden Bilder als allein die Effekte. Gerade für grafische Reihen oder eben Marketing-Serien macht es Sinn, mit eigenen Bildern als Referenzbildern zu arbeiten, um die Ergebnisse möglichst stimmig generieren zu lassen.

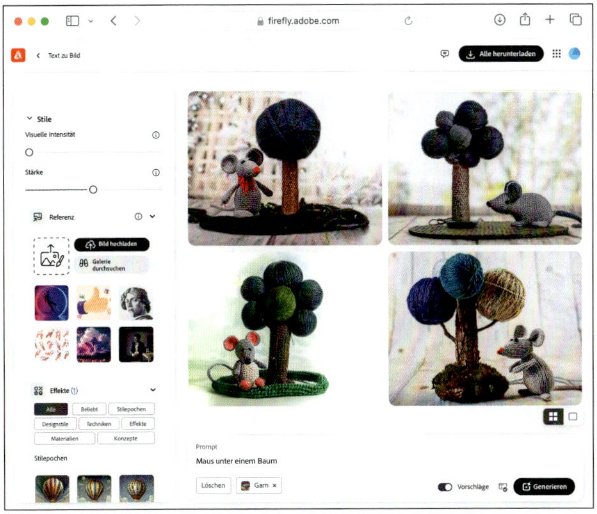

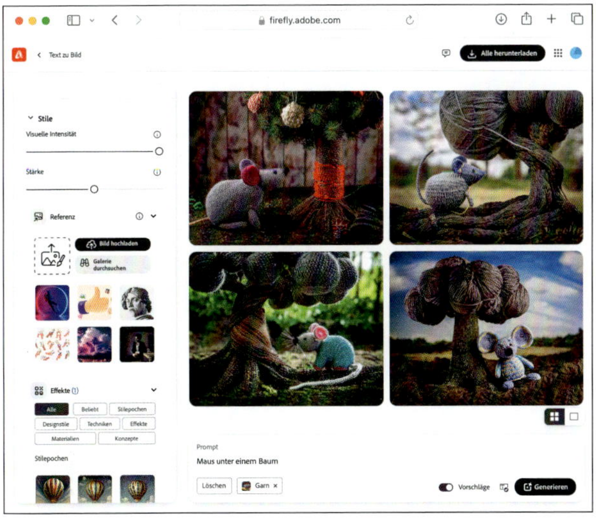

Abbildung 4.64
KI-Bilder nach Prompt »Maus unter einem Baum«, Stil »Garn«. Oben mit niedriger visueller Intensität, unten mit hoher visueller Intensität.

4.3.10 Farbe, Ton und Licht

Unter EFFEKTE befinden sich weitere Einstellungsmöglichkeiten, die erst sichtbar werden, wenn der Effekte-Bereich aufgeklappt ist: FARBE UND TON, LICHT und KAMERAWINKEL.

Wir nutzen den folgenden Prompt, um die Einstellungen genauer zu untersuchen: »Zwei ältere Damen sitzen nebeneinander in unterschiedlichen Superheldenkostümen mit Umhängen auf zwei Schaukeln auf dem Spielplatz und lachen herzlich. Sie tragen fantasievolle Augenmasken und Handschuhe passend zu ihren

Kreativitätstechniken mit Bildern kombinieren

Eine wunderbare Möglichkeit zur Ideenfindung auch mithilfe von KI ist die Anwendung klassischer Kreativitätstechniken. Das geht natürlich in Form eines Prompts, wenn Sie beispielsweise die Gegenteilmethode oder einen Perspektivwechsel prompten: »Betrachte xx aus der Perspektive eines xx«. Kreativitätstechniken lassen sich aber auch mit Effekten anwenden. Verbinden Sie Ihr Bild beispielsweise mit einem komplett anderen Effekt, als Ihnen eigentlich vorschwebt: Ein Ölgemälde statt einer Skizze, 3D statt Flat usw. Firefly führt Sie so oft zu inspirierenden Bildern.

Abbildung 4.65
Wenn Sie das Menü EFFEKTE aufklappen, werden weitere Einstellungsmöglichkeiten sichtbar.

Kostümen. Sie erinnern sich an ihre Jugend und freuen sich über ihre Lebenserfahrung und ihre Freiheit, die sie jetzt genießen.«

Abbildung 4.66
In Firefly generiertes Ausgangsbild mit dem Prompt aus dem Text, das im Folgenden mit anderen Effekten versehen werden soll

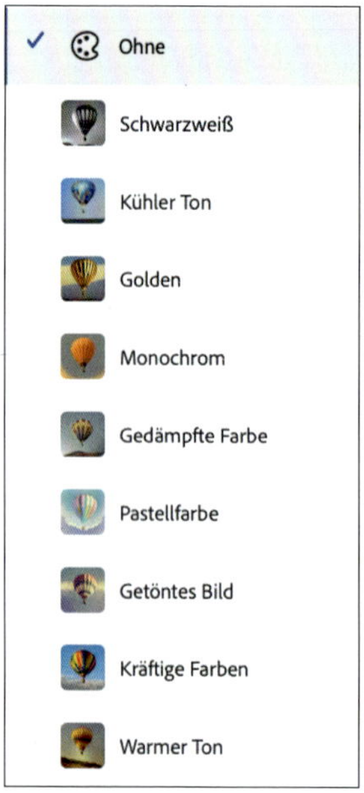

Abbildung 4.67
Farb- und Toneinstellungen werden mit Klick auf das Farbpalette-Icon sichtbar.

Schauen wir uns zunächst die Einstellungen unter Farbe und Ton und deren Auswirkungen auf ein generiertes Bild an. Dazu klicken wir auf den Pfeil neben dem Farbpalette-Icon. Das Dropdown-Menü bietet folgende Farb- und Toneinstellungen an: Ohne, Schwarzweiß, Kühler Ton, Golden, Monochrom, Gedämpfte Farbe, Pastellfarbe, Getöntes Bild, Kräftige Farben, Warmer Ton. Wir testen bei gleichbleibendem Prompt die Farbeinstellung Monochrom.

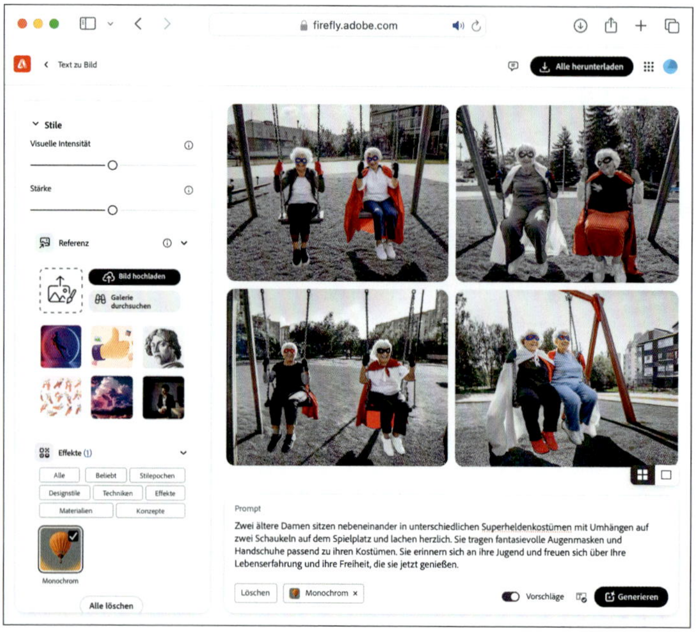

Abbildung 4.68
Generierte Bilder mit der Einstellung Monochrom

Auf diese Effekteinstellungen übrigens haben die Stärke- und Intensitätsregler nur wenig bis gar keinen Einfluss. Im Beispiel ist das Ergebnis nach Einstellung voller visueller Intensität kaum verändert (Abbildung 4.70).

Der Umgang mit den Einstellungen unter Licht funktioniert eigentlich genauso. Mit Klick auf das Glühbirnen-Icon öffnet sich das Dropdown-Menü, und folgende Einstellungsmöglichkeiten kommen zum Vorschein: Ohne, Gegenlicht, Dramatisches Licht, Goldene Stunde, Grelles Licht, Langzeitbelichtung, Schwaches Licht, Mehrfachbelichtung, Studiolicht.

Die sogenannte Goldene Stunde ist in der Fotografie eine ganz besondere. Sie beschreibt eine spezielle Zeitspanne des Tages, in der das natürliche Licht besonders weich und warm ist und somit ideale Bedingungen für stimmungsvolle und ansprechende Fotos bietet. Es handelt sich um die erste Stunde nach Sonnenaufgang und die letzte Stunde vor Sonnenuntergang. Das Licht trifft zu diesen Zeitpunkten in einem sehr flachen Winkel auf die Erde, was auf Fotos einen goldenen Schimmer verursacht und so eine besondere Atmosphäre schafft. Testen wir den Effekt beim zuvor genutzten Prompt!

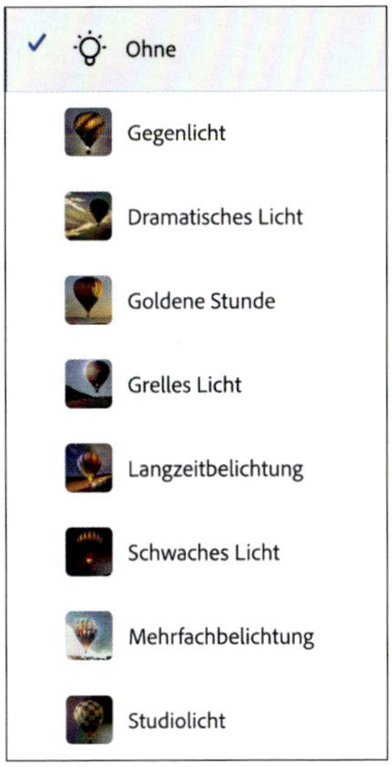

Abbildung 4.69
Lichteinstellungen werden mit Klick auf das Glühbirnen-Icon sichtbar.

Abbildung 4.70
Generierte Bilder mit der Einstellung Monochrom, starke visuelle Intensität

Abbildung 4.71
Gleicher Prompt, anderer Lichteffekt: Mit Goldene Stunde bekommt das generierte Bild eine ganz besondere Stimmung.

Die goldene Stunde ist deshalb so beliebt bei Fotografen und Fotografinnen, weil sie eine natürliche Beleuchtung bietet, die auf klassischem Wege schwer zu imitieren ist. Das Timing ist entscheidend. Man muss mit verschiedenen Perspektiven experimentieren, mit Reflexions- und Gegenlichtaufnahmen arbeiten, und das alles in einer sehr knappen Zeit. Nun wird das durch die KI sehr viel einfacher.

Auffällig ist jedoch, dass die meisten anderen Lichteffekte nicht unbedingt große Auswirkungen auf das Ergebnis der KI haben. (Vielleicht wird das mit den nächsten Updates noch verbessert.) Entsprechend gilt auch hier: Wenn Sie ein bestimmtes Bild schon vorliegen haben, an dem sich das Ergebnis orientieren soll, ist es besser, wenn Sie es als Referenz hochladen – vorausgesetzt, die Rechte sind geklärt.

Abbildung 4.72
Manche Lichteffekte funktionieren nicht wie erwartet: »Gegenlicht« hat im Beispiel bei gleichbleibendem Prompt kaum Auswirkungen auf das Ergebnis.

4.3.11 Kamerawinkel

Die Kamerawinkel, deren Optionen bei Klick auf das Kamera-Icon im Bereich Stile als Dropdown-Menü auftauchen, sind für alle, die wenig mit Fotografie zu tun haben, vielleicht etwas unübersichtlich. Bringen wir also ein bisschen Licht ins Dunkel – und probieren einfach alle einmal aus. Wir nutzen den Prompt »Foto eines Frosches mit kleiner goldener Krone auf dem Kopf«.

Abbildung 4.73
Einstellungen zum Kamerawinkel werden mit Klick auf das Kamera-Icon sichtbar.

Abbildung 4.74
Bild nach Prompt »Foto eines Frosches mit kleiner goldener Krone auf dem Kopf«, keine weiteren Einstellungen

- Eine NAHAUFNAHME ist eine Fototechnik, bei der das Motiv aus geringer Entfernung aufgenommen wird, um die feinen Details und die Textur hervorzuheben. Ideal also, um die Aufmerksamkeit auf besondere Merkmale zu lenken und eine emotionale Verbindung zum Motiv herzustellen.
- KNOLLING ist eine Fototechnik, bei der Objekte systematisch und ästhetisch ansprechend parallel oder im rechten Winkel zueinander angeordnet und aus der Vogelperspektive fotografiert werden. Diese Methode entstand in den späten 1980er-Jahren und vermittelt durch ihre klare Struktur und Ordnung ein visuell besonders ansprechendes Bild.
  Auf den aktuellen Prompt wirkt der Kamerawinkel KNOLLING nicht – wenngleich die Krone beispielsweise schon sehr symmetrisch wirkt –, weil das Motiv inhaltlich nicht passt. Die Perspektive wird aber anhand eines weiteren Beispiels klar.

Abbildung 4.75
Kamerawinkel NAHAUFNAHME

Abbildung 4.76
Auf den Frosch hat der Kamerawinkel KNOLLING wenig Einfluss. Im Bild mit dem Prompt »Laptop, Handy, Tasse mit Kaffee, Tablet auf einem Schreibtisch« werden die Objekte allerdings systematisch angeordnet.

- LANDSCHAFTSFOTOGRAFIE ist eine Gattung der Fotografie, die sich auf die Abbildung und Darstellung von natürlichen Szenen und Landschaften konzentriert. Dabei werden Elemente wie Berge, Wälder, Gewässer, Felder und Himmel in den Fokus gerückt, um die Schönheit und Vielfalt der Natur einzufangen. Im Beispiel wirkt der Hintergrund des Fotos also sehr viel natürlicher.
- MAKROFOTOGRAFIE ist eine spezielle Form der Fotografie, bei der extrem detaillierte Aufnahmen von kleinen Motiven aus nächster Nähe gemacht werden. Häufig werden spezielle Makroobjektive oder Lupenobjektive verwendet, um einen Ab-

Abbildung 4.77
Kamerawinkel LANDSCHAFTS-FOTOGRAFIE

bildungsmaßstab von mindestens 1:1 zu erreichen, wobei das Motiv in Lebensgröße oder größer auf dem Sensor abgebildet wird. Das aktuelle Beispielmotiv ist schon sehr klein gewählt, suchen wir uns aber noch ein kleineres. Wie wäre es mit Würfelzucker?

Abbildung 4.78
Unser Frosch mit dem Kamerawinkel MAKROFOTOGRAFIE. Beim Bild nach Prompt »Ein Stück Würfelzucker« funktioniert die Einstellung MAKROFOTOGRAFIE besser.

- Der Kamerawinkel DURCH FENSTER FOTOGRAFIERT beschreibt eine Fototechnik, bei der die Kamera so positioniert wird, dass das Motiv Reflexionen einer Glasscheibe enthält. In der Praxis wird häufig darauf geachtet, dass die Fensterscheibe sauber ist und Reflexionen kontrolliert werden, um ein klares und ansprechendes Bild zu erhalten. Alternativ können Reflexionen auch gezielt eingesetzt werden, um eine künstlerische oder emotionale Wirkung zu erzeugen. Für das aktuelle Beispiel sorgt die Einstellung dafür, dass das Foto noch echter wirkt. Laien haben hier sicherlich Mühe zu erkennen, dass es von einer KI generiert wurde.

Abbildung 4.79
Kamerawinkel DURCH FENSTER FOTOGRAFIERT

- FLACHE TIEFENSCHÄRFE in der Fotografie bezeichnet einen Effekt, bei dem nur ein kleiner Teil des Bildes, meist das Hauptmotiv, scharf abgebildet wird, während Vorder- und Hintergrund unscharf sind. Dieser Look sorgt dafür, dass die Aufmerksamkeit der Betrachtenden direkt auf das fokussierte Objekt gelenkt wird.

Abbildung 4.80
Kamerawinkel FLACHE TIEFENSCHÄRFE

- Die VOGELPERSPEKTIVE ist ein Kamerawinkel, bei dem das Motiv von oben aufgenommen wird – ähnlich eben dem Blickwinkel eines Vogels im Flug.
- Die FROSCHPERSPEKTIVE erreicht man entsprechend, wenn das Motiv von unten nach oben aufgenommen wird, ähnlich dem Blickwinkel eines Frosches vom Boden aus.

Abbildung 4.81
VOGELPERSPEKTIVE (links) und FROSCHPERSPEKTIVE (rechts)

- OBERFLÄCHENDETAILS in der Fotografie beziehen sich auf die feinen Strukturen und Texturen, die auf der Oberfläche eines

Abbildung 4.82
OBERFLÄCHENDETAILS (oben) und WEITWINKEL (unten)

Objekts sichtbar sind. Diese Details werden oft durch Makrofotografie oder Nahaufnahmen hervorgehoben, um die Beschaffenheit und das Material des Motivs deutlich darzustellen und visuelles Interesse zu erzeugen.

- WEITWINKEL bezieht sich auf die Verwendung eines Weitwinkelobjektivs, das einen größeren Bildwinkel erfasst als herkömmliche Objektive. Heißt also, man kann mehr von einer Szene einfangen, was für Landschafts- und Architekturfotografie hilfreich ist.

4.3.12 Auf ältere Varianten zurückgreifen

Seit neuestem hat Adobe seine Software um den Button VORHERIGE BILDGENERIERUNGEN erweitert. Damit geht ein Wunsch vieler Anwender*innen in Erfüllung, denn bis jetzt war es schwierig, einen Überblick über die generierten Varianten zu erhalten. Klicken Sie auf den Button neben GENERIEREN ❷, so werden Ihnen die letzten Varianten angezeigt, die Sie in der aktuellen Browsersitzung generiert hatten. Sie können die Bilder dann zusammen mit ihren Prompts auch wieder anzeigen lassen. Neben den jeweils vier Varianten finden Sie kleine Icons ❶. Sie sollen eine (zurzeit noch nicht besonders ausgereifte) Hilfe sein, um auf einen Blick zu sehen, was gepromptet wurde. Das »T« heißt, es wurde versucht, an irgendeiner Stelle Text zu generieren (was in unserem Beispiel aber nicht zutraf). Verschiedene Formen – Dreieck, Kreis und Viereck – stehen für ein realistisches Foto. Das Icon mit dem Sternchen oben rechts wird immer dann genutzt, wenn es keine konkreten Inhalte gibt, d.h. die KI sehr frei agieren kann. Die kleinen Vierecke mit Pfeil nach oben zeigen an, dass das einzelne Bild hochskaliert wurde.

Durch einen erneuten Klick auf den Button werden die alten Generierungen wieder ausgeblendet.

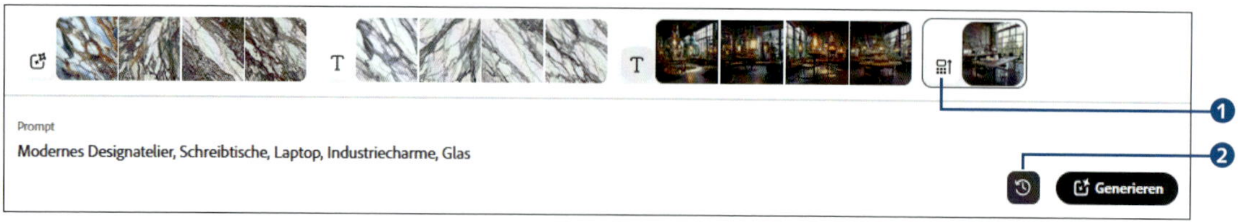

Abbildung 4.83
Sehr praktisch: Der neue Zugriff auf die zuletzt generierten Bilder. Auch der Prompt kann wieder aufgenommen werden.

4.4 Tipps für gelungene Prompts in Adobe Firefly

Um das volle Potenzial von Firefly auszuschöpfen und wirklich beeindruckende Ergebnisse zu erzielen, ist es wichtig zu verstehen, wie man effektive KI-Prompts erstellt. Es erfordert ein Gleichgewicht zwischen Klarheit, Spezifität und Kreativität. In Kapitel 3 sind wir bereits ausführlich auf das Prompten eingegangen. Schauen wir uns hier noch einmal ein paar besonders wichtige bzw. spezifische Promptaspekte von Adobe Firefly an.

4.4.1 Prompting-Grundlagen

Mit knappen Prompts überlässt man der KI den Großteil der Entscheidungsfindung. Es kann jedoch interessanter sein, das gewünschte Ergebnis detailliert zu beschreiben. Mit einem Text-zu-Bild-Generator wie Adobe Firefly können Prompts auch in Alltagssprache formuliert werden. Aber einen Schritt zurück.

Ein knapper Prompt bedeutet mehr Freiheit für die KI – entsprechend kann der gleiche Prompt zwei völlig unterschiedliche Ergebnisse hervorbringen. Ein Beispiel: »Tisch«.

Abbildung 4.84
Zwei völlig unterschiedliche Bilder nach Generierung des Prompts »Tisch«

Genauso ist es möglich, eine ganze Szene zu beschreiben, zum Beispiel mit der Eingabe »weißer Tisch mit drei Tellern und einem Korb mit frischen Brötchen«, oder alternativ im KI-Bild einen bestimmten Stil nachzuempfinden. Beispiel: »weißer Tisch mit drei Tellern und einem Korb mit frischen Brötchen, Cartoon-Zeichnung«.

Abbildung 4.85
Links das generierte Bild nach Prompt »weißer Tisch mit drei Tellern und einem Korb mit frischen Brötchen«: Hier fällt bereits auf, dass Firefly Probleme mit Zahlenangaben hat. Rechts hatte der Prompt den Zusatz »Cartoon-Zeichnung«.

Es ist also möglich, realistische Szenen, abstrakte Kunst oder Cartoon-Figuren zu kreieren. Zur Erweiterung der Prompts kann man einfach zusätzliche beschreibende Merkmale hinzufügen. Denken Sie hierbei zur Vereinfachtung der Arbeit an die Promptformel SHERLOCK aus Abschnitt 3.2.1:

- Kunstrichtung (zum Beispiel Romantizismus, Pop-Art, Expressionismus, Bauhaus, Impressionismus, Surrealismus)
- Farben (etwa spezielle Farbtöne oder Konzepte wie leuchtend oder matt)
- Komposition (zum Beispiel Nahaufnahme, Weitwinkel, Vogelperspektive)
- Emotionen (wie fröhlich, melancholisch, wütend)
- Beleuchtung (zum Beispiel Gegenlicht, Studiobeleuchtung, Goldene Stunde)
- Material (etwa Foto, Garn, Origami)
- Stil (zum Beispiel hyperrealistisch, Steampunk, Collage)

Lichteinstellungen und Effekte

Versuchen Sie, bei Ihren Prompts auch speziellere Vorgaben zu machen. Verwenden Sie Angaben wie »Tilt-Shift-Fotografie«, »Miniatur« oder »psychedelisch«, und denken Sie daran, auch den Kontext mit anzugeben: »Produktfoto«, »Kinderbuch« oder »Präsentation«.

Auf der Benutzeroberfläche von Firefly sind viele Deskriptoren bereits aufgeführt, was es leichter macht, neue Ideen für KI-Prompts auszuprobieren. Sie können wie gesehen beispielsweise das Seitenverhältnis angeben, wie QUADRAT (1:1), LANDSCHAFT (4:3), PORTRÄT (3:4) und BREITBILD (16:9).

Erfahrungen zeigen, dass es aktuell unerheblich ist, ob die Eingaben stichpunktartige Beschreibungen oder wohldurchdachte Sätze sind – die Ausgabe ist mal mehr, mal weniger gut, und auch der Stil ist zufällig, wenn nicht zuvor definiert.

Zielgruppe angeben

Denken Sie daran: Sie können Firefly auch mit auf den Weg geben, wer die Zielgruppe des Bildes sein soll: Einsteiger*innen oder Expert*innen, Technikfreaks, Kinder oder Senioren.

Abbildung 4.86
Links war der Prompt ausformuliert: »Vier Kinder spielen Fußball auf einer grünen Wiese im Abendlicht. Im Hintergrund geht die Sonne zwischen den Bergen fast unter. Einzelne Häuser sind zu sehen.« Beim rechten Bild war die Formulierung stichpunktartig: 4 Kinder spielen Fußball, Abendlicht, Berge, einzelne Häuser.« Hier hat Firefly den Stil selbstständig angepasst.

Und noch einmal ein Hinweis zur Frage, ob es sinnvoller ist, in Firefly auf Deutsch oder Englisch zu prompten. Hier sehen Sie das Ergebnis eines scheinbar einfachen Prompts: »Junge Meise, die in einem Oleander sitzt«.

Abbildung 4.87
Absolute Lieblingsergebnisse für den Prompt: »junge Meise, die in einem Oleander sitzt«

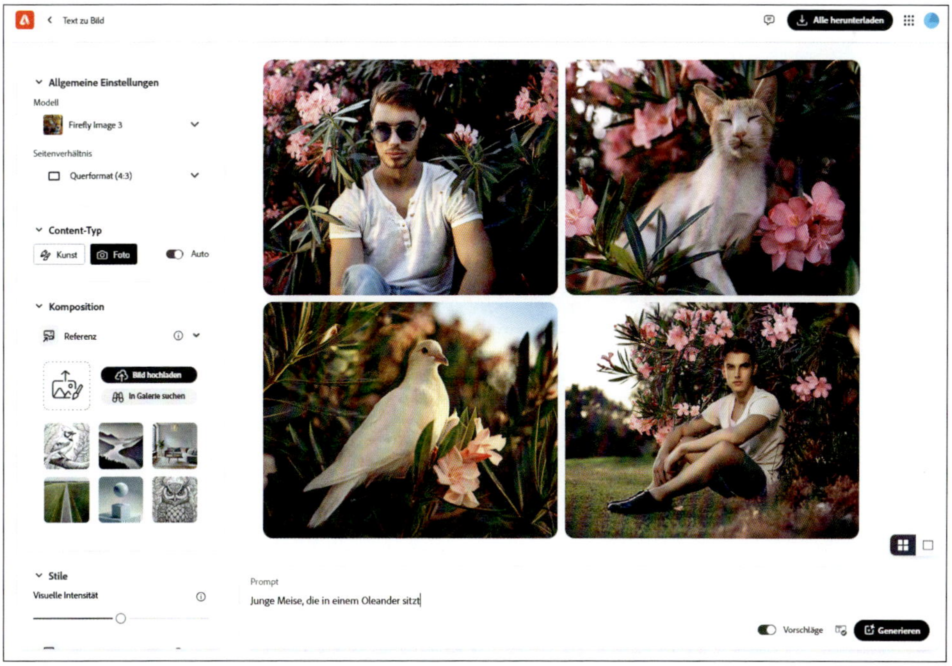

Firefly weiß scheinbar überhaupt nicht, was eine Meise ist. Versuchen wir den Prompt auf Englisch.

Abbildung 4.88
Der deutsche Prompt wurde ins Englische übersetzt: »Young tomtit sitting in an oleander«. Und schon klappt es.

Firefly kommt mit allgemeinen Begriffen auch in Deutsch sehr gut zurecht, wenn die Eingaben aber in speziellere Fachbereiche hineinreichen, gilt die klare Empfehlung, ins Englische zu wechseln.

DeepL
DeepL ist ein KI-Unternehmen, das sich zum Ziel gesetzt hat, Sprachbarrieren mithilfe von präzisen, natürlich klingenden maschinellen Übersetzungen zu überwinden. Seit 2017 bietet es den DeepL Übersetzer an, der laut Blindtests die weltweit beste Übersetzungsqualität erzielt.

Abbildung 4.89
Nähere Informationen zu Funktionsweisen von DeepL finden Sie auf *Merlin-Monroe.de*.

Vorschläge

Die Option Vorschläge ist ebenfalls in der Desktop-Funktion Text zu Bild verfügbar und hilft dabei, Beschreibungen (aktuell nur auf Englisch) automatisch zu vervollständigen.

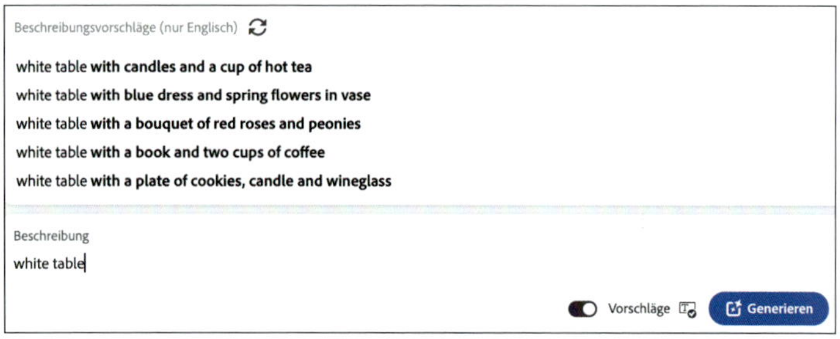

Abbildung 4.90
Bei Eingabe eines englischen Prompts werden in der Desktop-Version von Firefly automatisch Beschreibungsvorschläge eingeblendet.

Wenn Sie an dieser Funktion Interesse haben, können Sie bei der Formulierung Ihrer Prompts beispielsweise den Umweg über einen Übersetzer wie DeepL gehen.

4.4.2 Techniken für Fortgeschrittene

Die Erstellung der richtigen Prompts in Adobe Firefly ist entscheidend, um auch wirklich die gewünschten Ergebnisse zu erzielen. Hier sind einige Tipps, die dabei helfen können, präzise und kreative Anweisungen zu formulieren.

Konkretisierung

Für die Texteingabe sollten mindestens drei Wörter verwendet werden. Eine klare, einfache Sprache ist empfehlenswert, ebenso wie die Benennung eines Themas anhand von Beschreibungen und Schlüsselwörtern:

- »Blumenwiese im Frühling mit bunten Blüten und Schmetterlingen«
- »Schneebedeckte Berge unter klarem blauem Himmel«
- »Städtische Skyline bei Nacht mit leuchtenden Lichtern«
- »Kinder spielen am Strand mit Sandburgen und Eimern«

Anführungszeichen
Wenn es der KI im Prozess schwerfällt, einzelne Elemente des Prompts auseinanderzuhalten, kann es helfen, zusammengehörige Begriffe in Anführungszeichen zu setzen. Beispiel: »weißer Tisch mit drei Tellern«, »Korb mit frischen Brötchen«.

Klare Formulierungen

Anweisungen sollten mit Formulierungen wie »Generiere ein Bild von …« oder »Erstelle eine visuelle Darstellung von …« beginnen, auch in Stichworten wie »Infografik«. Diese Einleitungen geben der KI den Kontext und das Ziel des Prompts vor, was die Wahrscheinlichkeit erhöht, dass das gewünschte Ergebnis erzielt wird – auch ohne die entsprechenden Einstellungen im Menü vornehmen zu müssen. Beispiele:

- »(Generiere ein) Bild von einem Sonnenuntergang am Strand«
- »(Erstelle eine) visuelle Darstellung eines belebten Marktplatzes«
- »(Generiere ein) Foto von einem Wald im Herbst mit fallenden Blättern«
- »(Erstelle eine) Zeichnung eines modernen Büros mit großen Fenstern«

Abbildung 4.91
Ergebnis nach Prompteingabe »Erstelle eine Zeichnung eines modernen Büros mit großen Fenstern«

Einheitliches Format

Ein einheitliches Format oder eine Vorlage sorgt dafür, dass Prompts eindeutig und verständlich sind. Sinnvollerweise beginnen Sie deshalb immer mit einer konkreten Anweisung oder einem Stichwort, gefolgt von beschreibenden Details. Wenn Sie Einzelheiten einer Idee auf logische, strukturierte Weise beschreiben, indem Sie zusammengehörende Details auch zusammen erwähnen, erhöhen Sie die Wahrscheinlichkeit, verstanden zu werden. Tja, das ist wie im wahren Leben ... So kann die KI den Prompt effektiver verarbeiten, und das Risiko einer Fehlinterpretation wird verringert. Beispiele:

- »Erstelle eine visuelle Darstellung eines Gartens im Frühling, mit blühenden Blumen, grünen Bäumen und einem klaren blauen Himmel.«
- »Generiere ein Bild von einem gemütlichen Wohnzimmer mit Kamin, Bücherregalen und einem großen Fenster.«
- »Erstelle ein Foto eines belebten Strandes mit Menschen, die schwimmen, sonnenbaden und Volleyball spielen.«
- »Generiere ein Bild von einem historischen Schloss auf einem Hügel, umgeben von einem dichten Wald.«

Abbildung 4.92
Ergebnis der Prompteingabe »Generiere ein Bild von einem Schreibtisch. Platziere einen Laptop in der Mitte, eine Kaffeetasse rechts daneben und ein Notizbuch links davon.«

Schritt-für-Schritt-Anweisungen

Wenn bei einem Prompt eine bestimmte Abfolge oder Zusammensetzung wichtig ist, kann eine Schritt-für-Schritt-Anweisung hilfreich sein. Dann können Sie den Prompt in mehrere Phasen einteilen oder geben genau an, wie einzelne Elemente angeordnet sein müssen. Damit erhöhen Sie die Wahrscheinlichkeit, dass die KI tatsächlich das gewünschte Ergebnis generiert. Beispiele:

- »Generiere ein Bild von einem Schreibtisch. Platziere einen Laptop in der Mitte, eine Kaffeetasse rechts daneben und ein Notizbuch links davon.«
- »Erstelle eine visuelle Darstellung eines Esstisches. Stelle einen Blumenstrauß in die Mitte, platziere Teller und Besteck gleichmäßig um den Tisch herum.«
- »Generiere ein Foto von einem Park. Setze eine Bank in die Mitte, pflanze Bäume im Hintergrund und füge einen Teich auf der rechten Seite hinzu.«
- »Erstelle eine visuelle Darstellung eines Spielplatzes. Platziere eine Rutsche links, eine Schaukel in der Mitte und ein Klettergerüst rechts.«

Abbildung 4.93
Ergebnis nach Eingabe des Prompts »Generiere ein Foto von einem belebten Café bei Nacht, beleuchtet von warmem, gelbem Licht.« Lediglich das Wort »belebt« war Firefly wohl nicht bekannt.

Kontextinformationen und Einschränkungen

Mit ergänzenden Kontextinformationen oder Einschränkungen grenzen Sie den Fokus des KI-Bildgenerators bei Text-zu-Bild-Prompts ein und schließen unerwünschte Interpretationen von vornherein aus. Sie können angeben, welche Umgebung, welche Lichtverhältnisse, welchen Stil oder welche Stimmung die KI beim Generieren der Ergebnisse berücksichtigen soll. Beispiele:

- »Erstelle eine visuelle Darstellung eines Winterwaldes bei Sonnenaufgang, mit weichem, goldenem Licht und langen Schatten.«
- »Generiere ein Foto von einem belebten Café bei Nacht, beleuchtet von warmem, gelbem Licht.«

- »Erstelle eine Zeichnung eines Strandes bei Sonnenuntergang, mit orangem Himmel und reflektierendem Wasser.«
- »Generiere ein Bild von einem modernen Büro bei Tageslicht, mit natürlichem Licht, das durch große Fenster strömt.«

Inspiration von Bilddatenbanken
Inspiration ist auch beim Prompting das A und O. Wenn Sie sich Bilddatenbanken ansehen und genau das beschreiben, was Ihnen an einem dort gefundenen Bild besonders gefällt, sind Sie auf jeden Fall auf dem richtigen Weg.

Iteration und Verfeinerung

Wie bei jedem kreativen Prozess können Sie Ihre Prompts anhand der erzeugten Ergebnisse »iterieren«, also verbessern und verfeinern. Experimentieren Sie mit unterschiedlichen Strukturen, Formaten oder Variationen der Prompts, können Sie beobachten, wie dies die generierten Bilder beeinflusst. Je sorgfältiger Sie dann die Promptstruktur verfeinern und optimieren, desto wahrscheinlicher erzeugt die KI die gewünschten Ergebnisse. Beispiel:

- Promptvariante 1: »Generiere ein Bild von einem modernen Wohnzimmer mit großen Fenstern.«
- Promptvariante 2: »Generiere ein Bild von einem modernen Wohnzimmer mit großen Fenstern, durch die man einen sonnigen Garten sieht.«

Abbildung 4.94
Ergebnis nach Prompt »Generiere ein Bild von einem modernen Wohnzimmer mit großen Fenstern« und Ergebnis nach der Ergänzung »… durch die man einen sonnigen Garten sieht«

Gefühle

Durch das Erzeugen von wirklich einfühlsamen Kreationen können alle Hindernisse beseitigt und die Zielgruppe erreicht werden. Also: Was genau ist eigentlich wirklich bedeutend für die Zielgruppe in der speziellen Situation, um die richtige Botschaft rüberzubringen? Die Antwort muss in den Prompt.

- Promptvariante 1: »Illustration Zeichnung in Form eines Porträts von Krähen, die auf einem trockenen Ast mit Schnee und blauem Himmel aufgereiht sind«
- Nach dem ersten Versuch: »Illustration Zeichnung in Form eines Porträts von Krähen, die auf einem trockenen Ast mit Schnee und blauem Himmel aufgereiht sind, dunkle Atmosphäre«

Abbildung 4.95
Vorschläge von Adobe Firefly nach Prompt »Illustration Zeichnung in Form eines Porträts von Krähen, die auf einem trockenen Ast mit Schnee und blauem Himmel aufgereiht sind«. Die Anpassung des Prompts mit der Beschreibung »dunkle Atmosphäre« liefert entsprechend andere Ergebnisse.

Unerwartete Verwandlung

Manchmal benötigt die Kreativität einen frischen Funken, um wirklich zu erblühen. Eine großartige Methode, um die eigene Inspiration anzukurbeln, besteht darin, altbekannte Gegenstände in völlig neuen Kontexten zu betrachten.

Beispiel: »Eine alte Schreibmaschine verwandelt sich in einen magischen Drachen, bei dem die Tasten als Schuppen und das Rollpapier als Flügel dienen, während Tinte wie Rauch aufsteigt.«

Abbildung 4.96
KI-Vorschlag auf Prompt »Eine alte Schreibmaschine verwandelt sich in einen magischen Drachen, bei dem die Tasten als Schuppen und das Rollpapier als Flügel dienen, während Tinte wie Rauch aufsteigt.«

4.4.3 Das funktioniert auf jeden Fall NICHT

Einige Besonderheiten beim Prompten in Firefly müssen Sie beachten, besonders, wenn Sie auch mit anderer bildgenerierender KI arbeiten. Firefly reagiert auf Verstöße mit einer klaren Ansage.

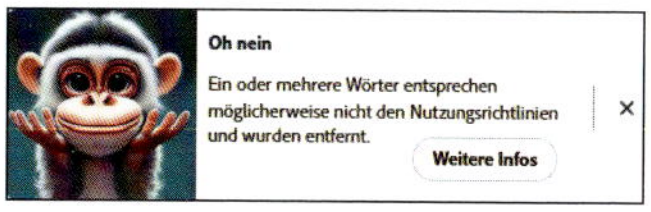

Abbildung 4.97
Die Eingabe von Künstlernamen beispielsweise verstößt gegen die Nutzungsrichtlinien.

1. **Künstlernamen:** Es mag seltsam erscheinen, Künstlernamen nicht zu nutzen, da sie in anderen KI-Bildgeneratoren, wie Midjourney, so gut funktionieren. Aber Firefly wurde mit der Adobe Stock Library trainiert und kennt deshalb schlichtweg keine Künstlernamen. Banksy? Nie gehört!

Abbildung 4.98
Links die Vorschläge von Midjourney auf den Prompt »Generiere ein Foto einer Kirchenwand mit einem Bild von Banksy« und Fehlermeldung beim gleichen Prompt bei Firefly

2. **Figuren aus Filmen oder Büchern:** Aus dem gleichen Grund funktioniert es auch nicht, sich in einem Prompt auf bekannte Buchfiguren oder Filmhelden zu beziehen. Harry Potter? Wer?

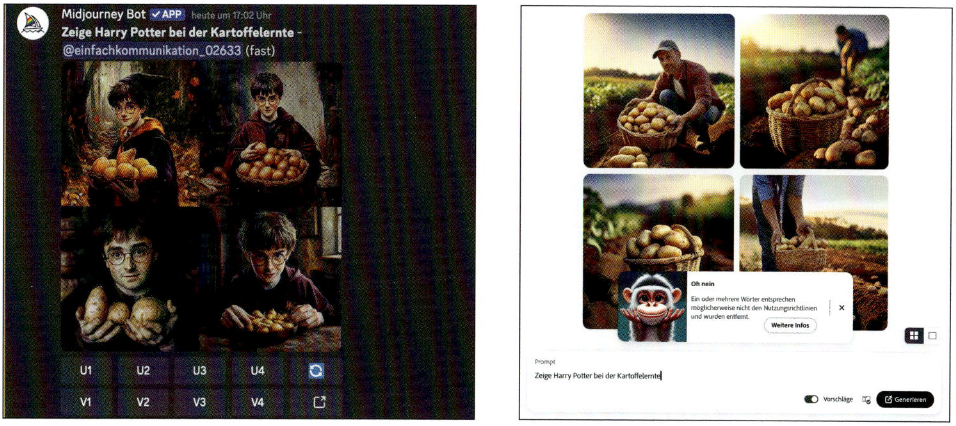

Abbildung 4.99
Vorschläge von Midjourney auf den Prompt »Zeige Harry Potter bei der Kartoffelernte«. Bei Firefly wird beim gleichen Prompt wieder eine Fehlermeldung eingeblendet.

3. **Politiker und Celebrities:** Ja, auch bekannte Politiker*innen und Stars und Sternchen aus Film, Fernsehen, Radio und Co. kann Firefly nicht zuordnen und liefert wieder Fehlermeldungen. Midjourney hingegen scheint in Sachen Recht und Datenschutz keine Skrupel zu haben …

Abbildung 4.100
Midjourney hat keine Probleme damit, ein Bild von Morgan Freeman zu generieren.

4. **Symmetrie und klare Pfade:** Wer ganz saubere Linien und absolute Symmetrie benötigt, ist in der Webanwendung von Firefly leider falsch. Auf den ersten Blick mag die KI gute Ergebnisse liefern, auf den zweiten jedoch sind sie eher enttäuschend. Im Beispiel ist der Hintergrund (auch nach mehrfachen Versuchen) nicht weiß geworden, und die auszumalenden Bereiche haben an vielen Stellen keine klaren Begrenzungen.

Abbildung 4.101
Firefly-Ergebnis nach Prompt »Kreiere ein Bild eines absolut symmetrischen Schmetterlings als Ausmalbild im Mandala-Stil, Outlines, weißer Hintergrund«

Bleiben Sie immer aufmerksam

Firefly ist leider in puncto Qualität und Realismus der erstellten Bilder noch weit von der Qualität entfernt, die zum Beispiel Midjourney bereits liefert. Je komplexer die Prompts sind, desto genauer sollten Sie auch auf die generierten Bilder schauen.

Abbildung 4.102
Prompt »Luftaufnahme von Köln bei Sonnenuntergang, photorealistisch, natürliches Licht«. Interessante Lage der Brücke in einem Wasserbecken ...

4.5 Schriftzüge und Texteffekte

Sicherlich sind schon viele an dem Versuch gescheitert, Textfragmente oder Wörter in ein von Firefly generiertes Bild zu prompten. Bilder zu erstellen, die Schrift enthalten, stellt Stand heute (Ende 2024) die meisten KI-Modelle noch vor größere Schwierigkeiten. Firefly bildet da keine Ausnahme.

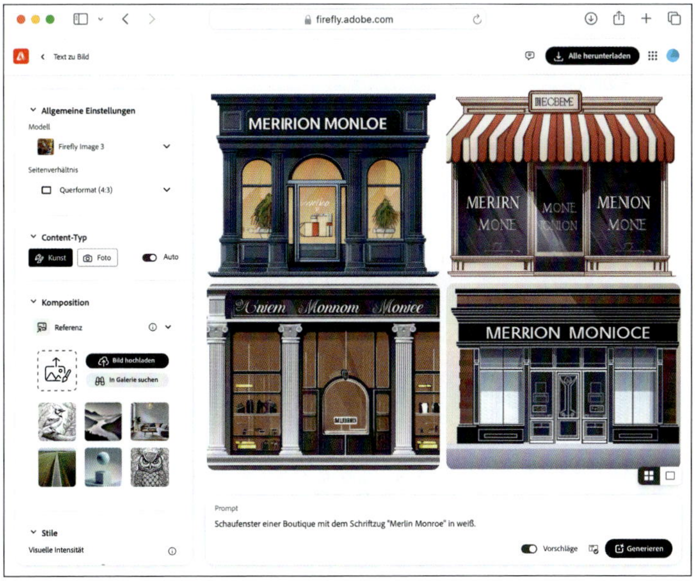

Abbildung 4.103
Firefly scheitert am Schriftzug »Merlin Monroe«.

Aber warum? Mit hochwertigen Effekten und Texturen lässt sich Text kreativ gestalten und so visuell ansprechender machen. Texteffekte eignen sich hervorragend zur Hervorhebung von Überschriften in verschiedenen Entwürfen, darunter Social-Media-Posts oder Werbematerialien. Texteffekte tragen dazu bei, eine Botschaft effektiver zu gestalten und damit das Ziel der Gestaltung zu erreichen – gesehen zu werden. Sie heben Informationen hervor, tragen zur Schaffung einer Markenidentität bei und erzeugen generell Emotionen. Das müsste doch eine klare Aufgabenstellung von Kreativen an Adobe Firefly sein, oder?

Die gute Nachricht: Was Firefly (noch) nicht kann, funktioniert mit Adobe Express. Auf dieser unglaublich intuitiven Plattform können Sie Texteffekte sehr einfach zu Ihren Projekten hinzufügen – dazu mehr in Kapitel 6, »Einsatz von KI in Adobe Express«. Durch die Anwendung dieser Effekte entstehen auffällige Flyer und andere Designelemente, die nicht nur professionell wirken, sondern auch die Kernbotschaft effektiv kommunizieren.

Aber kommen wir noch einmal auf die Arbeit mit Schrift in Firefly zurück. Festzustellen ist, dass es Firefly häufig gelingt, wirklich kurze Schriftbilder fehlerfrei zu generieren. Werden die Schriftzüge umfangreicher, schwindet auch die Wahrscheinlichkeit einer fehlerfreien Darstellung.

Abbildung 4.104 Zufallstreffer? Bildvorschläge nach Prompt »Buchstaben ›ABC‹ als Luftballons, Hintergrund Meer«. Und noch ein Zufallstreffer: Beispiel für die Unterstützung der Markenidentität eines auf Edelmetalle spezialisierten Unternehmens.

Die gewünschten Buchstaben oder Zahlen, die Firefly in ein Bild integrieren soll, müssen in jedem Fall in Anführungszeichen gesetzt werden. Probieren wir beispielsweise den Prompt »Logo für ein Unternehmen, das hochwertige Schokolade herstellt, Schriftzug ›Chok‹, goldene Stunde, zentriert«, so sieht das Ergebnis gut aus. Ein Logo für einen Laden namens »Schokoladen-Laden« hingegen gelingt nicht.

Abbildung 4.105
Vier Buchstaben zu generieren schafft Firefly meistens (links). Mehr ist leider selten korrekt möglich (Prompt »Logo für ein Unternehmen, das hochwertige Schokolade herstellt, Schriftzug ›Schokoladen-Laden‹, goldene Stunde, zentriert«). Und sogar übersetzt hat Firefly unsere deutsche Eingabe!

Einzelne Buchstaben lassen sich inzwischen sehr schön in Szene setzen, wenn sie beispielsweise für ein Logo verwendet werden sollen.

Abbildung 4.106
Ergebnis für den Prompt »Logo für ein Atelier für Bauzeichnung mit dem Namen ›Z‹, Skizze, Bleistiftzeichnung«. Daraus lässt sich doch etwas machen.

Nun gut. Wir wissen, dass Schrift und Texteffekte echte Wirkkraft haben. Und wir wollen uns nicht auf kurze Worte und Zufallstreffer in Adobe Firefly verlassen. Was tun wir also? Wir gehen einen Umweg über einen Screenshot! Im Beispiel wollen wir nur den normalen Schriftzug »Merlin Monroe« in eine ästhetisch ansprechende Umgebung setzen.

Schritt für Schritt
Texteffekte erstellen in Adobe Firefly

Schriftzug.png

1 Schriftzug vorbereiten

Zunächst schreiben Sie den Schriftzug »Merlin Monroe« in einem frei zu wählenden Programm (wir nutzen hier Word) und suchen die gewünschte Schrift aus – die Farbe ist für die folgenden Schritte zweitrangig.

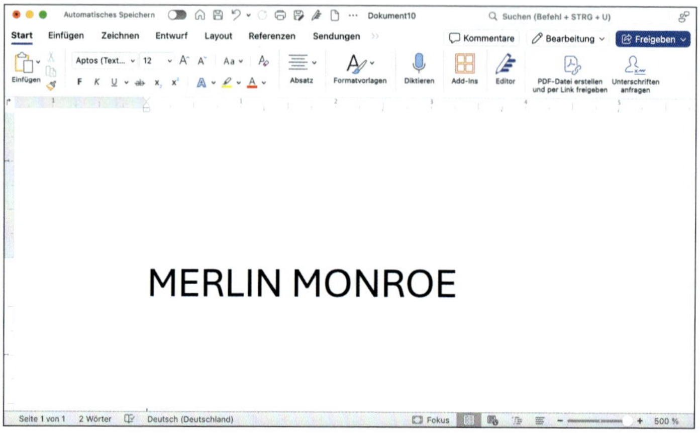

Abbildung 4.107
Der gewünschte Schriftzug wird in Word vorbereitet.

Achtung!
Der Screenshot des Schriftzuges muss in dem Format erstellt werden, das dann von Firefly gefragt ist – d.h. Querformat, Hochformat, Quadrat oder Breitbild. Sonst wird möglicherweise Text abgeschnitten.

2 Screenshot erstellen

Den in Word fertiggestellten Schriftzug wandeln Sie per Screenshot in ein Bild um, in unserem Fall ein PNG.

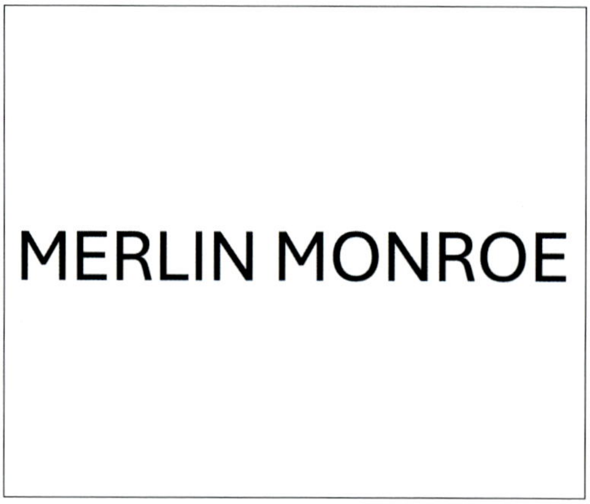

Abbildung 4.108
Beschnittener Screenshot des gewünschten Schriftzuges

3 Referenzbild hochladen

In Adobe Firefly öffnen Sie die Anwendung Text zu Bild. Unter dem Punkt Komposition laden Sie nun den zuvor erstellten Screenshot als Referenzbild hoch. Das Referenzbild haben wir Ihnen auch im Downloadmaterial unter schriftzug.jpg bereitgelegt.

Um ein Ergebnis zu erhalten, das den eigenen Vorstellungen entspricht, lohnt es sich, die Einstellungsmöglichkeiten näher unter die Lupe zu nehmen. Wir nutzen eine beliebte Stilreferenz und setzen die STÄRKE der Kompositionsreferenz auf das Maximum.

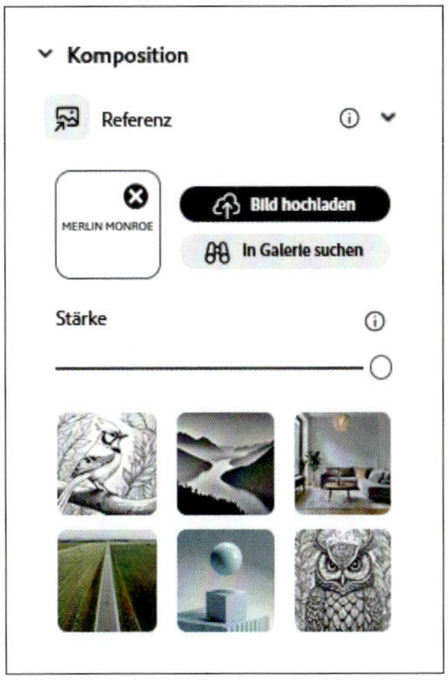

Abbildung 4.109
Der Schriftzug wird als Kompositionsreferenz eingefügt.

4 Prompt erstellen

Jedes Bild benötigt einen Prompt. In diesem Fall definieren Sie das Ergebnis wie folgt: »Blumen mit blauen und rosafarbenen Blüten.«

5 Bild generieren

Mit Klick auf GENERIEREN erhalten Sie vier Vorschläge zur Umsetzung des Texteffekts.

Abbildung 4.110
Der Schriftzug »Merlin Monroe« fügt sich ganz ästhetisch in das generierte Bild ein.

Je nach Einstellung kann das Ergebnis natürlich stark variieren – der Schriftzug jedoch bleibt aufgrund der starken Kompositionsreferenz an gleicher Stelle.

Abbildung 4.111
Ergebnis nach Anpassung; Effekt »Schichtpapier«, Farbe »Golden«

Abbildung 4.112
Das als Stilreferenz verwendete Foto

Super funktioniert auch hier die Kombination aus Kompositionsreferenz (Schriftzug) und Stilreferenz (vorhandenes Foto). Wir nutzen noch einmal den Screenshot aus Word und suchen ein Referenzfoto von Unsplash.

Firefly analysiert Schriftzug und Bild und erstellt eine Kombination, in der der Hintergrund an den Hintergrund des Fotos angelehnt ist und die Schrift die Struktur des Seesterns übernimmt.

Abbildung 4.113
Bild nach Prompt »Schrift auf dem Boden des Meeres«, Nutzung von Schriftzug als Kompositionsreferenz und Foto als Stilreferenz

Dieser Umweg über die Generierung von Texteffekten mithilfe eines Screenshots ist beispielsweise enorm hilfreich, wenn Sie im Bereich Logodesign arbeiten. Sehen Sie sich im Zusammenhang mit Schrift aber unbedingt auch die Ausführungen in Kapitel 8, »Einsatz von KI in Adobe Illustrator«, an.

4.6 Generative Bearbeitung bestehender Bilder

Über GENERATIV FÜLLEN stehen Ihnen in Firefly drei wirklich hilfreiche Funktionen zur Verfügung: das generative Einfügen, Entfernen und Erweitern. Schauen wir uns an, was die Funktionen leisten können.

4.6.1 Generativ erweitern

Das generative Erweitern ist eine KI-Technik, die es ermöglicht, Bilder über ihre ursprünglichen Grenzen hinaus – wie der Name schon sagt – zu erweitern und dabei harmonisch neue Inhalte hinzuzufügen. Wir kennen alle die Bilder, die »einfach zu wenig Rand« aufweisen, um in das Layout zu passen. Oder etwas wird hochformatig geliefert, obwohl ein Querformat benötigt wird. Mit dieser Methode ist das kein Problem mehr: Sie können innerhalb kürzester Zeit die Bilder so anpassen, dass sie hinterher im Layout stimmig sind.

Dazu vergrößern Sie zunächst die Arbeitsfläche eines Bildes, was zum Beispiel notwendig sein kann, um das Seitenverhältnis zu ändern oder zusätzlichen Platz für neue Inhalte zu schaffen. Das generative Füllen ergänzt diesen Prozess, indem es die neuen Bereiche mit passenden grafischen Elementen füllt, die sich nahtlos in das vorhandene Bild einfügen.

Schritt für Schritt
Bilder generativ erweitern in Adobe Firefly

1 Adobe Firefly initialisieren

Nach Aufruf von *firefly.adobe.com* öffnen Sie den Arbeitsbereich unter GENERATIV FÜLLEN.

eis.jpg

Abbildung 4.114
Wählen Sie diesmal GENERATIV FÜLLEN.

2 Bild hochladen

Die Oberfläche von Firefly ist in diesem Bereich sehr userfreundlich gestaltet. Das zu bearbeitende Bild laden Sie ganz einfach über den Finder hoch oder ziehen es in den Arbeitsbereich hinein. Wir wählen das Bild »eis.jpg«.

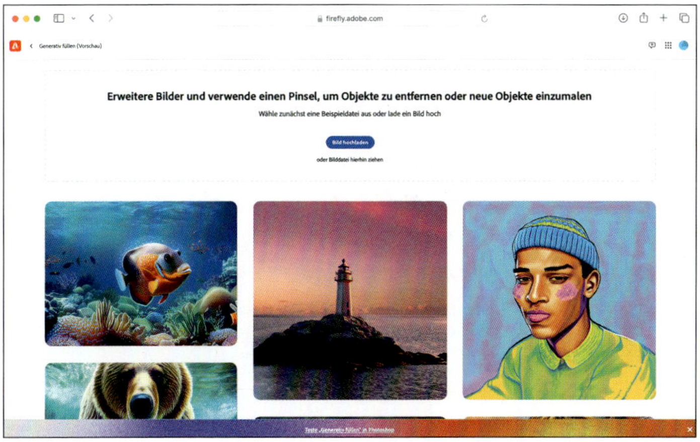

Abbildung 4.115
Zur Erweiterung eines Bildes muss es auf die Plattform hochgeladen werden.

3 Bildausschnitt festlegen

Nachdem das Bild hochgeladen wurde, legen Sie den neuen Bildausschnitt fest. Stellen Sie dafür sicher, dass im linken Bereich ERWEITERN aktiviert ist. Firefly bietet dazu verschiedene Vorlagen wie QUADRAT, QUERFORMAT oder BREITBILD an.

Sie können über FREIFORM aber auch frei entscheiden. Mit dem Freistellungswerkzeug erweitern Sie dann den Bereich der Arbeitsfläche. Dabei ziehen Sie wie üblich die Anfasser des Werkzeugs, um die Ränder des Bildes zu vergrößern und zusätzlichen Raum zu schaffen.

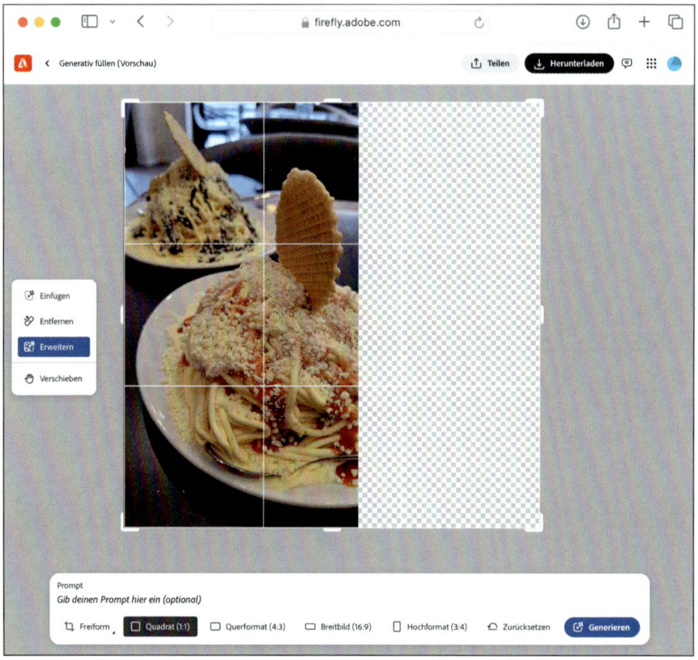

Abbildung 4.116
Das neue Format des Bildes kann frei oder nach einem bestimmten Verhältnis festgelegt werden.

4 Inhalte generieren

Falls keine spezifische Beschreibung erforderlich ist, kann das generative Füllen automatisch passende Inhalte basierend auf den vorhandenen Bildinformationen generieren. Wenn Sie den neuen Bildausschnitt festgelegt haben und auf GENERIEREN klicken, werden nach kurzer Zeit drei Ergebnisse angezeigt. Gefällt Ihnen eine der drei Varianten, können Sie sie über die Icons oben rechts als Bilddatei herunterladen oder zu den Favoriten hinzufügen. (Die Favoriten sind wie erwähnt über das Hauptmenü auf der Firefly-Startseite zugänglich.)

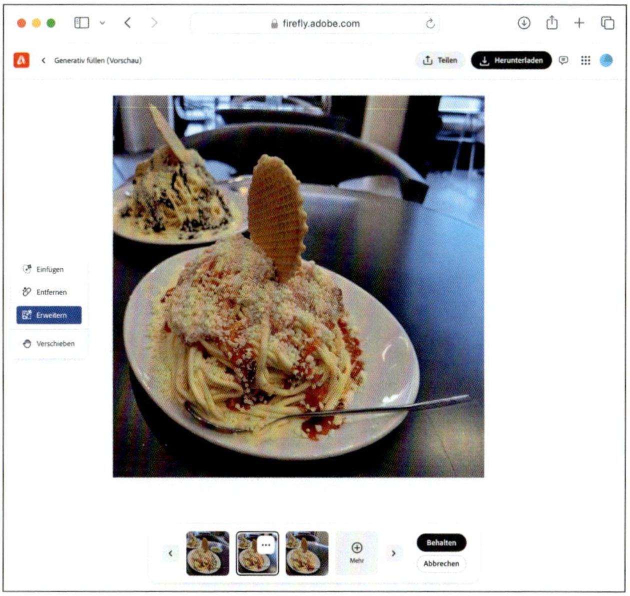

Abbildung 4.117
Das Bild wurde generativ erweitert.

5 Alternative: Generierung mit Prompt

Es besteht auch die Möglichkeit, die Erweiterung mit einem Prompt zu konkretisieren. Das ist besonders dann von Vorteil, wenn ein wirklich großer Teil des Bildes neu generiert werden soll. Dann hilft eine detaillierte Textbeschreibung, die genau angibt, welche Elemente im erweiterten Bereich erscheinen sollen. Eine solche Beschreibung könnte beispielsweise »zwei Milchgläser« oder »weiterer Tisch mit Blumen und Sektgläsern« lauten.

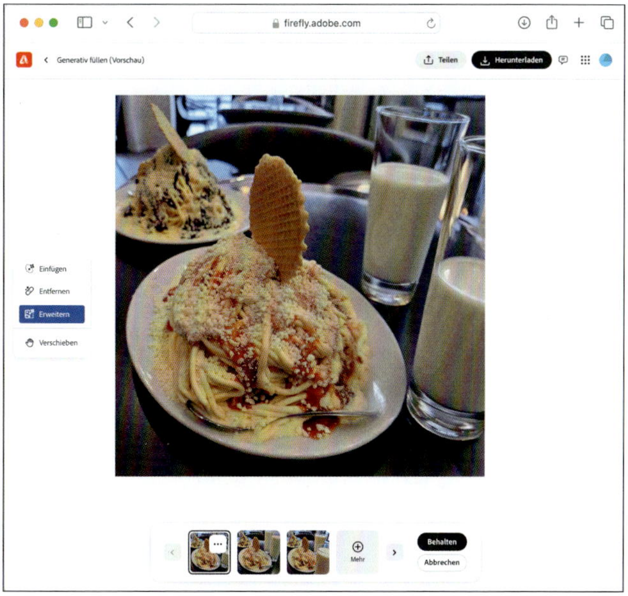

Abbildung 4.118
Generativ erweitertes Bild nach dem Prompt »zwei Milchgläser«

Ein klassisches Beispiel für die Anwendung dieser Technik ist die Änderung des Seitenverhältnisses eines Bildes. Oftmals ist es notwendig, das Seitenverhältnis anzupassen, um ein Bild für verschiedene Plattformen und Medienformate geeignet zu machen. Durch das generative Erweitern kann beispielsweise ein quadratisches Bild in ein breites Panorama umgewandelt werden, ohne dass wichtige Bildinhalte verloren gehen oder gestreckt werden müssen.

Ein weiteres Einsatzgebiet ist die Erweiterung von Landschaften. In der Fotografie und Bildbearbeitung können Landschaftsbilder großzügig erweitert werden, um mehr von der natürlichen Umgebung darzustellen. So kann ein Foto eines Berggipfels erweitert werden, um zusätzliche Bergketten oder einen weiten Himmel hinzuzufügen.

Auch bei kreativen Kompositionen bietet diese Technik vielseitige Möglichkeiten. Künstler*innen und Designer*innen können sie nutzen, um Projekte visuell aufzuwerten, indem sie zusätzliche Elemente wie Tiere, Pflanzen oder architektonische Strukturen einfügen, die zur erzählten Geschichte passen.

Abbildung 4.119
Das zuvor in Firefly generierte Bild wurde nach rechts erweitert. So kann es beispielsweise als Hintergrund für ein Banner genutzt werden.

In den meisten Fällen werden die in Firefly generierten Bilder in Photoshop oder einem anderen Programm nachbearbeitet. Auch Adobe Express ist dafür geeignet. Das Banner erhält einen Schriftzug, ein Story-Bild, vielleicht ein Video-Overlay usw.

Generative Füllung
Dabei handelt es sich um eine KI-gestützte Funktion, die Bildbereiche automatisch mit neuen, inhaltlich passenden Elementen ergänzt oder ersetzt, basierend auf den umgebenden Bilddaten und den Benutzerangaben.

4.6.2 Hinzufügen von Objekten durch generative Füllung

Eine besonders beeindruckende Innovation ist die von Adobe Firefly bereitgestellte Funktion der generativen Füllung. Was früher die Fleißarbeit war, wird hier nun schnell erledigt.

Im folgenden Beispiel wollen wir einem gezeichneten Kleinkind eine Mütze aufsetzen.

Schritt für Schritt
Objekte in Adobe Firefly hinzufügen

kinderzeichnung.jpg

1 Adobe Firefly initialisieren

Rufen Sie unter *firefly.adobe.com* wieder GENERATIV FÜLLEN auf, und laden Sie ein Bild hoch, oder ziehen Sie es in den Arbeitsbereich hinein.

© Annett Bergk

Abbildung 4.121
Das zu bearbeitende Ausgangsbild – eine eingescannte Zeichnung

2 Richtige Menüs einblenden

Nachdem das Bild hochgeladen wurde, erscheint an der linken Seite des Arbeitsbereichs ein kleines Menü. Hier wählen Sie EINFÜGEN nach dem Icon mit dem Sternchen.

Abbildung 4.120
Menü im linken Bereich der Arbeitsfläche nach Hochladen eines Bildes

Am unteren Rand der Arbeitsfläche erscheint dann eine neue Schaltfläche mit der Option ADDIEREN.

Abbildung 4.122
Menü im unteren Bereich der Arbeitsfläche nach Auswahl der Option EINFÜGEN

3 Pinsel auswählen und einstellen

Wenn die Schaltfläche ADDIEREN gewählt ist, ändert sich der Mauszeiger zu einem Kreis mit einem Plus in der Mitte. Die Größe des Kreises lässt sich über das untere Menü anpassen. Wie Sie sehen, ist in unserem Beispiel die Größe 93 festgelegt.

Sowohl Pinselgröße als auch Pinselhärte können Sie mit Klick auf den Dropdown-Pfeil rechts daneben einstellen. Es erscheint ein weiteres kleines Menü.

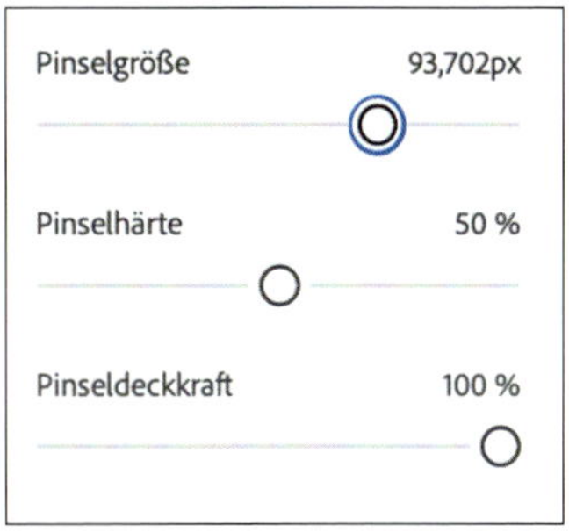

Abbildung 4.123
Menü zur Einstellung der Pinsel-Eigenschaften

4 Zu ändernden Bereich markieren

Mit dem zuvor eingestellten Pinsel markieren Sie nun den zu ändernden Bereich des Bildes – in unserem Fall den oberen Kopfbereich des Kindes. Die Markierung erinnert an den Hintergrundradiergummi in Photoshop. Sobald der erste Bereich markiert wurde, erscheint über dem unteren Menü der Bereich PROMPT.

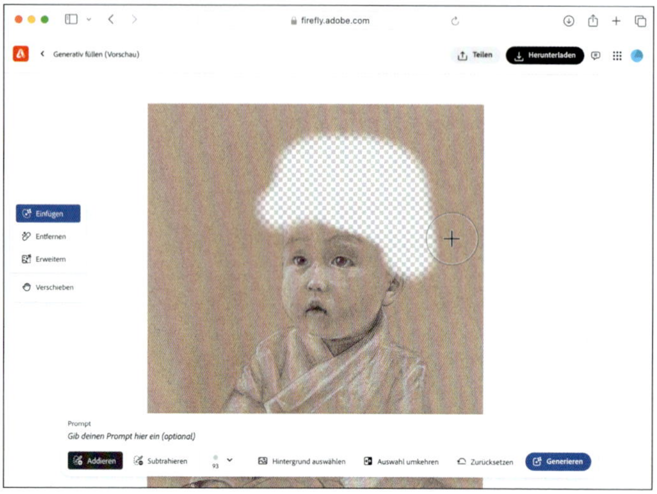

Abbildung 4.124
Markierung des zu ändernden Bereichs mithilfe des Auswahl-Pinsels

5 Mit Prompt generieren

Nachdem der zu bearbeitende Bereich des Bildes festgelegt ist, geben Sie einen entsprechenden Prompt ein – in unserem Fall nutzen wir »Basecap«. Wenn Sie auf GENERIEREN klicken, werden nach kurzer Zeit drei Ergebnisse angezeigt, aus denen Sie wie üblich wählen können.

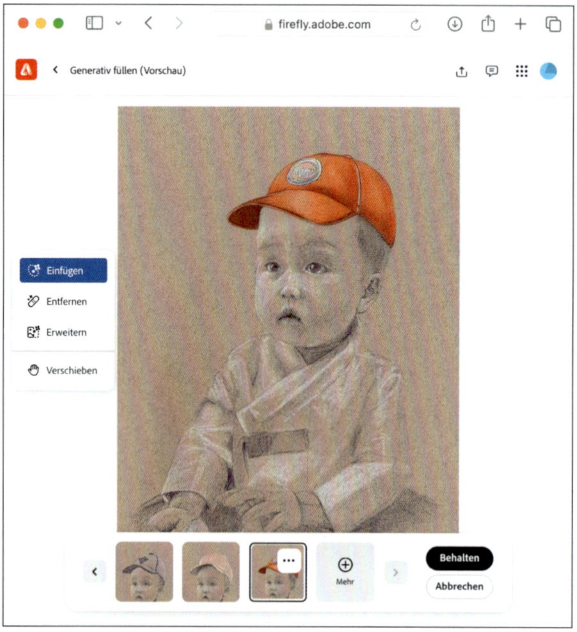

Abbildung 4.125
Firefly liefert drei Vorschläge zur Umsetzung der Anpassung.

6 Ergebnis anpassen

Stimmt das Ergebnis noch nicht, können Sie den Vorgang mit dem Klick auf den Button MEHR wiederholen oder über ABBRECHEN neu starten – mit anderer Auswahl oder angepasstem Prompt. Probieren Sie einen Neustart mit dem Prompt »weißes Basecap mit grauen Streifen an der Seite, zarte Bleistiftzeichnung mit ein wenig weißer Kreide«.

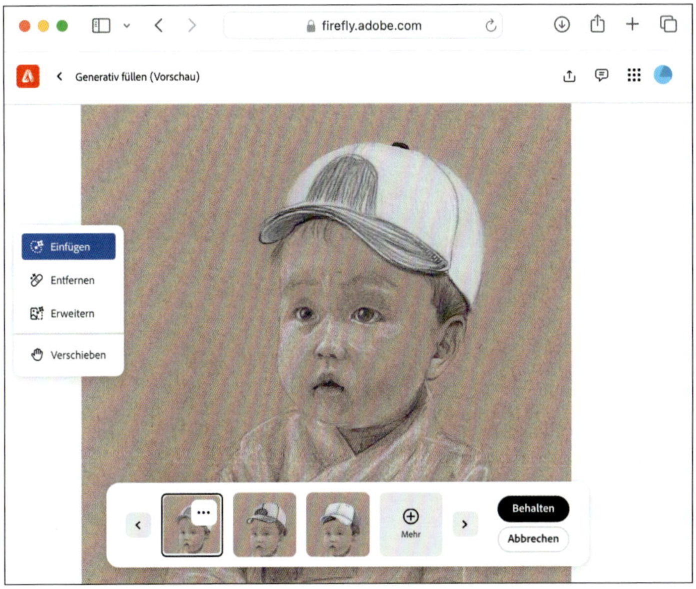

Abbildung 4.126
Der neue Prompt liefert passendere Ergebnisse.

7 Herunterladen oder weiterbearbeiten

Gefällt Ihnen eine der vorgeschlagenen Variationen, nutzen Sie den Button BEHALTEN. Anschließend werden Sie zur Ausgangsoberfläche zurückgeschickt und können das Bild über den entsprechenden Button oben herunterladen oder weitere Änderungen vornehmen.

Auch bei dieser Anwendung werden die in Firefly generierten Bilder zumeist in Photoshop oder einem anderen Programm nachbearbeitet. Diese vorangehenden Prozesse jedoch, die früher möglicherweise Stunden in Anspruch genommen hätten, werden auf Minuten, wenn nicht Sekunden, reduziert, ohne dass dabei die Qualität der Ergebnisse wesentlich leidet.

4.6.3 Entfernen von Objekten durch generative Füllung

Die generative Füllung ermöglicht es nicht nur, Elemente hinzuzufügen oder zu verändern, sondern auch, unerwünschte Objekte aus einem Bild zu entfernen. Der Prozess ist denkbar einfach und effizient, und vorher langwierige manuelle Anpassungen werden nun innerhalb kurzer Zeit erledigt. Im Folgenden werden die Schritte zur Entfernung eines Objekts aus einem Bild beschrieben. Wir wollen aus folgendem Bild die Menschen im Hintergrund entfernen, um so den Fokus noch stärker auf die beiden Jungs zu setzen.

Schritt für Schritt
Objekte in Adobe Firefly entfernen

1 Vorbereitung

Wählen Sie auf der Firefly-Website GENERATIV FÜLLEN, und laden Sie das gewünschte Bild hoch.

chelsea-aaron-unsplash.jpg

© Chelsea Aaron, Unsplash

Abbildung 4.127
Ausgangsbild, mit dem wir das Entfernen von Objekten testen möchten. Die Menschen im Hintergrund sollen im Ergebnis nicht mehr zu sehen sein.

2 Richtige Menüs einblenden

Nach dem Hochladen erscheint an der linken Seite des Arbeitsbereichs ein Menü. Hier wählen Sie nun mit dem Pflaster-Icon ENTFERNEN aus. Am unteren Rand der Arbeitsfläche ist das Menü vergleichbar mit dem beim Hinzufügen von Inhalten.

3 Pinsel auswählen und einstellen

Wenn die Schaltfläche ENTFERNEN aktiviert ist, ändert sich der Mauszeiger ebenfalls zu einem Kreis mit einem Plus in der Mitte. Die Größe des Kreises können Sie wie gehabt über das untere Menü anpassen.

4 Zu entfernenden Bereich markieren

Mit dem zuvor eingestellten Pinsel markieren Sie nun den Bereich des Bildes, von dem das Objekt entfernt werden soll – im Beispiel die Menschen im Hintergrund.

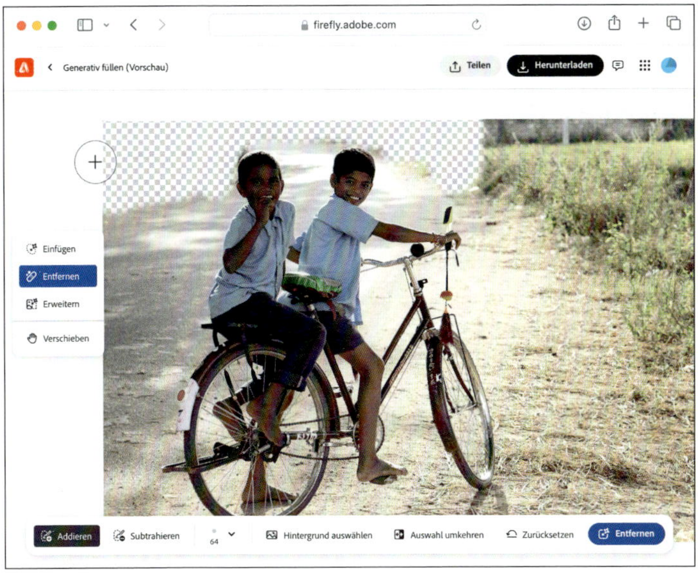

Abbildung 4.128
Der zu entfernende Bereich des Bildes wird markiert.

5 Generieren

Wenn Sie auf GENERIEREN klicken, bearbeitet Firefly das Bild und zeigt nach kurzer Zeit wieder drei Ergebnisse an, aus denen Sie wählen können.

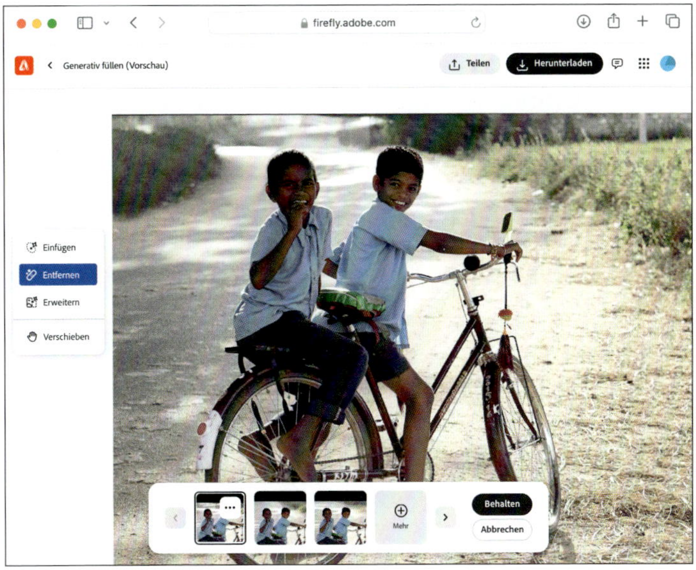

Abbildung 4.129
Firefly liefert drei Vorschläge, wie die Objekte aus dem Bild entfernt werden können.

Die generierten Ergebnisse sind in den meisten Fällen bereits von so guter Qualität, dass die Auswahl eine der drei Varianten nur noch reine Geschmackssache ist.

Entfernen oder Ersetzen des Hintergrunds mit generativer Füllung

Die generative Füllung bietet nicht nur die Möglichkeit, Objekte hinzuzufügen oder zu entfernen, sondern auch, ganze Hintergründe auszutauschen. So lassen sich Bilder radikal verändern und neue visuelle Szenarien schaffen. Die folgenden Schritte zeigen, wie Sie den Hintergrund eines Bildes in Adobe Firefly entfernen oder auch komplett ersetzen können.

Schritt für Schritt
Einen Hintergrund in Adobe Firefly entfernen und ersetzen

subo_unsplash.jpg

1 Bild hochladen

Laden Sie das gewünschte Bild im Bereich GENERATIV FÜLLEN hoch.

2 Richtige Menüs einblenden

Nach dem Hochladen erscheint an der linken Seite des Arbeitsbereichs ein Menü mit verschiedenen Werkzeugen. Soll der Hintergrund entfernt werden, wählen Sie nun ENTFERNEN, soll der Hintergrund mithilfe eines Prompts ersetzt werden, wählen Sie EINFÜGEN.

Abbildung 4.130
Ausgangsbild, mit dem wir das Entfernen und Bearbeiten des Hintergrunds testen wollen

3 Hintergrund auswählen

Mit dem Button HINTERGRUND AUSWÄHLEN ❶ aus dem unteren Menü wird der gesamte Hintergrundbereich von der KI markiert. Gerade bei komplexen Bildern lohnt es sich jedoch, noch einmal genau hinzuschauen und über ADDIEREN oder SUBTRAHIEREN ❷ gegebenenfalls Anpassungen mit dem Pinsel vorzunehmen. Teile des Bildes können so der Auswahl hinzugefügt oder entnommen werden.

Abbildung 4.131
Firefly erkennt das Hauptmotiv und entfernt den Hintergrund.

4 Hintergrund entfernen oder generieren

Nachdem der zu ersetzende Bereich markiert ist, wählen Sie unter der Einstellung ENTFERNEN 3 den Button ENTFERNEN im unteren Menü (in der Abbildung schon nicht mehr zu sehen). Firefly generiert daraufhin drei Vorschläge für den freien Bereich.

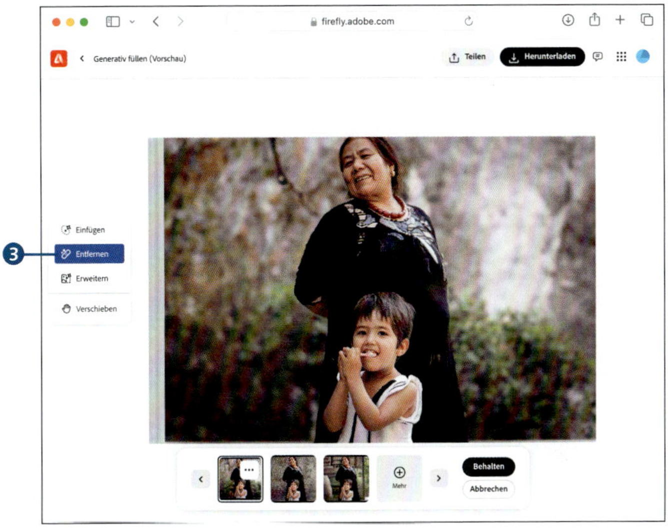

Abbildung 4.132
Firefly generiert bei Klick auf ENTFERNEN einen völlig neuen Hintergrund.

Alternativ klicken Sie unter EINFÜGEN auf den Button GENERIEREN. Das ist sinnvoll, wenn Sie bereits genaue Vorstellungen davon haben, wie der zu erstellende Hintergrund aussehen soll. Sie können dann einen Prompt eingeben und erhalten angepasste Ergebnisse. Die Qualität der Freistellungen schwankt hier noch deutlich.

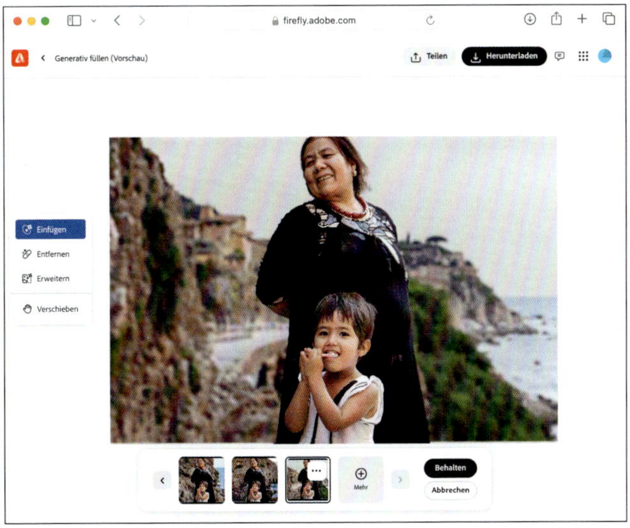

Abbildung 4.133
Angepasster Hintergrund nach Prompt »Felsenlandschaft der Toskana mit Meer im Hintergrund«

Hinweis
Möchten Sie ein Bild tatsächlich nur freistellen, um ein hintergrundloses PNG zu erzeugen, ist diese Anwendung nicht die richtige. Optionen zur Lösung dieses Problems liefert jedoch Photoshop.

4.7 Exportieren und Teilen von generierten Bildern

Der Exportprozess in Adobe Firefly ist einfach und intuitiv. Bevor ein Bild exportiert wird, sollte aber auch schon in Firefly sichergestellt werden, dass es vollständig bearbeitet und bereit für den finalen Export ist. Hier sind einige Schritte zur Vorbereitung:

1. **Überprüfen Sie die Bildgröße und -auflösung:** Die Auflösung sollte hoch genug sein, um eine gute Druckqualität zu gewährleisten, falls das Bild gedruckt werden soll. In Firefly ist die Auflösung eines Standardformats nach dem Export immer bei 72 dpi in 2048 × 2048 px im RGB-Modus als JPG. Aktuell lässt sich das in der Anwendung selbst nicht ändern. Die Qualität eines Fotos lässt sich jedoch mithilfe anderer KI-Tools wie Magnific AI oder Remini (siehe Abschnitt 7.4.3) hochskalieren.
2. **Passen Sie Farben und Kontraste an:** In Firefly lässt sich der Kontrast nur bedingt über das Generieren anpassen, besser ist es, nach dem Export derartige Arbeiten in Photoshop vorzunehmen.
3. **Überprüfen Sie die Datei-Integrität:** Checken Sie das Bild auf etwaige Fehler oder Unvollständigkeiten, die während der Bearbeitung entstanden sein könnten. Hier gibt es die Möglichkeit, mit dem ausgewählten Bild als Referenzdatei weiter zu generieren, bis das gewünschte Ergebnis erreicht wurde.

4.7.1 Die Exporteinstellungen

Das Exportieren ist wie gesagt denkbar einfach. Aktivieren Sie unter Text zu Bild das Bild, das exportiert werden soll. In allen vier Ecken stehen nun Optionen zur Anwendung bereit.

- Bei Klick auf Bearbeiten ❶ im Bild gibt es die Option, das Bild weiterzubearbeiten (Generativ füllen, Als Stilreferenz verwenden u. v. m.) oder es ohne Zwischenspeicherung in Adobe Express zu importieren, um einen Social-Media-Post zu erstellen bzw. Texte und Elemente hinzuzufügen.
- Haben Sie das Bild mit dem Schnellmodus generieren lassen, finden Sie hier zusätzlich noch die Option Hochskalieren ❷ (siehe Abschnitt 4.3.3).
- Über den Button Herunterladen ❸ wird das Bild als JPG an den Ort der Wahl gespeichert und kann von dort aus weiterbearbeitet oder wieder in eine andere Anwendung importiert werden.
- Über den Button Teilen ❹ können Sie einen Link zu einem Bild erstellen, das Bild kopieren oder in eine Bibliothek speichern. Außerdem lässt es sich gleich in Adobe Express öffnen. Zum Teilen gleich mehr im nächsten Abschnitt.

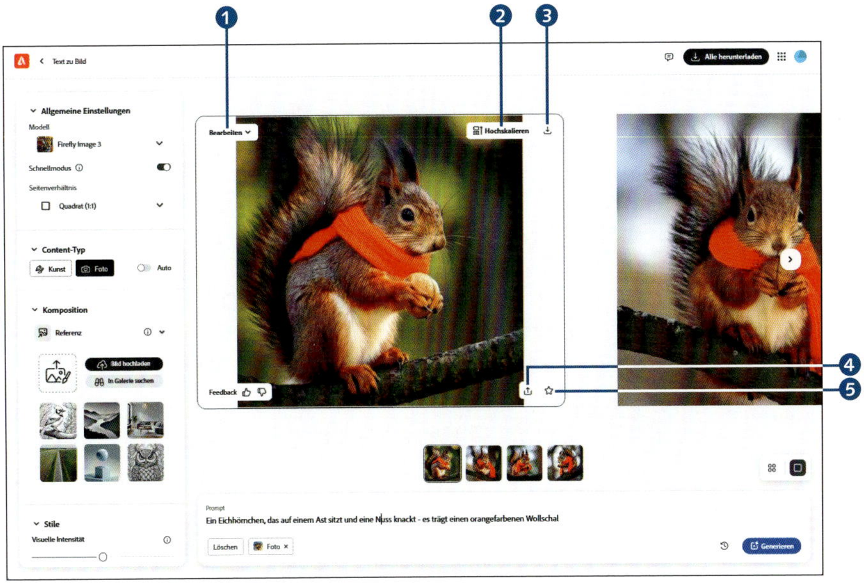

Abbildung 4.134
Bei Mouseover werden die verschiedenen Anwendungsoptionen sichtbar.

- Über den kleinen Stern ⑤ lassen sich generierte Bilder als Favoriten speichern. Ihre Favoriten finden Sie sofort auf der Hauptseite von Adobe Firefly oben im Reiter FAVORITEN. Sehr praktisch ist, dass Sie auf diese Favoriten, die Einstellungen und den Prompt jederzeit wieder zugreifen können – und mit ihnen weiterarbeiten können. Firefly-Nutzer berichten allerdings davon, dass Ihre Favoriten nach einem Monat nach der Neugenerierung der Credits verschwunden waren. Wir haben das noch nicht festgestellt – allerdings lässt sich hier als sicherste Methode das Speichern in einer eigenen Bibliothek empfehlen. Auch dazu kommen wir gleich.

Abbildung 4.135
Nach der Erstellung des Bildes lässt es sich in verschiedenen Adobe-Anwendungen weiterbearbeiten.

Auch nach dem Export sollten Sie das Bild noch einmal überprüfen, um sicherzustellen, dass es den gewünschten Qualitätsstandards entspricht. Zuerst prüfen Sie die Bildqualität, indem Sie das exportierte Bild öffnen und es auf Aspekte wie Schärfe und Farbwiedergabe hin untersuchen. Anschließend ist es wichtig, die Dateigröße zu kontrollieren, um sicherzustellen, dass sie für den vorgesehenen Verwendungszweck geeignet ist. Im Praxisteil gibt es ein Beispiel, wie ein Bild interpoliert werden kann, um ein geeignetes Druckbild zu erhalten.

4.7.2 Freigeben von generierten Bildern als Link

Freigegeben werden können alle Bilder, die den KI-Richtlinien von Adobe entsprechen. Doch wie sieht der Prozess im Detail aus? Wählen Sie zunächst das Bild aus, indem Sie den Mauszeiger darüberbewegen.

Wenn Sie auf das Symbol für Weitere Optionen klicken (es erinnert an das Upload-Zeichen), öffnet sich ein kleines Menü mit verschiedenen Optionen: Link zum Bild kopieren, Bild kopieren, In Bibliothek speichern, Für die Galerie einreichen und In Adobe Express öffnen.

Fehlermeldung?
Beim Kopieren des Links kann es zu Fehlermeldungen kommen. Dies geschieht oft, wenn der Browser den Zugriff auf Firefly blockiert. In den Browsereinstellungen muss dann der globale Zugriff auf alle Websites erlaubt sein.

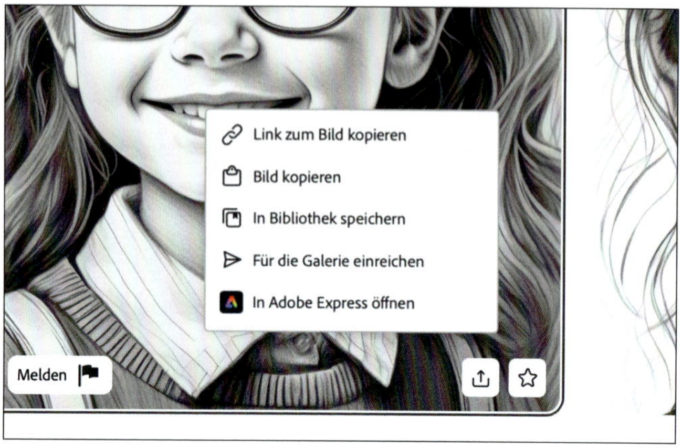

Abbildung 4.136
Nach dem Klick auf das Symbol neben dem Stern erscheint das Menü für den Export des Bildes.

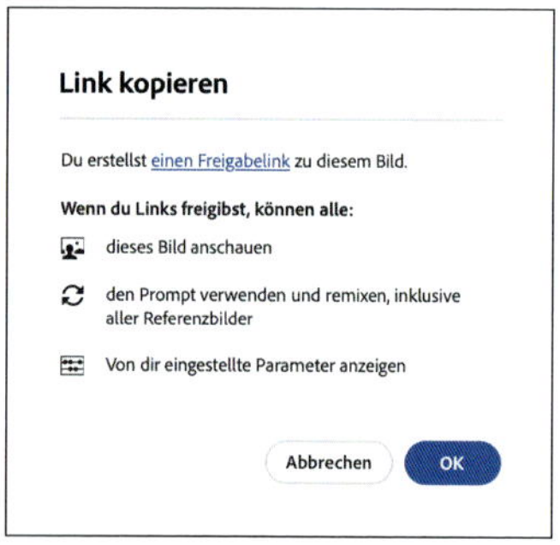

Abbildung 4.137
Wer einen Freigabelink erstellt, räumt spezifische Nutzungsrechte ein.

Wählen Sie hier Link zum Bild kopieren (oder Link freigeben bei Mobilgeräten) aus. Eine Benachrichtigung informiert Sie, sobald der Link kopiert wurde. Der kopierte Link kann dann geteilt werden, sodass andere die Kreation – inklusive der verwendeten Parameter und Beschreibungen – im Browser ansehen können, auch ohne ein Creative-Cloud-Konto zu besitzen.

Wenn ein Freigabelink weitergegeben wird, kann das Bild betrachtet, aber nicht heruntergeladen werden. Betrachter*innen mit einem kostenfreien Konto oder gänzlich ohne ein solches können das Bild weder bearbeiten noch löschen. Sie können jedoch die Parameter oder Beschreibungen nutzen, um die Kreation zu remixen oder eigene Bilder zu generieren. Hierzu ist dann eine ID nötig.

Die Informationen werden auch in einem kleinen Fenster angezeigt, direkt bevor der Link erstellt wird.

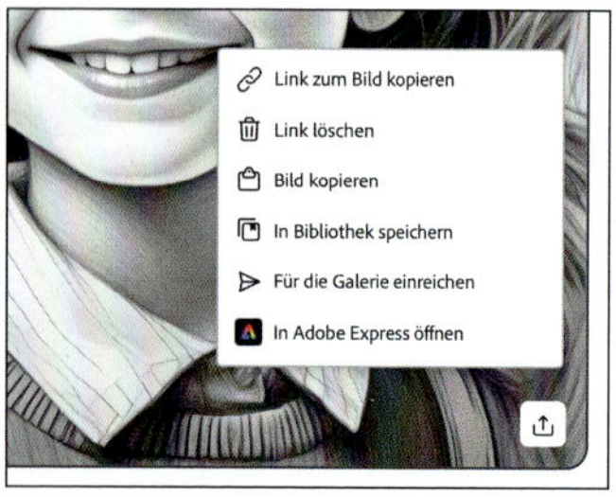

Abbildung 4.138
Über die entsprechende Funktion lässt sich ein generierter Link ganz einfach wieder löschen.

Beenden der Freigabe

Um die Freigabe eines Bildes zu beenden, können Sie den Link löschen oder eine freigegebene Kreation entfernen. Dazu öffnen Sie den Link im Browser und wählen über den gleichen Weg wie zuvor Link löschen. Das geht allerdings nur, wenn Sie den Link über ein Mobilgerät freigegeben haben.

4.7.3 Speichern in Creative-Cloud-Bibliotheken

Das Teilen von kreativen Arbeiten mit anderen und die Wiederverwendung bestehender Projekte sind zentrale Aspekte des modernen Digitaldesigns. Speziell im Adobe-Ökosystem bieten Creative-Cloud-Bibliotheken eine nahtlose Möglichkeit, kreativen Content zu speichern und über verschiedene Anwendungen hinweg zu nutzen.

Generierte Bilder können direkt in den Creative-Cloud-Bibliotheken gespeichert werden. Dies ermöglicht eine einfache Integration und Wiederverwendung dieser Bilder in Adobe Express sowie in anderen Creative-Cloud-Anwendungen. Durch die zentrale Speicherung in der Creative Cloud sind die Bilder jederzeit und überall zugänglich, was eine flexible und effiziente Arbeitsweise unterstützt. Sie brauchen nur auf das kleine Upload-Icon zu gehen und dann IN BIBLIOTHEK SPEICHERN auszuwählen.

Creative-Cloud-Bibliotheken
Das sind organisierte Sammlungen von kreativen Elementen wie Bildern, Farben, Textstilen, Pinseln, die innerhalb der Adobe Creative Cloud gespeichert und verwaltet werden können, um sie nahtlos in verschiedenen Adobe-Anwendungen zu nutzen und zu teilen.

Standardbibliothek festlegen
Bei Bedarf können Sie das Kontrollkästchen ALS STANDARDBIBLIOTHEK FESTLEGEN aktivieren, um die ausgewählte Bibliothek als Standardbibliothek zum Speichern festzulegen. Beim nächsten Mal, wenn IN BIBLIOTHEK SPEICHERN ausgewählt wird, wird das generierte Bild automatisch in der Standardbibliothek gespeichert.

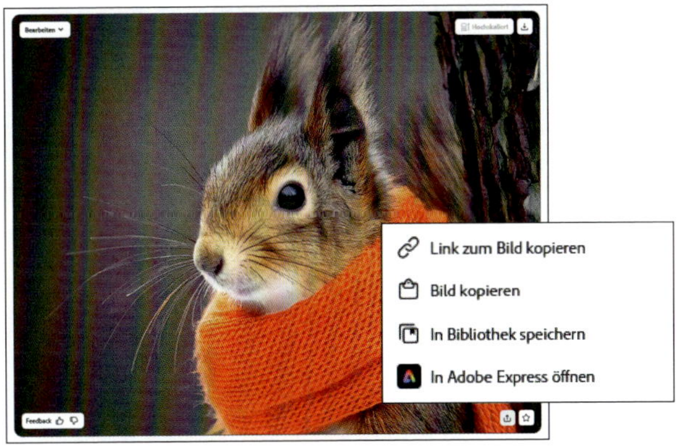

Abbildung 4.139
Bei Klick auf WEITERE OPTIONEN öffnet sich das Menü.

Wählen Sie anschließend eine Bibliothek aus der Liste aus, oder erstellen Sie alternativ eine neue Bibliothek. Inhalts- und Urhebernachweise werden auf das generierte Bild angewendet, und das Bild wird in der ausgewählten Bibliothek gespeichert.

Abbildung 4.140
Man kann aus vorhandenen Bibliotheken wählen oder direkt eine neue erstellen.

Abbildung 4.141
Grüne Benachrichtigung über die erfolgte Speicherung des Bildes in der Bibliothek »Reinzeichnung«

4.8 Adobe Firefly im Kreativprozess

Schauen wir uns nun noch ein umfangreiches Beispiel an, das zeigt, wie Firefly sinnvoll in den Kreativprozess integriert werden kann.

Schritt für Schritt
Firefly im Workflow am Beispiel eines Low-Content-Buches

Low-Content-Buch
Ein Low-Content-Buch ist ein Buch, das wenig bis keinen Textinhalt hat und stattdessen hauptsächlich aus wiederkehrenden, simplen Seitenlayouts wie Notizblättern, Tagebucheinträgen, Kalendern oder Malbüchern besteht.

Low-Content-Bücher enthalten wenig bis keinen Text und stattdessen viel Platz, um eigene Inhalte einzutragen, wie beispielsweise Notizbücher, Planer oder Logbücher. Dank Adobe Firefly und seiner KI-gestützten Funktionen lässt sich der Gestaltungsprozess deutlich effizienter gestalten.

1 Konzept und Planung

Bevor der kreative Prozess beginnt, ist es wichtig, eine klare Vorstellung vom Buch zu haben. Sie müssen sich also fragen, welches Format und welche Art von Low-Content-Buch Sie erstellen wollen:

- Welchen Buchtyp wollen Sie erstellen? Zur Auswahl stehen Notizbuch, Tagebuch, Wochen- oder Monatsplaner, To-do-Listen, Logbücher (zum Beispiel für Fitness, Ernährung, Reisen, Malbuch für Kinder oder Erwachsene).
- Wie soll das Format des Buches sein? Es bieten sich zum Beispiel DIN A5 für Notizbücher, quadratische Formate für Kinderbücher oder größere Formate für Planer an.
- Für welche Zielgruppe ist das Buch gedacht? Erwachsene, Kinder oder bestimmte Berufsgruppen?

2 Buchcover gestalten

Das Cover ist das Erste, was Interessierte sehen, daher ist es entscheidend, dass es ansprechend gestaltet wird. In Adobe Firefly können kreative und originelle Buchcover mit generativer KI erstellt werden. Hier einige Promptbeispiele für das Cover:

- »Erstelle ein minimalistisches Cover für ein Notizbuch in Pastellfarben.«
- »Generiere ein florales Design für ein Tagesjournal im Vintage-Stil.«
- »Gestalte ein modernes Cover für einen Wochenplaner mit geometrischen Formen.«

Probieren geht über studieren
Die KI benötigt manchmal mehr Informationen, als man denkt.

Bei der Generierung eines Covers muss ein wenig um die Ecke gedacht werden. Wird Adobe Firefly mit folgendem Prompt gefüttert: »Bild für das Cover eines Notizbuches im maritimen Stil«, erhalten wir zwar ein attraktives, aber unbrauchbares Ergebnis. Firefly erkennt nicht, dass lediglich ein Bild für das Cover benötigt wird. Das Wort »Cover« ist hier also offensichtlich nicht geeignet für den Prompt. Passender wird das Ergebnis mit dem Prompt: »Segelschiff auf dem Meer mit Wellen in Blautönen, Stil Skandinavisch, Vectorart«.

Abbildung 4.142
Wird die KI wie über den Prompt »Bild für das Cover eines Notizbuches im maritimen Stil« nach einem Cover gefragt, liefert sie das Buch gleich mit (links). Sinnvoller ist ein neutralerer Prompt. Rechts der Vorschlag der KI nach dem Prompt »Segelschiff auf dem Meer mit Wellen in Blautönen, Stil Skandinavisch, Vectorart«.

Die generativen Funktionen können genutzt werden, um verschiedene Cover-Designs zu testen; dann können Sie Farben, Formen und Muster je nach Vorlieben anpassen. Die generierten Inhalte können Sie dann als Stilvorlage für weitere Seiten verwenden.

3 Innenseiten erstellen

Die Innenseiten von Low-Content-Büchern sind oft schlicht, aber gut strukturiert. Mit Adobe Firefly können Sie individuelle Layouts für die verschiedenen Seiten generieren. Hier sind ein paar Ideen:

- Layout für Notizbuchseiten: Leere Seite mit kleinen Bildelementen am Rand oder im Hintergrund, passend zum Thema. Hier werden die einzelnem Bildelemente im Wunschstil generiert und später in InDesign in das Layout eingesetzt.
- Planer-Seiten: Wochen-, Monats- oder Tagesübersichten mit Platz für To-do-Listen, Termine und Notizen. (Achtung, hier ist es oftmals schwierig, konkrete Muster oder gerade Linienmus-

ter zu gestalten. Sinnvoll ist es, sich die Bildoptik generieren zu lassen und dann das gewünschte Linienmuster in einem anderen Grafikprogramm »händisch« einzufügen.)

Abbildung 4.143
Links ein mögliches Designelement für ein Low-Content-Buch, rechts für ein Notizbuch

Abbildung 4.144
Vorschlag der KI nach Prompt »Bild zum Ausmalen mit Fischen und Wasser«

Auch einige Ausmalseiten können wir uns vorstellen. Promptbeispiele für Innenseiten eines Malbuches könnten beispielweise sein: »Bild zum Ausmalen mit Fischen und Wasser«, »Architektur als Hintergrund« oder »Maritime Symbole«.

Nachdem die Vorlagen generiert wurden, können Sie diese in Programme wie Adobe Illustrator oder InDesign oder Adobe Express exportieren und dort weiter anpassen. Hier wird dann das endgültige Layout für das Buch kreiert und am Ende eine Druckdatei erstellt.

4 Verfeinern und strukturieren

Sobald die Innenseiten erstellt sind, geht es darum, das Buch strukturell zu organisieren:

- Wiederholung von Seiten: Bei Low-Content-Büchern werden oft bestimmte Seiten mehrfach in leicht abgewandeltem Stil wiederholt. Hier kann derselbe Inhalt mit einer anderen Stilreferenz versehen werden, oder der Inhalt selbst wird leicht abgewandelt. Hier sehen Sie dieses Vorgehen am Beispiel der Zeichnung eines Fisches zum Ausmalen: Entweder wird der Stil des Bildes verändert, oder es gibt weiteren Content im selben Stil mit anderen Tieren oder weiteren Fischen.
- Kapitel oder Abschnitte: Das Buch wird sinnvoll in Abschnitte unterteilt (zum Beispiel Wochenübersichten gefolgt von Notizseiten).

- Verwendung von Kopf- und Fußzeilen: Falls gewünscht, können Kopfzeilen mit dem Datum oder dem Thema der Seite eingefügt werden, ebenso wie Fußzeilen mit Seitenzahlen oder Zitaten.

Abbildung 4.145
Ein leicht abgewandelter Prompt liefert ein neues Ergebnis.

5 Designs exportieren

Nachdem das Buch vollständig gestaltet ist, exportieren Sie die Designs in ein geeignetes Format. Hierbei ist wichtig, dass die Auflösung für den Druck hoch genug ist, um eine optimale Qualität zu gewährleisten:

- Druckdatei: Hier müssen Sie die Vorgaben für die Weiterverarbeitung beachten, in der Regel 300 dpi und einen Anschnitt von 3 mm (variiert von Druckerei zu Druckerei).
- Cover: Das Cover sollte separat exportiert werden, da es in der Regel eine andere Druckanforderung hat (oftmals auch eine andere Beschnittzugabe).
- Farbmanagement: Der Farbraum für Druckprodukte ist CMYK, dieser ist nach dem Export aus Adobe Firefly unbedingt anzupassen.

6 Spezielle Anforderungen bedenken

Falls das Buch für den Verkauf auf Plattformen wie Amazon KDP oder anderen Self-Publishing-Plattformen gedacht ist, müssen die spezifischen Anforderungen der Plattform eingehalten werden. Diese beinhalten oft:

Amazon Kindle Direct Publishing (KDP)

Dies ist eine Plattform von Amazon, die Autor*innen und Verleger*innen ermöglicht, ihre Bücher direkt und kostenfrei im Selbstverlag als E-Books und Print-on-Demand-Taschenbücher zu veröffentlichen und weltweit zu verkaufen.

- Dateigrößen- und Formatvorgaben: Beachten Sie unbedingt, dass das Buch die spezifischen Anforderungen der Plattform erfüllt (zum Beispiel Formatierung, Dateigröße).
- ISBN und Metadaten: Fügen Sie bei Bedarf eine ISBN-Nummer hinzu, und achten Sie darauf, dass die Metadaten stimmen (Titel, Autor und Beschreibung).

Adobe Firefly ist ein äußerst nützliches Werkzeug, um den kreativen Prozess bei der Erstellung von Low-Content-Büchern zu beschleunigen – beenden müssen Sie ihn jedoch selbst mit den altbewährten Werkzeugen. Dank der generativen KI können schnell verschiedene Designvorschläge erstellt werden, die dann als Ausgangspunkt für die weitere Bearbeitung dienen.

Creative-Cloud-Konto notwendig

Um gemeinsam an Projekten zu arbeiten, ist ein Creative-Cloud-Konto erforderlich, unabhängig davon, ob es sich um ein kostenpflichtiges oder kostenloses Abonnement handelt.

Wird eine Einladung an eine E-Mail-Adresse verschickt, die bereits mit einer Adobe ID verknüpft ist, kann diese nur von der zugehörigen ID akzeptiert werden. Bei einer Einladung an eine E-Mail-Adresse, die noch nicht mit einer ID verbunden ist, wird das Konto genutzt, mit dem sich der Nutzer bei der Annahme der Einladung anmeldet. Dies kann sowohl ein neues Konto als auch eine bestehende ID sein.

Ein öffentlich freigegebener Link ermöglicht es allen Personen mit diesem Link, die Elemente ohne ein Creative-Cloud-Abo im Browser anzusehen. Diese Personen können Kommentare hinterlassen und Kopien der Inhalte herunterladen.

4.9 Künftige Anwendungen von Adobe Firefly

Adobe Firefly wurde am 21. März 2023 in der Beta-Version vorgestellt und glänzte bereits damals mit der Erzeugung von Bildern und Texteffekten, die alle nur mit einem Textprompt erstellt werden konnten. Angekündigt wurden an diesem Tag auch die künftigen Erweiterungen der Plattform auf Vektoren, In-Painting, Out-Painting, Video und mehr 3D-Inhalte. Seitdem hat sich bereits vieles verändert und viele neue Erweiterungen wurden angekündigt.

Adobe lädt Benutzer*innen ein, sich für die Beta-Version von Firefly anzumelden, Feedback zu geben und die Zukunft dieser aufregenden neuen Technologie mitzugestalten. Viele künftige Funktionen können bereits in diesen Beta-Versionen des jeweiligen Programms von Adobe genutzt werden. Für Interessierte lohnt sich ein Blick in die Creative Cloud. Im Bereich APPLIKATIONEN findet sich die Filterfunktion BETA.

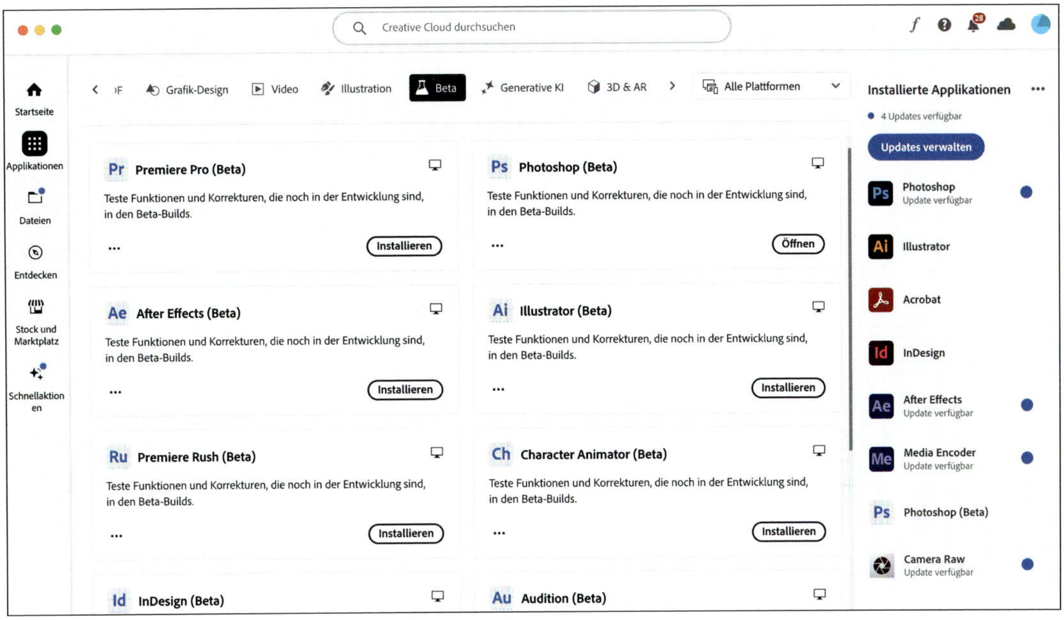

Abbildung 4.146
Viele Programme lassen sich über die Creative Cloud schon in der Beta-Version nutzen.

Eine der aufregendsten Anwendungen von generativer KI und Firefly jenseits klassisch kreativer Fragestellungen ist im Kontext von Content-Management zu erwarten. Adobe Firefly wird direkt in die Adobe Experience Cloud integriert, beginnend mit dem Adobe Experience Manager. Diese Integration ermöglicht es Benutzer*innen, Inhalte in verschiedenen Variationen auf der Grundlage von Farben, Texturen und mehr zu generieren. Diese können dann zum Beispiel im E-Commerce verwendet werden.

Die Technologie wird in Zusammenarbeit mit mehreren Unternehmen stets weiterentwickelt – so besteht eine langjährige Partnerschaft mit Microsoft und seit 2023 auch mit OpenAI. Auch Firefly-APIs sollen für Drittanbieterentwickler verfügbar gemacht werden, die diese in ihre Workflows und automatisierten Prozesse einbinden möchten.

Doch was erwartet uns im Bereich des Grafikdesigns?

Abbildung 4.147
Adobe Firefly wird stetig weiterentwickelt. Der News-Bereich auf Adobe.com hält Sie auf dem Laufenden.

4.9.1 3D zu Bild

Bald wird es mit Adobe Firefly möglich sein, aus 3D-Szenen und Textbeschreibungen Bilder zu generieren, ähnlich wie wir es von

Adobe Substance 3D Sampler kennen, aber umgekehrt. Diese neue Funktion eröffnet viele spannende Möglichkeiten für kreative Köpfe. Inspiration gefällig?

- Künstler*innen könnten komplexe Szenen und Objekte in 3D erstellen und dann wiederum hochauflösende Bilder davon generieren. Dies kann in Bereichen wie Produktdesign, Architektur und Filmproduktion sehr nützlich sein.
- Durch die Nutzung von Adobe Firefly könnten Designer*innen auch ihre Modelle genauer erstellen. Anstatt sich nur auf ihre Vorstellungskraft zu verlassen, können sie ein vorhandenes Bild als Ausgangspunkt verwenden und es dann nach ihren Wünschen anpassen.
- Die Möglichkeit, 3D-Modelle in Bilder umzuwandeln, kann auch die Entwicklung von Inhalten für Augmented Reality (AR) und Virtual Reality (VR) erleichtern. Kreative könnten realistische Bilder erzeugen, die in immersiven Erlebnissen verwendet werden können.

Adobe Firefly wird es also bald möglich machen, kreative Visionen auf völlig neue Weise zum Leben zu erwecken. Es bietet die Werkzeuge, um beeindruckende visuelle Inhalte zu erstellen, die Geschichten überzeugend und einprägsam erzählen. Wir sind gespannt, was die Zukunft noch bringen wird.

4.9.2 Skizze zu Bild

Adobe arbeitet aktuell an einer Technologie, die es ermöglicht, grobe Skizzen und Ideen schnell in visuelle Inhalte zu verwandeln. Ziel soll sein, automatisch die Strukturen und Elemente der Skizze zu erkennen. Dieser Prozess würde es uns ermöglichen, Ideen schnell und effektiv zum Leben zu erwecken, ohne aufwendige manuelle Nachbearbeitung.

Diese Funktion hat wieder eine große Bandbreite von Anwendungsmöglichkeiten für kreative Projekte und Designaufgaben. Hier sind einige Beispiele, wie Benutzer*innen davon profitieren können:

- Designer*innen können erste Ideen und Entwürfe skizzieren und sie mit der »Skizze zu Bild«-Funktion sofort in hochwertige Grafiken oder Illustrationen umwandeln.
- Filmemacher*innen und Animationsprofis können Skizzen für Storyboards erstellen und sie mithilfe dieser Funktion in detailreiche Szenenbilder verwandeln, um ihre Erzählungen zu visualisieren.

- Ingenieur*innen und Produktgestalter*innen können Skizzen von Produkten oder Prototypen in realistische 3D-Modelle umwandeln, um den Designprozess zu beschleunigen.
- Künstler*innen und Illustrator*innen können ihre Skizzen und Kunstwerke in digitale Gemälde oder Kunstwerke umwandeln, um ihren kreativen Ausdruck zu erweitern und neue Stile zu erkunden.

4.9.3 Text zu Bewegtbild

Mit der Einführung des AI Video Generators wird Adobe Firefly in Kürze wohl spannende neue Horizonte für die Videoproduktion eröffnen. Diese Funktion soll es ermöglichen, durch den Einsatz einfacher Textbefehle und Audiodaten Videos zu generieren – ein ideales Werkzeug also für kreative Visionäre, die ihre Ideen ohne umfangreiche technische Kenntnisse umsetzen möchten.

Der AI Video Generator soll es Filmemacher*innen ermöglichen, komplexe Videoerzählungen zu konzipieren und daraus vollwertige Videosequenzen zu entwickeln. Interessant kann die Anwendung auch für die Entwicklung von Content in den Bereichen Augmented Reality (AR) und Virtual Reality (VR) sein.

Dies könnte revolutionäre Auswirkungen auf Branchen wie die Unterhaltung, das Marketing und auch den Bildungsbereich haben. Für Letzteren könnte die vereinfachte Erstellung von Lernmaterialien dazu beitragen, dass mehr Menschen Zugang zu hochwertigen Bildungsressourcen erhalten – insbesondere diejenigen, die sich diese bislang nicht leisten konnten. Unsere Vision wäre eine gerechtere Bildungslandschaft, in der technologische Innovationen helfen, Barrieren abzubauen. Vielleicht ermöglicht Firefly das in Kürze …

Abbildung 4.148
So präsentiert Adobe die neue Generate-Video-Funktion bereits auf seiner Website.

4.9.4 Personalisierte Ergebnisse

Die Funktion Stil-Kits in Adobe Firefly ermöglicht es, dass alle generierten Bilder im Team einheitlich und markengerecht aussehen. Nachdem ein Bild mit einer Textbeschreibung erstellt wurde, können die festgelegten Einstellungen wie Beschreibung, Inhalt, Struktur und Stil gespeichert werden. Diese Einstellungen können dann als Stil-Kit gesichert und mit dem Team geteilt werden. Dadurch können Teammitglieder diese genehmigten Stile wiederverwenden, um die Erstellung schneller und vor allem einheitlicher zu machen.

Um Stil-Kits in Adobe Firefly erstellen und speichern zu können, sind spezifische Berechtigungen notwendig. Dazu brauchen Sie die Abo-Optionen »Creative Cloud für Unternehmen Pro Firefly« und/oder »Creative Cloud Pro Plus«. Ohne diese Berech-

Abbildung 4.149
Nähere Informationen zu den Stil-Kits von Adobe finden Sie auf *Merlin-Monroe.de*.

Abbildung 4.150
Nähere Informationen zu Objekt-Composites finden Sie unter *Merlin-Monroe.de*.

tigungen können Sie nur Stil-Kits nutzen, die über Einladungslinks zur Verfügung gestellt wurden. Bei Nutzung eines Unternehmenskontos sollten Sie sich an die Adobe-Administratoren wenden, um die erforderlichen Berechtigungen zu beantragen.

Auch um in Adobe Firefly OBJEKT-COMPOSITES erstellen und speichern zu können, sind spezifische Berechtigungen erforderlich. Dazu brauchen Sie die Abo-Optionen »Creative Cloud für Unternehmen Pro Firefly (Creative Cloud für Unternehmen – Edition 4)« und/oder »Creative Cloud Pro Plus (Creative Cloud für Unternehmen – Edition 4 mit Premium Stock)«.

Mit Objekt-Composites in Adobe Firefly können Sie ein Bild hochladen, zum Beispiel ein Produktfoto, und mit einer Textbeschreibung eine perfekt zusammengesetzte Szene für das Produkt generieren. Diese Funktion ermöglicht es, Produktfotos mit unterschiedlichen Einstellungen, Hintergründen und visuellen Designvarianten zu erstellen. Zudem lassen sich ohne aufwendige Bearbeitung professionelle Porträtfotos in Studioqualität generieren. Mit individuellen Bildern und Produktfotos können überzeugende Social-Media-Beiträge erstellt werden. Und die Funktion hilft auch der Kundschaft, sich Szenarien bildlich vorzustellen, indem das Produkt in unterschiedlichen Umgebungen präsentiert wird.

Denkbar ist, dass diese personalisierten Ergebnisse künftig noch ausgebaut und auch für Einzelanwender*innen nutzbar gemacht werden.

INTERVIEW

Adobe Firefly: Der Beginn einer neuen Ära der generativen KI

Über den Interviewpartner: Toby Baier

Toby Baier ist Senior Engineering Manager iOS bei Adobe und spielt eine entscheidende Rolle in der Entwicklung und Integration innovativer Technologien innerhalb des Unternehmens. Mit einer technischen Expertise und einer Leidenschaft für kreative Softwarelösungen leitet er unter anderem die Integration von Adobe Firefly in Adobe Photoshop Lightroom. In unserem Interview gibt er einen tiefen Einblick in die Entstehung, den aktuellen Stand und die zukünftigen Perspektiven von Adobe Firefly.

Wie verändert die Integration von künstlicher Intelligenz kreative Arbeitsprozesse? Was bedeutet Adobe Firefly für die Zukunft der Bildbearbeitung und kreativen Gestaltung? Welche ethischen und gesellschaftlichen Herausforderungen gehen mit der Nutzung von generativer KI einher? Wir sprechen mit Toby Baier, Senior Engineering Manager iOS bei Adobe, über die Anfänge und die beeindruckende Entwicklung von Adobe Firefly, die Rolle von Nutzerfeedback und die Perspektiven für eine Zukunft, in der KI eine immer bedeutendere Rolle spielen könnte.

Vivien Pietruck: Adobe Firefly hat in den letzten Wochen und Monaten erhebliche Fortschritte gemacht. Können Sie uns einen Einblick geben, wie die Reise für Firefly begann und welche wichtigen Meilensteine bisher erreicht wurden?

Toby Baier: Firefly wurde von Anfang an als Technologie entwickelt, die andere Adobe-Produkte bereichern soll. Das Erste, was Kreative jedoch zu sehen bekamen, war die eigenständige Plattform, die über *firefly.adobe.com* abrufbar ist. Die Idee war es, eine Sandbox für generative KI zu schaffen, wo Kreative Bilder generieren und verschiedene Funktionen austesten konnten. Darauf folgte die Integration von Firefly in Adobe Photoshop, wodurch generative Funktionen direkt in der vertrauten Arbeitsumgebung von Photoshop angewendet werden konnten.

Vor kurzem wurde eine bedeutende Funktion namens »Generative Remove« in Lightroom eingeführt. Diese basiert auf der Firefly-Technologie und ermöglicht es, unerwünschte Objekte aus Bildern zu entfernen. Anders als herkömmliche algorithmische Methoden handelt es sich hierbei um einen Prozess, bei dem Pixel nicht berechnet, sondern durch die KI »halluziniert« werden. Der zu korrigierende Bereich wird durch Firefly bearbeitet, was qualitativ hochwertige Entfernungen ermöglicht, einschließlich der Möglichkeit, aus drei Variationen zu wählen. Diese Funktion hat sich als deutlich überlegen erwiesen und wurde am Markt sehr gut angenommen. Durch diese kontinuierliche Integration in verschiedene Adobe-Produkte verbessern wir nicht nur die Funktionalität der Software, sondern bieten unseren Nutzerinnen und Nutzern auch neue, kreative Möglichkeiten.

Annett Bergk: Es klingt, als würde Firefly kontinuierlich in weitere Adobe-Produkte integriert. Wie sieht der Plan aus? Welche weiteren Produkte werden hiervon profitieren?

© privat

Abbildung 4.151
Toby Baier, Senior Engineering Manager iOS bei Adobe, erklärt die transformative Kraft von Adobe Firefly und spricht über zukünftige Entwicklungen in der generativen künstlichen Intelligenz.

Toby Baier: Genau, die schrittweise Integration in verschiedene Adobe-Produkte ist ein zentraler Bestandteil unserer Strategie. Neben Photoshop und Lightroom haben wir Firefly auch in Adobe Illustrator integriert, was die Erzeugung von Vektorgrafiken durch generative KI ermöglicht hat. Eine weitere spannende Entwicklung ist, dass wir Firefly auch als Service über eine API für Drittanbieter zugänglich machen. Dies ermöglicht externen Unternehmen, die Firefly-Technologie in eigene Anwendungen zu integrieren, ähnlich wie es bereits mit ChatGPT der Fall ist. Es eröffnet die Möglichkeit, innovative Produkte zu schaffen, ohne dass dafür eigene KI-Modelle entwickelt werden müssen. Das macht es besonders attraktiv für kleinere Unternehmen und Start-ups, und es könnte zu einer breit gefächerten Nutzung und Akzeptanz von Firefly führen, die weit über die Adobe-Produkte hinausgeht.

Vivien Pietruck: In Anbetracht der rasanten Entwicklung von Firefly: Wie geht Adobe mit dem Feedback der Nutzenden um, um sicherzustellen, dass die Technologie den Bedürfnissen gerecht wird?

Toby Baier: Feedback spielt eine zentrale Rolle in der Weiterentwicklung von Firefly. Wir haben ein großes Team aufgebaut, das sich um die Erweiterung und Verbesserung des Modells sowie um die Optimierung der Schnittstellen kümmert. Unser Anspruch ist es, qualitativ hochwertige und zuverlässige Funktionen bereitzustellen, die den Bedürfnissen und Erwartungen gerecht werden. Viele der Funktionen, die wir heute haben, basieren sogar direkt auf dem Feedback unserer User.

Vivien Pietruck: Lassen Sie uns über die ethischen und rechtlichen Aspekte sprechen. Welche Maßnahmen ergreift Adobe, um potenzielle gesellschaftliche Auswirkungen und Missbrauch von KI-Technologien zu verhindern?

Toby Baier: Adobe legt großen Wert auf ethische Standards und Diversität in der Trainingsdatenbasis. Unsere Modelle werden bewusst darauf trainiert, keine verzerrten Ergebnisse zu liefern. Zudem haben wir Mechanismen implementiert, um die Generierung unangemessener oder illegaler Inhalte zu verhindern. Ein weiteres wichtiges Thema sind die »Content Credentials«, die es ermöglichen, die Herkunft und Bearbeitung von Bildern transparent und nachvollziehbar zu gestalten. Dies fördert das Vertrauen in die Authentizität von Bildern und hilft, Missbrauch zu erkennen und zu verhindern.

Vivien Pietruck: Das ist ein beeindruckendes System, das sicherlich das Vertrauen in digitale Inhalte stärken kann. Wie sehen Sie die Zukunft dieser Technologie und der generativen KI generell? Welche Herausforderungen und Chancen sehen Sie?

Toby Baier: Die Zukunft der generativen KI ist vielversprechend, aber sie bringt auch Herausforderungen mit sich. Eine der größten Herausforderungen ist es, die Balance zwischen technologischer Innovation und ethischer Verantwortung zu finden. Wir müssen sicherstellen, dass die Technologie fair und transparent eingesetzt wird und keinen Schaden verursacht. Die Content Credentials sind ein Schritt in diese Richtung, aber es gibt noch viel zu tun.

Auf der Chancen-Seite sehen wir, dass die generative KI Kreative und Designer*innen in ihrer Arbeit unterstützen und ihnen neue Möglichkeiten eröffnen kann. So wie der Beruf des Illustrators sich verändert, wird es möglicherweise neue Rollen geben, wie zum Beispiel den »Prompt Engineer«, der spezialisiert darauf ist, KI-Systeme optimal zu nutzen.

Annett Bergk: Diese neuen Berufsprofile könnten technische Fähigkeiten mit kreativem Denken verbinden. Wahrscheinlich wird die Fähigkeit, präzise und kreative Anweisungen an KI-Modelle zu geben, den Unterschied zwischen einem durchschnittlichen und einem herausragenden Ergebnis ausmachen.

Toby Baier: Unsere Vision ist es, dass generative KI zu einem integralen Bestandteil des kreativen Schaffensprozesses wird, ohne diesen zu ersetzen. Es geht darum, Werkzeuge zu schaffen, die Kreativen mehr Freiheit und Flexibilität bieten und ihnen ermöglichen, ihre Visionen auf neue und aufregende Weise umzusetzen. In Zukunft könnten wir noch präzisere und spezifischere Anwendungen der generativen KI sehen, die sich nicht nur auf die visuelle Kunst beschränken, sondern auch Bereiche wie Musik, Film und sogar die Literatur beeinflussen.

Vivien Pietruck: Das klingt nach generativer KI, die künftig auch in der Bildung ihren Platz findet.

Toby Baier: Für mich ist es ein logischer nächster Schritt, maßgeschneiderte Lernmaterialien zu erstellen, die auf die Bedürfnisse jedes einzelnen Schülers und jeder einzelnen Schülerin abgestimmt sind. Eine Revolution für die Bildung!

Vivien Pietruck: Die jedoch mit Aufklärung einhergehen muss.

Toby Baier: Absolut. Es ist unglaublich wichtig, dass wir die breitere Öffentlichkeit über die Funktionsweise und die Auswirkungen von KI aufklären. Ich sehe da die Integration von KI-Bildung in Schulcurricula und die Bereitstellung von Ressourcen für Lehrende und Lernende, um ein verstandesmäßiges und kritisches Denken gegenüber KI zu fördern. Die nächste Generation darf nicht nur als Gruppe von Konsumierenden aufwachsen, sie muss informierte User und Entwickler*innen hervorbringen.

Annett Bergk: Das sind inspirierende Zukunftsaussichten. Natürlich ist es noch interessant zu wissen, welche konkreten Pläne

Adobe für die Weiterentwicklung von Firefly und auch dessen Integration in weitere Produkte hat.

Toby Baier: In naher Zukunft werden wir natürlich daran arbeiten, Firefly in weitere Adobe-Produkte zu integrieren und die bestehenden Funktionen zu verbessern. Ein Fokus liegt dabei auf der Optimierung der User Experience und der Erweiterung der Funktionalitäten. Wir planen, zusätzliche generative Funktionen und Tools zu entwickeln, die speziell auf die Bedürfnisse verschiedener kreativer Disziplinen zugeschnitten sind. Dabei wird der kontinuierliche Dialog mit der Community eine zentrale Rolle spielen.

Ein weiterer wichtiger Bereich ist die Forschung und Entwicklung, um die zugrunde liegenden KI-Modelle weiter zu verfeinern und leistungsfähiger zu machen. Wir arbeiten ständig daran, die Genauigkeit und Effizienz der Modelle zu verbessern und sie für verschiedene Anwendungsbereiche zu optimieren. Dies beinhaltet auch die Weiterentwicklung der Sicherheits- und Datenschutzmechanismen, um sicherzustellen, dass die Nutzung ethischen Standards entspricht und die Privatsphäre der User schützt.

Kapitel 5
Einsatz von KI in Adobe Stock

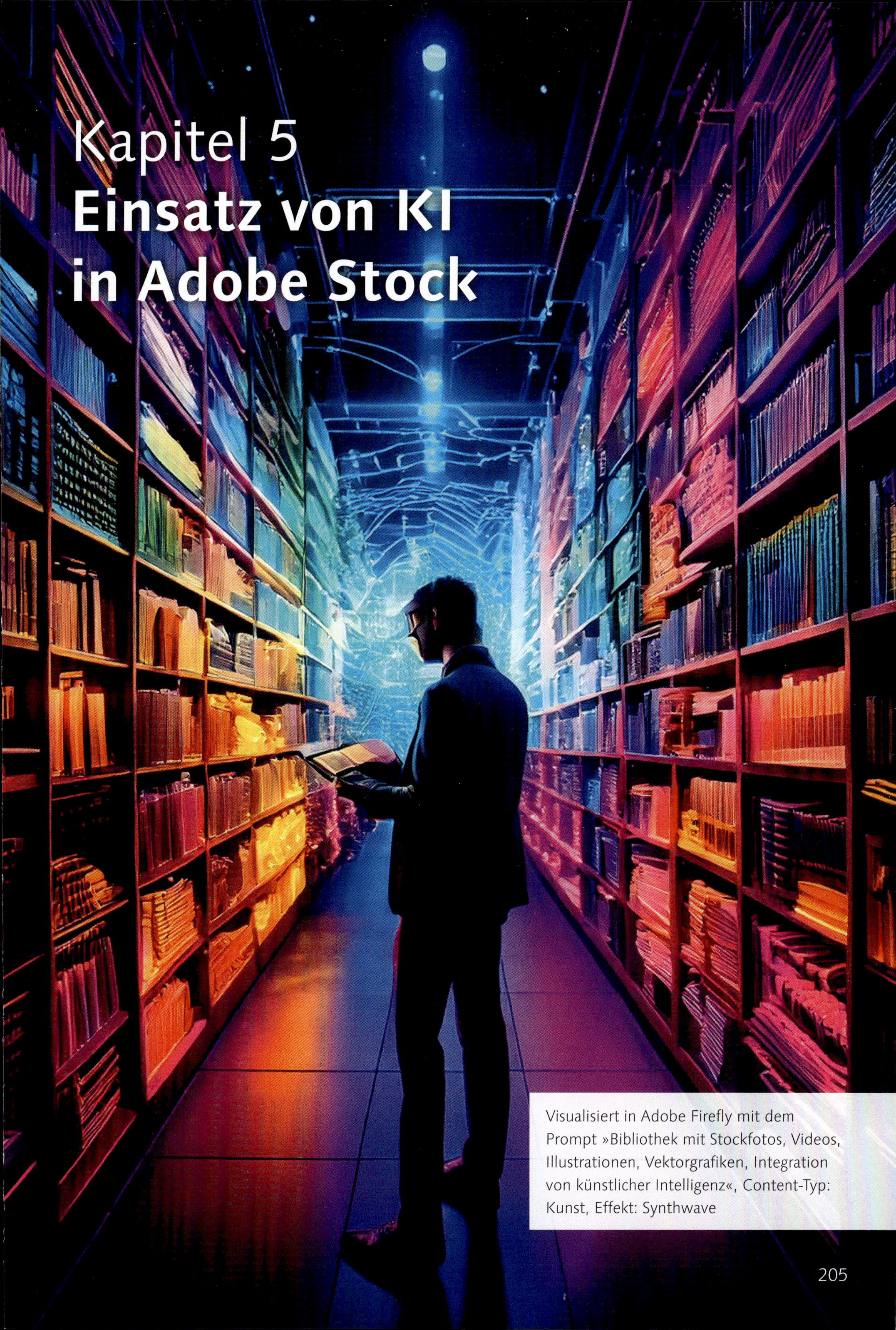

Visualisiert in Adobe Firefly mit dem Prompt »Bibliothek mit Stockfotos, Videos, Illustrationen, Vektorgrafiken, Integration von künstlicher Intelligenz«, Content-Typ: Kunst, Effekt: Synthwave

Kapitel 5

Einsatz von KI in Adobe Stock

Adobe Stock ist eine Plattform für hochwertige Stockfotos, Videos, Illustrationen, Vektorgrafiken und andere kreative Inhalte, die sowohl für persönliche als auch berufliche Projekte genutzt werden können. Die Plattform zeichnet sich durch eine riesige Bibliothek mit Millionen von Assets aus, die durch die Integration von künstlicher Intelligenz natürlich noch leistungsfähiger und auch benutzerfreundlicher wird.

Adobe Stock ist weit mehr als nur eine einfache Sammlung von Bildern und Videos. Das Portfolio umfasst eine wirklich breite Palette von Medien, darunter HD- und 4K-Videos, redaktionelle Inhalte, 3D-Modelle und Vorlagen. Adobe Stock ist nahtlos in die Adobe Creative Cloud integriert, sodass Kreative direkt aus Anwendungen wie Photoshop, Illustrator, Premiere und After Effects auf die riesige Bibliothek von Adobe Stock zugreifen können. Zugriff auf Adobe Stock erhalten Sie über *https://stock.adobe.com*.

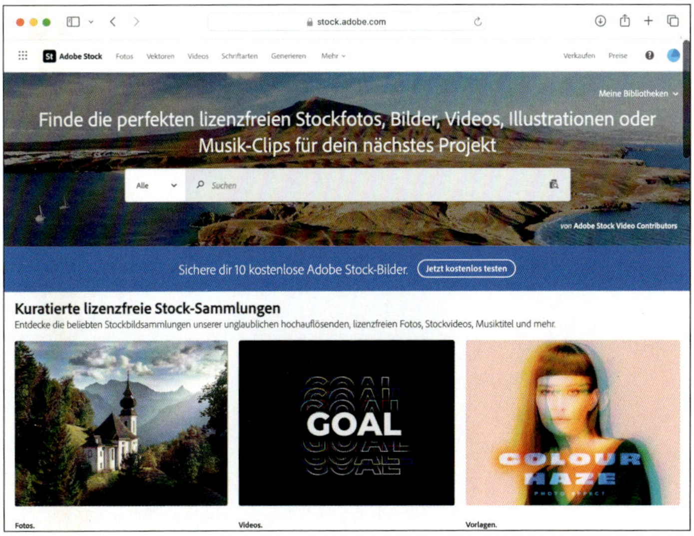

Abbildung 5.1
Startseite von Adobe Stock

Abbildung 5.2
Eine Übersicht über die verschiedenen Abo- und Credit-Kaufmöglichkeiten finden Sie unter *adobe.com*.

Sie können zwischen verschiedenen Abonnementplänen für den Zugang zu kreativen Inhalten wählen. Es gibt Abos für Einzelanwender*innen, wie das Abo für 10 Standard-Stockmedien pro Monat, das für regelmäßige, moderate Bedürfnisse geeignet ist. Wer sich nicht binden möchte, kann flexible Credit-Pakete kaufen, wie etwa die Optionen mit 5 oder 40 Credits, die für den Kauf von Premium-Inhalten wie HD-Videos oder speziellen Illustrationen verwendet werden können. Teams und Unternehmen haben ebenfalls je nach Bedarf verschiedene Abo- und Credit-Möglichkeiten.

5.1 Grundlegende Funktionen in Adobe Stock

Adobe Stock bietet eine umfassende Bibliothek mit lizenzfreien Bildern, Videos, Vektoren und Illustrationen, die Kreativprofis für ihre Projekte nutzen können. Grundlegende Funktionen umfassen die einfache Suche nach spezifischen Inhalten mittels Schlagwörtern, Bildern und Filtern. Sie können Inhalte direkt in Adobe-Creative-Cloud-Anwendungen wie Photoshop und Illustrator integrieren, was den kreativen Workflow nahtlos unterstützt. Durch die praktische Vorschau-Funktion können Sie Medien testen, bevor Sie sie dann endgültig lizenzieren. Ganz kurz wollen wir uns die Funktionen von Adobe Stock hier einmal ansehen. Wenn Sie Stock bereits ausreichend kennen, lesen Sie bitte weiter in Abschnitt 5.2.

5.1.1 Die Suche

Eine der wichtigsten und herausragendsten Funktionen von Adobe Stock ist die leistungsstarke und vielseitige Suchfunktion, die durch moderne KI-Technologien wie Adobe Sensei erheblich erweitert und optimiert wird.

Die textbasierte Suche ist direkt im oberen Bereich der Startseite zu finden und wirklich einfach: Sie geben Schlüsselwörter oder Phrasen in die Suchleiste ein und bestätigen die Eingabe über das Such-Icon oder die ↵-Taste.

Adobe analysiert die Eingabe und liefert dann relevante Ergebnisse. Die Technik nutzt dabei umfassende Metadaten und Schlagwörter, die jedem Bild zugewiesen sind.

Neben dem Suchfeld – ob nun auf der Startseite oder in der Ansicht nach Eingabe einer ersten Anfrage – findet sich ein Dropdown-Menü. Durch Auswahl einer der sieben möglichen Kategorien können Sie die Ansicht der Ergebnisse vorfiltern. Das ist besonders dann sinnvoll, wenn Sie explizit nach kostenlosen Inhalten suchen oder nur eine Art von Medium wirklich benötigen.

Adobe Sensei

Adobe Sensei optimiert kreative und geschäftliche Prozesse durch intelligente Automatisierungsfunktionen und fundierte Datenanalysen. Durch die Automatisierung zeitaufwendiger Aufgaben, wie Kategorisieren und Taggen großer Bildmengen, sowie die Automatisierung von Marketingprozessen können Nutzer*innen effizienter arbeiten. Leistungsstarke Algorithmen ermöglichen eine verbesserte Suche und relevante Empfehlungen, was besonders in Produkten wie Adobe Stock zum Tragen kommt.

Zusätzlich unterstützt Adobe Sensei die Personalisierung von Marketinginhalten und die Verarbeitung natürlicher Sprache. Dies erleichtert die Entwicklung von Chatbots und sprachgesteuerten Assistenten, die eine natürliche Interaktion mit der Zielgruppe ermöglichen. Dank der nahtlosen Integration in die Adobe Creative Cloud können User direkt aus ihren regulären Adobe-Anwendungen heraus auf diese KI-gestützten Funktionen zugreifen und so ihre kreativen Workflows erheblich verbessern.

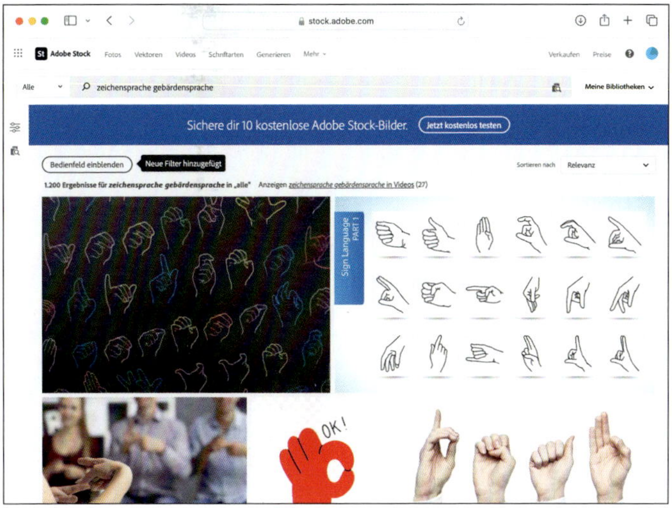

Abbildung 5.4
Suchfunktion in Adobe Stock nach Eingabe von »Zeichensprache Gebärdensprache« in der Kategorie »Videos«

Abbildung 5.3
Einfache Kategorisierung in der Suchzeile

Übrigens: In der Suchfunktion ist in Sachen Stichwortnutzung weniger mehr, wie die Erfahrung zeigt. Zwar werden wahrscheinlich bei einer Suche in einem ganzen Satz oder einer ausführlichen Wortgruppe mehr Ergebnisse gezeigt, jedoch sind die in vielen Fällen auch weniger präzise auf den Suchwunsch ausgerichtet. Im Beispiel hat unsere Suche »Zeichensprache Gebärdensprache« zu 27 Ergebnissen geführt. Die Suchanfrage »Mithilfe einer Hand wird Gebärdensprache gezeigt« liefert 46 Ergebnisse – darunter aber auch einfaches Auf-etwas-Zeigen oder zwei Menschen, die den Daumen heben. Das ist in diesem Fall wahrscheinlich nicht das, was gesucht wird.

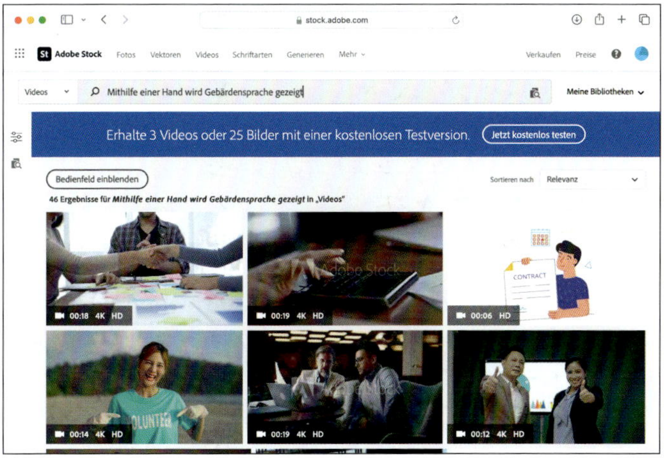

Abbildung 5.5
Suchfunktion in Adobe Stock nach Eingabe von »Mithilfe einer Hand Gebärdensprache gezeigt« in der Kategorie »Videos«

Tipp
Sie haben auch die Möglichkeit, andere Medien zu suchen, die dem Ausgangsbild oder -video nur in Inhalt, Farbe oder Komposition ähneln. Die Auswahl treffen Sie ganz einfach im linken Menü mit Klick auf ein bestimmtes Attribut.

Durch die Anwendung von Adobe Sensei kann die Suche nach Bildern auch als Suche ähnlicher Bilder vonstattengehen. Das ist sinnvoll, wenn bereits ein gewünschtes Bild gefunden wurde und nun ein ähnliches gesucht wird. Bei Mouseover wird das Foto-Icon im Bild oben rechts sichtbar. Nach Klick auf die Kamera analysiert Adobe die Farben, Formen und die Komposition des Suchbildes, um ähnliche Inhalte im Stock-Katalog zu identifizieren.

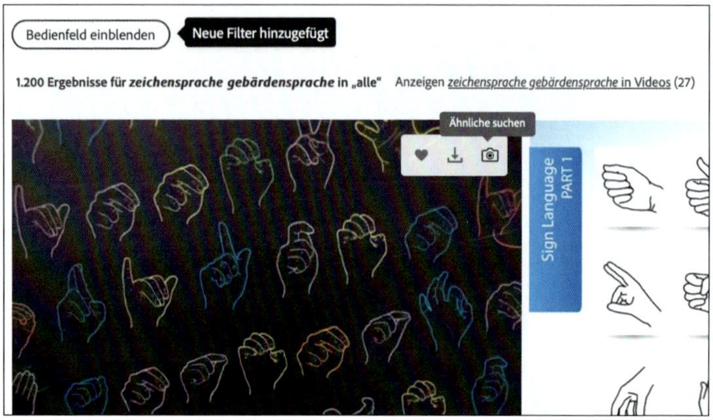

Abbildung 5.6
Bei Mouseover wird das Icon ÄHNLICHE SUCHEN im Bild sichtbar. Nach einem Klick werden Ergebnisse angezeigt, die hinsichtlich aller Attribute dem Ausgangsbild ähneln.

Achtung!
Auch beim Upload von Bildmaterial muss das Urheberrecht beachtet werden.

Die Suche kann auch durch das Hochladen eines Beispielbildes erfolgen, um visuell ähnliche Bilder zu finden. Dazu suchen Sie ein Bild von einer Quelle aus oder laden es via Drag & Drop hoch.

Diese visuelle Suche ermöglicht es, superschnell genau das passende Stockfoto zu finden, das den gestellten Anforderungen entspricht, wie das folgende Beispiel zeigt.

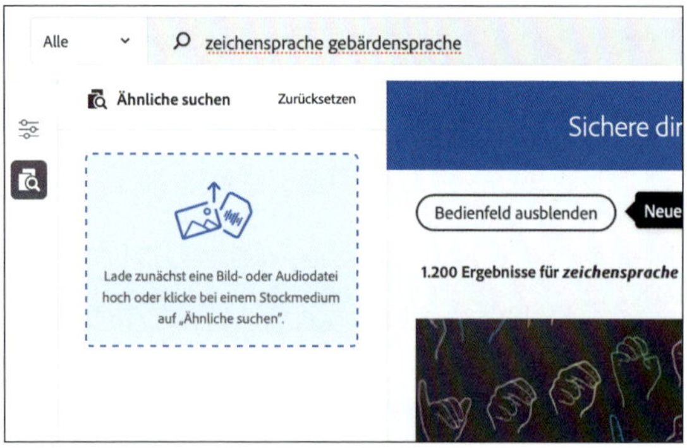

Abbildung 5.7
Ähnliche Bilddateien lassen sich auch via Upload eines eigenen Bildes finden.

Adobe Stock bietet eine riesige Auswahl von Suchfiltern, die es ermöglichen, die Suche nach spezifischen Kriterien zu verfeinern. Diese Filter können über das graue Filter-Icon eingeblendet werden und sind unerlässlich, um die riesengroße Bibliothek von Adobe Stock auch wirklich effizient zu durchsuchen und genau die

Inhalte zu finden, die in dem Moment benötigt werden. Wer sich erinnert: Es ist noch nicht allzu lange her, dass Praktikant*innen stundenlang Bildbände der Bildagenturen durchblättern mussten, um Kampagnenmotive zu finden. Was für eine Entwicklung!

Schauen wir uns einige der Suchfilter genauer an.

- Mit dem Filter Stockmediumtyp können Sie die Suche auf verschiedene Medientypen wie Bilder, Videos oder beides beschränken.
- Der Filter Unterkategorie ermöglicht eine weitere Spezifizierung innerhalb der ausgewählten Medientypen. Sie können beispielsweise unter dem Stockmediumtyp zwischen Fotos, Illustrationen und Vektoren wählen, um genauere Ergebnisse für spezifische Designanforderungen zu erhalten.
- Mit dem Unentdeckt-Filter lassen sich Inhalte finden, die noch nicht weit verbreitet sind. Vielleicht sind die Medien ganz neu auf der Plattform – eine schöne Möglichkeit, frische und originelle Medienelemente zu entdecken, die bislang nur wenige oder vielleicht noch gar keine anderen Nutzer*innen lizenziert haben.
- Der Filter Künstlerinnen und Künstler ermöglicht es, gezielt nach Inhalten von lokalen Künstlerinnen und Künstlern zu suchen. Sinnvoll ist das für Projekte, die eine regionale Authentizität anstreben, oder auch Unternehmen, die sich die Unterstützung einheimischer Kreativer auf die Fahnen geschrieben haben.
- Mit dem Filter Generative KI können Sie auswählen, ob Sie generative KI-Inhalte einbeziehen oder ausschließen möchten. Dies ist besonders wichtig für Projekte, die den Einsatz von KI-generierten Bildern erfordern oder in denen ganz bewusst auf KI-Inhalte verzichtet werden soll. Unbedingt zu beachten bei Bildern, die später einmal eine Lizenz benötigen oder bei denen es eine Frage zum Urheberrecht geben wird! Einige Kund*innen möchten explizit nur von Menschen erstellte Kunstwerke; das wird dann auch vertraglich festgelegt.
- Der Symbolfilter ermöglicht es, zwischen Symbolblättern, d. h. Sammlungen verschiedener Symbole oder Icons, und individuellen Symbolen zu wählen. Diese Option ist besonders nützlich für Designprojekte, die bestimmte Symbole benötigen und je nach Bedarf komplette Sets oder eben Einzelstücke suchen.
- Mit dem Filter Platz für Text können Sie gezielt nach Bildern suchen, die Platz für Text bieten, was ideal für Marketing- und Kommunikationsmaterialien ist. Dies erleichtert das Finden von Bildern, die sich perfekt für Overlays und Textinhalte eignen.

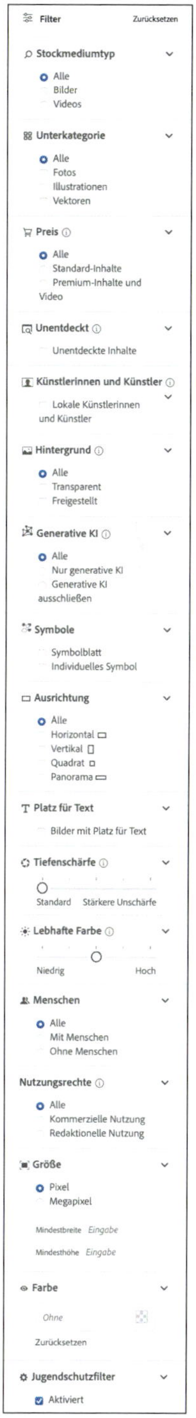

Abbildung 5.8
Suchfilter in Adobe Stock auf einen Blick

Overlays
Das sind grafische Elemente oder Benutzeroberflächen-Komponenten, die über den eigentlichen Inhalt einer Bildschirm- oder Webanzeige gelegt werden, um zusätzliche Informationen oder Funktionen bereitzustellen, ohne die darunterliegenden Inhalte vollständig zu verdecken.

Nutzungsrecht
So wird das gesetzlich eingeräumte Recht bezeichnet, ein urheberrechtlich geschütztes Werk unter bestimmten Bedingungen zu verwenden, während das Urheberrecht beim ursprünglichen Schöpfer verbleibt.

Kuratiert
Das bedeutet, dass Inhalte oder Objekte sorgfältig ausgewählt, organisiert und präsentiert werden, oft von Expert*innen, um ein bestimmtes Thema, eine Ausstellung oder eine Sammlung zu gestalten.

- Der Tiefenschärfe-Filter ermöglicht die Anpassung der Suchergebnisse basierend auf der gewünschten Schärfentiefe, von Standard bis zu starker Unschärfe. Dies hilft dabei, den visuellen Stil zu bestimmen und Bilder zu finden, die den ästhetischen Anforderungen des Projekts entsprechen.
- Der Filter LEBHAFTE FARBE bietet die Möglichkeit, Bilder nach der Intensität ihrer Farben zu sortieren, von niedrig bis hoch. Dadurch können Sie die Farbgebung und den visuellen Eindruck Ihrer Inhalte präzise steuern – und sparen dadurch natürlich Zeit in der Nachbearbeitung.
- Mit dem Nutzungsrechtfilter können Sie festlegen, ob Sie Inhalte für kommerzielle oder redaktionelle Zwecke suchen. Dies gewährleistet die Einhaltung der rechtlichen Anforderungen an die Verwendung der Bilder in verschiedenen Kontexten.
- Der Jugendschutzfilter kann aktiviert werden, um sicherzustellen, dass nur jugendfreie Inhalte angezeigt werden. Dies ist besonders wichtig für Projekte, die in öffentlich zugänglichen oder sensiblen Kontexten verwendet werden.

5.1.2 Durchstöbern der Angebote

Adobe Stock bereitet durch kuratierte Sammlungen und Trendgalerien eine gezielte Auswahl an Medien für individuelle Projekte vor. Diese Sammlungen werden von Expert*innen sorgfältig zusammengestellt und organisiert, um thematisch relevante und qualitativ hochwertige Inhalte zu präsentieren. Die Trendgalerien zeigen die neuesten Kreativtrends und basieren auf umfassenden Analysen von Nutzungsdaten.

Kuratierte Sammlungen sind spezielle Kollektionen von Inhalten, die von Adobe-Experten sorgfältig ausgewählt werden. Hier geht es nicht nur um die Optik, sondern auch darum, wie wichtig ein Bild für ein bestimmtes Thema ist. Diese Sammlungen bieten Ihnen eine gezielte Auswahl ganz genau abgestimmter Inhalte, die für eine breite Palette von Projekten geeignet sind, von der Gestaltung von Werbekampagnen bis hin zu redaktionellen Arbeiten.

Durch den Einsatz von Adobe Sensei wird die Auswahl dieser kuratierten Inhalte noch weiter verfeinert. Adobe Sensei analysiert die Nutzungsmuster und Vorlieben der User und merkt sich dabei, was genau wie oft gesucht wurde. Auch wie gut einzelne Bilder »performen«, also wie oft sie heruntergeladen oder abgespeichert werden, identifiziert Sensei damit und merkt es sich. Heißt also, dass die kuratierten Sammlungen immer aktuell bleiben und auf die Bedürfnisse der Nutzer*innen zugeschnitten sind.

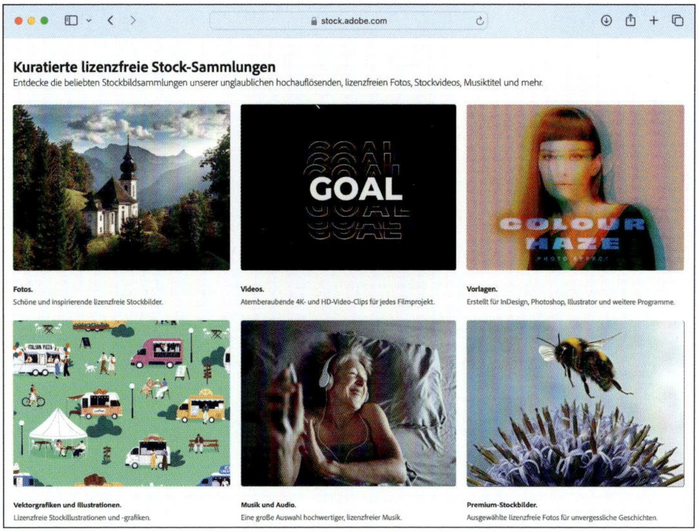

Abbildung 5.9
Kuratierte lizenzfreie Stock-Sammlungen lassen sich direkt über die Startseite anwählen.

Neben den kuratierten Sammlungen bieten die Trendgalerien unter *https://stock.adobe.com/de/collections* einen umfassenden Überblick über die aktuellen und beliebtesten Kreativtrends. Diese Galerien werden ebenfalls durch KI-Analysen unterstützt, die tägliche, wöchentliche und monatliche Trends in der Nutzung und dem Download von Inhalten identifizieren.

Abbildung 5.10
Die Collections von Adobe Stock lassen sich über diesen Link direkt anwählen.

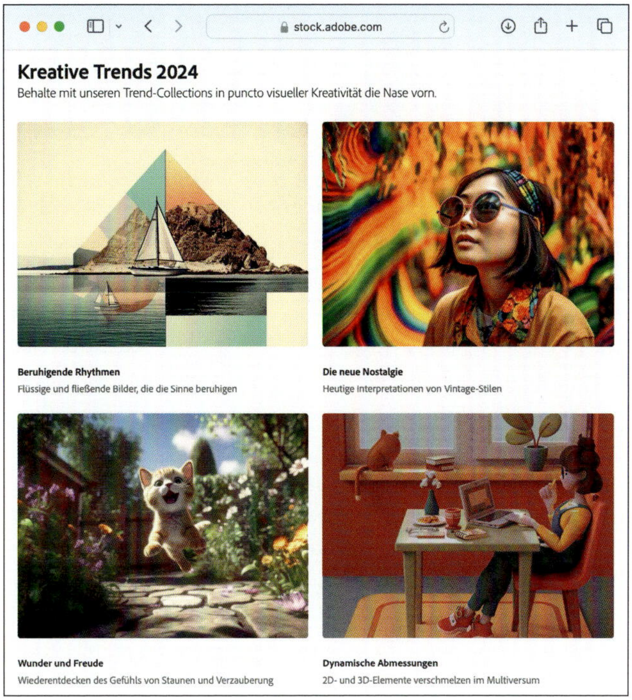

Abbildung 5.11
Trendgalerie in Adobe Stock

Die Trendgalerien auf Adobe Stock sind wirklich spannend: Sie basieren auf einer Vielzahl von Datenpunkten, darunter Suchanfragen, Download-Raten, Likes und Kommentare, und sie spiegeln die aktuellen Strömungen in verschiedenen kreativen Bereichen wider, wie beispielsweise in der Modefotografie, in der Naturfotografie und in der Werbegrafik.

Eine Besonderheit der kuratierten Sammlungen und Trendgalerien sind die thematischen Kollektionen und saisonalen Highlights. Adobe Stock stellt regelmäßig Kollektionen zusammen, die auf speziellen Themen oder Jahreszeiten basieren, beispielsweise Halloween oder Weihnachten. So finden Sie ganz tolle und passende Kollektionen für Feiertage, jährliche Veranstaltungen, spezielle kulturelle Anlässe oder sogar saisonale Naturmotive.

In jedem der oben aufgeführten Menüpunkte (Schriftarten, Vektoren, Videos usw.) werden beliebte Materialien und Kategorien vorgeschlagen, so auch im Bereich Fotos.

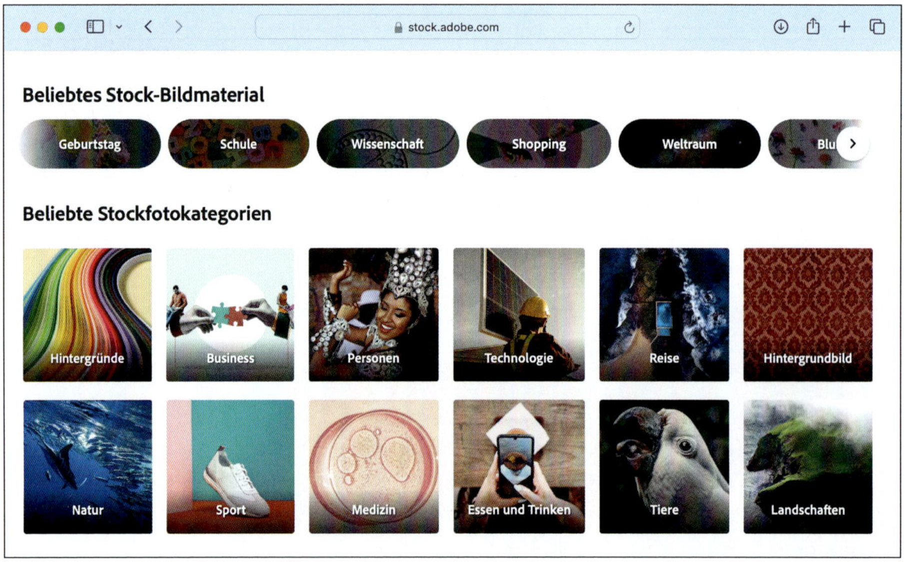

Abbildung 5.12
Im Bereich Stockfotos werden den Usern beliebte Kategorien angezeigt.

5.1.3 Integration

Kommen wir nun zu einer der größten Stärken von Adobe Stock: der nahtlosen Integration in die Adobe Creative Cloud. Dies bedeutet, dass Nutzer*innen von Adobe-Anwendungen direkt auf die umfangreiche Bibliothek von Adobe Stock zugreifen können, ohne die Anwendung verlassen zu müssen. Das spart nicht nur Zeit, sondern ermöglicht auch eine »fließende« Kreativarbeit: kein Hin-und-her-Wechseln.

So können Sie Vorschauen der gewünschten Stockmedien in Ihre Projekte einfügen, um zu sehen, wie diese in Ihrem Layout oder Ihrer Komposition wirken. Sollte das Medienmaterial Ihren Anforderungen entsprechen, kann es direkt aus der Anwendung lizenziert werden und muss nicht mehr ausgetauscht werden. Diese Lizenzierung sorgt dafür, dass die Wasserzeichen der Vorschauen entfernt werden und die Inhalte in höchster Qualität zur Verfügung stehen.

Wenn die Recherche nach passendem Stockmaterial direkt über die Plattform von Adobe Stock läuft, kann es auch direkt in die Bibliotheken gespeichert und organisiert werden. Das bedeutet, dass lizenzierte Adobe-Stock-Medien nahtlos über mehrere Projekte und Anwendungen hinweg verwendet werden können.

Download
Lizenzierte Adobe-Stock-Medien können außerdem direkt auf das eigene Gerät heruntergeladen werden. Dieser einfache Zugriff stellt sicher, dass Dateien lokal verfügbar sind, was besonders bei eingeschränktem Internetzugang oder spezifischen Projektanforderungen nützlich ist.

5.2 Überblick über die KI-Funktionen in Adobe Stock

Die Integration von künstlicher Intelligenz in kreative Prozesse erfordert klare Kennzeichnungs- und Filterfunktionen. Adobe Stock bietet diese Funktionen, um KI-generierte Inhalte leicht zu identifizieren und zu verwalten. Zusätzlich ermöglicht die Text-zu-Bild-Funktion die schnelle Erstellung individueller Bilder durch einfache Texteingaben. Diese Tools sind ebenfalls in Adobe Stock integriert, was den Arbeitsablauf effizient gestaltet. Schauen wir uns das mal näher an.

5.2.1 Kennzeichnung und Recherche KI-generierter Inhalte

Und damit alle Kreativen nur die allerbesten Erfahrungen mit ihrer Bildrecherche machen, bietet Adobe Stock verschiedene Suchfilter und Kennzeichnungsmechanismen plus spezielle Filter für KI-generierte Inhalte. Das wird auch in Zukunft noch eine große Rolle spielen – auch jetzt schon verlangen einige Kund*innen eine genaue Auskunft darüber, welche Bilder mit der KI erstellt wurden und welche nicht.

KI-generierte Inhalte in Adobe Stock sind deutlich gekennzeichnet, um ihre Herkunft und den generativen Prozess transparent zu machen. Ein spezielles Label, das bei Mouseover erscheint, identifiziert und markiert diese Inhalte, sodass Sie leicht erkennen können, ob ein Bild durch KI oder herkömmliche Mittel erstellt wurde.

Abbildung 5.13
Kennzeichnung KI-generierter Inhalte in Adobe Stock

Adobe Stock bietet spezifische Suchfilter, die es Kreativen ermöglichen, entweder nach ausschließlich KI-generierten Inhalten zu suchen oder diese aus den Suchergebnissen auszuschließen.

> **Verblüffend!**
> Tatsächlich sieht man bei der Recherche die Unterschiede zwischen herkömmlich hergestellten Inhalten und denjenigen, die mithilfe von KI entstanden sind, kaum noch.

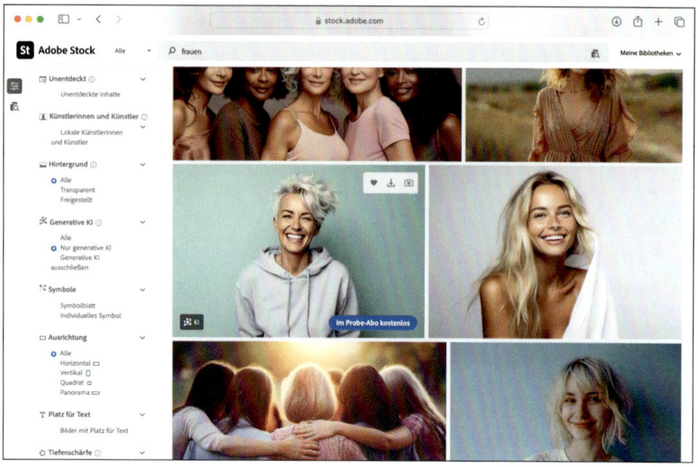

Abbildung 5.14
Über die Filteroptionen lassen sich KI-generierte Inhalte explizit suchen oder ausschließen.

Mithilfe der Filter können Sie gezielt nach generativen Inhalten suchen, die durch ihre Einzigartigkeit und kreative Flexibilität an bestimmte Projekte angepasst werden können.

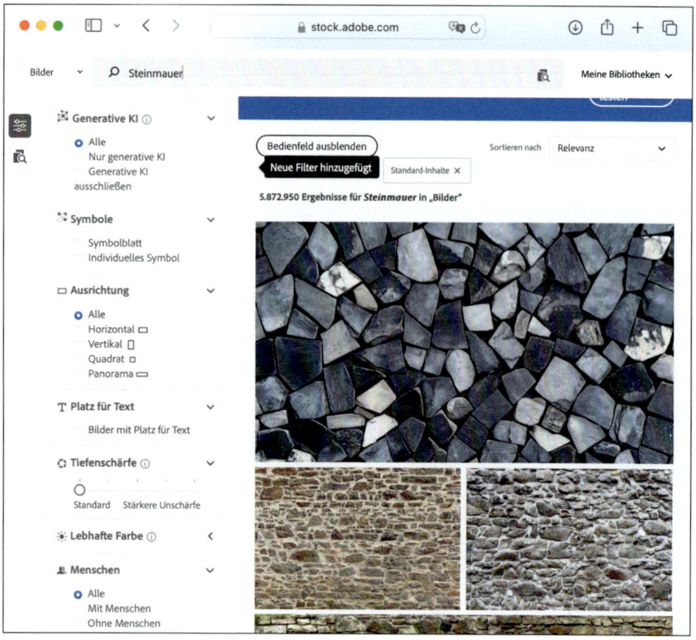

Abbildung 5.15
Auf der Suche nach »Steinmauer« fällt kaum auf, dass das obere Bild anders als die beiden unteren mit KI erstellt wurde.

5.2.2 Text zu Bild

Die Funktion Text zu Bild in Adobe Stock basiert natürlich auch auf der generativen KI-Plattform Adobe Firefly. Dort ist es möglich, durch die Eingabe von Prompts Bilder zu erstellen, wie auch bereits in Kapitel 4, »Adobe Firefly«, beschrieben. Hier funktioniert es ganz genauso. Die Funktion TEXT ZU BILD erreichen Sie über das Menü GENERIEREN.

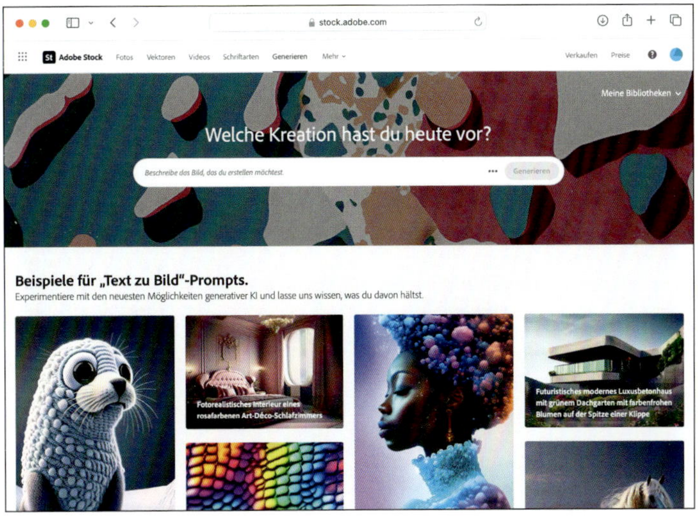

Abbildung 5.16
Auch über Adobe Stock lassen sich individuelle KI-Bilder generieren.

Mittlerweile wissen wir: Diese Funktion ist ganz großartig, weil sie Zeit einspart und uns auf kreative Ideen stoßen lässt, die wir vielleicht sonst niemals hätten. Um die Text-zu-Bild-Funktion zu nutzen, beginnen Sie mit der Eingabe eines Prompts in der Adobe-Stock-Oberfläche. Ein gut formulierter Prompt könnte beispielsweise lauten: »Ein majestätischer Adler im Flug über einer verschneiten Berglandschaft bei Sonnenuntergang«.

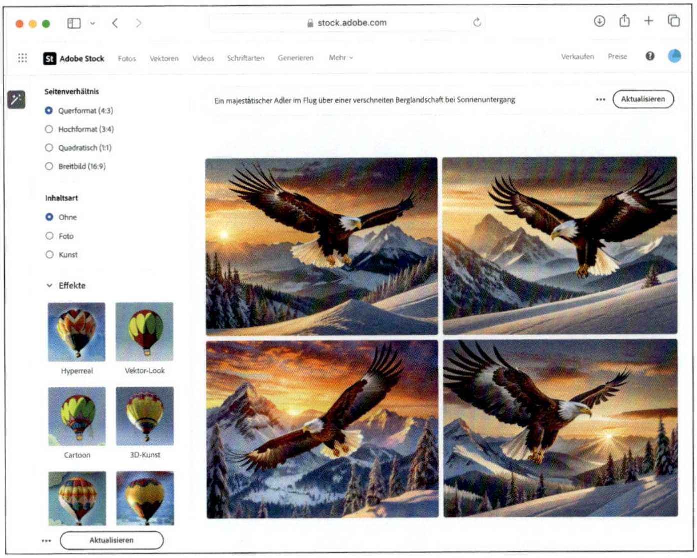

Abbildung 5.17
Vorschläge nach Prompt »Ein majestätischer Adler im Flug über einer verschneiten Berglandschaft bei Sonnenuntergang«

Schade!

In Adobe Stock lassen sich Bildergebnisse nicht so gut anpassen wie in der Webanwendung von Adobe Firefly.

Nach der Auswahl eines generierten Bildes besteht die Möglichkeit, das Bild weiter anzupassen bzw. zu verändern. Das kann durch die Eingabe zusätzlicher Prompts oder durch die Anwendung von Stil- und Inhaltseinstellungen geschehen. Adobe Firefly bietet auch über Adobe Stock einige Effekten an, wie beispielsweise Hyperreal, Cartoon oder 3D-Kunst. Auch die Inhaltsart, in Firefly *Content-Typ* (siehe Abschnitt 4.3.5), lässt sich hier mit Ohne, Kunst oder Foto bestimmen. Ohne entspricht hier Auto in Firefly, Adobe Stock bestimmt den Stil dann selbst. Auch das Seitenverhältnis können Sie wie in Firefly bestimmen.

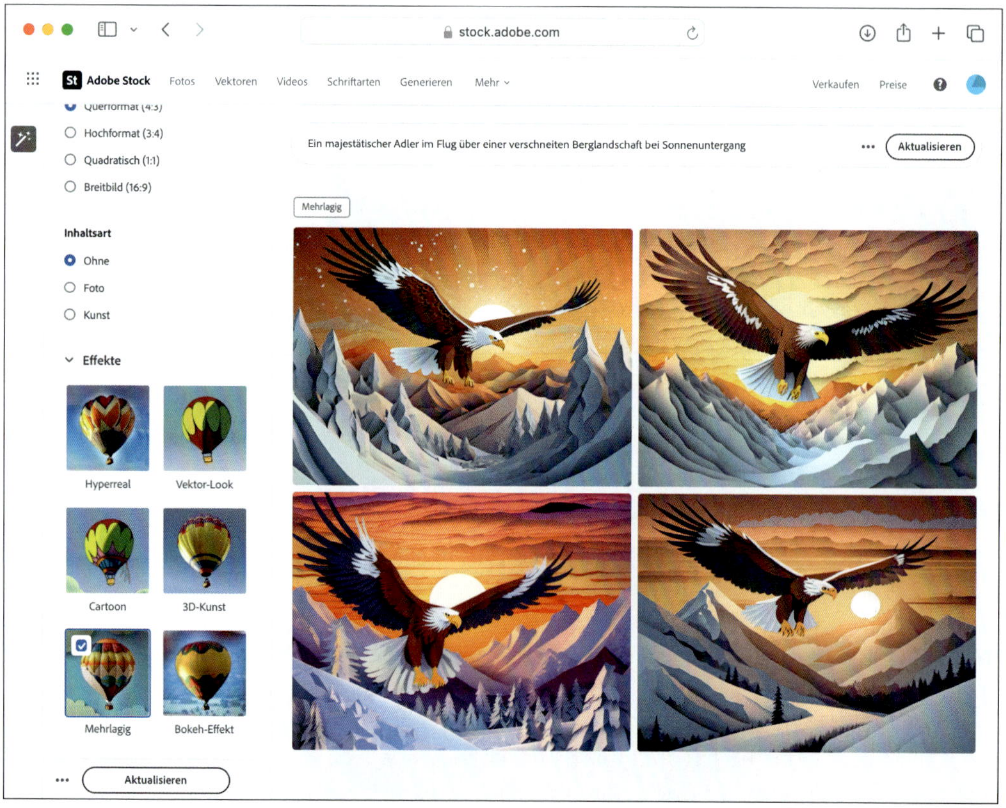

Abbildung 5.18
Verfeinerung des generierten Bildes durch Effektanpassung

Im direkten Vergleich zur Oberfläche von Adobe Firefly bietet Adobe Stock jedoch sehr viel weniger Möglichkeiten neben dem Prompt, das Bildergebnis anzupassen. Dennoch ist die Integration von generativer KI in Adobe Stock für Menschen interessant, die vorrangig mit Stockmedien arbeiten und auch nur ein entsprechendes Abo haben. Gewohnte Oberfläche, zusätzliche Features – warum also nicht?

Wenn Sie den Prompt eines einzelnen Bildes ändern, bekommen Sie vier neue Bildvorschläge. Die Lösung: Export und Weiterbearbeitung in einem anderen Programm.

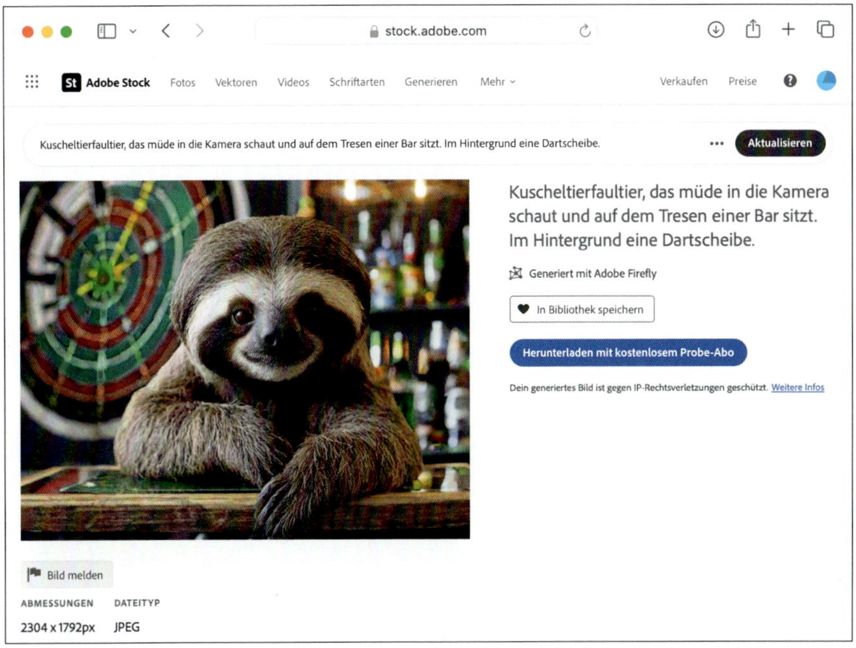

Abbildung 5.19
Der Aktualisieren-Button oben rechts aktualisiert nicht das ausgewählte Bild, sondern generiert vier neue Bilder, die dem neuen Prompt entsprechen.

Nach der Generierung des gewünschten Bildes kann es lizenziert werden. Einmal lizenziert, wird das Bild in höchster Auflösung und ohne Wasserzeichen zur Verfügung gestellt. Sie können das lizenzierte Bild direkt in Creative-Cloud-Anwendungen wie Photoshop, Illustrator oder InDesign importieren, um es weiterzubearbeiten und in einzelne Projekte zu integrieren. Es lässt sich aber auch in Adobe Stock selbst noch auf eine größere Variante freistellen. Auch das Seitenverhältnis können Sie nachträglich anpassen.

5.3 Prompting in Adobe Stock

Das Prompten in Adobe Stock funktioniert genauso wie in Firefly selbst (siehe Abschnitt 4.4). Hier sind einige Richtlinien und Ideen, wie Sie effektive Prompts formulieren, um die besten Ergebnisse zu erzielen.

Themenbezogene Bilder

Ein Ansatz bei der Bildgenerierung ist, die KI dazu zu nutzen, Bilder zu erstellen, die sich auf spezifische Branchenthemen oder Trends beziehen. Ein entsprechender Prompt könnte lauten: »Generiere ein Bild, das das Thema Nachhaltigkeit durch die Darstellung einer grünen Stadt mit Solarpaneelen und Windkraftanlagen repräsentiert.«

Solche Prompts können ganz am Anfang einer Bildrecherche stehen, wenn noch nicht klar ist, wo die optische Reise hingehen soll. Wir haben hier den Kern der Markenbotschaft eingebracht und sorgen dafür, dass das Ergebnis inhaltlich dem Thema entspricht.

Abbildung 5.20
Vorschläge von Adobe Stock nach Prompt »Generiere ein Bild, das das Thema Nachhaltigkeit durch die Darstellung einer grünen Stadt mit Solarpaneelen und Windkraftanlagen repräsentiert.«

Stilorientierte Bilder

Natürlich können Sie auch bestimmte Stile und Ästhetiken durch den Prompt beeinflussen. Ein Prompt könnte sein: »Erzeuge ein

Bild im Retro-Stil der 80er-Jahre, das eine Diskothek mit Neonlichtern und tanzenden Menschen zeigt.«

Abbildung 5.21
Vorschläge von Adobe Stock nach dem Prompt »Erzeuge ein Bild im Retro-Stil der 80er-Jahre, das eine Diskothek mit Neonlichtern und tanzenden Menschen zeigt.«

Emotionale Bilder

Um spezifische Emotionen auszudrücken, kann die KI einfach angewiesen werden, entsprechende Bilder zu generieren. Ein Beispielprompt könnte lauten: »Entwirf ein Bild, das Freude und Glück durch die Darstellung von lächelnden Kindern, die im Park spielen, vermittelt.« Diese Art von Prompts kann eine starke emotionale Verbindung zum Publikum herstellen. Solche Bilder sind für die Werbewirkung unglaublich nützlich.

Abbildung 5.22
Glückliche Kinder per Knopfdruck nach dem Prompt »Entwirf ein Bild, das Freude und Glück durch die Darstellung von lächelnden Kindern, die im Park spielen, vermittelt.«

Interaktive Bilder

Unter interaktiven Elementen in Bildern versteht man Gestaltungselemente, die das Publikum aktiv einbeziehen oder zur Interaktion einladen. Diese können Menschen dazu motivieren, auf das Bild zu reagieren, indem sie ihre Gedanken teilen oder bestimmte Aktionen ausführen. Ein Beispiel für einen Prompt könnte lauten: »Erstelle ein Bild, das Kinder zeigt, die gemeinsam mit Erwachsenen an einer städtischen Wand Kunstwerke malen.«

Abbildung 5.23
Vorschläge nach dem Prompt »Erstelle ein Bild, das Kinder zeigt, die gemeinsam mit Erwachsenen an einer städtischen Wand Kunstwerke malen.«

Storytelling-Bilder

KI-gestützte Bilder können aber auch dazu verwendet werden, eine Geschichte oder Erzählung zu unterstützen. Ein Beispielprompt könnte sein: »Generiere ein Bild, das ein mittelalterliches Dorf mit einer Burg im Hintergrund zur Unterstützung einer Fantasy-Geschichte zeigt.« Solche Bilder fördern immersives Erzählen und machen die Geschichte visuell erlebbar.

Abbildung 5.24
Vorschläge nach dem Prompt »Generiere ein Bild, das ein mittelalterliches Dorf mit einer Burg im Hintergrund zur Unterstützung einer Fantasy-Geschichte zeigt.«

Markenbezogene Bilder

Die Integration von Markenbotschaften oder -werten in generative Bilder sorgt für in sich stimmige Inhalte. Damit ist gemeint, dass komplizierte Botschaften so einfach und bildlich dargestellt werden, dass es eigentlich keine Worte mehr braucht, um die Aussage zu verstehen. Ein entsprechender Prompt könnte lauten: »Erzeuge ein Bild, das die Innovationskraft einer Technologiefirma durch die Darstellung eines futuristischen Forschungslabors darstellt.«

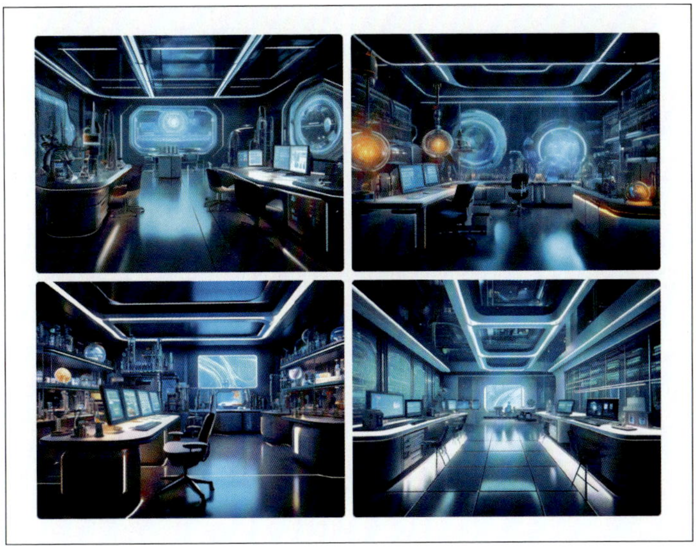

Abbildung 5.25
Hier stellt sich Adobe Stock eine sehr futuristische Firma vor.

Diese Art von Prompts stärkt die Markenwahrnehmung und unterstützt das Markenimage. Vorsicht, auch in Adobe Stock ist es nicht möglich, Bilder mithilfe bekannter Markennamen generieren zu lassen. Adobe Stock zeigt anders als Firefly allerdings keine Warnung an, sondern ignoriert die Eingabe einfach.

Saisonale Bilder

Nicht zuletzt kann KI für die Erzeugung saisonaler Inhalte verwendet werden, die auf Jahreszeiten, Feiertage oder Ereignisse Bezug nehmen. Ein Beispielprompt könnte lauten: »Erzeuge ein Bild, das die Herbstsaison mit warmen Farben und fallenden Blättern in einem Wald darstellt.« Über die Ergebnisse sollten sich die Kommunikations- und Marketingverantwortlichen freuen.

Abbildung 5.26
Vorschläge nach dem Prompt »Erzeuge ein Bild, das die Herbstsaison mit warmen Farben und fallenden Blättern in einem Wald darstellt.«

Kapitel 6
Einsatz von KI in Adobe Express

Visualisiert in Adobe Express mit dem Prompt »Zeige eine Online-Anwendung, die speziell für die Erstellung von Grafiken, Webseiten, Videos und Social-Media-Content entwickelt wurde, Website, Laptop«

Kapitel 6
Einsatz von KI in Adobe Express

*Adobe Express ist eine Onlineanwendung, die speziell für die Erstellung von Grafiken, Webseiten, Videos und Social-Media-Content entwickelt wurde. Die Anwendung hat eine wirklich benutzerfreundliche Oberfläche und eine Vielzahl von vorgefertigten Vorlagen, die es Anfänger*innen ermöglichen, professionell aussehende Designs in sehr kurzer Zeit zu erstellen. Aus vielerlei Gründen ist Express aber auch für den Einsatz im professionellen Design interessant.*

Während die Webanwendung von Adobe Firefly »nur« auf die Erstellung von KI-Inhalten ausgelegt ist, ist Adobe Express eine vielseitige Plattform, auf der man mithilfe von Foto-, Design-, Video- und PDF-Tools kreative Projekte schnell und einfach umsetzen kann. Die Integration von Firefly-Technologie in Express ermöglicht es nun, in Express auch mit KI-Inhalten zu arbeiten bzw. die KI für sich arbeiten zu lassen. Aber ein Schritt zurück.

Die umfassenden Werkzeuge in Express ermöglichen es, vielfältige Aufgaben mit nur einem Klick auszuführen. Oder mal zwei oder drei Klicks: Mit einfachen Drag-&-Drop-Funktionen lassen sich beispielsweise Videoclips, Grafiken, Animationen und Musik kombinieren, um wirklich rasend schnell Videos zu gestalten, für die Sie vor ein paar Jahren wahrscheinlich noch Stunden vor dem Rechner hätten sitzen müssen.

6.1 Überblick über die Basisfunktionen in Adobe Express

Um Adobe Express zu nutzen, brauchen Sie zunächst einen kostenfreien oder kostenpflichtigen Adobe-Account. Im kostenfreien Account können einige Funktionen nicht genutzt werden – nämlich alle Inhalte, die mit einem Krönchen gekennzeichnet

Kostenfrei
Die Basisversion von Adobe Express, die bereits einen umfangreichen Zugang zu den meisten Funktionen ermöglicht, ist kostenfrei verfügbar und kann sowohl über die Webanwendung als auch über mobile Apps genutzt werden.

Abbildung 6.1
Adobe bietet verschiedene Preismodelle zur Nutzung von Adobe Express an.

sind. Auch beim Download von erstellten Dingen gibt es Einschränkungen.

Wenn Sie Zugriff auf erweiterte Funktionen wünschen, bietet das Premium-Abo eine umfassende Lösung. Dieses Abo beinhaltet alle Kronen-Funktionen, einschließlich der Möglichkeit, individuelle Branding-Designs mit eigenen Logos, Farben und Schriften zu erstellen. Das Premium-Abo umfasst 100 GB Speicherplatz und ist Teil der meisten Adobe-Creative-Cloud-Pakete, kann aber auch separat über die Website oder als In-App-Kauf in den mobilen Applikationen erworben werden. Damit müssen Sie dann nicht die komplette Adobe Creative Suite abonnieren, sondern nur dieses eine Programm.

Aber: Schon die Basisversion ermöglicht es, erste Schritte in der Welt der digitalen Kreativität zu unternehmen. Sie ist wie gesagt kostenlos und umfasst 5 GB Speicherplatz.

Gestartet wird Express über den Browser: *https://new.express.adobe.com*. Nach dem Einloggen wird Ihnen im Startfenster präsentiert, was alles erstellt werden kann, beispielsweise Instagram-Posts, Flyer oder Logos. Denn Express ermöglicht einen Einstieg in die Grafikwelt ohne Vorkenntnisse. Kein Studium. Keine Ausbildung. Einfach loslegen.

Abbildung 6.2
Startseite von Adobe Express

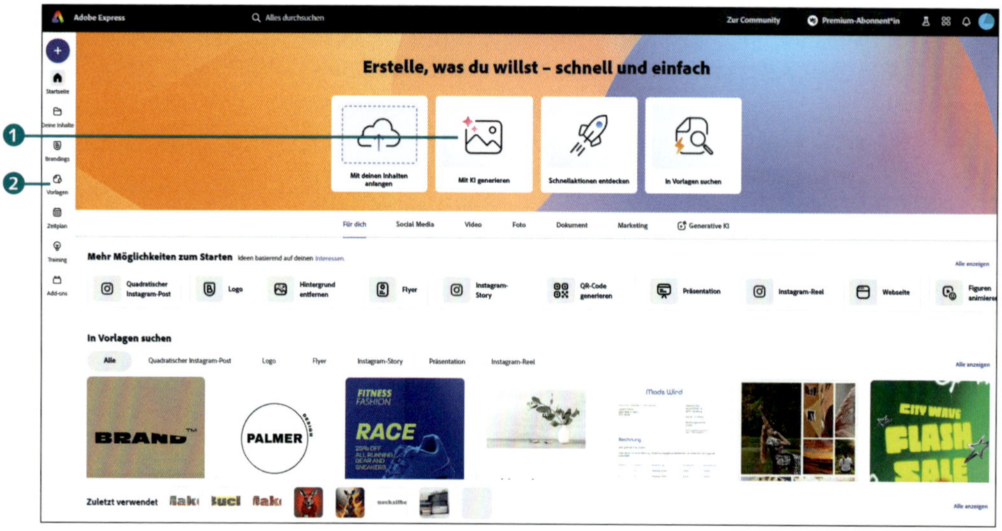

Gleich oben sehen Sie den Bereich MIT KI GENERIEREN ❶. Wenn Sie hier klicken, sehen Sie schnell den Part, um den es hier gleich gehen soll. Die Funktionen nämlich von Adobe Express, in denen Firefly eine Rolle spielt.

Diesen Bausteinen – zu denen das Generieren von Bildern, das Einfügen und Entfernen von Objekten oder das Generieren von

Vorlagen und Texteffekten zählen – widmen wir uns auch noch, aber zunächst ein kurzer Überblick über das, was Adobe Express alles kann, denn die Basisfunktionen lassen sich später wunderbar auch mit den KI-generierten Funktionen kombinieren. Sie sind im Grunde selbsterklärend, wir beschreiben hier kurz das Vorgehen.

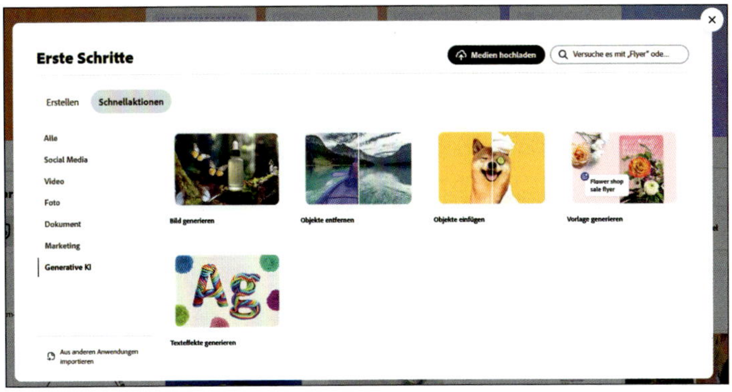

Abbildung 6.3
Generative KI: Diese Themenbereiche bietet Adobe Express.

6.1.1 Adobe-Express-Vorlagen

Anhand von Vorlagen, die bereits grafisch aufbereitet wurden und in Adobe Stock zur Verfügung gestellt werden, können Sie Bilder und Collagen erstellen. Bei den Vorlagen finden Sie Social-Media-Beiträge, Webseiten, Poster, Flyer, Diashows und mehr. Diese Vorlagen dienen als Ausgangspunkt für die Gestaltung und können dann nach Bedarf angepasst werden.

> **Tipp**
> Je nach Jahreszeit stellt Adobe auch saisonale Vorlagen zur Verfügung.

Schritt für Schritt
Eine Vorlage in Adobe Express anpassen

Vorlagen können nicht nur einfach angewendet, sondern auch an das Erscheinungsbild einer Marke oder Kampagne angepasst werden. So gehen Sie dabei vor.

1 Arbeitsbereich in Express öffnen

Um mit den Vorlagen zu arbeiten, klicken Sie einfach auf der Startseite von Adobe Express im linken Menü auf Vorlagen ❷ (Abbildung 6.2).

2 Vorlagen recherchieren

Nun können Sie in verschiedenen Kategorien am oberen Bildrand ❸ (Fotos, Videos, Design-Material, Hintergründe, Text-Layouts und Webseitenvorlagen zu sehen in Abbildung 6.4) stöbern und dabei verschiedene Filter am linken Bildrand nutzen, nämlich Preis, Stil, Stimmung, Typ und Region ❹.

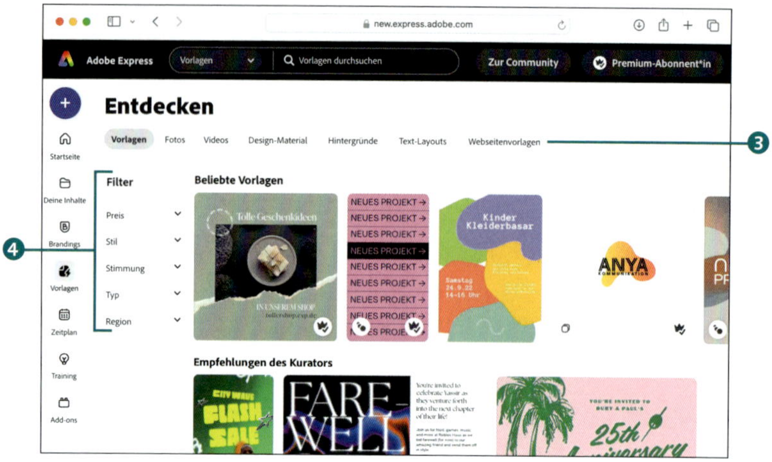

Abbildung 6.4
Vorlagen entdecken und sich inspirieren lassen

3 Vorlage auswählen

Die Auswahl einer Vorlage erfolgt ganz einfach durch einen Klick. Auch hier sind Premium-Inhalte transparent mit einer kleinen Krone gekennzeichnet. Danach öffnet sich die Bearbeitungsmaske.

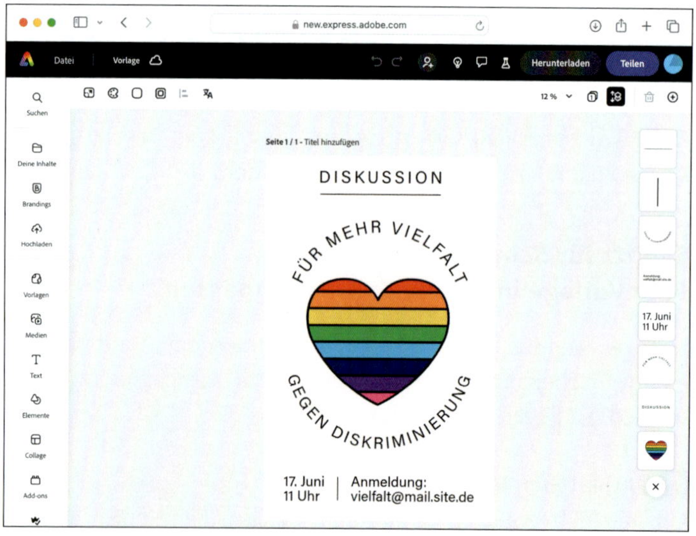

Abbildung 6.5
Übersichtlicher Bearbeitungsmodus einer zuvor gewählten Vorlage

4 Einzelne Elemente auswählen

Der Bearbeitungsbereich ist sehr übersichtlich und intuitiv gestaltet. Auf der rechten Seite ❺ ist eine Miniaturansicht aller in der Vorlage genutzten Elemente zu sehen. Klicken Sie auf eines dieser Elemente, wie im Beispiel die Überschrift »Diskussion«, wird die entsprechende Stelle im Dokument blau umrandet, und die entsprechenden (Text-)Bearbeitungsmöglichkeiten tauchen links ❻ auf.

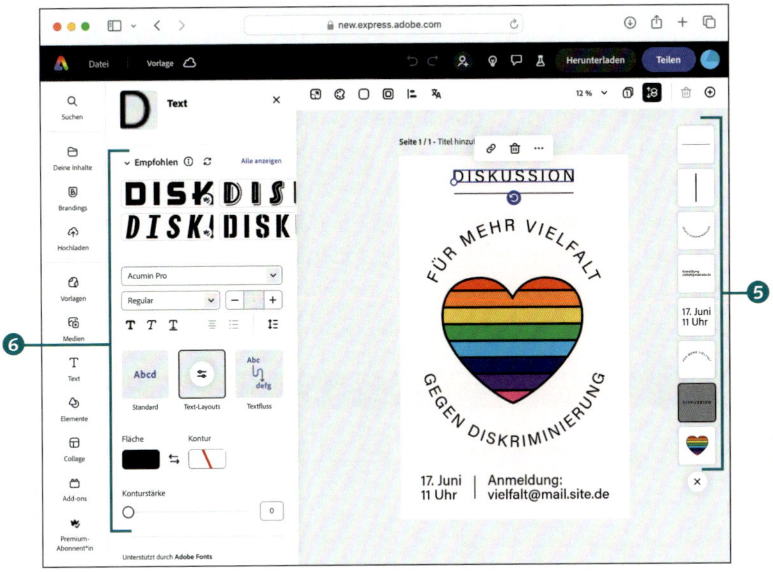

Abbildung 6.6
Erweiterter Arbeitsbereich nach Klick auf ein Textelement über die Miniaturansicht an der rechten Seite

5 Einzelne Elemente bearbeiten

Nun können Sie mithilfe der Bearbeitungsoptionen beispielsweise den Text anpassen – von Schriftart und -größe über Konturstärke bis hin zu Schatten. Entsprechend reichen die Objektbearbeitungsoptionen von Zuschneiden über Füllmethoden bis hin zu verschiedenen Korrekturen.

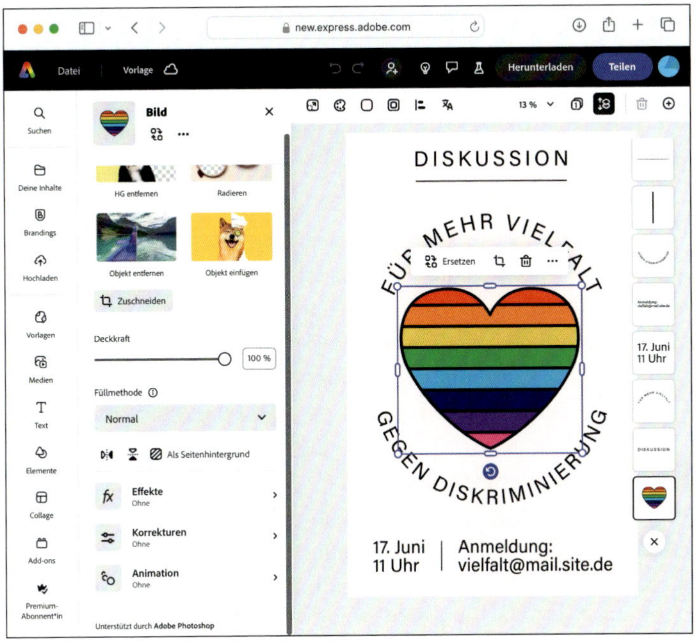

Abbildung 6.7
Objektbearbeitungsoptionen nach Auswahl eines Bildelements über die Miniaturansicht an der rechten Seite

> **Löschen vorhandener Elemente**
> Auch das Löschen vorhandener Elemente ist intuitiv. Nach Markierung des entsprechenden Elements ist im oberen Bereich das bekannte Papierkorb-Icon 🗑 zu sehen. Nach Klick darauf verschwindet das Element. Das Ganze funktioniert aber auch mit der [←]-Taste.

Einzelne Elemente werden also mit einem Klick aktiviert, verschoben oder über den Ersetzen-Button ausgetauscht.

6 Neue Elemente hinzufügen

In Express lassen sich aber auch problemlos neue Elemente hinzufügen, wie beispielsweise Text, indem Sie im linken Bedienfeld TEXT wählen ❼, dann TEXT HINZUFÜGEN ❽ und anschließend eigenen Text eingeben oder vorhandenen Text bearbeiten. Auch wird das passende erweiterte Text-Menü eingeblendet.

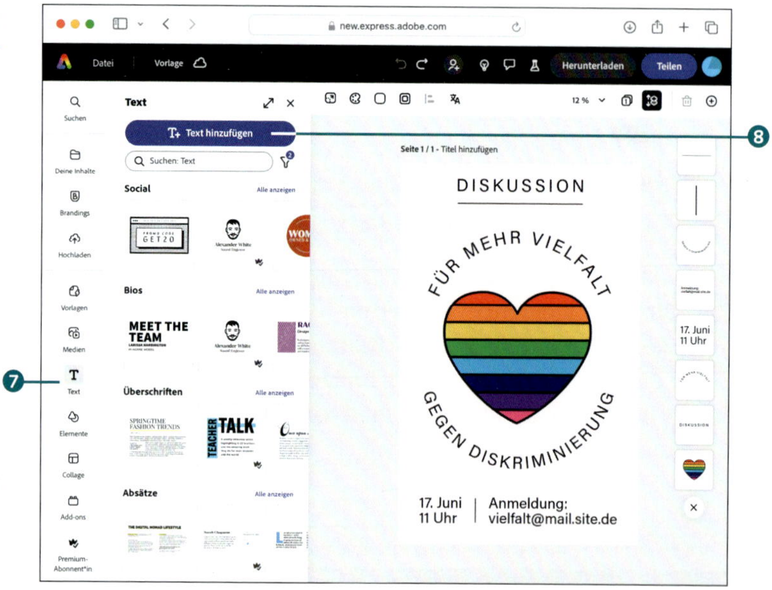

Abbildung 6.8
Nach Klick auf das Text-Icon im linken Menü werden die Textoptionen sichtbar.

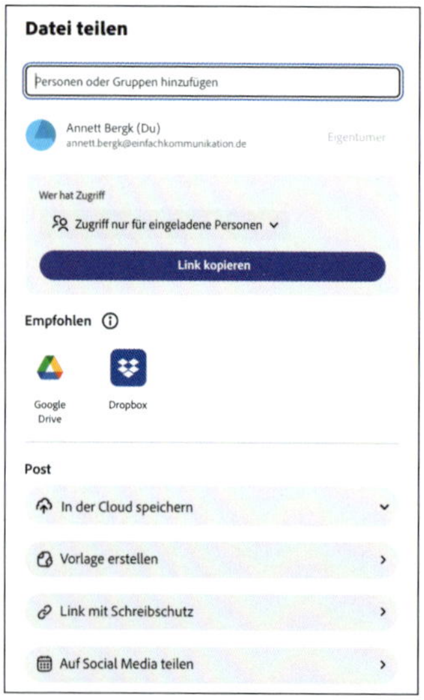

Abbildung 6.9
Optionen zum Teilen einer Datei aus Express heraus

Ebenso einfach ist es, Fotos oder Videos einzufügen, indem Sie MEDIEN im linken Bedienfeld auswählen. Sie können auch Animationen hinzufügen, um Texte und Bilder dynamischer zu gestalten. Designelemente wie Materialien, Hintergründe, Formen und Symbole sind ebenfalls verfügbar und lassen sich über das Bedienfeld ELEMENTE einfügen.

7 Kreation herunterladen

Wenn Sie alle Anpassungen vorgenommen haben, können Sie das erstellte Design über den gleichnamigen Button herunterladen. Alternativ zum Download kann eine Datei auch geteilt werden.

6.1.2 Neue Designs in Adobe Express erstellen

Die Plattform ermöglicht es natürlich auch, von Grund auf neue Designs zu erstellen, also quasi mit einem leeren Arbeitsblatt zu beginnen. Das ist sinnvoll, wenn Sie bereits wissen, was Sie wollen, und auch ein bisschen Erfahrung im Designbereich haben.

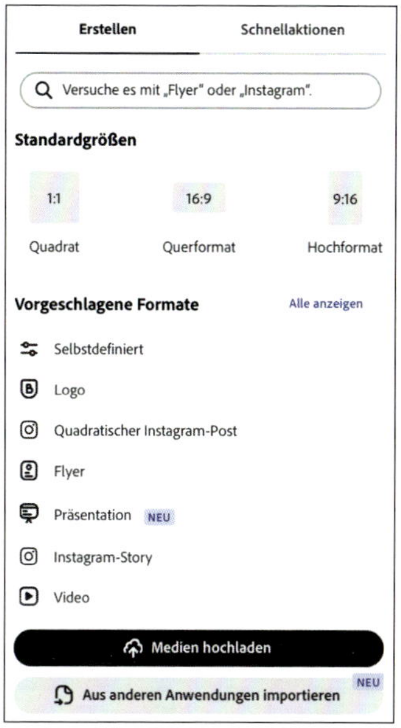

Abbildung 6.10
Auswahl von Größen und Formaten beim Erstellen einer neuen Datei

Schritt für Schritt
Ein eigenes Design in Express erstellen

Einige Arbeitsschritte sind hier die gleichen wie in Abschnitt 6.1.1, »Adobe-Express-Vorlagen«, deswegen erwähnen wir sie hier nicht erneut.

1 Leere Arbeitsfläche öffnen

Über das Plus-Symbol am linken Rand der Startseite öffnen sich hier verschiedene Voreinstellungen, aus denen Sie wählen können. Die Bildgröße lässt sich aber auch frei eingeben. Für das folgende Beispiel nutzen wir das 1:1-Format.

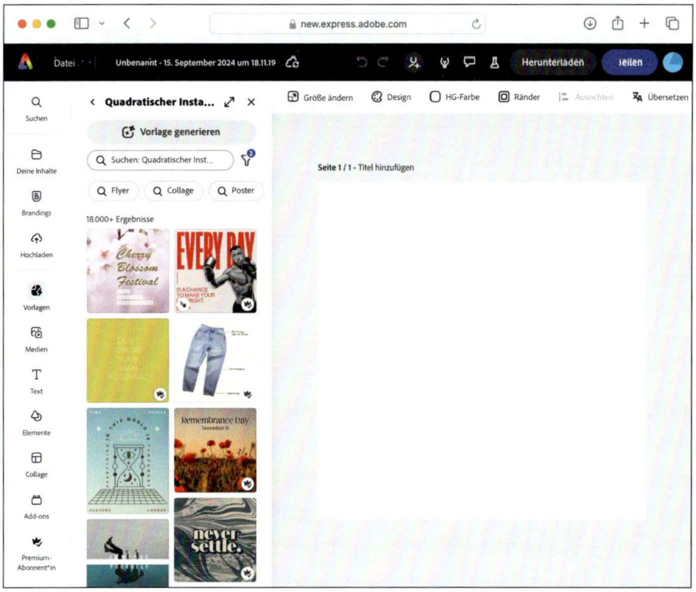

Abbildung 6.11
Arbeitsoberfläche nach Erstellen einer leeren Datei im 1:1-Format

> **Suchen**
> Mit einem Klick auf SUCHEN können Sie die umfangreiche Bibliothek nach spezifischen Design-Assets durchforsten, die dann einfach per Klick in das Projekt eingefügt werden können.

2 Neue und eigene Elemente hinzufügen

Nach und nach lassen sich dem Design neue Elemente hinzufügen, wie in Abschnitt 6.1.1 beschrieben.

Wenn Sie Ihre Marke immer wieder gleich präsentieren möchten oder nach einer bestimmten CI arbeiten müssen, erlaubt die im linken Menü befindliche Option DEINE INHALTE nach Klick auf das Ordner-Icon, Schriften, Farben und Logos aus bereits erstellten Inhalten anzuwenden. Das ist sehr praktisch; dadurch bleibt die Optik innerhalb eines Projekts stringent.

Für diejenigen, die gerne Tools von Drittanbietern in ihre Projekte einbinden, bietet die Option ADD-ONS eine einfache Möglichkeit, externe Designs in die Vorlage zu integrieren. Add-ons sind optionale Softwareerweiterungen, die zusätzliche Funktionen oder Verbesserungen zu bestehenden Programmen oder Anwendungen hinzufügen. Die große Auswahl möglicher Add-ons ist auch unter *new.express.adobe.com/add-ons* zu finden.

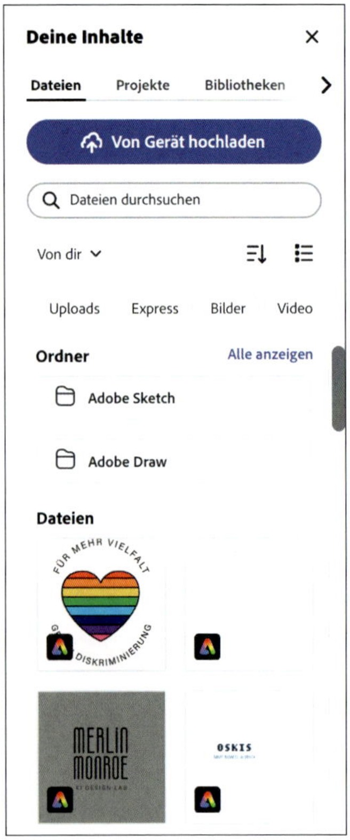

Abbildung 6.12
Übersicht eigener Inhalte zum Einfügen in ein neues Express-Dokument

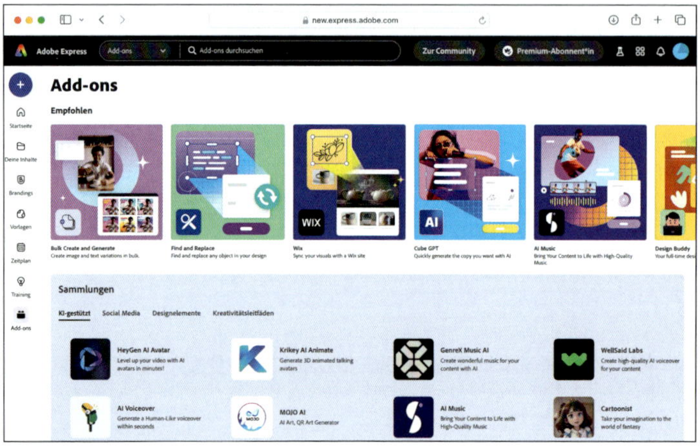

Abbildung 6.13
Express bietet unzählige Add-ons zur Optimierung der Nutzung.

3 Abschluss

Anschließend können Sie die Kreation wie üblich herunterladen oder teilen.

6.1.3 Webseitenerstellung mit Adobe Express

Adobe Express macht es wirklich einfach, Webseiten mit einer einzigen Seite zu erstellen und zu hosten, die für eine Vielzahl von Zwecken genutzt werden können. Ob es um Portfolios, Lebensläufe, Präsentationen, Blogposts, Fotogalerien oder sogar um Produktkataloge und Sonderangebote geht, Adobe Express hat alle notwendigen Werkzeuge, um all diese Inhalte ansprechend online zu präsentieren. Unternehmen können die Plattform nutzen, um wöchentliche oder monatliche Newsletter effektiv zu gestalten und zu verbreiten.

Die Erstellung einer Webseite beginnt direkt auf der Startseite von Adobe Express, wo Sie unter der Option ERSTE SCHRITTE die Auswahl WEBSEITE treffen.

Abbildung 6.14
Wenn Sie genauer wissen möchten, wie man in Express Webseiten erstellt, finden Sie weiterführende Informationen auf *Merlin-Monroe.de*.

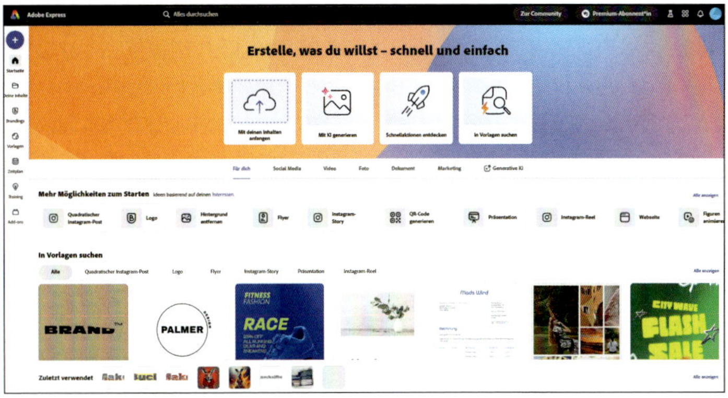

Abbildung 6.15
Unter MEHR MÖGLICHKEITEN ZUM STARTEN befindet sich die Option WEBSEITE.

Direkt nach Auswahl des Arbeitsbereichs werden Ihnen verschiedene Webseitenvorlagen von Adobe Express vorgeschlagen.

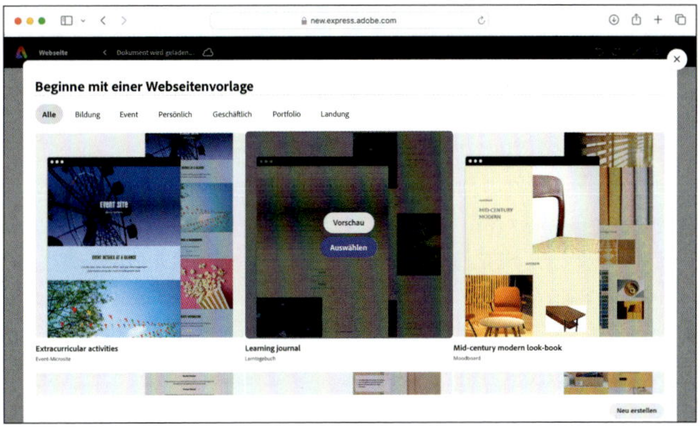

Abbildung 6.16
Das Programm schlägt vor, mit einer Vorlage zu beginnen. Hier haben wir eine Vorlage für die Webseite ausgewählt.

Bei Mouseover erscheinen die Optionen VORSCHAU und AUSWÄHLEN. Alternativ können Sie auch mit einer leeren Vorlage beginnen.

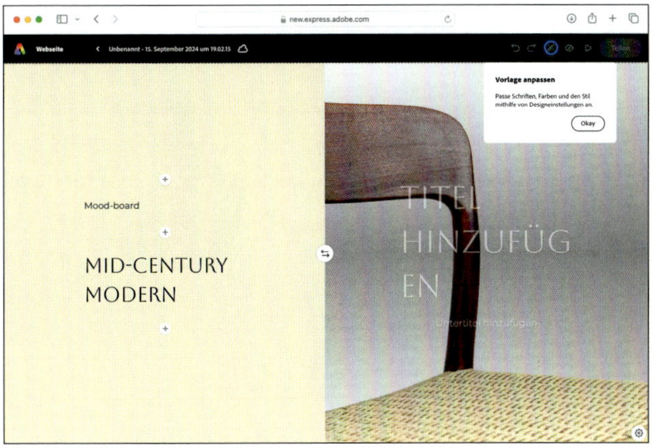

Abbildung 6.17
Arbeitsbereich nach Auswahl einer Webseitenvorlage

Sowohl bei einer leeren Arbeitsfläche als auch nach Auswahl einer Vorlage ist die Bedienung von Express sehr intuitiv. Hier können Sie der Seite einen Titel und einen Untertitel hinzufügen, ein Foto oder ein kleines Titelbild einfügen und ein geteiltes Layout wählen. Je nach Objekt, das angeklickt wird, erscheinen entsprechende Editoren.

Abbildung 6.18
Eingeblendeter Editor nach Doppelklick auf einen Text bzw. ein Bild in der Vorlage

Code-Snippet
Nach der Fertigstellung machen Sie die Seite für andere zugänglich. Das heißt, sie kann ans Netz gehen. Adobe Express ermöglicht es darüber hinaus, die Seite mithilfe eines Code-Snippets in eine bestehende Website einzubetten.

Die Flexibilität von Adobe Express erlaubt es, die Webseite mit Fotos, Videos, Text, Schaltflächen, einem Fotoraster, einer Slideshow und einem geteilten Layout weiter zu personalisieren. Diese Elemente tragen dazu bei, die Seite wirklich zu dem zu machen, was Sie sich vorgestellt haben.

6.1.4 Videoerstellung mithilfe von Adobe Express

Adobe Express ermöglicht noch viel mehr! Sie können zum Beispiel wirklich professionelle Videos mit eigenen Fotos, Videos und Musikdateien erstellen. Dazu gibt es eine Vielzahl von Übergängen, Animationen und Effekten, um Videos zu verbessern und ihnen eine professionelle Note zu verleihen.

Drag & Drop
Die Erstellung fesselnder Videos wird mit Adobe Express zu einem reibungslosen und zugänglichen Prozess – dank der intuitiven Drag-&-Drop-Funktionen.

Der Einstieg ist einfach: Wählen Sie auf der Startseite unter der Option Mehr Möglichkeiten zum Starten die Kategorie Video aus. Hier besteht die Möglichkeit, in der umfangreichen Bibliothek nach passenden Vorlagen zu suchen oder eben wie schon in anderen Anwendungen auf einem »weißen Papier« zu beginnen.

Abbildung 6.19
Nähere Infos zur Erstellung von Videos in Adobe Express erhalten Sie auf *Merlin-Monroe.de*.

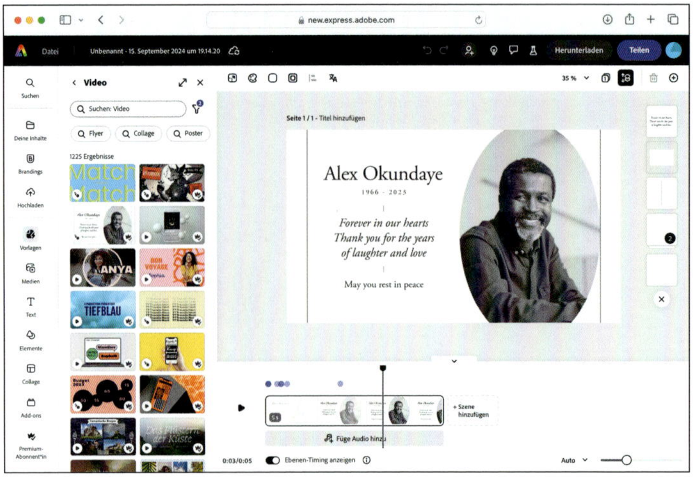

Abbildung 6.20
Arbeitsfläche nach Auswahl einer Videovorlage

Videoszenen sind Container für den Inhalt. Neue Szenen lassen sich leicht zur Zeitleiste hinzufügen oder bestehende Inhalte wie Bilder oder Videos einfach per Drag & Drop platzieren. Das Anpassen des Timings einer Ebene, d.h. die Länge einer Filmsequenz, innerhalb eines Videos ist ebenfalls unkompliziert.

Mit sichtbaren Ebenen-Timings und violetten Timing-Indikatoren für jedes Objekt im Video können Sie die Platzierung dieser Elemente sehr einfach und sehr genau steuern. Das geht ganz einfach, indem Sie die Zeitleiste per Klick aktivieren und die Elemente dann per Drag & Drop an die Stelle schieben, wo sie hinsollen. So funktioniert es auch mit den Tonspuren.

6.1.5 Social-Media-Funktionen und Content-Planung

Adobe Express bietet Funktionen zum direkten Teilen von erstellten Inhalten auf verschiedenen sozialen Medien, darunter Facebook, Instagram und mehr. Die Content-Zeitplanung (ein Kalender, in dem Postings für die Zukunft geplant werden können) in Adobe Express ermöglicht es, den gesamten Prozess der Content-Erstellung zu vereinfachen und auch zeitsparender zu gestalten. Von der ersten Idee bis zur Veröffentlichung auf verschiedenen Plattformen bietet Adobe Express alle notwendigen Werkzeuge, um Social-Media-Posts professionell vorzubereiten und zu verwalten.

Mit der Content-Zeitplanung können Kreative ihre Posts nicht nur entwerfen und in einer realitätsnahen Vorschau betrachten, sondern auch den perfekten Zeitpunkt für deren Veröffentlichung festlegen. Das stellt sicher, dass die Inhalte genau dann erscheinen, wenn sie auch tatsächlich die Aufmerksamkeit ihrer Zielgruppe erreichen können.

Die Content-Planung funktioniert so: Über den Kalender wählen Sie per Klick einen Tag aus, an dem der Post erscheinen soll. Nun öffnet sich ein Fenster, in dem Sie den gewünschten Post hochladen und auswählen können, auf welchen Plattformen der Post überall erscheinen soll.

Alle Kanäle müssen vorher mit Adobe Express verknüpft werden. Das geht ebenfalls über dieses Fenster. Wenn Sie den jeweiligen Dienst auswählen, öffnet sich ein weiteres Fenster, in dem Sie sich mit Ihren Zugangsdaten anmelden und damit eine Verknüpfung herstellen. Die läuft nach einer bestimmten Zeit ab, muss also alle paar Wochen erneuert werden. Ist alles vorbereitet, geben Sie nur noch den passenden Text und eine Uhrzeit für die Veröffentlichung ein, und fertig ist der geplante Post. Ab jetzt heißt es warten – oder ganz motiviert weiterplanen.

Hinweis

Hinweis: Achten Sie hier darauf, welche Inhalte Sie mit Ihrem Account nutzen können: Premium-Inhalte sind mit dem bekannten Krönchen gekennzeichnet. Sobald Sie ein Video ausgewählt haben, öffnet sich ein Bearbeitungsbereich mit zahlreichen Optionen wie Zuschneiden, Anpassen der Lautstärke und Geschwindigkeit sowie Hinzufügen von Filtern oder Animationen. Zusätzlich können Sie Text, verschiedene Formen, Hintergründe und sogar eine persönliche Audiospur oder ein Voiceover hinzufügen, um das Video weiter zu personalisieren.

Content-Planung

Die Möglichkeit, Beiträge direkt und simultan auf Instagram, Facebook, X, Pinterest, LinkedIn und TikTok zu teilen, spart wertvolle Zeit und ermöglicht eine konsistente Präsenz über alle Kanäle hinweg.

Achtung!

Die einzelnen Social-Media-Kanäle haben unterschiedliche Anforderungen, was die Bildformate oder Zeichenanzahl betrifft.

6.1.6 Umgang mit Texten in Express

Adobe Express bietet auch benutzerfreundliche Tools zur Formatierung von Texten. Diese Werkzeuge ermöglichen es, Schriftarten, Farben, Größen und Formatierungen so anzupassen, dass sie nahtlos in das gewünschte Design integriert werden und die Aufmerksamkeit der Betrachter*innen auf sich ziehen. Mit der intuitiven Drag-&-Drop-Benutzeroberfläche und vielseitigen Anpassungsoptionen können auch Anfänger*innen beeindruckende Textlayouts erstellen, die professionell und durchdacht wirken. Adobe Express übernimmt die komplexen Aspekte der Textgestaltung und bietet gleichzeitig den kreativen Freiraum, um Botschaften effektiv zu übermitteln.

Die Textfunktionen sind besonders interessant, weil sie auch in Zusammenarbeit mit Firefly einen wichtigen Zusatznutzen für KI-generierte Bilder haben.

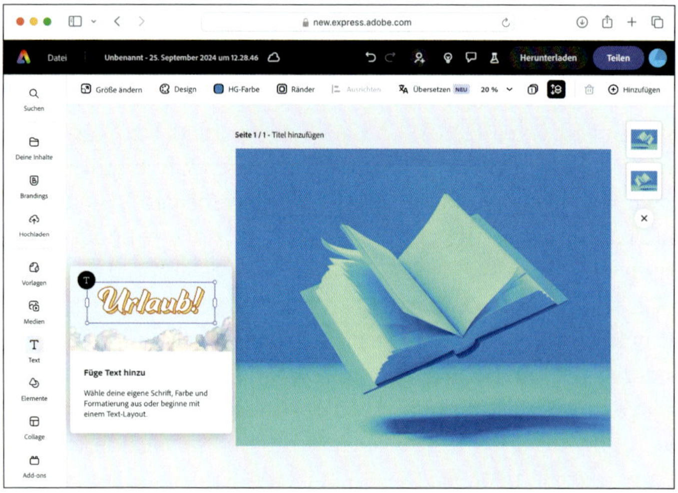

Abbildung 6.21
Die Option zum Hinzufügen von Text befindet sich im linken Menü.

Im Editor von Adobe Express wählen Sie zunächst die Option Text und danach Eigenen Text hinzufügen. Sofort wird ein Textfeld im Design platziert und kann nun weiterbearbeitet und angepasst werden.

Um einfache Änderungen vorzunehmen, wie beispielsweise eine Drehung des Textes, klicken Sie zunächst in das entsprechende Textfeld. Sobald das Textfeld aktiviert ist, erscheinen verschiedene Anpassungsoptionen. Sie müssen lediglich den kreisförmigen Drehpunkt am Rand des Textfeldes greifen und den Text in die gewünschte Richtung drehen.

Im Bearbeitungsbereich stehen grundlegende Formatierungsoptionen zur Verfügung, um den Text individuell anzupassen. Dazu gehören Einstellungen wie die Auswahl der Schriftart und

Abbildung 6.22
Wenn das Textfeld aktiviert ist, erscheinen verschiedene Anpassungsoptionen.

des Schriftgrads, um die Größe und das Erscheinungsbild des Textes zu verändern. Darüber hinaus gibt es Optionen, um den Textfluss zu ändern, Kontur hinzuzufügen oder auch Animationen zu verwenden.

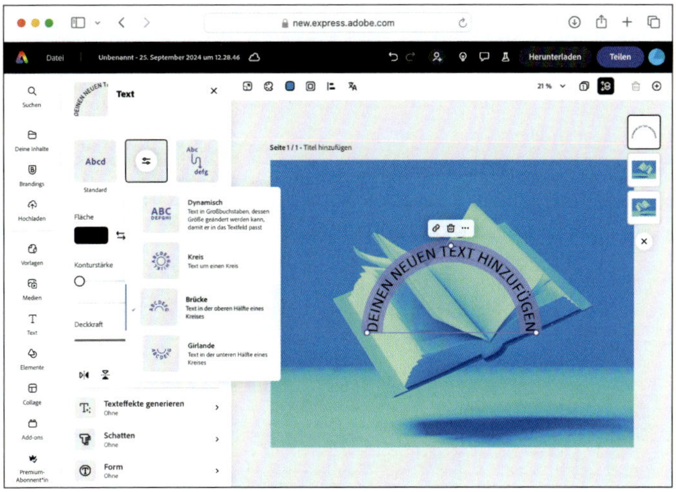

Abbildung 6.23
Text-Layout »Brücke« in der Anwendung

Auch mit den Einstellungen unter TEXT-LAYOUTS lassen sich schnell Ergebnisse erzielen. Diese speziellen Formatierungsoptionen bieten kreative Möglichkeiten, um Text auf unkonventionelle Weise zu platzieren und visuell ansprechend zu gestalten. Mit der Option BRÜCKE beispielsweise wird der Text in einer geschwungenen, bogenförmigen Linie dargestellt. Ein Effekt, der in Photoshop beispielsweise ein bisschen mehr Aufwand erfordert.

Schriftarten verwenden

Mit Express können Sie übrigens nicht nur Adobe-Schriften nutzen, sondern auch eigene Schriftarten in Ihre Projekte einbinden und somit individuellere und markenkonforme Designs erstellen. Um eine eigene Schriftart hinzuzufügen, suchen Sie im Text-Panel die Option HOCHLADEN.

Allerdings sind die Anpassungsoptionen für Schriftarten in Adobe Express nicht so umfangreich wie in InDesign oder Photoshop. Dies betrifft beispielsweise die Feinabstimmung von Zeichenabständen.

6.2 Überblick über die KI-Funktionen in Adobe Express

Kommen wir nun aber zu unserem eigentlichen Thema: den KI-Funktionen von Adobe Express, die wunderbar mit der Bildgenerierung von Adobe Firefly zusammenspielen und besonders im Bereich Texteffekte richtungsweisende Ergebnisse erzielen. Es ist möglich, einzelne Themenbereiche direkt in Adobe Express auch mit Firefly-Unterstützung zu nutzen, ähnlich wie es aus Photoshop, Illustrator und Firefly selbst bekannt ist.

6.2.1 Bild generieren

Die Funktion BILD GENERIEREN ermöglicht es dabei, aus einer einfachen Beschreibung heraus Bilder zu erstellen, ganz genau wie in den anderen Anwendungen auch. Auch das Prompting erfolgt nach dem gleichen Muster. Aber ein Schritt nach dem anderen. Die KI-Funktion BILD GENERIEREN finden Sie auf der Startseite von Adobe Express im Schnellmenü MIT KI GENERIEREN.

Es öffnet sich die Bild-generieren-Seite. Direkt hier können Sie einen Prompt eingeben. Wir testen die Anwendung mit dem Prompt »bunte Tasse auf einem sonst sehr aufgeräumten weißen Schreibtisch«. Nach dem Klick auf GENERIEREN wird das generierte Bild im Format 1:1 angeboten.

Abbildung 6.24
Direkt auf der Startseite finden Sie den Bereich BILD GENERIEREN.

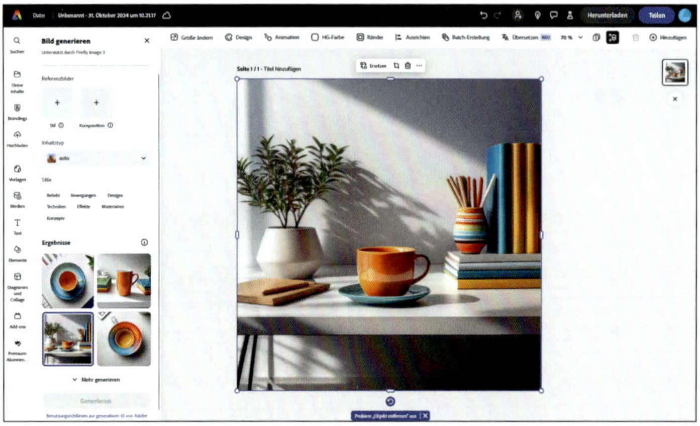

Abbildung 6.25
Arbeitsbereich nach Bestätigung der Prompteingabe auf der Startseite

Im Textfeld neben dem generierten Bild lässt sich der Prompt ganz einfach anpassen. Wir ändern ihn in »sehr aufgeräumter, weißer Schreibtisch mit einem silberfarbenen Laptop, rechts davon eine bunte Tasse mit Kaffee, daneben ein Notizbuch und ein Kugelschreiber«. Express liefert vier Vorschläge zur Umsetzung des Prompts. Der erste wird direkt auf der Arbeitsfläche gezeigt. Und natürlich lässt sich der Vorgang beliebig oft wiederholen.

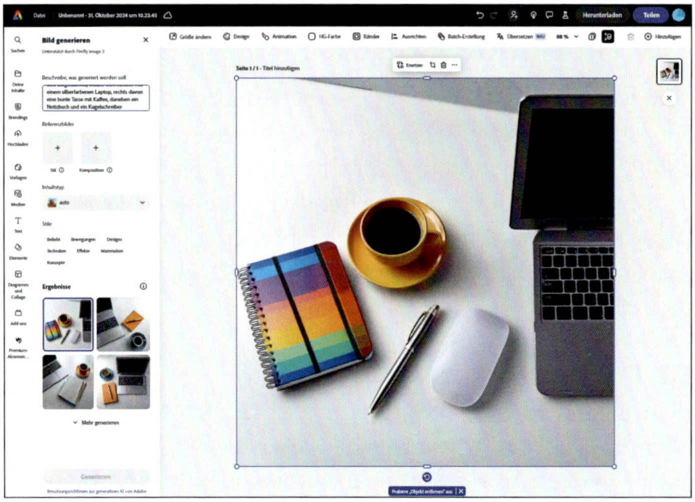

Abbildung 6.26
Ergebnisse nach Anpassung des Prompts

Das Ergebnis der KI lässt sich nicht nur durch den Prompt selbst, sondern auch durch einige Einstellungen verbessern.

Express bietet hier die Optionen an, ein Stil-Referenzbild hochzuladen, ein Kompositionsreferenzbild hochzuladen, den Inhaltstyp (Auto, Foto, Grafik, Kunst) und den Stil des zu generierenden Bildes festzulegen. Die meisten dieser Möglichkeiten haben wir bereits ausführlich in Kapitel 4, »Adobe Firefly«, behandelt.

Wie auch bei Firefly beeinflusst das Referenzbild bei Stil hier Kunstrichtungen, Farben und Stimmungen des zu generierenden Bildes, das Referenzbild bei Komposition wiederum den Aufbau bzw. das Layout. Mehr zu den Referenzbildern lesen Sie in Abschnitt 4.3.6 und Abschnitt 4.3.8.

Inhaltstyp entspricht ebenfalls den Einstellungen, die Sie aus Firefly kennen. Lediglich Grafik ist hier neu – es wird eine Illustration im Cartoon-Stil erstellt.

Hier einige Beispiele für die Einstellungen unter Inhaltstyp für den Prompt »Känguru lächelt, mit Strick-Schal rot«.

Hinweis
Im Gegensatz zur Webanwendung von Firefly bietet Express hier lediglich die Möglichkeit, Referenzbilder hochzuladen. Es werden keine Bilder aus der Bibliothek zur Verfügung gestellt.

Abbildung 6.27
Einstellungsoptionen unter Adobe Express

Abbildung 6.28
Ergebnisse mit den unterschiedlichen Inhaltstypen: Auto, Foto, Grafik und Kunst. Die Unterschiede zwischen Grafik und Kunst sind oft gering.

Je nach Wahl der Stile-Kategorie (Beliebt, Bewegungen, Designs usw.) bietet Express viele unterschiedliche Optionen an – von Cartoon über Holzschnitzerei bis hin zu Neon. Sie können einen oder mehrere Stile für Ihr Bild nutzen. Die Stilfunktionen lassen sich mixen und zusammen anwenden – hier lohnt es, ein wenig zu experimentieren, bis Sie den optimalen Stilmix gefunden haben.

Spielen Sie vor allem mit der Stile-Einstellung KONZEPTE – hier können Sie überraschende Ergebnisse erwarten, beispielsweise mit dem Effekt CHAOTISCH.

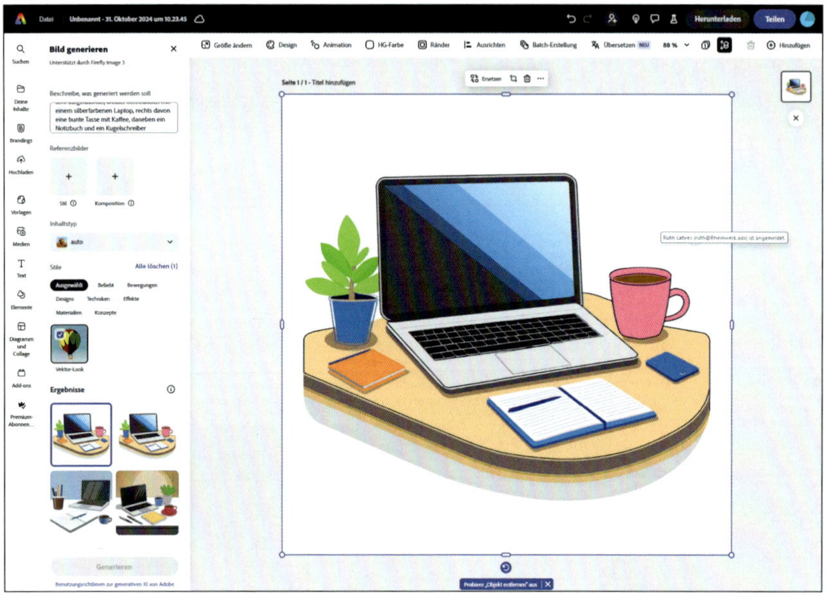

Abbildung 6.29 Angepasstes Ergebnis nach Nutzung des Stils VEKTOR-LOOK

In Adobe Express stehen insgesamt weniger Stileinstellungen zur Verfügung, als wir es von der Webanwendung von Firefly gewohnt sind. Wenn Sie also für die Generierung eines Bildes deutlich mehr Einstellungsmöglichkeiten benötigen, ist es sinnvoll, das Bild vorher in der Webapplikation von Firefly zu generieren und dann über die Import-Funktion in Adobe Express zu laden.

Auch hier ist es natürlich wieder möglich, mit den Basisfunktionen von Express neue Elemente hinzuzufügen, Texte zu erstellen und das generierte Bild anschließend herunterzuladen oder zu teilen.

Wichtig
Derselbe Prompt auf verschiedenen Accounts kann zu komplett unterschiedlichen Ergebnissen führen. Es ist quasi unmöglich, ein und dasselbe Bild ein zweites Mal zu generieren. Sollte also das passende Bild in einer Entwurfsreihe dabei sein, sollten Sie es unbedingt abspeichern, damit es beim nächsten Mal als Stilreferenz verwendet werden kann. So können Sie zumindest etwas sehr Ähnliches generieren.

Einschränkungen beim Generieren von Bildern

Ähnlich wie in Firefly selbst merkt sich das Modell, welche Stile häufig genutzt werden, und generiert Teile in neue Bilder hinein, die in alten Bildern bereits genutzt wurden. Es kann also vorkommen, dass Sie zuerst eine Mondlandschaft im Scifi-Stil generieren und dann auf ein fotorealistisches Projekt mit Menschen übergehen, in dem wiederum Elemente aus der Mondlandschaft auftauchen. Oder, wie in diesem Beispiel, die Ohren eines Kängurus!

Abbildung 6.30
Bild nach Prompt »niedliches Känguru lächelt in einem Kapuzenpullover, langes weiches Fell 3D« (links). Rechts haben wir ein neues Bild nach dem Prompt »Frau von hinten, braunes Haar, malt ein Bild« generiert. Leider hat sich die KI hier noch die Ohren vom Känguru gemerkt!

Meistens erledigt sich das Problem nach ein paar richtungsweisenden Prompts wieder. Das kann von Vorteil sein, aber natürlich auch mal stören – je nach Projekt.

Bei der Generierung von Bildern mit menschlichen Gesichtern sind die Ergebnisse mit den richtigen Einstellungen mittlerweile beeindruckend. Nicht immer allerdings passt im ersten Ergebnis alles zusammen, und meistens ist mehr als ein Prompt nötig, um das passende Ergebnis zu erreichen. Das Bild jedoch im zweiten Schritt zu verändern, zum Beispiel die Augenfarbe anzupassen, ist nicht möglich. Da hilft uns aber Photoshop weiter.

Abbildung 6.31
Prompt »Porträt einer Frau mit Locken, fotorealistisch«, Stil Hyperrealistisch

Tipp
Für halbwegs realistische Bilder sollten Sie den Stil HYPERREALISTISCH verwenden, indem Sie ihn direkt im Prompt mit angeben. Die Ergebnisse sind märchenhaft.

Was super funktioniert, sind Hintergründe. Hier lassen sich mit wenig Aufwand Landschaften oder Weltallillusionen zaubern. Die KI-Algorithmen, die diese Landschaften generieren, berücksichtigen dabei die natürlichen Lichtverhältnisse und -effekte, um eine authentische Darstellung zu erreichen. Dadurch entstehen wirklich überzeugende Schattierungen, Lichtreflexe und Farbverläufe, die die Landschaften geradezu lebendig wirken lassen. Die Farben sind meistens großartig und die Bilder vielfältig einsetzbar.

Abbildung 6.32
Links das Ergebnis des Prompts »Waldlandschaft mit Abendlicht«, Stil: BOKEH-EFFEKT, FANTASY, HYPERREALISTISCH, rechts eine Schneelandschaft nach dem Prompt »Schneelandschaft mit Abendlicht«, Stil: BOKEH-EFFEKT, FANTASY, HYPERREALISTISCH, Inhaltstyp jeweils auf AUTO

6.2.2 Objekt entfernen

Die generative Füllung in Adobe Express macht auch in dieser Anwendung die Bildbearbeitung deutlich leichter. Da sich Express ja auch an Laien wendet, ist es hier alles sehr intuitiv und wird per Prompt gelöst. Das heißt, wenn Sie eine Stelle in einem Bild entfernen möchten, dann geben Sie in das Prompting-Feld genau das auch ein.

Schritt für Schritt
Ein Objekt in Adobe Express entfernen

Einzelne Schritte (gerade gegen Ende der Kreation) sind vergleichbar mit der Schritt-für-Schritt-Anleitung in Abschnitt 6.1.1, »Adobe-Express-Vorlagen«.

1 Arbeitsbereich in Express

Die KI-Funktion finden Sie auf der Startseite von Adobe Express Mit KI generieren und dann Objekte entfernen.

Abbildung 6.33
Direkt auf der Startseite finden Sie den Bereich Objekt entfernen.

2 Bild hochladen

Direkt im besagten Abschnitt der Startseite steht Ihnen die Möglichkeit zur Verfügung, ein Bild hochzuladen. Wir wollen im folgenden Beispiel »Zeitschrift.tif« aus diesem Foto die Sonne innerhalb des Magazins entfernen.

Zeitschrift.jpg

© Vivien Pietruck

Abbildung 6.34
Ausgangsbild der Bearbeitung

3 Übersicht über den Arbeitsbereich

Nach dem Upload gelangen Sie direkt in den bekannten Arbeitsbereich von Express – die Menüführung ist mehr als übersichtlich: Lediglich die Größe des Pinsels ist für die folgende Auswahl einstellbar.

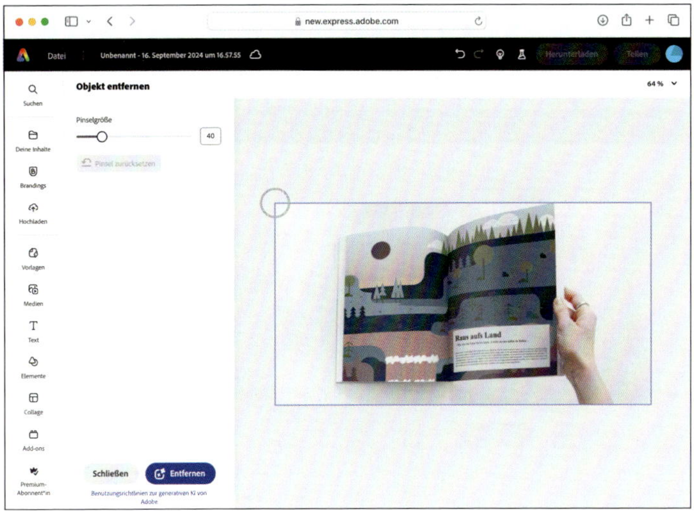

Abbildung 6.35
Arbeitsbereich nach Upload des zu bearbeitenden Bildes

4 Pinsel anpassen

Über den Schieberegler wird die Größe des Auswahlpinsels definiert (zu sehen als Kreis im Bild). Das erlaubt großflächige wie detaillierte Änderungen am Bild. Für den aktuellen Zweck belassen wir die Pinselgröße auf 40.

5 Zu bearbeitenden Bildausschnitt auswählen

Mit dem Pinsel markieren Sie den Bereich im Bild, der entfernt werden soll. Dieser wird in transparentem Lila dargestellt.

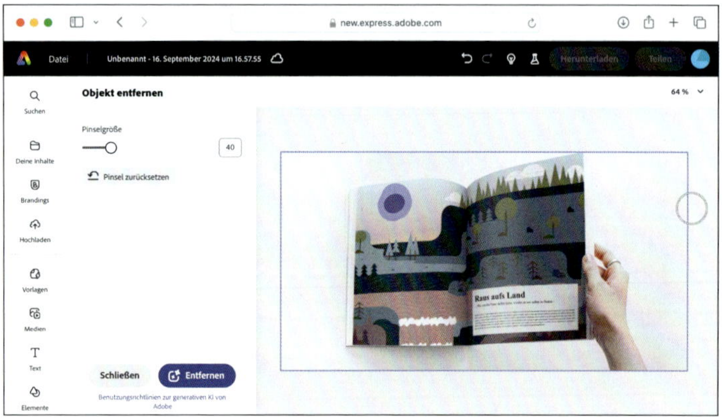

Abbildung 6.36
Mithilfe des Pinsels wird der Bereich des Bildes markiert, der bearbeitet werden soll (hier transparent lila).

6 Entfernen, Verwerfen und Behalten

Nach einem Klick auf ENTFERNEN liefert Express drei Vorschläge zur Umsetzung der Entfernung in der linken Seitenleiste. Der erste wird auf der Arbeitsfläche gezeigt. Und wie immer lässt sich der Vorgang beliebig oft wiederholen mit dem Button VERWERFEN – in unserem Beispiel macht das aber wenig Sinn, und so nutzen wir den Button BEHALTEN.

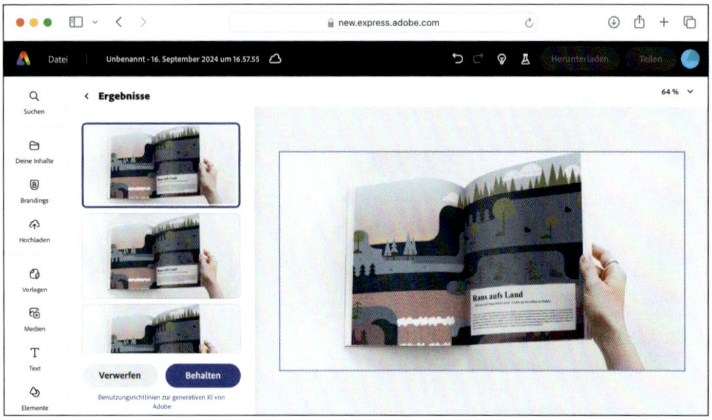

Abbildung 6.37
Express liefert drei Vorschläge zur Umsetzung der Entfernung.

6.2.3 Objekte einfügen und ersetzen

Genauso können natürlich auch Objekte hinzugefügt bzw. ersetzt werden, die sich dann automatisch an den Stil des vorhandenen Bildes anpassen. Mit einer Art Pinsel markern Sie einfach die Stelle im Bild an, geben den Prompt ein und los geht's. Im nächsten Beispiel ist genau erklärt, wie es funktioniert. Es ähnelt dem Vorgehen in Photoshop, jedoch bietet Adobe Express eine benutzerfreundlichere Umgebung für diese Aufgaben.

Schritt für Schritt
Ein Objekt in Adobe Express einfügen

Einzelne Schritte sind vergleichbar mit der vorherigen Schritt-für-Schritt-Anleitung in Abschnitt 6.2.2, »Ein Objekt in Adobe Express entfernen«.

Zeitschrift.jpg

1 Arbeitsbereich in Express

Die KI-Funktion finden Sie auf der Startseite von Adobe Express MIT KI GENERIEREN und dann OBJEKTE EINFÜGEN.

Abbildung 6.38
Direkt auf der Startseite finden Sie den Bereich OBJEKT EINFÜGEN.

2 Bild hochladen

Wir wollen im folgenden Beispiel das gleiche Ausgangsbild nutzen und aus der Sonne einen Vogelschwarm machen.

3 Überblick über den Arbeitsbereich

Nach dem Upload gelangen Sie direkt in den bekannten Arbeitsbereich von Express – die Menüführung ist ähnlich wie beim Entfernen von Objekten, ergänzt um den ersten Schritt der Prompteingabe.

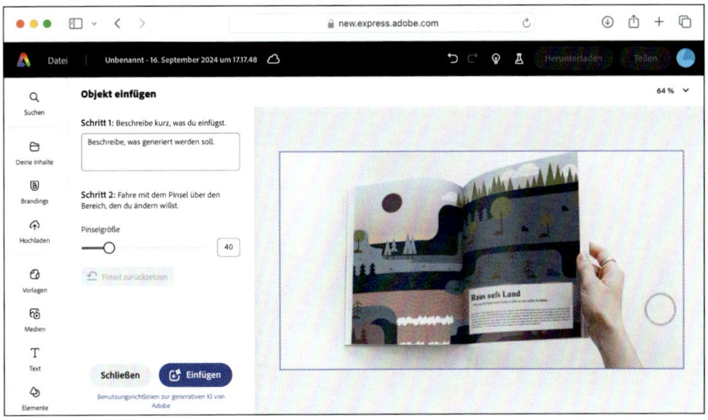

Abbildung 6.39
Arbeitsbereich nach Upload des Bildes im Bereich OBJEKT EINFÜGEN

4 Prompting

Das Textfeld im linken Teil des Arbeitsbereichs dient der Prompteingabe. Für unser Beispiel nutzen wir: »Vogelschwarm von links nach rechts«.

5 Zu bearbeitenden Bildausschnitt auswählen

Wählen Sie nun den Pinsel in der passenden Größe aus – 40 ist hier eine gute Einstellung. Anschließend müssen Sie den zu bearbeitenden Bildausschnitt anwählen; wir entscheiden uns hier wieder für die Sonne. Wählen Sie den Bereich etwas großzügiger aus, da wir ja einige Vögel über den Himmel fliegen lassen wollen.

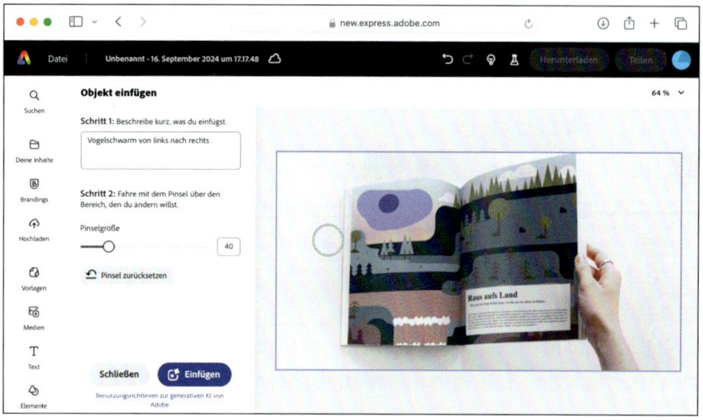

Abbildung 6.40
Alles ist vorbereitet.

6 Einfügen

Nach Klick auf den Button EINFÜGEN liefert Express drei Vorschläge zur Umsetzung. Der erste wird auf der Arbeitsfläche gezeigt. Dieser Vorgang lässt sich mit der Option MEHR GENERIEREN unterhalb der drei Vorschläge wiederholen. Beeindruckend: Express passt die generierten Ergebnisse direkt dem Stil des Originalbildes an!

Unglaubliche Zeitersparnis!
Die hier gezeigte Illustration ist per Handarbeit in Illustrator mit einem ungefähren Zeitaufwand von 16 Stunden erstellt worden. Alle Elemente haben eine unterschiedliche Rasterung, die Vektorgrafik wurde mit Elementen aus Photoshop über Ebenenmasken gemischt. Eine solche Grafik lässt sich nun innerhalb weniger Minuten erstellen.

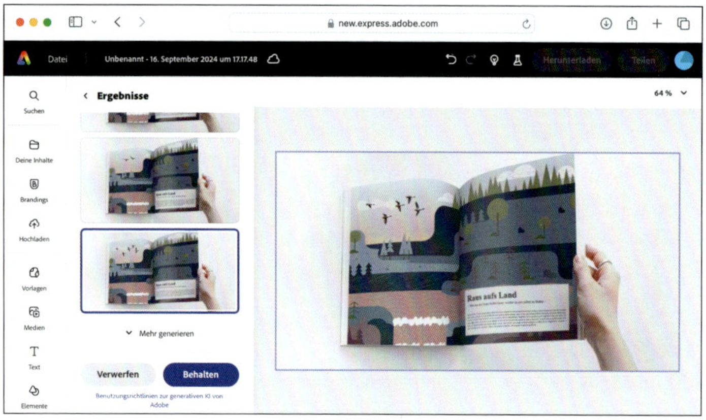

Abbildung 6.41
Express liefert drei Vorschläge zur Umsetzung der neuen Kreation.

7 Entfernen, Verwerfen und Behalten

Mit dem Button VERWERFEN wird der Generierungsprozess abgebrochen. Wenn Sie mit dem Ergebnis zufrieden sind, nutzen Sie den Button BEHALTEN. Anschließend können Sie die Datei herunterladen oder teilen.

Die Möglichkeit, in Adobe Express Ergänzungen im selben Illustrationsstil vorzunehmen, ist eine bemerkenswerte Innovation. Diese Funktion erleichtert es ungemein, aus einer unfertigen Illustration eine vollständig ausgearbeitete Version zu erstellen, ohne dabei den einheitlichen Gestaltungsstil zu zerstören. Da staunen wir doch immer wieder, wenn sich plötzlich so schnell Dinge umsetzen lassen, die man eben noch im Kopf hatte. Die Möglichkeiten sind einfach grenzenlos. Es ist, als würde man einen digitalen Pinsel in die Hand nehmen, der genau versteht, was benötigt wird, um ein Kunstwerk zu vervollständigen.

Wiederherstellen

Über das Symbol BILD WIEDERHERSTELLEN können Sie das Ausgangsbild anzeigen lassen.

6.2.4 Vorlage generieren

Die Möglichkeit, bearbeitbare Vorlagen für Social-Media-Posts, Plakate, Flyer und Karten direkt aus einer Textbeschreibung heraus zu erstellen, ist eine echt tolle Erfindung! Mit dieser Funktion können Sie Ihre kreativen Ideen effizient umsetzen, indem Sie lediglich eine Beschreibung dessen eingeben, was Sie visualisieren möchten.

Schritt für Schritt
Vorlagen generieren in Adobe Express

Einzelne Schritte sind vergleichbar mit der Schritt-für-Schritt-Anleitung in Abschnitt 6.1.1, »Adobe-Express-Vorlagen«.

1 Arbeitsbereich in Express

Die KI-Funktion finden Sie auf der Startseite von Adobe Express MIT KI GENERIEREN und dann VORLAGE GENERIEREN.

Abbildung 6.42
Direkt auf der Startseite finden Sie den Bereich VORLAGE GENERIEREN.

2 Prompting

Direkt im oben genannten Abschnitt können Sie einen Prompt eingeben. Wir testen die Anwendung mit dem Prompt »Poster für einen Designwettbewerb«. Sobald Sie beginnen zu schreiben, färbt sich das Hintergrundbild dunkel, und der Generieren-Button wird aktiviert.

3 Generieren

Nach Eingabe eines Prompts klicken Sie auf GENERIEREN, und Adobe Express schlägt eine Auswahl an Vorlagen vor, die genau auf die Beschreibung abgestimmt sind – darunter sowohl freie als auch Premium-Vorschläge.

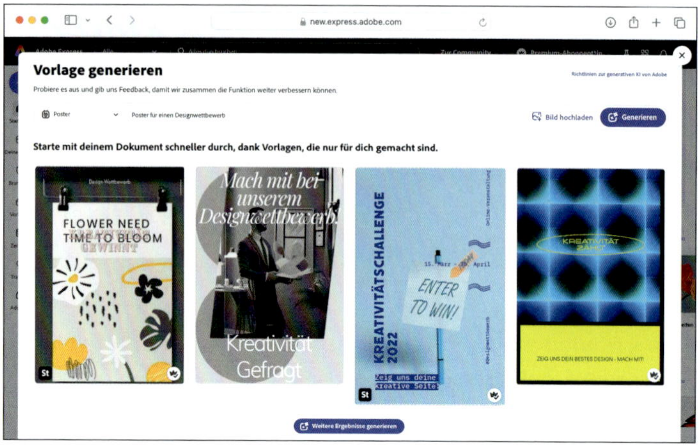

Abbildung 6.43
Vorschläge nach Prompt »Poster für einen Designwettbewerb«

Als Ergebnis sind sehr unterschiedliche Ansätze zu sehen, da der Prompt lediglich den Anlass, aber keinen Gestaltungswunsch enthalten hat. Sollte hier schon ein passendes Ergebnis dabei sein, können Sie mit diesem in die Weiterbearbeitung gehen.

Ansonsten gibt es oberhalb der ersten Entwürfen die Möglichkeit, den Prompt zu ändern. Mit Klick auf den Button unterhalb der Vorschläge können Sie weitere Ergebnisse generieren.

Abbildung 6.44
Wir nutzen im Folgenden diese Zeichnung als Beispieldatei.

4 Zusätzliches Bild hochladen

Über den Button Bild hochladen rechts neben dem Prompt können Sie ein eigenes Bild hochladen. Dieses wird dann nach erneutem Klick auf Generieren in das generierte Ergebnis integriert. Für das Beispiel nutzen wir die bereits bekannte Zeichnung von Annett Bergk.

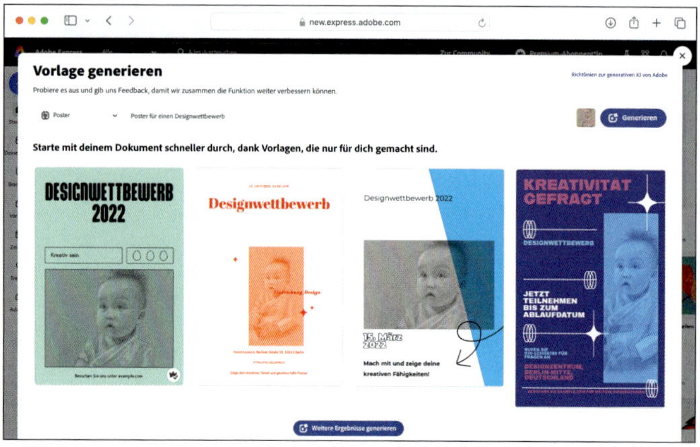

Abbildung 6.45
Anpassung der Vorlagen nach Upload eines eigenen Bildes

5 Variationen nutzen

Zudem lohnt es sich, mit Variationen einer Vorlage zu experimentieren. Durch Klick auf den Button VARIATIONEN ANZEIGEN, der im oberen Bereich der Vorlage nach Mouseover erscheint, können Sie aus ähnlichen Designs wählen und so die Vorlage finden, die Ihnen am besten gefällt.

Abbildung 6.46
Die Option VARIATIONEN ANZEIGEN erscheint bei Mouseover.

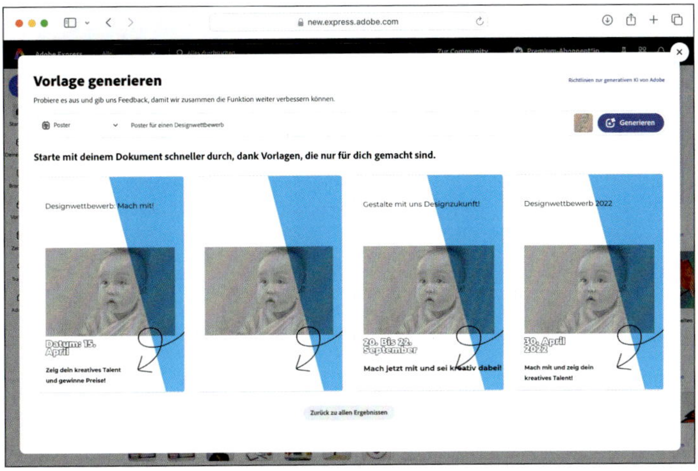

Abbildung 6.47
Variationen einer zuvor generierten Vorlage

6 Bekannte Arbeitsfläche

Nach Klick auf eine Vorlage, die Ihren Vorstellungen entspricht, öffnet sich die bekannte Arbeitsfläche, und das Dokument kann noch weiterbearbeitet werden. Hier bietet Adobe Express zahlreiche Werkzeuge, um das Design nach Belieben zu personalisieren. Ob es darum geht, Texteffekte hinzuzufügen, Schriften zu ändern oder den Hintergrund auszutauschen – die Möglichkeiten sind nahezu unbegrenzt.

Praktisch!
Alle Dokumente, die Express generiert, sind in Ebenen aufgebaut. Es ist also problemlos möglich, beispielsweise einen neuen Hintergrund generieren zu lassen und gesondert auszutauschen.

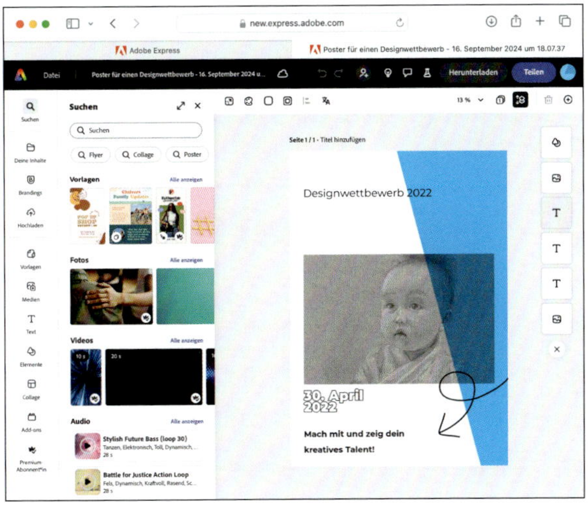

Abbildung 6.48
Arbeitsfläche nach Entscheidung für eine generierte Vorlage

7 Finalisieren

Wählen Sie also Elemente aus, und passen Sie sie an. Sie können natürlich auch weitere Elemente hinzufügen. Anschließend lässt sich auch diese Kreation herunterladen oder teilen.

6.3 Texteffekte generieren

Anstatt sich mit einfachen Schriftarten zufriedenzugeben, ermöglicht die KI, Texte in wahre Meisterwerke zu verwandeln. Oder zumindest eben in wirklich auffällige Textelemente. Kreative können eine einfache Beschreibung ihrer gewünschten Textgestaltung eingeben und zuschauen, wie der Generator für Texteffekte beeindruckende Strukturen und Stile kreiert. Von Buchstaben, die aus einem Bündel von Elektrokabeln bestehen, bis hin zu solchen, die wie Pizzen oder Pailletten aussehen – die Möglichkeiten sind nahezu grenzenlos.

6.3.1 Vorgehen für die Generierung von Texteffekten

Die Funktion zum Generieren von Texteffekten finden Sie ebenso wie alle anderen KI-basierten Funktionen auf der Startseite von Adobe Express im Bereich MIT KI GENERIEREN unter TEXTEFFEKTE GENERIEREN.

Auch hier können Sie direkt einen Prompt eingeben. Wir testen die Anwendung mit dem Prompt »Donut mit Streuseln«. Wenn Sie dann auf GENERIEREN klicken, schlägt Adobe Express vier Ergebnisse vor, wie der Prompt umgesetzt werden kann, und zeigt das an einem Textbeispiel.

Abbildung 6.49
Direkt auf der Startseite finden Sie den Bereich TEXTEFFEKTE GENERIEREN.

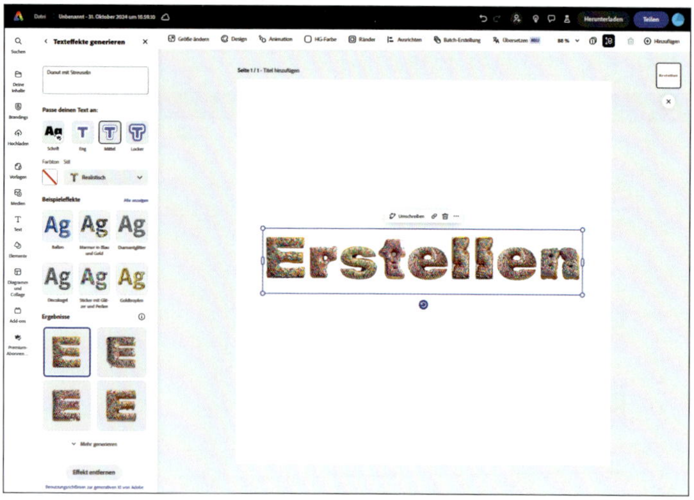

Abbildung 6.50
Vorschläge nach Prompt »Donut mit Streuseln«

Um den Prompt optimal anzupassen, bietet Express im linken Bereich verschiedene Einstellungsmöglichkeiten. Unter PASSE DEINEN TEXT AN können Sie zusätzliche Adjektive in den Prompt einbauen, wie MITTEL, ENG oder LOCKER. Diese Einstellungen beeinflussen dann am Ende, wie streng die ursprüngliche Form der Schrift eingehalten wird und wie der Effekt über die Ränder der Schrift hinausläuft, was natürlich auch unterschiedliche Auswirkungen auf die Lesbarkeit des Textes hat. Also bitte immer auch an die Zielgruppe denken! Vor allem aber kann man hier die Schriftart anpassen, Adobe bietet hier zwölf verschiedene Schriften an.

Abbildung 6.51
Optionen zum Anpassen des Textes

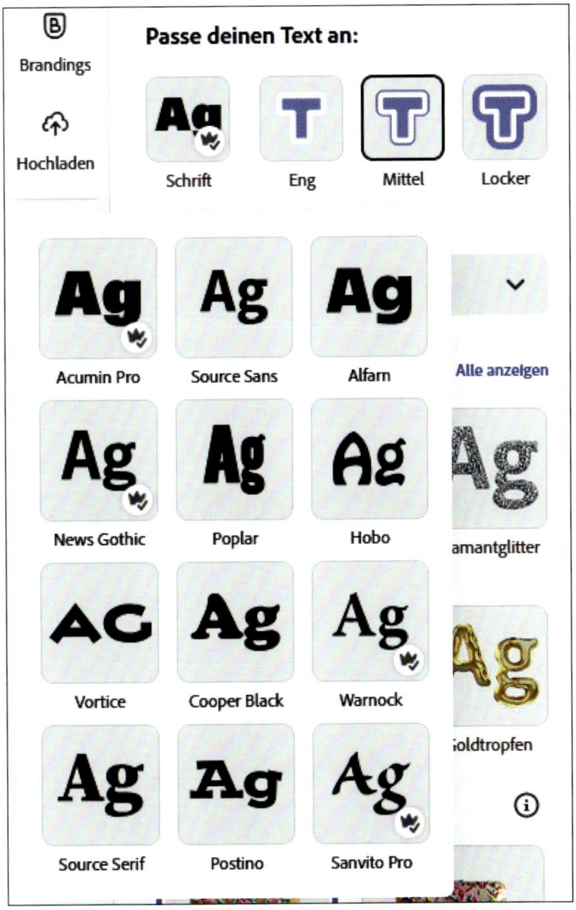

Abbildung 6.52
Verschiedene Schriftarten, die für die Texteffekte angeboten werden.

FARBTON und STIL (REALISTISCH, AUSGESCHMÜCKT, BLEISTIFTSKIZZE, NEON, BUNTER FINELINER) wiederum können über das linke Menü angepasst werden. Bei der Schriftart bietet Express auch Premium-Optionen an. Unter dem Punkt BEISPIELEFFEKTE verbergen sich Texteffekte, die nicht explizit mit KI generiert wurden.

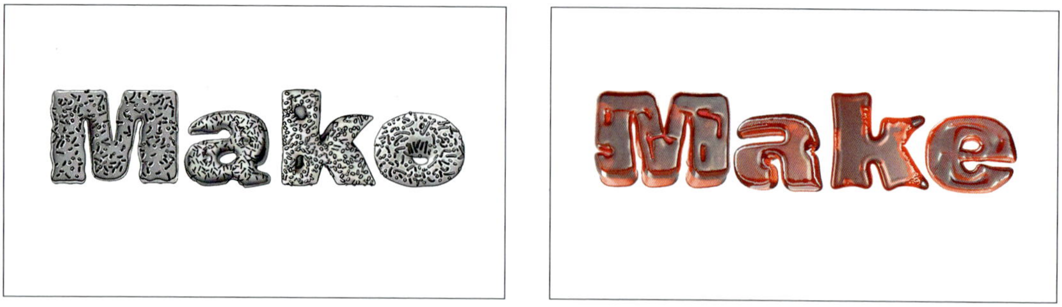

Abbildung 6.53
Ergebnis nach Auswahl des Stils Bleistiftskizze und des Effekts Rote Götterspeise

Ebenfalls auswählen lassen sich hier Beispieleffekte wie Ballon, Diamantglitter und vieles mehr. Gehen Sie auf Alle anzeigen, und es werden Beispiele in verschiedenen Kategorien wie Strukturen, Essen, Kunsthandwerk usw. geboten.

Klicken Sie nun den eigentlichen Text an, erscheinen in der linken Leiste verschiedene Einstellungsoptionen für die Schrift selbst. Sie können die Schriftart, den Schriftschnitt und die Schriftgröße einstellen, außerdem mit verschiedenen selbsterklärenden Buttons die Schrift fett, kursiv oder unterstrichen formatieren und den Zeilenabstand ändern.

Auch verschiedene Textlayouts lassen sich dem Text hinzufügen, zum Beispiel Dynamisch, Kreis, Brücke oder Girlande. Lesen Sie zu den Einstellungen den Abschnitt 6.1.6. Bedenken Sie, dass Sie den Schriftzug nachträglich nicht mehr in Photoshop bearbeiten können.

Abbildung 6.54
Änderung des Schriftzuges und Auswahl der Schriftart

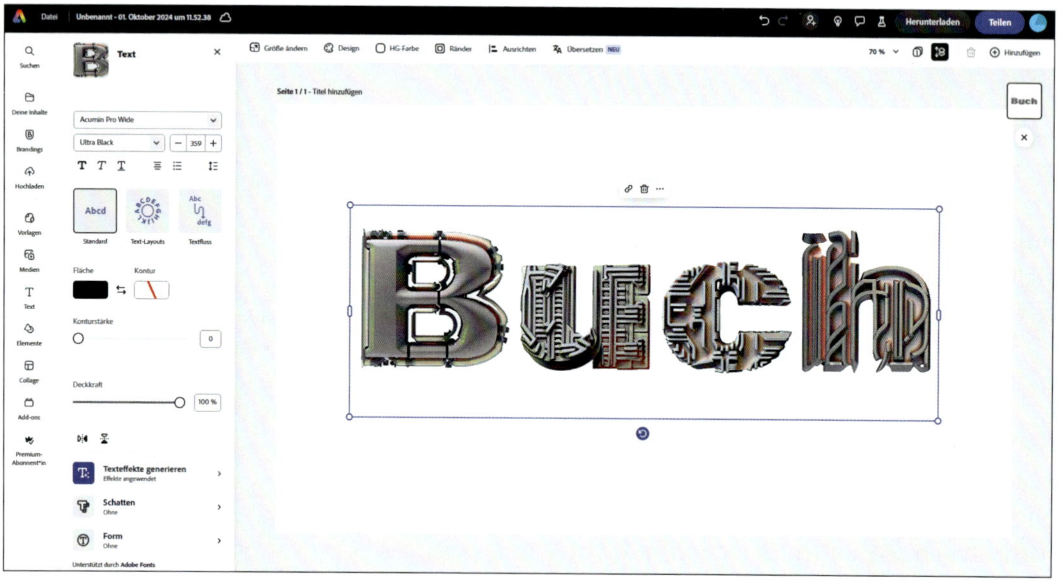

INTERVIEW

KI im Kommunikationsdesign: Aufklärungs- und Weiterbildungsbedarf

Besonders die Kommunikationsbranche profitiert von neuen Möglichkeiten, die die KI mit sich bringt, steht aber auch vor ethischen, rechtlichen und auch »handwerklichen« Herausforderungen. Annett Bergk erklärt, welche Auswirkungen KI auf Kommunikationsdesigns hat und worauf Fachleute achten müssen.

Vivien Pietruck: Frau Bergk, wie verändert KI die Arbeit im Kommunikationsdesign?

Annett Bergk: KI hat das Potenzial, das Kommunikationsdesign tiefgreifend zu transformieren. Tools wie Adobe Firefly, ChatGPT und Co. ermöglichen es uns, Text-, Bild- und Videomaterial um ein Vielfaches effizienter und kreativer zu gestalten. So können beispielsweise automatische Textanalysen die Erstellung von Inhalten beschleunigen, indem sie relevante Keywords und Themen identifizieren, und das aktive Rückfragen der KI macht den Prozess um einiges schlanker.

Vivien Pietruck: Können Sie ein konkretes Beispiel aus Ihrer Praxis geben?

Annett Bergk: Ein gutes Beispiel ist die Erstellung von Social-Media-Inhalten mit Adobe Express. Text und Bild werden mit einem Mausklick angepasst, in verschiedenen Ausspielformaten ausgegeben und können ebenso schnell in Videos umgewandelt werden. Die KI schlägt passende Bilder, Videos und Musik vor, um die Inhalte ansprechend umzusetzen. Das spart enorm viel Zeit und Ressourcen und ist dennoch kein Copy & Paste vorhandener Vorlagen. KI wahrt die Individualität der Content Creator.

Vivien Pietruck: Welche weiteren Einsatzgebiete sehen Sie für KI im Kommunikationsdesign?

Annett Bergk: Ein weiteres spannendes Einsatzgebiet ist die Erstellung von Webseiten mithilfe von KI. Ein vorgefertigter Fragebogen – beispielsweise bei IONOS – ist Grundlage für individuelle Webseitenvorschläge, die dann wiederum nach nur wenigen Klicks online gestellt werden können. Man beantwortet also ein paar Fragen, macht ein paar Angaben, und die KI kümmert sich um Design, Bilder und Texte. Das ist schon verrückt – und lässt mich als WordPress-Verfechterin mit sehr gemischten Gefühlen zurück. (lacht)

Vivien Pietruck: Wie meinen Sie das?

Annett Bergk: Auf der einen Seite ist es beeindruckend, wie schnell und einfach man eine ansprechende Webseite erstellen

Über die Autorin: Annett Bergk

Annett Bergk ist Inhaberin der Agentur EINFACHkommunikation und berät Unternehmen in den Themen Strategische Kommunikation und Grafikdesign. Mehr als 10 Jahre Erfahrung sammelte sie zuvor auf Agentur- und Unternehmensseite; sie baute u. a. die Marketingabteilung des preisgekrönten Delikatessenkonzeptes »Mutterland« auf. Zudem ist sie Dozentin im Fachbereich Informatik und Kommunikation an der Westfälischen Hochschule. Unter *www.einfachkommunikation.de* finden Interessierte Aktuelles rund um die Themen Grafikdesign, Programmierung und Strategieberatung.

Abbildung 6.55
KI hat das Potenzial, Kommunikationsdesign zu revolutionieren. Das setzt jedoch voraus, dass sich Designer*innen kontinuierlich weiterbilden, sagt Annett Bergk.

kann. Auf der anderen Seite stellt es traditionelle Handwerksmethoden in Frage. Als jemand, der Wert auf individuelles Design legt, sehe ich die Gefahr, dass die Kreativität und der persönliche Touch verloren gehen könnten. Außerdem ist der Code in diesem konkreten Fall nicht einsehbar und entsprechend auch nicht nachvollziehbar, bearbeitbar oder wiederholbar. Und dennoch kann ich mir vorstellen, dass die Zukunft der Webgestaltung genau da liegt – so es denn ethisch und rechtlich abgesichert ist.

Vivien Pietruck: Die Rolle der Designer*innen und Kommunikator*innen wird also Ihrer Meinung nach nebensächlich?

Annett Bergk: Noch nicht. Vielleicht und hoffentlich auch: noch lange nicht. Denn trotz der beeindruckenden Fähigkeiten der KI bleibt der menschliche Faktor zentral. Insbesondere bei der Konzeption von Kommunikationsstrategien ist menschliche Kreativität und Einfühlungsvermögen unerlässlich. KI kann uns unterstützen, indem sie Daten analysiert und erste Entwürfe liefert, aber die finale Entscheidung und kreative Gestaltung erfordern meiner Meinung nach menschliches Urteilsvermögen. Früher im kreativen Keller haben wir immer gesagt: »Ja, da ist schon viel Schönes dabei.« Hieß so viel wie: »Nein, danke.« Und so geht es mir ganz oft noch aktuell beim Einsatz von KI. Ja, es ist schon viel Schönes dabei. Meinem persönlichen Anspruch genügt es aber noch lange nicht.

Vivien Pietruck: Aber Agenturen profitieren doch jetzt schon gewaltig von KI, oder?

Annett Bergk: Absolut. Größere Agenturen können maßgeschneiderte KI-Lösungen entwickeln, die auf ihre spezifischen Bedürfnisse abgestimmt sind. Diese können den gesamten Workflow optimieren – von der Ideengenerierung bis zur endgültigen Umsetzung. Kleinere Agenturen profitieren von allgemein verfügbaren Tools wie Midjourney oder ChatGPT, die KI-Funktionen beinhalten, um schnelle und kosteneffiziente Lösungen zu ermöglichen.

Vivien Pietruck: Welche Rolle spielt Weiterbildung in diesem Kontext?

Annett Bergk: Eine ganz entscheidende. Wir müssen lernen, welche Potenziale von KI wir wie ausschöpfen und wie wir gleichzeitig die ethischen und rechtlichen Herausforderungen meistern können. Studierende – speziell in Grafik- oder Kommunikationsstudiengängen – sollten technische Kenntnisse über KI und deren Anwendungen erwerben. Auch berufliche Weiterbildungen sind unerlässlich, damit Fachleute mit den technischen Entwicklungen Schritt halten und die Vorteile der KI verantwortungsbewusst nutzen können. Als Dozentin an der Westfälischen Hochschule lege ich meinen Studierenden explizit nahe, sich intensiv mit KI-Tools auseinanderzusetzen. Ich sehe darin eine wertvolle Ergänzung ihrer Fähigkeiten, die sie optimal auf die Zukunft im Kommunikationsdesign vorbereiten kann.

Vivien Pietruck: Wie genau bleibt man denn am besten technisch auf dem Laufenden?

Annett Bergk: Man sollte kontinuierlich in die eigene Weiterbildung investieren. Eine effektive Strategie ist die Teilnahme an Onlinekursen und Webinaren auf Plattformen wie Coursera oder edX, die flexible Lernmöglichkeiten bieten. Fachliteratur und Blogs liefern wertvolle Einblicke in die neuesten Entwicklungen, und Fachkonferenzen sowie Workshops wie die Adobe MAX oder die AWWWARDS-Konferenz ermöglichen den direkten Austausch mit Branchenexpert*innen. Auch der regelmäßige Austausch mit Kolleg*innen und Fachleuten über soziale Netzwerke, insbesondere LinkedIn, ist hilfreich. Aber all die Theorie nützt wenig, wenn man nicht in die Anwendung kommt – sei es durch unternehmerische Projekte oder eigene kreative Versuche mit neuen Tools und Technologien.

6.3.2 Prompting-Tipps für Texteffekte in Adobe Express

Bei der Erstellung von Texteffekten mithilfe von KI haben Sie verschiedene Möglichkeiten, Inhalte für die User einfach ansprechender oder auch wirkungsvoller zu gestalten. Wirkungsvoller bedeutet für Werbung ja immer, dass das gewünschte Ziel erreicht wird – sei es die Aufmerksamkeit oder der Call-to-Action oder im Falle einer Leitgestaltung, dass alle den richtigen Weg finden. Weiter geht's mit Ideen und Ansätzen für die Erstellung:

Themenbezogene Texteffekte

Klassisch kann die KI genutzt werden, um Texteffekte zu erstellen, die sich auf bestimmte Branchenthemen oder auch aktuelle Trends beziehen. Ein Prompt könnte also lauten: »Texteffekt, der das Thema Nachhaltigkeit durch die Verwendung von Grüntönen und erdigen Texturen widerspiegelt.« Das Ergebnis könnte die entsprechende Markenbotschaft gut unterstützen.

Abbildung 6.56
Effekt nach Prompt »Erzeuge einen Texteffekt im Retro-Stil, der die Ästhetik der 80er-Jahre mit Neonfarben und Glitzereffekten kombiniert.«

Stilorientierte Texteffekte

Mithilfe von Adobe Express lassen sich aber auch problemlos verschiedene Stile generieren. Ein entsprechender Prompt könnte sein: »Erzeuge einen Texteffekt im Retro-Stil, der die Ästhetik der 80er-Jahre mit Neonfarben und Glitzereffekten kombiniert.«

Emotionale Texteffekte

Um bestimmte Emotionen bildlich zu vermitteln, kann die KI angewiesen werden, Texteffekte zu kreieren, die Gefühle wie Freude, Nostalgie oder Spannung ausdrücken. Ein Beispielprompt könnte sein: »Entwirf einen Texteffekt, der Wärme und Geborgenheit ausstrahlt, indem weiche Farbübergänge und sanfte Schattierungen verwendet werden.« Je genauer die Beschreibung, desto eher trifft die KI das Bild, das Sie zuvor im Kopf hatten.

Abbildung 6.57
Effekt nach Prompt »Generiere einen Texteffekt, der ein altes Manuskript imitiert, um eine historische Erzählung zu begleiten.«

Storytelling-Texteffekte

KI-gestützte Texteffekte können natürlich auch dazu verwendet werden, eine Geschichte oder Erzählung zu unterstützen – ähnlich wie ein Bild. Ein Prompt könnte sein: »Generiere einen Texteffekt, der ein altes Manuskript imitiert, um eine historische Erzählung zu begleiten.« Das hat schon fast etwas von einem immersiven Leseerlebnis!

> **Interaktive Texteffekte**
> Gerade im Onlinebereich dreht sich vieles um Interaktion und Call-to-Actions. Auch die Gestaltung von Text kann den gewünschten Effekt verstärken und User zu einer Handlung auffordern. Ein Beispiel: »Erstelle einen Texteffekt, der zur Teilnahme auffordert, indem dynamische Elemente und interaktive Farbwechsel integriert werden.«

Markenbezogene Texteffekte

Die Integration von Markenbotschaften oder -werten, also beispielsweise der Wohlfühlfaktor bei einem Weichspüler oder der Genuss bei einem leckeren Pudding, in Texteffekte sorgt für stimmige Inhalte. Das ist eigentlich kein Geheimnis. Ein Beispielprompt könnte lauten: »Entwickle einen Texteffekt, der die Innovationskraft der Marke durch futuristische Schriftarten und metallische Texturen darstellt.« Solche Prompts sind spannend, weil man vielleicht bei einem solchen Satz noch gar kein Bild im Kopf hat. Die KI spuckt aber in jedem Fall ein Ergebnis aus, ob es dann am Ende mit dem Gefühl übereinstimmt, müssen Sie selbst entscheiden.

Abbildung 6.58
Ergebnis nach Prompt »Erzeuge einen Texteffekt, der die Herbstsaison mit warmen Farben und fallenden Blatteffekten einfängt.«

Saisonale Texteffekte

Für saisonale Inhalte können KI-gesteuerte Texteffekte genutzt werden, die sich auf Jahreszeiten, Feiertage oder Ereignisse beziehen. Ein Prompt könnte sein: »Erzeuge einen Texteffekt, der die Herbstsaison mit warmen Farben und fallenden Blatteffekten einfängt.«

Wer viel probiert, gewinnt – und sei es an Erfahrung. Die Ergebnisse können ganz stark variieren, je nachdem, was sich das Programm vorher schon »angelernt« hat, und je mehr Zeit und Muße in das Probieren geht, desto besser wird das Gesamtbild am Ende sein, um die Markenbotschaft wunderbar zu unterstreichen.

Kapitel 7
Einsatz von KI in Adobe Photoshop

Visualisiert in Adobe Firefly mit dem Prompt »Erstelle ein dynamisches und detailreiches digitales Kunstwerk, das Adobe Photoshop zum Thema hat. Zeige einen kreativen Arbeitsplatz mit einem Computerbildschirm, auf dem das Adobe Photoshop-Logo und ein komplexes Bildbearbeitungsprojekt sichtbar sind. Um den Bildschirm herum befinden sich ein Grafiktablet und ein digitaler Pinsel. Der Hintergrund ist gefüllt mit inspirierenden Fotografie-Beispielen und Farbpaletten. Die Szene sollte eine kreative und professionelle Atmosphäre ausstrahlen, mit einem modernen und vielseitigen Farbschema.«

Kapitel 7
Einsatz von KI in Adobe Photoshop

*Adobe Photoshop ist seit Jahrzehnten das wahre Herzstück der Bildbearbeitung und des digitalen Designs. Mit der ständigen Weiterentwicklung bietet das Programm nicht nur unvergleichliche Tools zur Verwaltung und Bearbeitung von Bildern, sondern auch die Integration modernster Technologien, um die Effizienz und Kreativität seiner Anwender*innen zu maximieren.*

Die jüngsten Fortschritte im Bereich der künstlichen Intelligenz und natürlich im Speziellen von Adobe Firefly haben auch die Fähigkeiten von Photoshop revolutioniert. Das klingt jetzt wie eine Floskel, aber es trifft zu. Dank der neuen KI-Funktionen können Aufgaben, die früher Stunden oder gar Tage in Anspruch genommen haben, nun in Sekunden ausgeführt werden.

Aber die Einbindung von generativer KI geht noch einen Schritt weiter: Sie ermöglicht es, durch Prompts wirklich beeindruckende Effekte und Bilder zu generieren – etwas anders, als wir es bereits aus Firefly kennen, aber im Prinzip ganz ähnlich.

7.1 KI-Funktionen in Dialogfeldern und Optionsleisten

Die vielseitigen Funktionen, die Adobe Firefly eröffnet, bieten in Photoshop immense kreative Freiheiten. So ist es nun möglich, Objekte in einem Bild durch einfache Texteingaben hinzuzufügen oder zu entfernen und eine schnelle Stimmungsänderung durch den generativen Austausch von Hintergründen vorzunehmen. Es ist also nicht nur ein einfaches Automatisieren von Routinearbeiten, sondern man behält die kreative Kontrolle und kann die Ergebnisse manuell verfeinern.

Die Integration von KI in Photoshop bringt signifikante Vorteile mit sich. Unter den Stärken sind die Geschwindigkeit und Präzision bei der Bearbeitung hervorzuheben. Besonders komplexe Aufgaben, die bisher manuell viel Zeit in Anspruch genommen haben, können nun binnen Sekunden erledigt werden. Beispielsweise ermöglicht die automatisierte Hintergrundentfernung wirklich gute Freistellungen auch bei komplizierten Motiven wie Haaren oder Tierfell. Ebenso lässt sich durch das generative Füllen ein harmonischer Hintergrund erschaffen, der nahtlos mit dem Hauptmotiv verschmilzt.

Auf der Gegenseite stehen die aktuellen Schwächen und Beschränkungen. Vor allem die Notwendigkeit, Textprompts genau zu formulieren, kann Herausforderungen bergen. Die KI ist zwar lernfähig und äußerst intuitiv, doch in manchen Fällen unsicher, wenn es um die Erfüllung spezifischer kreativer Anforderungen geht. Zudem zeigt sich, dass Firefly Schwierigkeiten hat, mit komplexen Szenarien wie überlappenden Objekten korrekt umzugehen, obwohl kontinuierliche Updates und Verbesserungen absehbar sind. Aber schauen wir uns die Funktionen einmal genauer an.

Klassische Funktionen

Die kontextbezogene Taskleiste lässt sich nach Belieben verschieben, zurücksetzen, anheften oder auch ausblenden. Unter FENSTER • KONTEXTBEZOGENE TASKLEISTE können Sie sie sowohl deaktivieren als auch wieder aktivieren. (Standardmäßig ist sie aktiviert und sichtbar, sobald man in ein Bild hineinzoomt oder eine Auswahl vornimmt o. Ä.). Über das Drei-Punkte-Symbol ••• können Sie auf zusätzliche Optionen zum Ausblenden, Zurücksetzen und Anheften der Taskleisten zugreifen. Diese Aktionen werden dann übrigens auf alle Leisten angewendet, sodass durch das Anheften einer Leiste auch zukünftige Leisten im Workflow angeheftet werden. Wenn Sie eine Leiste ausblenden, bleiben alle Leisten im weiteren Prozess ausgeblendet, bis sie wieder aktiv geöffnet werden.

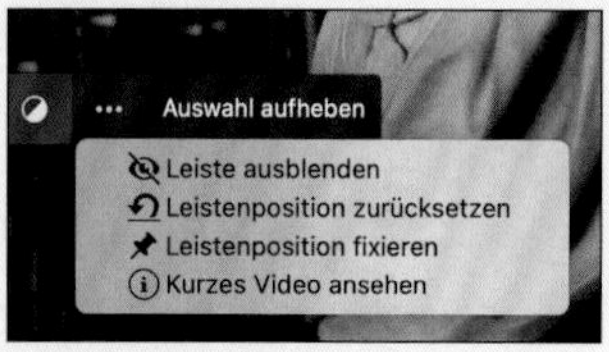

Abbildung 7.1
Optionen zum Umgang mit der kontextbezogenen Taskleiste

7.1.1 Kontextbezogene Taskleiste

Die kontextbezogene Taskleiste ist eine schwebende Leiste auf der Arbeitsfläche, die die für das ausgewählte Objekt oder Werkzeug relevanten Aktionen anzeigt, d. h. wahrscheinliche nächste Schritte im Bearbeitungsprozess.

Abbildung 7.2
Kontextbezogene Taskleiste nach Öffnen eines Bildes in Photoshop

Je nach Arbeitsschritt ist die Taskleiste wie bereits beschrieben anders. So bietet sie klassische Funktionen wie die Möglichkeit zum Öffnen eines Bildes, wenn eine neue Datei erstellt werden soll. In Bezug auf KI ist sie besonders bei folgenden Themen interessant:

- Nach Öffnen einer Datei bietet die Taskleiste die Optionen, das Motiv oder den Hintergrund des Bildes auszuwählen.
- Nach Auswahl eines Bildbereichs stehen Optionen zur Verfeinerung dieser Auswahl oder zum generativen Füllen des Bereichs bereit.
- Im Zuschneiden-Modus finden Sie dort die Option des generativen Erweiterns.

Wenn also beispielsweise eine Auswahl vorgenommen wird, zeigt die kontextbezogene Taskleiste die Optionen Generatives Füllen, Auswahl ändern, Auswahl umkehren, Auswahl füllen, Neue Einstellungsebene erstellen und Auswahl aufheben.

Abbildung 7.3
Kontextbezogene Taskleiste nach Auswahl eines Bildausschnitts

7.1.2 Eigenschaften-Bedienfeld

Im Eigenschaften-Bedienfeld in Photoshop werden Einstellungen und Steuerelemente im Rahmen der aktuellen Aufgabe oder des aktuellen Arbeitsablaufs angezeigt. Sollte dieses Menü ausgeblendet sein, können Sie es über das Menü Fenster • Eigenschaften anzeigen lassen.

Ähnlich wie bei der kontextbezogenen Taskleiste ändert sich die Information, die im Eigenschaften-Bedienfeld zur Verfügung gestellt wird. Nach Öffnen eines neuen Dokuments enthält es beispielsweise Angaben zu Bildgröße und Farbmodus. Beim Generieren spielt das Eigenschaften-Bedienfeld eine wichtige Rolle. Es werden Ihnen drei Variationen angeboten, die Sie per Klick auf die gewünschte Bildminiatur auswählen. Über den Button Generieren können Sie aber auch komplett neue Variationen erstellen lassen. Gleich darüber befindet sich übrigens ein Prompt-Eingabefeld.

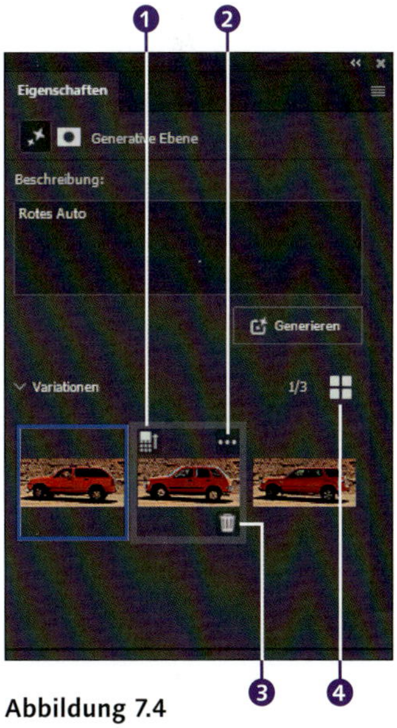

Abbildung 7.4
Je nach Arbeitsschritt ändert sich der Inhalt des Eigenschaften-Bedienfeldes, hier das Angebot bei Generierung eines Inhalts mithilfe von KI.

Fahren Sie mit der Maus über eine der Varianten, erscheinen drei weitere Icons:

- Details verbessern ❶ ermöglicht es Ihnen, per Klick die Schärfe und Detailgenauigkeit der generierten Varianten zu verbessern. Dadurch wird eine größere Klarheit der Details erreicht und sichergestellt, dass die Varianten nahtloser mit dem vorhandenen Bild verschmelzen, sodass die Ergebnisse noch beeindruckender werden.
- Der Schalter Weitere Optionen ❷ ermöglicht es Ihnen, eine Variation als Gut oder Schlecht zu definieren. Sie könnten sie sogar melden, wenn Sie glauben, dass etwas nicht mit rechten Dingen zugeht. Besonders hilfreich ist hier auch die Funktion Ähnliche generieren, auf die wir gleich noch eingehen.
- Der Mülleimer ❸ ist hilfreich, wenn Sie Speicherplatz sparen und daher nicht geeignete Varianten direkt löschen wollen.

Varianten besser beurteilen
Klicken Sie auf den den Miniaturen-Button ❹, werden die Varianten etwas größer angezeigt.

7.1.3 Content Credentials

Die folgende Abbildung zeigt, wie anspruchsvoll generierte Bilder sein können. Oft ist es nicht mehr möglich, zu unterscheiden, ob ein Bild von einer KI generiert wurde oder nicht. Doch durch einen Blick auf die Bildinformationen in Photoshop wird nun klar, ob es sich um ein mithilfe von KI erstelltes Foto handelt. Die Identitäts- und Verlaufsdaten werden den Bildern nämlich im Inhaltsurhebernachweis hinzugefügt.

Abbildung 7.5
KI-Generiert oder nicht? Damit das in Zukunft erkannt werden kann, finden Sie die Infos dazu in den Content Credentials.

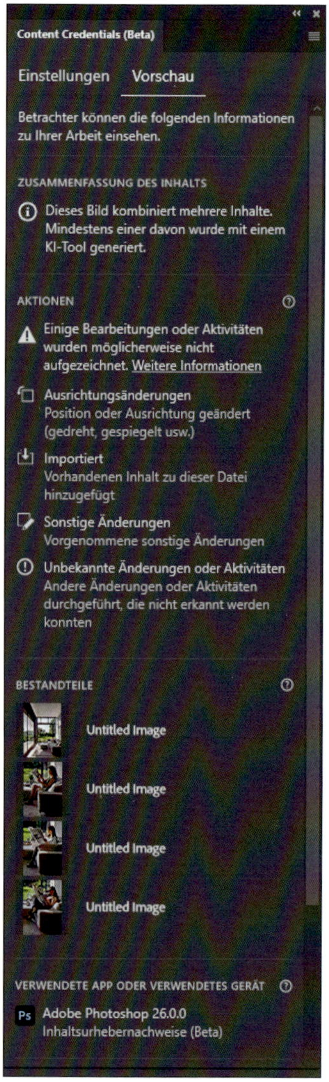

Abbildung 7.6
Content-Credentials von Photoshop

In Photoshop gibt es jetzt mit FENSTER • CONTENT CREDENTIALS einen eigenen Dialog, in dem Sie diese Funktion aktivieren und entscheiden können, welche Informationen Sie anhängen möchten. Unter EINSTELLUNGEN können Sie bestimmen, ob der Urheber des Bildes genannt werden soll (unter ERSTELLER) und ob ÄNDERUNGEN UND AKTIVITÄTEN angezeigt werden sollen. Die Angaben zu Inhalten, die mit generativer KI erstellt wurden, lassen sich nicht deaktivieren und werden immer zum Bild hinzugefügt. Dies dient dazu, die Transparenz über den Einsatz generativer KI zu erhöhen.

Auch in den Voreinstellungen über BEARBEITEN • VOREINSTELLUNGEN • VERLAUF UND CONTENT CREDENTIALS können Sie die entsprechenden Einstellungen vornehmen oder ganz deaktivieren.

Übrigens können Sie die Inhaltsurhebernachweise auch auf der Website *https://contentcredentials.org/verify* überprüfen, indem Sie ein Bild per Drag & Drop in das Browserfenster ziehen.

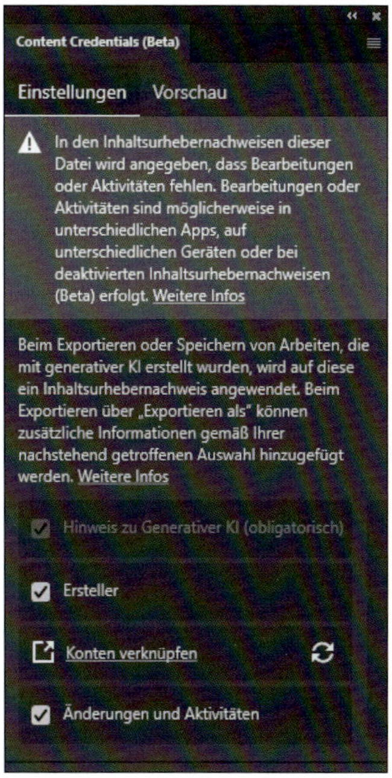

Abbildung 7.7
Einstellungen zu den Content Credentials

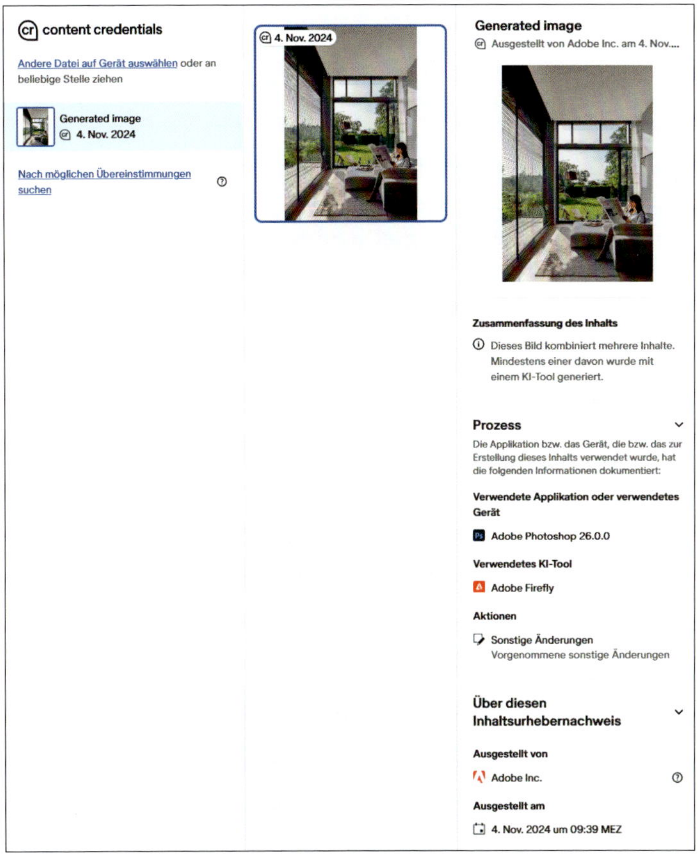

Abbildung 7.8
Angaben zur Erstellung werden auch unter *https://contentcredentials.org/verify angezeigt.*

7.2 KI-Funktionen zur Bearbeitung von Hintergründen in Photoshop

Die Auswahl des richtigen Motivs ist in den meisten Fällen die Grundlage für die Weiterbearbeitung eines Fotos. Egal, ob kleine Korrekturen vorgenommen, umfangreiche Retuschen durchgeführt oder kreative Effekte hinzugefügt werden sollen – der erste und wichtigste Schritt ist oft das präzise Auswählen der Bereiche, an denen man arbeiten möchte.

7.2.1 Auswahlen – KI-gestützt und klassisch

Noch einmal als kurze Zusammenfassung, weil sich in den letzten Jahren gerade im Bereich Auswahl so viel getan hat: Beim Auswählen eines Bildbereichs wird eine Begrenzung um den Aus-

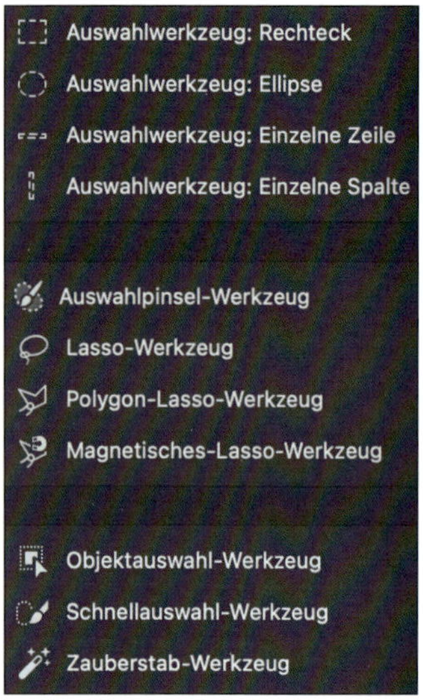

Abbildung 7.9
Zur Verfügung stehende Auswahlwerkzeuge

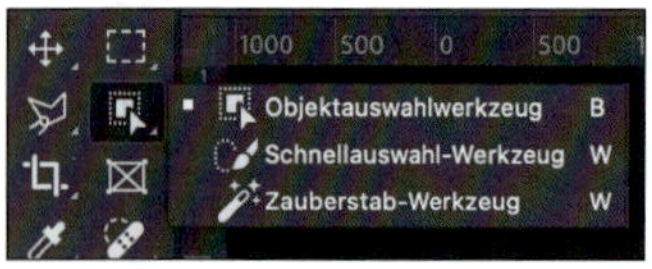

Abbildung 7.10
Das Objektauswahl-Werkzeug lässt sich über die Werkzeugleiste anwählen.

wahlbereich angezeigt. Eine Auswahl kann mit verschiedenen Auswahlwerkzeugen, Befehlen und dem Arbeitsbereich AUSWÄHLEN UND MASKIEREN in Photoshop getroffen werden:

- Auswahlwerkzeuge in vordefinierter Form: Diese Werkzeuge befinden sich in der Symbolleiste und ermöglichen es, rechteckige oder elliptische Bereiche auszuwählen, indem einfach geklickt und gezogen wird.
- Auswahlwerkzeuge in freier Form: Das Lasso-Werkzeug eignet sich hervorragend für die freie Auswahl von Bereichen mit unregelmäßigen Formen. Es gibt verschiedene Varianten des Lasso-Werkzeugs, darunter das Standard-Lasso, das Polygon-Lasso und das Magnetische Lasso. Auch mithilfe des Auswahlpinsel-Werkzeugs lassen sich händisch einzelne Bereiche eines Bildes auswählen.
- Objektauswahl, Zauberstab und Schnellauswahl: Diese Werkzeuge verwenden Algorithmen zur automatischen Auswahl von Bereichen mit ähnlichen Farben und Tönen. Dies ist besonders nützlich, um größere Bereiche schnell auszuwählen.

Eine besonders nützliche Funktion ist das Objektauswahl-Werkzeug. Es vereinfacht die Auswahl von Objekten oder Bereichen wie Menschen, Autos, Haustieren, Himmel, Wasser, Gebäuden oder Bergen im Bild enorm.

Abbildung 7.11
Automatischer Vorschlag zur Auswahl eines Objekts im Bild bei Mouseover

Das Objektauswahl-Werkzeug ist gerade für die Anwendung von KI-Funktionen unglaublich praktisch. Vor allem zeigt es bereits vor Erstellen der Auswahl durch eine magentafarbene Linie eine

Vorschau derselben an, und man kann abschätzen, ob die Auswahl gut genug wird. Wenn Sie sich mit seinen Funktionen noch nicht auskennen, können Sie online mehr darüber erfahren.

Um Bereiche zur bestehenden Auswahl hinzuzufügen, halten Sie die ⇧-Taste gedrückt oder wählen die entsprechende Option in der Optionsleiste. Grundsätzlich kann aber auch zwischen verschiedenen Werkzeugen zur Auswahl von Bildbereichen gewechselt werden.

Abbildung 7.12
Nähere Informationen zum Objektauswahl-Werkzeug finden Sie unter *Merlin-Monroe.de*.

Abbildung 7.13
Ausschnitt aus der Optionsleiste des Objektauswahl-Werkzeugs

Für das Subtrahieren von Bereichen aus der Auswahl stehen zwei Methoden zur Verfügung: die Option VON AUSWAHL SUBTRAHIEREN in der Optionsleiste oder die Aktivierung der OBJEKT-SUBTRAKTION über das Zahnradsymbol. Letztere ist besonders effektiv beim Entfernen unerwünschter Hintergrundbereiche innerhalb der aktuellen Auswahl.

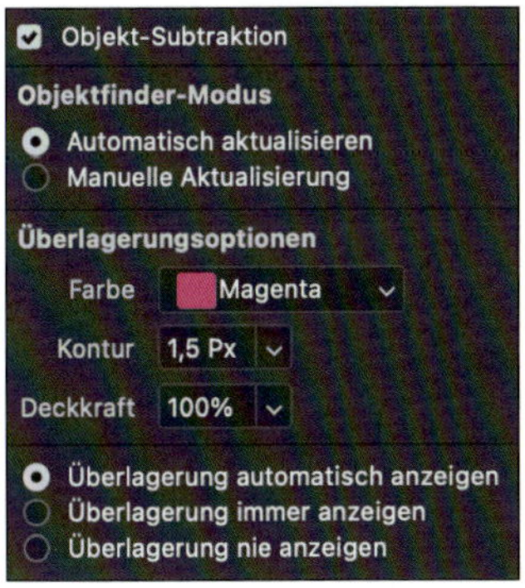

Abbildung 7.14
Menü nach Klick auf das Zahnrad

7.2.2 Hintergrund entfernen

Kommen wir nun zu einem der interessantesten KI-gestützten Themen: dem Freistellen per Klick. Um Hintergründe mit Präzision zu entfernen, können Sie als erste, einfache Funktion, die auf Adobe Firefly beruht, die Schnellaktion HINTERGRUND ENTFERNEN aus dem Eigenschaften-Menü anwählen.

Schritt für Schritt
Hintergrund entfernen

1 Bild in Photoshop öffnen und Hintergrund entsperren

Das Bild ist nicht automatisch als Hintergrundebene angelegt. Deshalb müssen Sie zunächst das Ebenen-Bedienfeld öffnen und die Ebene entsperren.

familie.png

Abbildung 7.15
Bei diesem doch sehr unruhigen Foto soll der Hintergrund entfernt werden. Originalbild mit 183 KB.

2 Schnellaktion: Hintergrund entfernen

Im nächsten Schritt klicken Sie im Eigenschaften-Bereich bei SCHNELLAKTIONEN auf HINTERGRUND ENTFERNEN. Je nach Einstellungen bietet Photoshop diese Aktion auch in der kontextbezogenen Taskleiste an.

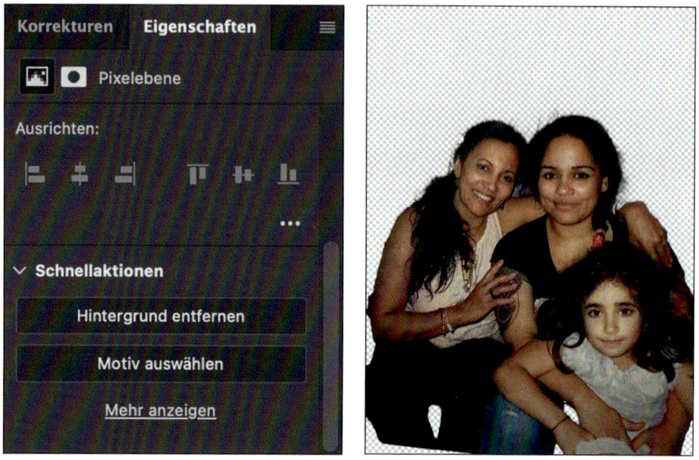

Abbildung 7.16
Freigestelltes Foto nach Anwendung der Aktion

3 Auswahlbereich anpassen

Die Aktion entfernt den Großteil des Hintergrunds automatisch. Um jedoch alle kleinen Reste des Hintergrunds zu beseitigen, können Sie beispielsweise zusätzlich das Pinsel-Werkzeug oder das Objektauswahl-Werkzeug verwenden. Mit einem feinen Pinsel lassen sich hartnäckige Hintergrundreste an den Kanten vollständig entfernen.

Abbildung 7.17
Im schwebenden Menü lassen sich die Pinsel anwählen, um Teile des Bildes von der Maske zu entfernen oder ihr hinzuzufügen.

Pro-Tipp
Besonders Bilder mit niedriger Auflösung lassen sich schwer freistellen – die Kanten sind zu unscharf. Es kann helfen, das Bild zuvor mithilfe von KI zu skalieren. Mehr dazu im Workshop »Bildbearbeitung hin zu höherer Auflösung« in Abschnitt 7.4.3.

4 Optional: Hilfsebene anlegen

An dieser Stelle ist es wichtig, die Kanten des ausgeschnittenen Objekts zu überprüfen. Besonders komplexe Kanten wie Tierfell oder menschliches Haar erfordern besondere Aufmerksamkeit. Eine Möglichkeit besteht darin, einen transparenten Hintergrund vorab zu testen – beispielsweise indem Sie hinter die Ebene eine weitere legen, die eine sehr auffällige Farbe hat, wie Magenta oder grelles Grün.

Abbildung 7.18
Mithilfe einer grellen Farbe im Hintergrund lässt sich die Bildauswahl auf Genauigkeit testen.

5 Hilfsebenen löschen und im neuen Dateiformat speichern

Zum Löschen einer Ebene markieren Sie diese einfach im Ebenen-Menü und entfernen sie mit der [←]-Taste. Das fertig bearbeitete Bild kann als neue Datei abgespeichert werden. Dabei stehen verschiedene Dateiformate zur Verfügung – von bearbeitbarer PSD mit allen Ebenen über JPG mit weißem Hintergrund bis hin zu PNG mit transparentem Hintergrund. Ein klarer Vorteil gegenüber Express!

Abbildung 7.19
Vorher und nachher: Freistellung eines komplexen Motivs mit einem Klick. Nun könnte ein attraktiver Hintergrund eingefügt werden.

7.2.3 Hintergrund ersetzen über »Generatives Füllen«

Das war die Basisvariante (allein aufgrund der notwendigen Nachbearbeitungen ein wenig unbefriedigend), doch Photoshop kann noch mehr. Das Tool GENERATIVES FÜLLEN ermöglicht es, durch einfache Texteingaben beeindruckende Hintergründe für kreative Workflows zu generieren. Diese Funktion bietet die Möglichkeit, nahtlose und originelle Szenen direkt auf der Photoshop-Arbeitsfläche zu erstellen. Wie funktioniert das Ganze?

Schritt für Schritt
Neue Hintergründe generativ erstellen

1 Motiv auswählen

kind_unsplash.tif

Sie öffnen als Erstes das zu bearbeitende Bild und entsperren den Hintergrund. Mithilfe des Objektauswahl-Werkzeugs markieren Sie das Hauptobjekt des Bildes. Je nach Komplexität des Bildes ist dieser Schritt dem automatisierten HINTERGRUND ENTFERNEN vorzuziehen.

© Pavol Štugel, Unsplash

Abbildung 7.20
Das Hauptmotiv lässt sich in wenigen Schritten markieren.

Durch AUSWÄHLEN • UMKEHREN über den rechten Mausklick oder das schwebende Menü wird nun der Hintergrund anstelle des Motivs ausgewählt.

2 Kontextbezogene Taskleiste

In der kontextbezogenen Taskleiste klicken Sie anschließend auf GENERATIVES FÜLLEN.

Abbildung 7.21
Die kontextbezogene Taskleiste bietet direkt nach Auswahl eines Bildbereichs die Option GENERATIVES FÜLLEN.

Nun erscheint das Prompt-Eingabefeld. Hier geben Sie die Beschreibung des gewünschten Hintergrunds ein. Dabei können mehr als 100 Sprachen genutzt werden, um genaue und kreative Szenen zu beschreiben. (Und auch Rechtschreibfehler wie hier sind für Adobe Firefly kein Hindernis.) Wir möchten den Hintergrund in ein fröhliches Zuhause verwandeln und geben »Wohnzimmerwand mit vielen selbstgemalten Bildern« ein.

Abbildung 7.22
Der Prompt wird direkt in die Taskleiste eingegeben.

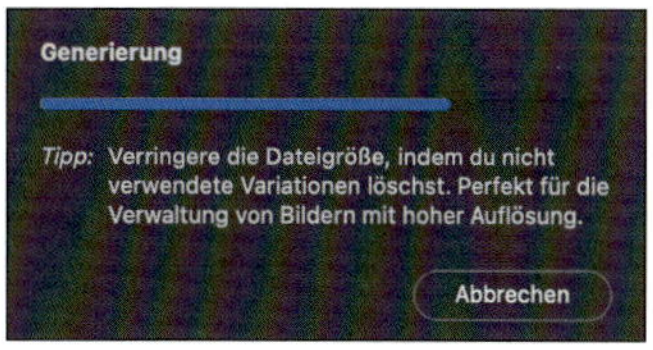

Abbildung 7.23
Photoshop nutzt die Zeit der Generierung für eine kleine Werbepause und gibt Tipps.

3 Generieren

Dann klicken Sie einfach auf GENERIEREN und lassen Photoshop die Szene basierend auf der eingegebenen Beschreibung erstellen! Dabei nutzt das System die Zeit, um Kreativen noch Tipps mit an die Hand zu geben – wie beispielsweise, dass man Speicherplatz spart, wenn man unnötige Variationen löscht.

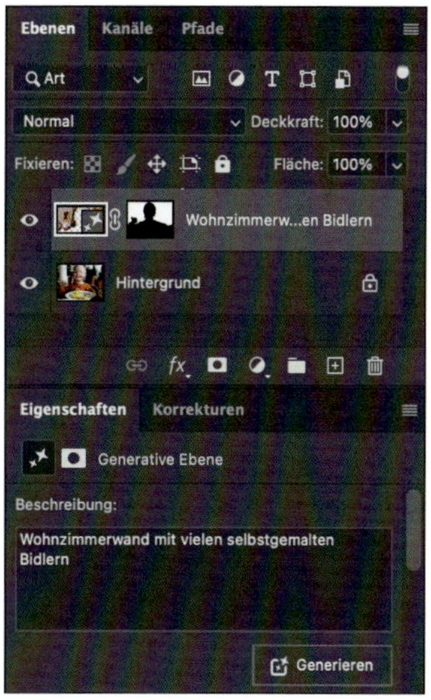

Abbildung 7.24
Das ursprüngliche Motiv mit neuem Hintergrund und dem Ebenen-Bedienfeld

Automatisch wird diese neue generative Ebene im Bedienfeld EBENEN erstellt, die ähnlich überprüft und angepasst werden kann wie eine »händische Ebene« – ohne das Originalbild zu beeinträchtigen. Dies ermöglicht das Rückgängigmachen etwaiger unpassender Effekte und sorgt für maximale Flexibilität bei der kreativen Gestaltung von Hintergründen.

4 Optional: Nacharbeiten und wiederholen

Im Beispiel ist auch schön zu sehen, dass Sie der Phase der Motivauswahl sehr viel Beachtung schenken sollten, um das Ergebnis positiv zu beeinflussen. Hier ist der Rand des Kinderstuhls nicht optimal ausgeschnitten – es bedarf der Nacharbeit.

Abbildung 7.25
Ein genauerer Blick zeigt: Die Motivauswahl war nicht ganz genau.

5 Finalisieren

Als Letztes löschen Sie wieder eventuelle Hilfsebenen und speichern danach das Foto im gewünschten Format ab.

Kommen wir zu einem weiteren Anwendungsfall: Die Erstellung von professionellen Business-Fotos ist dank fortschrittlicher Bildbearbeitungstools in Adobe Photoshop kein allzu großer Aufwand mehr – und vor allem nicht mehr allzu teuer. Wir zeigen, wie man mithilfe von Photoshop aus Freizeitbildern beeindruckende Business-Porträts erstellen kann.

Schritt für Schritt
Ein Business-Foto mithilfe von KI erstellen

1 Aufgabenstellung

kollege_unsplash.tif, atelier_unsplash.tif

Aus einem Freizeitbild, das in hoher Auflösung vorliegt, soll ein Business-Foto gemacht werden. Dieses soll für eine neue Website genutzt werden, bei der alle Mitarbeitenden vor dem gleichen Hintergrund gezeigt werden – einer vorgegebenen Büroszene. Die Blickrichtung ist egal. Alle sollen ein weißes, einfaches Hemd bzw. eine Bluse tragen.

Zunächst wird ein geeignetes Freizeitbild ausgewählt. Idealerweise sollte das Bild eine gute Auflösung haben und das Gesicht klar erkennbar sein.

© Brooke Cagle, Unsplash

Abbildung 7.26
Ausgangsbild – ein Urlaubsfoto des neuen Kollegen

2 Kleidung anpassen

Der nächste Schritt ist die Anpassung der Kleidung. Nun kommt zum ersten Mal die KI zum Einsatz. Wir markieren den Bereich des Oberkörpers großzügig mit dem Polygon-Lasso oder mit der Rechteckauswahl und nutzen dann die Option GENERATIVES FÜLLEN aus der kontextbezogenen Taskleiste.

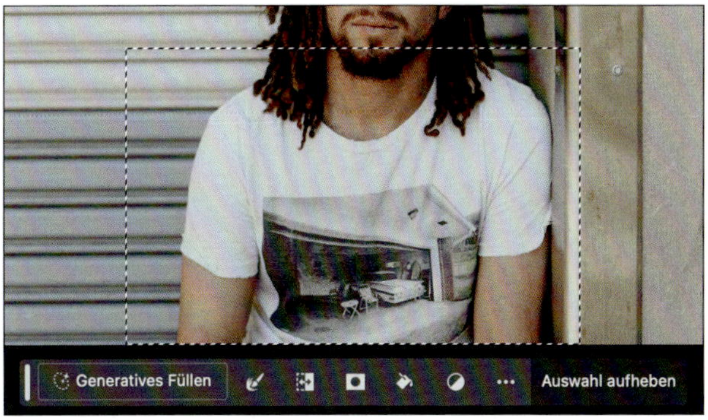

Abbildung 7.27
Großzügige Auswahl des zu ändernden Bildbereichs

Wir nutzen den Prompt »weißes Hemd« und suchen unter den Vorschlägen der KI die passende Variation aus.

Abbildung 7.28
Bild nach Prompt »weißes Hemd«

Cool ist jetzt, dass sich die Person ganz natürlich an die Wand lehnt – wir können diesen Effekt für die weitere Bildbearbeitung nutzen.

3 Motiv teilweise freistellen

Nun stellen wir die Person frei (in unserem Fall lassen wir die Säule rechts einmal außen vor). Hierfür kann das Schnellauswahl-Werkzeug oder das Zauberstab-Werkzeug verwendet werden – wir gehen den Weg des geringsten Widerstands und nutzen die KI-Funktion HINTERGRUND ENTFERNEN. Um die Säule auszusparen, passen wir die Maske mithilfe der Rechteck-Auswahl im Anschluss an.

Abbildung 7.29
Teilweise freigestelltes Motiv

4 Hintergrund einfügen

Nun setzen wir uns an den Hintergrund – ein Bild einer Büroszene, das vom Kunden vorgegeben wurde. Dazu ziehen wir das Bild in das Programm und ziehen es im Ebenen-Bedienfeld einfach in den Hintergrund.

Tipp
Vor Reduzierung auf eine Ebene sollten Sie einzelne Ebenen duplizieren und ausblenden. So bleiben die einzelnen Arbeitsschritte nachvollziehbar und gegebenenfalls wiederholbar.

Abbildung 7.30
Zu nutzendes Hintergrundbild

Nach der Auswahl des richtigen Bildausschnitts und minimaler Weichzeichnung des Hintergrundbilds (Feldweichzeichner, 15 px) reduzieren wir beide Ebenen auf eine. Das funktioniert über das Ebenen-Menü oder über die Tastenkombination [Strg]/[cmd]+[⇧]+[E].

Abbildung 7.31
Die genutzten Bilder wurden auf eine Ebene reduziert.

5 Bildfehler, Beleuchtung und Farbe korrigieren

Im zusammengesetzten Bild ist die Säule am rechten Bildrand nicht stimmig zum Hintergrund. Wir lassen die KI arbeiten, markieren den Bereich großzügig und nutzen den Prompt »schwarze Säule passend zum Hintergrund«. Das Ergebnis überzeugt.

Abbildung 7.32
Mit Prompt verbesserter rechter Bildbereich

Wieder werden die Ebenen auf eine reduziert und kleinere, finale Korrekturen vorgenommen. Beispielsweise ist die linke Schulter

Verflüssigen

Eine Kleinigkeit erlauben wir uns aber noch: Wir wollen den neuen Mitarbeiter freundlicher schauen lassen. Dazu nutzen wir unter FILTER die Option VERFLÜSSIGEN und stellen im Menüpunkt »Mund« ein Lächeln von 50 ein.

Abbildung 7.33
Bitte lächeln! Die Funktion VERFLÜSSIGEN macht's möglich.

bei den Haarspitzen unscharf, und der Bart ist im Prozess länger geworden, als er im Ursprungsbild war. Diese Details lassen sich auf klassische Weise (mit Korrekturpinsel und Stempelwerkzeug) bearbeiten.

Beleuchtung und Farben könnten ebenfalls noch weiter angepasst werden, um ein konsistentes und professionelles Aussehen zu erzielen. Grundsätzlich können Sie bei diesem Schritt auch mit HELLIGKEIT/KONTRAST, FARBBALANCE und TONWERTKORREKTUR arbeiten. Das Hinzufügen kleiner Lichtreflexe oder Schatten kann ebenfalls das gesamte Erscheinungsbild aufwerten. In unserem Fall ist das aber gar nicht notwendig.

7.2.4 Erweiterung von Bildern

Nahezu jeder Kreativprofi kennt die Situation, wenn wieder ein Foto im falschen Format angeliefert wird oder einfach zu wenig Platz im Motiv ist, um eine Headline zu platzieren, ohne dass sie stört. Diese Zeiten sind nun vorbei. Das Erweitern eines Bildes mit Adobe Firefly in Photoshop ermöglicht nämlich die nahtlose Vergrößerung der Arbeitsfläche eines Bildes und das Hinzufügen neuer Inhalte durch einfache Texteingaben oder automatisches Erweitern. Das kennen wir ebenfalls aus Express. Ein großer Vorteil von Photoshop ist hier die Auflösung und das Format des Resultats.

Um die Arbeitsfläche eines Bildes zu vergrößern, wählen Sie zunächst das Freistellungswerkzeug in der Werkzeugleiste aus. Dies zeigt die Freistellungsrahmen an den Rändern des Fotos an. Durch Ziehen der Eck- und Kantengriffe nach außen entsteht der gewünschte zusätzliche Raum.

Abbildung 7.34
Mithilfe des Werkzeugs ZUSCHNEIDEN lässt sich das Bild einfach erweitern.

Erweitern ohne Prompt

Die klassische Freistellung geht bekannterweise so: Sobald Sie die Größe angepasst haben, wird die Änderung durch Drücken der ↵-Taste bestätigt. Die zusätzliche Arbeitsfläche wird standardmäßig mit der Hintergrundfarbe gefüllt und bietet einen klaren, neuen Bereich zum Arbeiten. Mithilfe von KI können Sie jetzt alternativ auch den neuen Bildbereich über die Taskleiste definieren und neu generieren.

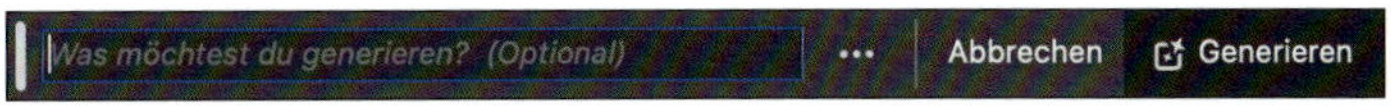

Abbildung 7.35
Kontextbezogene Taskleiste nach Klick auf GENERATIVES ERWEITERN

Wenn das Feld leer bleibt und Sie auf GENERIEREN klicken, füllt Photoshop den Bereich automatisch basierend auf der Umgebung des Bildes, wodurch potenziell ein harmonisches Gesamtbild entsteht.

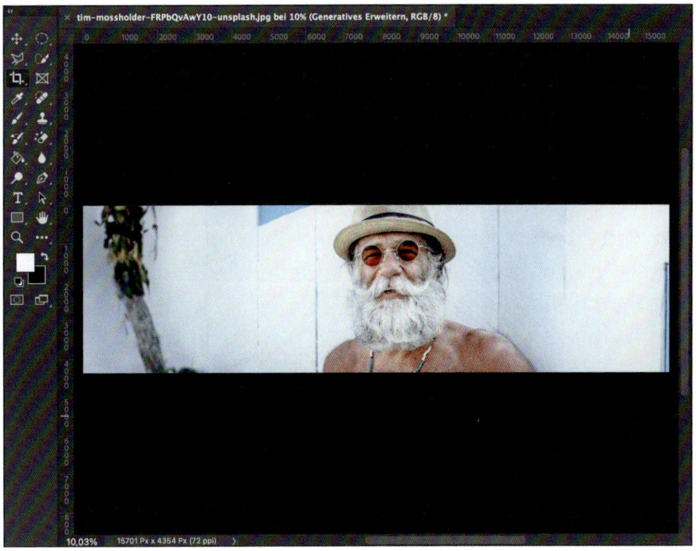

Abbildung 7.36
Erweitertes Motiv, nachdem das Prompt-Feld leer gelassen wurde

Nach dem Generieren bietet Photoshop verschiedene Varianten der neuen Inhalte im Bedienfeld EIGENSCHAFTEN an. Und wie immer wird eine neue generative Ebene erstellt, die es ermöglicht, die Änderungen zu überprüfen und bei Bedarf anzupassen. Sollten die generierten Erweiterungen nicht Ihren Vorstellungen entsprechen, können Sie die Effekte problemlos rückgängig machen, ohne das Originalbild zu beeinträchtigen.

Die Erweiterungen nehmen Informationen aus dem Ausgangsbild auf und versuchen, so komplex wie nötig und so einfach wie möglich den Ansprüchen gerecht zu werden, die Sie wahrscheinlich haben, wie das folgende Beispiel zeigt. Hier soll das Panda-

Bild erweitert werden. Wir geben keinen Prompt ein und lassen Photoshop die Arbeit machen – das Ergebnis ist sehr überzeugend.

Abbildung 7.37
Auch komplexe Erweiterungen sind für Adobe Firefly kein Problem.

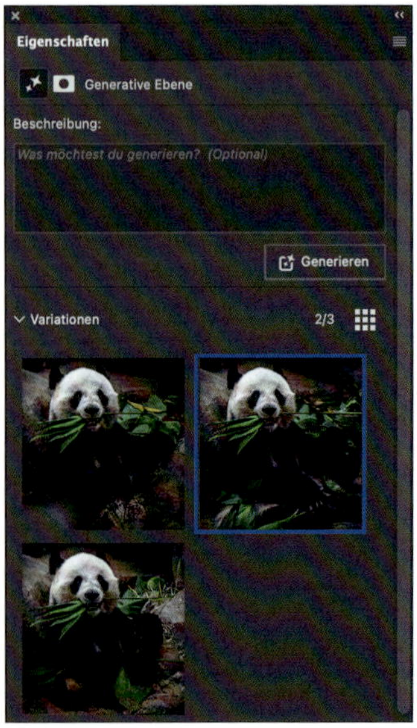

Abbildung 7.38
Eigenschaften-Menü mit dem Überblick über die generierten Variationen

Im Eigenschaften-Bedienfeld bekommen Sie wieder einen Überblick über die generierten Variationen und können hier auch einzelne Varianten aus dem Verlauf löschen und entsprechend Speicherplatz freigeben.

Erweitern mit Prompt

Je nach persönlicher Vorstellung von dem zu generierenden Inhalt sind Prompts sinnvoll. Die kontextbezogene Taskleiste bietet dazu, wie bereits beschrieben, ein optionales Promptfeld an. Zu beachten ist hierbei natürlich, dass sich die KI auch am ausgewählten Bildausschnitt orientiert.

Wenn Sie also beispielsweise neben dem Panda einen Strandkorb generieren möchten, müssen Sie davon ausgehen, dass sich das Motiv auf den unteren und rechten Teil des Bildes beschränkt – den Auswahlbereich der Erweiterung. Das führt häufig zu sehr unrealistischen Generierungen. Aber auch hier gibt es einen Lösungsweg.

Abbildung 7.39
Vorschlag von Firefly nach Angabe des Prompts »Strandliege«. Aufgrund der Auswahl sieht er sehr deformiert aus.

Um dieses Problem zu umgehen, sollten Sie bei der Generierung der Bildkomposition in mehreren Schritten und gegebenenfalls auch mit verschiedenen Ebenen arbeiten. Im Folgenden soll der Hintergrund ersetzt und zu einem 1:1-Format erweitert werden.

Versuchen wir diese Informationen in die Erweiterung und in einen einzigen Prompt zu packen, ist das Ergebnis nicht überzeugend.

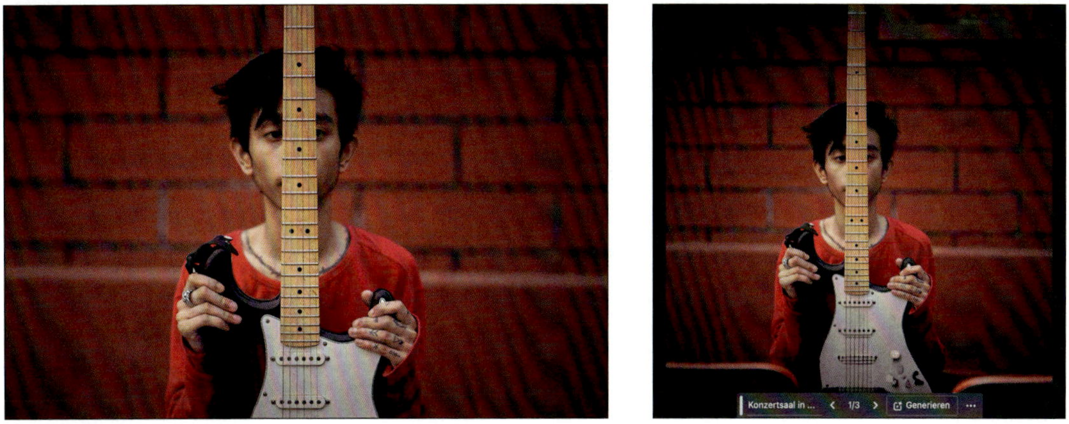

Abbildung 7.40
Links das Ausgangsbild und rechts die Bilderweiterung mit einem Prompt »Konzertsaal in warmem Licht mit leeren Sitzreihen davor«. Zumindest zwei Stühle sind angedeutet, aber wo bitte kommt denn das Bild an der Wand her?

Teilen wir die Arbeitsschritte also besser auf. Zunächst erweitern wir das Bild auf klassische Weise auf das quadratische Format und stellen das Motiv mithilfe der kontextbezogenen Taskleiste frei.

Abbildung 7.41
Erweiterung des Bildausschnitts und Freistellen des Motivs

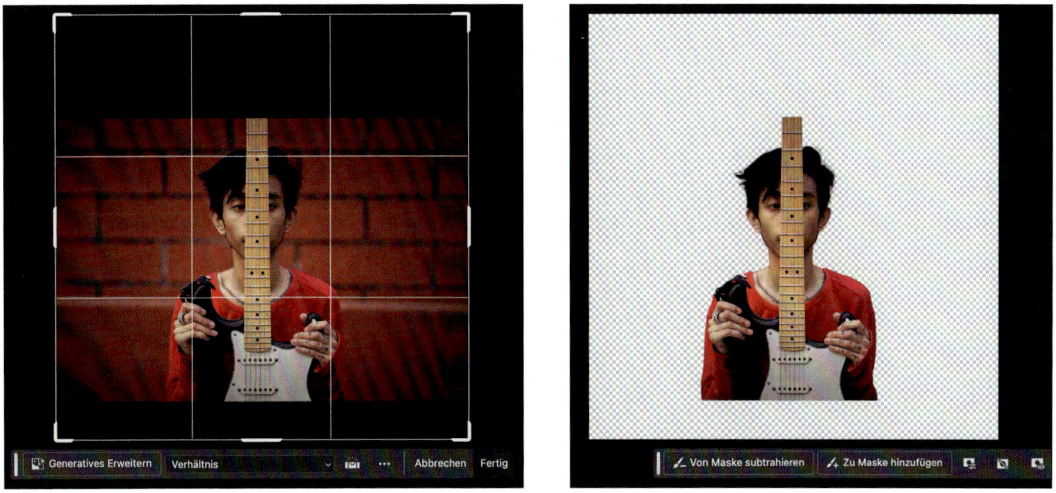

Im Anschluss generieren wir auf einer neuen Ebene den Hintergrund in zwei Schritten mit zwei Prompts: »dunkle leere Bühne in warmen Tönen« (über die komplette Ebene) und »leere Sitzreihen« im unteren Bereich des Bildes.

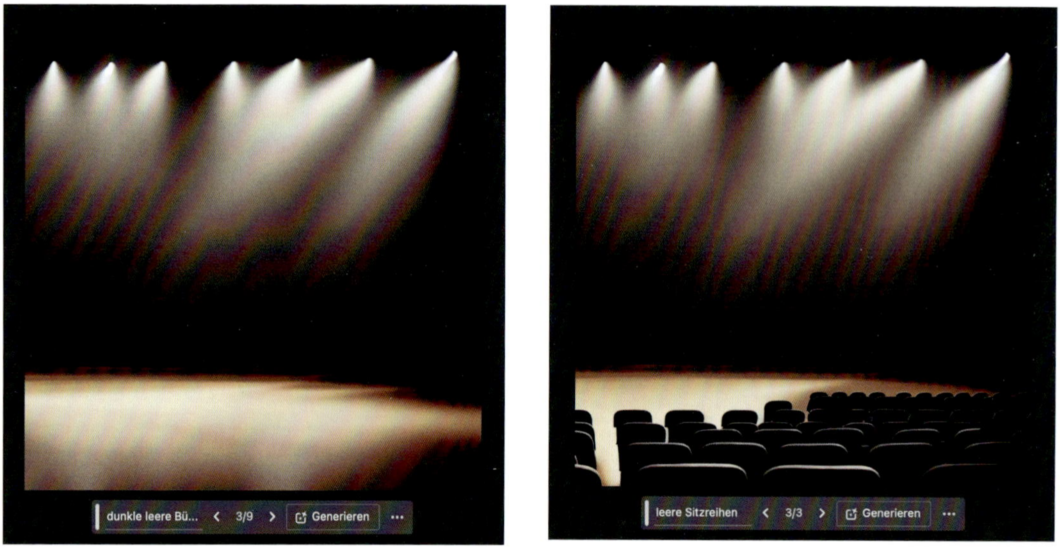

Abbildung 7.42
Generierter Hintergrund in zwei Schritten

Im Anschluss wird das Motiv wieder in den Vordergrund geholt und mithilfe des Prompts »Gitarre« nach oben und unten erweitert.

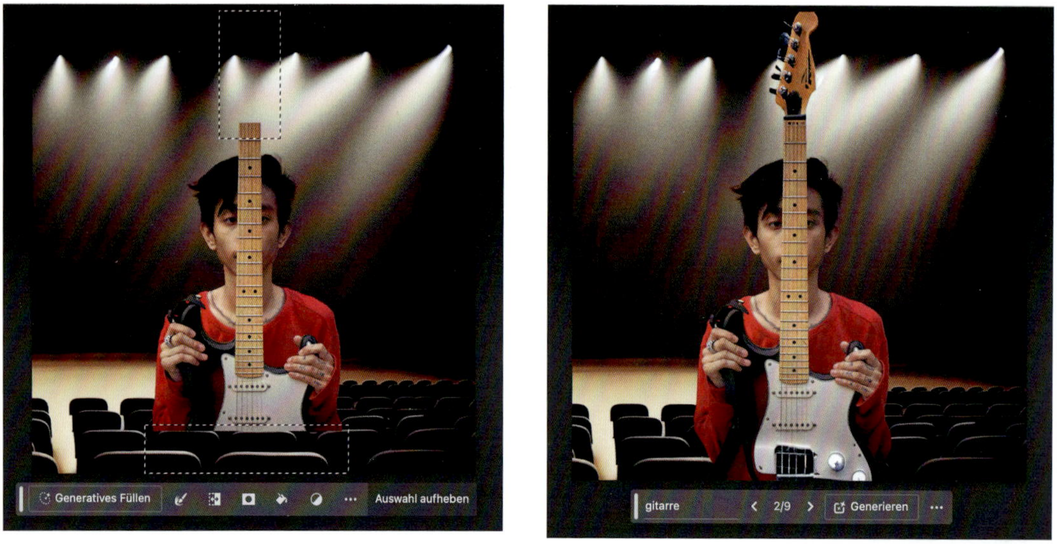

Abbildung 7.43
Motiverweiterung mit Prompt »Gitarre«

So ist in wenigen Schritten ein völlig anderes Bild entstanden, das nun beispielsweise für ein Konzertplakat genutzt werden könnte. »Könnte« deshalb, weil das geschulte Auge natürlich sieht, dass die Gitarre Fehler hat – so hat sie beispielsweise im Ursprungsbild sechs Saiten, durch die generative Erweiterung aber nur fünf Stimmwirbel. Aber das Prinzip sollte klar geworden sein.

7.3 Entfernen von Objekten

In Photoshop ermöglicht die Einbindung von KI nun auch die nahtlose Entfernung unerwünschter Objekte aus einem Bild. Diese Funktion nutzt die umgebenden Inhalte des Bildes, um ausgewählte Objekte zu ersetzen, wodurch ein konsistentes Aussehen gewährleistet wird. Grundsätzlich war das bisher auch mit dem Stempel-Werkzeug möglich – Adobe Firefly jedoch generiert detailliertere Bildbestandteile.

Zusatzkapitel

Auf der Website des Rheinwerk Verlags finden Sie unter *www.rheinwerk-verlag.de/5934* ein Zusatzkapitel zum Thema Porträtretusche mit KI – verbunden mit den Fragen: Hilft uns die KI dabei? Und gelangen wir mit ihr schneller ans Ziel? Das Kapitel wurde dem Buch »Adobe Photoshop – der professionelle Einstieg« von Robert Klaßen entnommen, ebenfalls erschienen beim Rheinwerk Verlag.

7.3.1 Entfernen von Objekten mit dem generativen Füllen

Als Erstes wählen Sie die zu entfernenden Objekte im Bild aus. Dies kann mit einem beliebigen Auswahlwerkzeug erfolgen, sei es das Lasso-Werkzeug, das Auswahlrechteck-Werkzeug oder das Schnellauswahl-Werkzeug. Sobald die Objekte markiert sind, wird GENERATIVES FÜLLEN in der kontextbezogenen Taskleiste ausgewählt.

Ohne eine Texteingabe zu machen, aktivieren Sie einfach die generative Option. Photoshop analysiert daraufhin die Umgebung des ausgewählten Bereichs und füllt ihn automatisch mit passenden Inhalten, die aus dem umliegenden Bildmaterial stammen. Das Ergebnis ist eine nahtlose Integration, bei der die entfernten Objekte durch den umgebenden Inhalt ersetzt werden, als wären sie nie dort gewesen.

Abbildung 7.44
Das zu entfernende Objekt – in diesem Fall Säule und Hand – wird markiert und nahtlos entfernt.

Der gesamte Prozess sorgt in vielen Fällen für ein sauberes und professionelles Endergebnis, ohne dass zusätzliche Bearbeitungsschritte notwendig sind. Im oben gezeigten Beispiel könnte man noch genauer auf die Ausprägung der Schatten und den weißen Bereich am Rock schauen, aber für eine Nutzung in den sozialen Medien beispielsweise ist das Bild so fertig.

7.3.2 Entfernen von Menschen mit dem generativen Füllen

Nun wenden Sie als Profi vielleicht ein, dass ein ähnliches Ergebnis auch mithilfe der bisherigen pixelbasierten Werkzeuge möglich ist. Deshalb ein zweites Beispiel, bei dem die herkömmliche Vorgehensweise wahrscheinlich Stunden dauern würde. Aus dem Originalbild soll die Person entfernt werden.

Und wieder: Sie markieren den zu entfernenden Bereich und aktivieren im Anschluss über die kontextbezogene Taskleiste die generative Option – ohne einen Prompt zu hinterlegen. Photoshop analysiert die Umgebung und füllt den markierten Bereich mit passenden Inhalten.

Abbildung 7.45
Links das Originalbild mit Person, rechts das bearbeitete Bild nach Entfernung der Person

Diese Methode zur Entfernung von Objekten stellt sicher, dass der Fokus auf dem Wesentlichen bleibt und störende Elemente effizient und unauffällig eliminiert werden. Gerade im privaten Bereich ist diese Innovation super – denken wir an Urlaubsbilder mit störenden Menschen im Hinter- oder auch Vordergrund. Auch hierzu ein Beispiel: Freund weg? Dann bitte auch nicht mit ins Fotoalbum …

© Manuel Meurisse, Unsplash

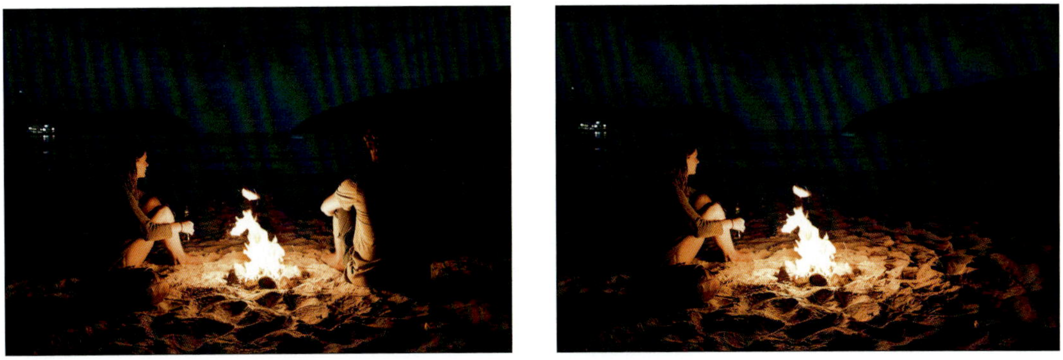

Abbildung 7.46
Originalbild (links) und Bearbeitung

Speziell Menschen können aus Bildern sogar noch einfacher entfernt werden: mit dem Entfernen-Werkzeug aus der Symbolleiste. In der Optionsleiste klicken Sie unter der Option SUCHEN VON ABLENKUNGEN auf PERSONEN. Die KI analysiert daraufhin das Bild auf Personen, die nicht zum Hauptmotiv gehören. Die Entfernung der ausgewählten Objekte wird mit der Eingabetaste bestätigt und die KI bereinigt die Bereiche. Genauso funktioniert das mit störenden Drähten und Kabeln.

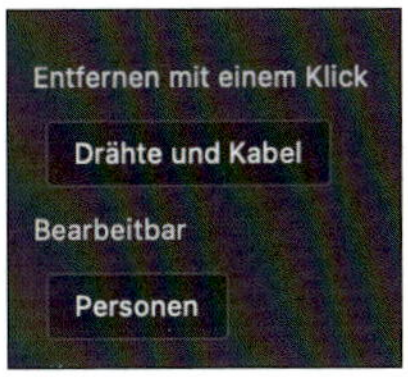

Abbildung 7.47
Optionen nach Klick auf SUCHEN VON ABLENKUNGEN

© Etienne Delorieux, Unsplash

Abbildung 7.48
Von Photoshop ausgewählte Personen, die nicht zum Hauptmotiv gehören, werden rosa markiert (rechts) und per Eingabetaste auch gleich entfernt.

7.3.3 Entfernen von Gegenständen aus komplexer Bildkomposition

Schwieriger ist das Entfernen von Gegenständen aus einer eher komplexen Bildkomposition. Beispielsweise wenn wie hier ein Stuhl vor einem Tisch steht und diesen zum Großteil verdeckt.

Abbildung 7.49
Ausgangsfoto. Entfernt werden sollen die vorderen beiden Stühle im rechten Bildausschnitt.

Die Schwierigkeit in der Umsetzung besteht darin, dass Adobe Firefly nicht gut mit Anweisungen wie »entferne« oder »ohne« arbeiten kann, sondern vielmehr wissen möchte, was das Ergebnis der Generierung sein soll.

Beim ersten Versuch der Bildbearbeitung mithilfe von Adobe Photoshop markieren wir die Stühle als Objektauswahl.

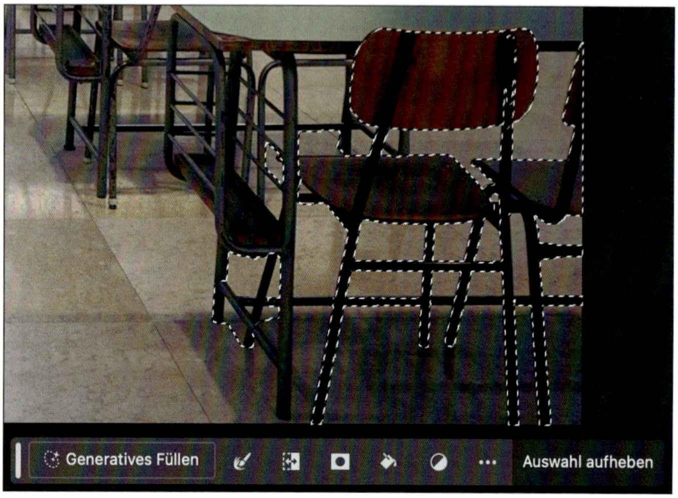

Abbildung 7.50
Auswahl der Objekte als erster Schritt der Generierung neuer Inhalte

Dann schauen wir, was passiert, wenn der Prompt beim Generieren mithilfe von Adobe Firefly einfach freigelassen wird. Das Ergebnis ist ernüchternd.

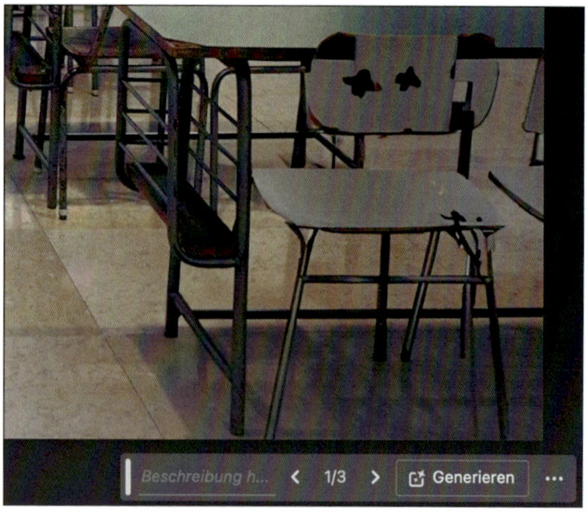

Abbildung 7.51
Wer keinen Prompt eingibt, riskiert, das gleiche Bild noch einmal »in Schlecht« generiert zu bekommen.

Wir könnten auch versuchen, nach einer größeren Auswahl mit einem Negativprompt zu arbeiten, wie beispielsweise »Bank ohne Stühle«. Doch auch dieses Ergebnis ist eher frustrierend als hilfreich.

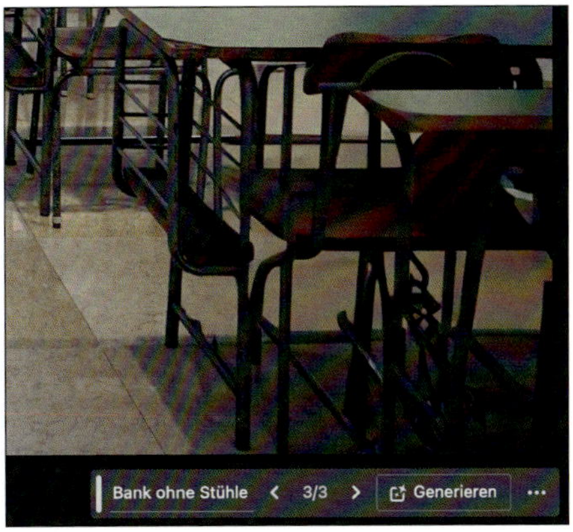

Abbildung 7.52
Die erweiterte Objektauswahl und das Ergebnis nach dem Prompt »Bank ohne Stühle«. Hier passt nichts zusammen.

Das bringt uns auf die Idee, nur das Wort »Tisch« als Prompt zu nutzen – vielleicht ist das Wort »Bank« doppeldeutig. Wir wollen schließlich keine Sitzgelegenheit kreieren.

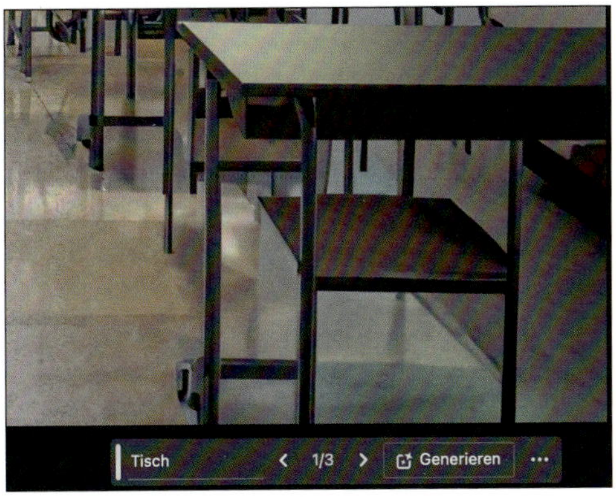

Abbildung 7.53
Ergebnis nach Prompt »Tisch«

Nein. Befriedigend ist das für Kreative gewiss (noch) nicht, und oftmals muss beim Prompten wirklich um die Ecke gedacht werden. Wir sind aber sicher, dass die KI sehr schnell besser werden wird, und freuen uns auf zukünftige Möglichkeiten.

7.4 Generieren von Objekten in Photoshop über generatives Füllen

Ähnlich wie in Express lassen sich auch in Photoshop durch Prompteingabe neu generierte Objekte direkt auf der Photoshop-Arbeitsfläche erstellen. Der Vorteil gegenüber der entsprechenden Anwendung in Express liegt darin, dass hier auch in der Bildbearbeitung in Ebenen gearbeitet wird. Das heißt, die Bearbeitung ist nicht destruktiv, das Originalbild bleibt erhalten, und auch die

Zwischenschritte sind – in der offenen Datei – nachvollziehbar. Kurzum: Es lassen sich kreativere und »feinere« Bilder gestalten.

7.4.1 Austausch von Objekten in Photoshop

Mit der Funktion GENERATIVES FÜLLEN können Sie ein beliebiges Objekt in einem Bild markieren und es durch ein völlig neues, von der KI generiertes Objekt ersetzen lassen. Die Funktion analysiert den Kontext und die Umgebung des ursprünglichen Objekts und erstellt ein passendes Ersatzobjekt, das nahtlos in das Bild integriert wird. Es ist wirklich beeindruckend, wie die KI hier Zusammenhänge und Strukturen in jedem beliebigen Bild erkennt und häufig realistische und konsistente Ergebnisse in den Gesamtzusammenhang einpasst. Schauen wir uns ein Beispiel an.

Schritt für Schritt
Objekte mithilfe von KI in Photoshop austauschen

Im folgenden Beispiel soll der Teller auf dem Tisch gegen einen Kuchen ausgetauscht werden, um die ganze Szene ein bisschen herzlicher und heimeliger wirken zu lassen. Es handelt sich hierbei um ein Bild von Unsplash, das Sie beim Downloadmaterial unter *www.rheinwerk-verlag.de/5934* finden.

frau_unsplash.tif

Öffnen Sie zunächst das Bild in Photoshop, und entsperren Sie die Ebene.

1 Bildbereich auswählen

Um zu beginnen, wählen Sie ein Objekt oder einen Bereich im Bild mit einem beliebigen Auswahlwerkzeug in Photoshop aus. Wir haben hier großzügig den Teller auf der Arbeitsplatte mit dem normalen rechteckigen Auswahlwerkzeug markiert.

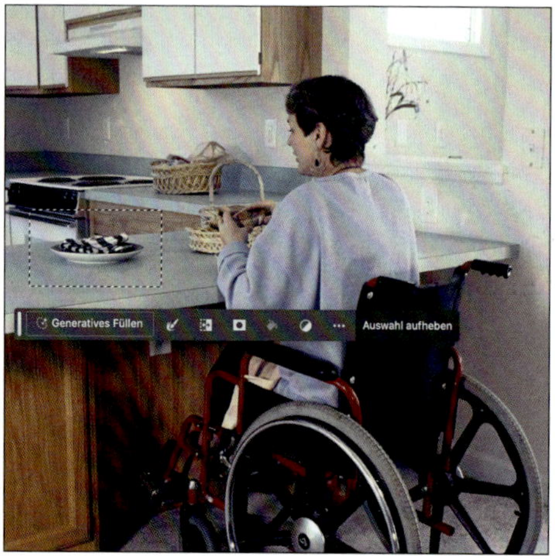

Abbildung 7.54
Nach Auswahl eines Bildbereichs erscheint das schwebende Menü GENERATIVES FÜLLEN.

2 Prompt in der kontextbezogenen Taskleiste eingeben

In das Texteingabefeld der kontextbezogenen Taskleiste geben Sie die gewünschte Beschreibung ein. Wir haben es ganz simpel formuliert: »Apfelkuchen«.

Nun wählen Sie GENERIEREN aus. Die generierten Varianten werden dann im Bedienfeld EIGENSCHAFTEN angezeigt.

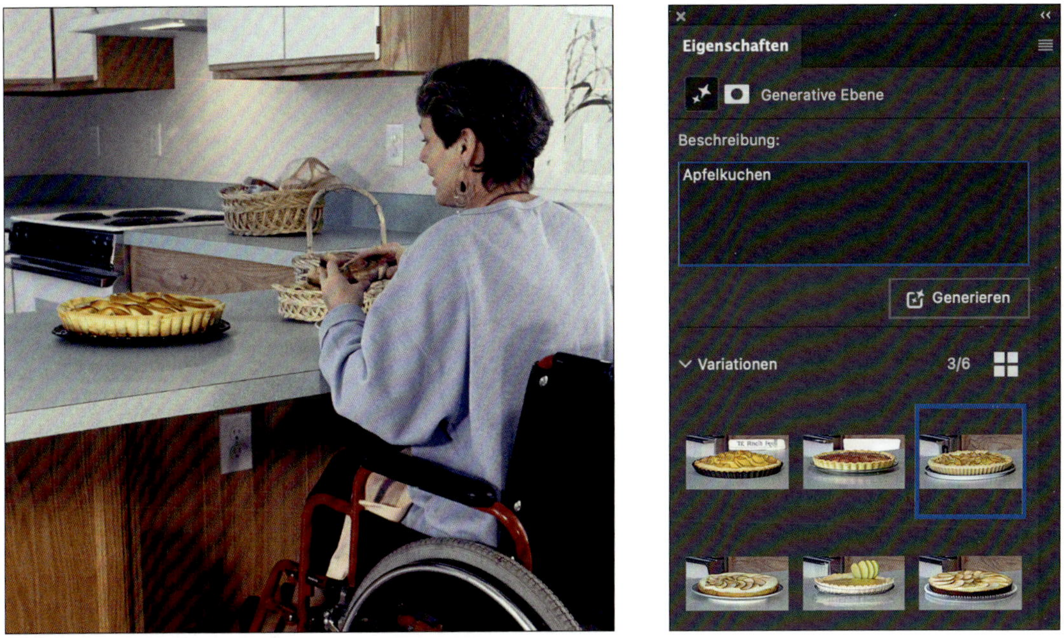

Abbildung 7.55
Geänderter Bildbereich nach Eingeben des Prompts »Apfelkuchen« und Eigenschaften-Bedienfeld

3 Überblick über die neu generierte Ebene

Im Bedienfeld EBENEN wird eine neue generative Ebene erstellt. Diese Ebene wählen Sie aus, um das Bedienfeld EIGENSCHAFTEN anzuzeigen und die Texteingabe, die Maske und die Varianten zu überprüfen.

Effekte und generierte Bilder, die Ihnen nicht gefallen, können Sie mithilfe dieser Ebenen auch wieder rückgängig machen bzw. löschen, ohne das Originalbild zu beeinträchtigen.

Das Prozedere ist immer das gleiche – ob Apfelkuchen, Fahrrad oder komplette Häuser: Der zu ändernde Bereich wird markiert, und über das kontextbezogene Bedienfeld wird das Prompting und Generieren gestartet. Die folgenden Beispiele zeigen beeindruckende Ergebnisse beim Austausch von Objekten mit nur einem Prompt.

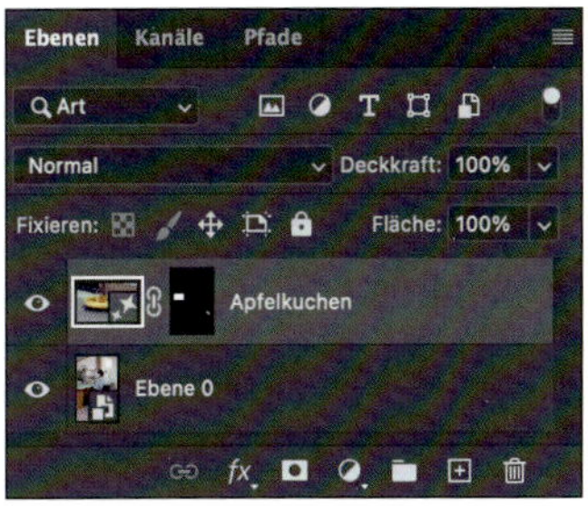

Abbildung 7.56
Für den generierten Bildteil wird automatisch eine neue Ebene mit Namen des Prompts erstellt.

Abbildung 7.57
Originalbild mit Angler wurde markiert und mit dem Prompt »Orca« verändert.

Abbildung 7.58
Originalbild mit Esel wurde markiert und mit dem Prompt »Schaf« verändert.

7.4.2 Generieren neuer Objekte in Photoshop

Wollen wir uns nun darauf konzentrieren, mithilfe von KI in Photoshop völlig neue Objekte in Bildern zu erschaffen. Diese Technik kann kreativ genutzt werden, um beispielsweise leere Szenen zu beleben oder zusätzliche Elemente hinzuzufügen, die den Gesamteindruck eines Bildes verbessern.

Schritt für Schritt
Neue Objekte mithilfe von KI in Photoshop erstellen

silhouette_unsplash.tif

Im Folgenden wollen wir dem Motiv mehr Tiefe verleihen und den Vordergrund um Bäume oder Silhouetten von Bäumen anreichern.

1 Bildbereich auswählen

Öffnen Sie das Bild in Photoshop, und entsperren Sie zunächst die Hintergrundebene. Wählen Sie nun den Bereich im Bild aus, in dem Sie das neue Objekt platzieren möchten – in unserem Fall ein Großteil des linken Bildbereichs. Auch hierfür können Sie ein beliebiges Auswahlwerkzeug verwenden. Sinnvoll ist es, den Bereich großzügig zu markieren, um genügend Platz für das neue Objekt zu schaffen.

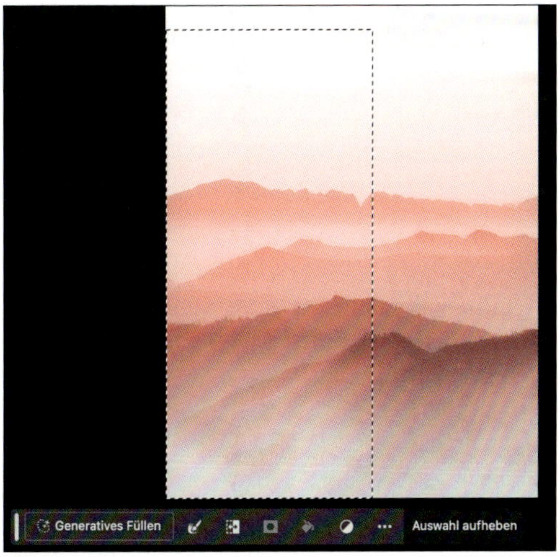

Abbildung 7.59
Auswahl des Bildbereichs, der ergänzt werden soll

2 Beschreibung des zu generierenden Objekts eingeben

In der kontextbezogenen Taskleiste geben Sie eine Beschreibung des gewünschten Objekts ein. Wir haben den einfachen Prompt »Baumwipfel« genutzt. Nach der Eingabe der Beschreibung wählen Sie die Option GENERIEREN. Die KI erstellt nun Variationen des gewünschten Objekts. Diese Entwürfe werden wie gewohnt im Eigenschaften-Bedienfeld angezeigt.

Abbildung 7.60
Bearbeitetes Bild mit Baumwipfeln im Vordergrund

3 Generierte Ebene auswählen und bearbeitetes Bild speichern

Die generierten Objekte werden auf einer neuen generativen Ebene im Ebenen-Bedienfeld gespeichert. Wenn Sie diese Ebene auswählen, können Sie im Eigenschaften-Bedienfeld die einzelnen Varianten und die Maske anpassen oder bearbeiten. Das neu erstellte Bild speichern Sie einfach in einem geeigneten Dateiformat.

Natürlich funktioniert dieser Prozess nicht immer reibungslos. Manchmal werden eigenartige Ergebnisse vorgeschlagen – und manchmal hängt das ganz einfach mit der Sprache zusammen. Denn ja: Englisch ist nach wie vor am eindeutigsten für die KI.

Referenzbild
Sicherlich wird es bald möglich sein, auch bei der Generierung von Objekten mit Referenzbildern zu arbeiten.

Abbildung 7.61
Ausgangsbild (links) und zwei Varianten nach zwei verschiedenen Prompts – einmal »Ruderboot« und einmal »Anglerboot«

Ähnliche generieren

Besonders sinnvoll ist auch die Funktion ÄHNLICHE GENERIEREN. Gefällt Ihnen eine generierte Variante von der Anmutung und Sie möchten auf Basis dieses Bildes Alternativen angezeigt bekommen, ist es eine sehr gute Möglichkeit. Diese Funktion ist als Teil der Workflows GENERATIVES FÜLLEN, GENERATIVES ERWEITERN, HINTERGRUND GENERIEREN und BILD GENERIEREN verfügbar.

Nachdem Sie eine bevorzugte Variante im Bedienfeld EIGENSCHAFTEN ausgewählt haben, klicken Sie dort oder in der Taskleiste auf das Drei-Punkte-Symbol •••. Nach der Auswahl von ÄHNLICHE GENERIEREN schlägt die KI drei weitere Variationen auf Basis der ausgewählten vor.

Abbildung 7.62
Eigenschaften-Bedienfeld mit den neuen Variationen auf Grundlage des ausgewählten Motivs.

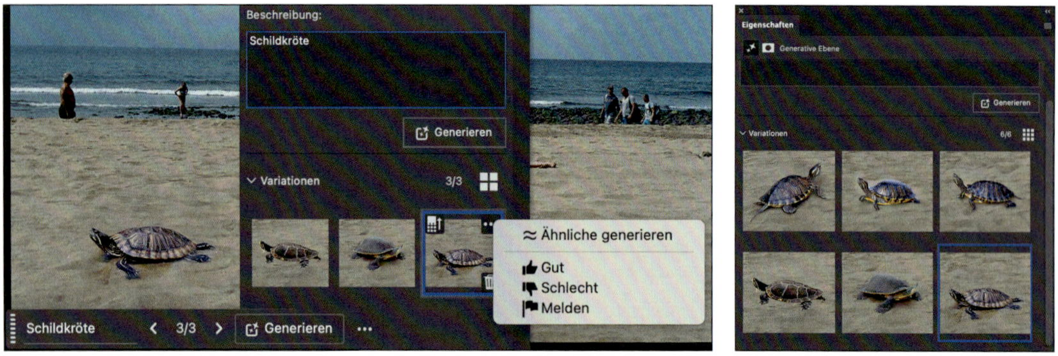

7.4.3 Bilder mithilfe von KI skalieren

Die Qualität von Bildern, sei es für professionelle Designs, Druckerzeugnisse oder digitale Medien, ist für Kreative essenziell. Oftmals stehen sie jedoch vor der Herausforderung, Bilder mit niedriger Auflösung für hochauflösende Anwendungen nutzen zu müssen; das Originalbild wurde in schlechter Qualität erzeugt oder ist schlichtweg »nicht mehr auffindbar«. Hier kommen KI-gestützte Bildverbesserungstools ins Spiel, die diese Aufgabe erheblich erleichtern. Für dieses Beispiel haben wir uns zwei der bekanntesten Tools ausgewählt: Adobe Photoshop und die mobile App Remini. Während Photoshop durch seine Super-Resolution-Funktion hervorragende Ergebnisse erzielt und sich besonders für

Auflösung erhöhen, Artefakte reduzieren und insgesamt eine bessere Bildqualität erreichen

Künstliche Intelligenz hat das Potenzial, Bilder zu analysieren und Details zu rekonstruieren, die bei herkömmlichen Methoden schwer wiederherzustellen sind.

detaillierte Arbeiten eignet, bietet Remini eine benutzerfreundliche mobile Lösung, die auch unterwegs genutzt werden kann. Eine Kombination aus beiden Tools bringt das beste Ergebnis. Alternativ könnten Sie statt mit Remini mit Magnific.ai arbeiten.

Remini
Mehr zu Remini finden Sie unter *remini.ai*.

Schritt für Schritt
Bildbearbeitung hin zu höherer Auflösung

1 Aufgabenstellung

Das in niedriger Auflösung vorliegende Bild soll ohne (detaillierten) Hintergrund in hoher Auflösung zur Verfügung gestellt werden.

familie.tif

2 Bildimport und erste Neuberechnung

Zunächst laden Sie das Originalbild in möglichst hoher Auflösung über das Smartphone in die mobile App von Remini. Möglichst hohe Auflösung bedeutet also, dass Sie das Bild nicht über Social Media erhalten sollten – in WhatsApp beispielsweise wird die Bildgröße beim Versand an einen anderen Kontakt noch weiter verringert. Sie sollten deshalb via Smartphone auf E-Mail-Programme oder Cloud-Anbieter zurückgreifen und die entsprechende Datei auf dem Gerät speichern.

Nach Öffnen der App werden direkt die letzten Bilder der Galerie und aus dem Download-Bereich angezeigt. Die Auswahl des betreffenden Bildes stellt also keine große Herausforderung dar. Nach Klick auf das entsprechende Foto bietet die App direkt an, das Bild zu verbessern (optional gegen Werbung-Ansehen oder Zahlung).

Abbildung 7.63
Originalbild mit 183 KB

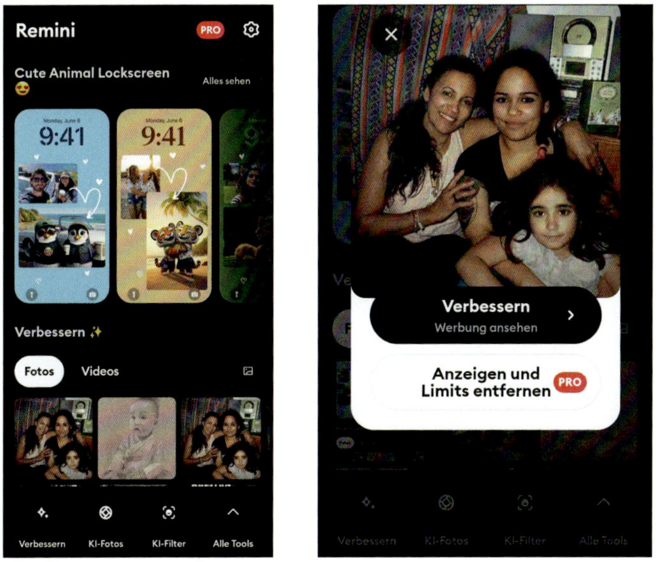

Abbildung 7.64
In der Anwendung Remini werden die letzten genutzten Bilder der Galerie angezeigt und die Bilder per Klick verbessert. Besser geht es kaum.

Abbildung 7.65
Das neu berechnete Bild lässt sich je nach Wunsch noch weiter verbessern.

Anschließend wird das Bild in die Anwendung hochgeladen und innerhalb kurzer Zeit neu berechnet. Sie können in der nachfolgenden Einstellung noch den Hintergrund, Farben und Gesicht verbessern oder mit anderen Einstellungen neu berechnen.

Wenn Sie mit der Vorschau des Ergebnisses zufrieden sind, nutzen Sie das Download-Icon oben rechts und speichern das neu generierte Bild ab.

Abbildung 7.66
Das neu generierte Bild ist schärfer und hat eine Größe von 214 KB.

3 Hintergrundentfernung und Haar-Reinzeichnung

Im Beispiel fällt auf, dass sich Hintergrund und Haare der Menschen nicht einfach grafisch voneinander trennen lassen. Hier setzen wir auf die Hintergrund-entfernen-Funktion von Adobe Photoshop, die von der höheren Auflösung des zuvor bearbeiteten Bildes profitiert. Sie finden die Funktion in der Taskleiste. Nach einem Klick verschwindet ein Großteil des Hintergrunds.

Abbildung 7.67
Bildbearbeitung nach einem Klick

4 Nachbesserung

Schon auf den ersten Blick wird allerdings klar: Die Auswahl des Hintergrunds muss mithilfe der Pinsel-Funktion verbessert werden. Haare wirken unsauber, und auch ein Stück Arm wurde von der KI nicht berücksichtigt. Im unteren Bereich wurden Bildteile abgeschnitten, die nicht zum Hintergrund gehören.

Mit Klick auf die Ebenenmaskenminiatur ❶ im Ebenen-Bedienfeld an der rechten Bildschirmseite können Sie die grobe Auswahl des Hintergrunds optimieren. Unser bevorzugtes Tool zur Ausarbeitung von Feinheiten im Bild ist das Polygon-Lasso-Werkzeug. Hilfreich ist auch, eine auffällige Farbe in den Hintergrund zu legen, um Unebenheiten oder unsaubere Grenzen besser sehen zu können. Diese kann nach Fertigstellung problemlos entfernt werden.

Abbildung 7.68
Um Begrenzungen besser zu sehen, empfiehlt es sich, eine auffällige Hintergrundfarbe als Hilfsmittel zu nutzen.

5 Feinabstimmung und Endbearbeitung

Um die Nachbearbeitung des Bildes im Endprodukt nicht auffallen zu lassen, ist die Wahl eines dunkleren oder strukturierten Hintergrunds zu empfehlen. Unsere beiden Vorschläge beinhalten Betontexturen und wurden mithilfe des Iris-Weichzeichners als Smartfilter angepasst. Zudem haben wir das jeweils freigestellte Vordergrundbild über HELLIGKEIT/KONTRAST stimmig dem Hintergrund angepasst.

Aufgrund der unterschiedlichen Anwendung von Deckkraft und Mischmodus der Ebenen wurden völlig unterschiedliche Ergebnisse erzielt, aus denen Sie wählen können.

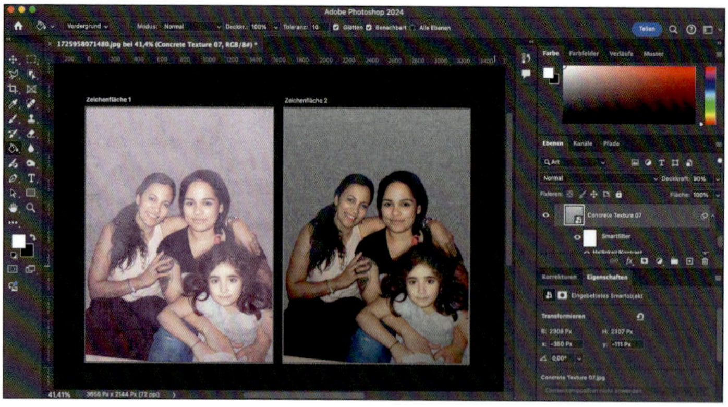

Abbildung 7.69
Ihnen stehen nach der Bearbeitung zwei unterschiedliche Varianten zur Verfügung.

7.5 Die Funktion »Bild generieren«

Ähnlich wie in der Webapplikation von Firefly können Sie mittlerweile auch in Photoshop völlig neue Objekte in Kombination mit Referenzbildern, Effekten und der Angabe zur Inhaltsart generieren. So lässt sich das Ergebnis besser steuern. In der kontextbezogenen Taskleiste, im Menü BEARBEITEN oder ganz unten in der Werkzeugleiste finden Sie die Option BILD GENERIEREN.

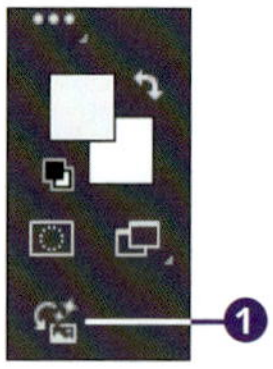

Abbildung 7.70
Die Funktion BILD GENERIEREN in der Werkzeugleiste ❶.

Abbildung 7.71
In der Taskleiste finden Sie nach Öffnen eines leeren Dokuments die Funktion BILD GENERIEREN.

Nach Klick auf den entsprechenden Button öffnet sich ein neues Dialogfeld, das Einstellungen zu Inhaltsart, Referenzbildern und Effekten erlaubt. Das alles kommt uns aus Firefly bekannt vor.

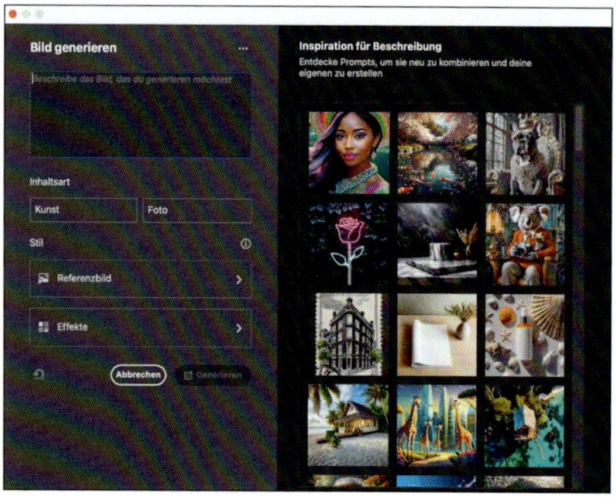

Abbildung 7.72
Dialogfenster BILD GENERIEREN

7.5.1 Angaben zur Inhaltsart machen

Inhalte verschiedener Inhaltsarten zu erstellen, kennen wir schon von der Webanwendung von Firefly – dort heißen sie Content-Typ. Wir erinnern uns: Es bedeutet, dass ein generiertes Bild entweder ein realistisch wirkendes Foto sein kann oder auch ein Kunstwerk. Die Entscheidung können Sie auch der KI überlassen.

Bei der Auswahl der Inhaltsart KUNST erstellt Photoshop ein Bild, das wie ein Gemälde oder eine Zeichnung aussieht. Schauen wir uns doch den gleichen Prompt dazu an, den wir auch schon in Abschnitt 4.3 in Firefly verwendet haben, um die Ergebnisse miteinander vergleichen zu können: »Löwe mit einer Mähne in Regenbogenfarben«. Qualitativ steht das Ergebnis dem in Firefly in nichts nach (siehe Abbildung 4.37). Der große Vorteil von Photoshop ist aber natürlich, dass sich das generierte Bild erstens der Größe der Arbeitsfläche anpasst und zweitens im Programm noch weiterbearbeiten lässt.

Schauen wir uns den gleichen Prompt auch hier mit der Inhaltsart FOTO an. Mit dieser Einstellung sollten Sie Bilder erzeugen können, die wie Fotografien aussehen. Und ja: Das Ergebnis überzeugt auch hier.

Inhaltsart »Auto«
Auch Photoshop bietet die Inhaltsart AUTO an: Wenn Sie weder FOTO noch KUNST auswählen, ist AUTO voreingestellt. Haben Sie eine Inhaltsart ausgewählt, stellt ein erneuter Klick auf die Inhaltsart wieder AUTO ein.

Abbildung 7.73
Bildvorschlag nach Prompt »Löwe mit einer Mähne in Regenbogenfarben«, links die Inhaltsart KUNST, rechts die Inhaltsart FOTO

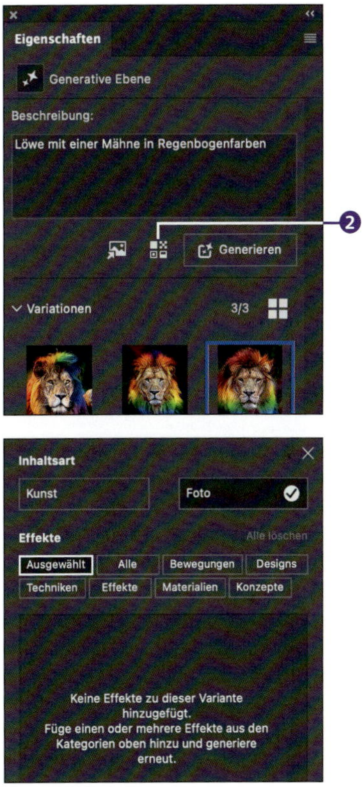

Abbildung 7.74
Eigenschaften-Bedienfeld nach Generieren eines Bildes oben und Überblick über die angewandte Inhaltsart und die Effekte unten

Dass Sie sich für einen Inhaltstyp entschieden haben, ist übrigens auch später noch über das Eigenschaften-Bedienfeld nachvollziehbar. Mit Klick auf das Kästchen-Icon ❷ erhalten Sie den entsprechenden Überblick – auch über die vorgeschlagenen Variationen zum Prompt.

7.5.2 Referenzbilder nutzen

Ebenfalls ganz ähnlich wie in Firefly selbst finden Sie innerhalb des Dialogfensters BILD GENERIEREN auch die Möglichkeit zur Nutzung eines Referenzbildes.

Rechtlicher Hinweis
Adobe empfiehlt, für das hochzuladende Bild die Verantwortung zu übernehmen oder die Genehmigung des Rechteinhabers einzuholen, bevor man es als Stilreferenz verwendet.

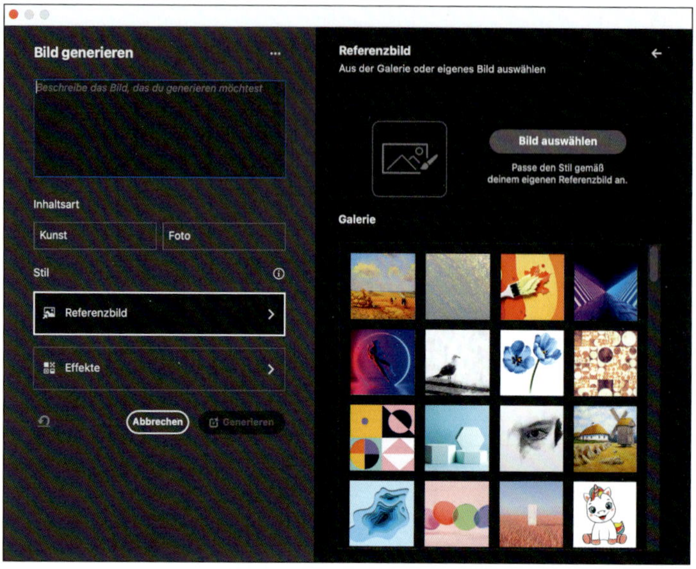

Abbildung 7.75
Optionen zur Nutzung von Referenzbildern innerhalb des Workflows BILD GENERIEREN

Auch hier können Sie wieder wählen, ob Sie ein eigenes Bild hochladen oder sich aus der von Firefly zur Verfügung gestellten Bibliothek bedienen möchten. Möglich ist jeweils nur ein Referenzbild, und es wird auch lediglich als Stilreferenz, nicht als Kompositionsreferenz genutzt. Wir können aber davon ausgehen, dass diese Funktion sehr bald nachgebessert werden wird.

Schauen wir uns zunächst die Referenzbilder der Galerie an. Wir setzen im Folgenden einige Stilreferenzen ein – leider sind sie in Photoshop nicht benannt und ändern auch ihre Position, weswegen wir zur Übersicht einen Screenshot der von uns verwendeten Bilder machen. Im Folgenden nennen wir sie Referenzbild 1, 2, 3 und 4.

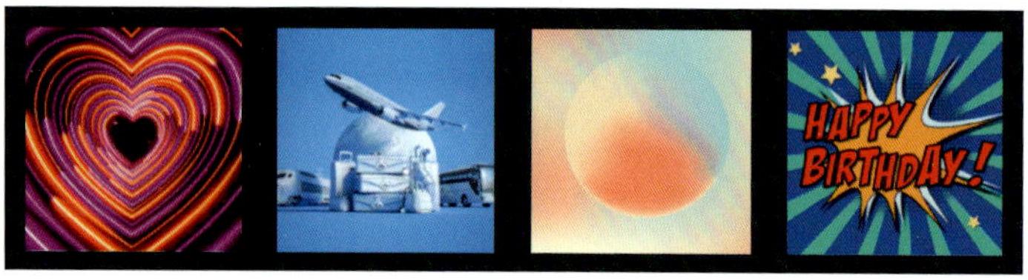

Abbildung 7.76
Die vier im Folgenden genutzten Referenzbilder von Firefly

Wir nutzen den Prompt »Löwe auf einem Fahrrad mit Regenschirm in einer Pfote«, um die vier verschiedenen Referenzbilder von Firefly zu testen.

Abbildung 7.77
Bilder nach Prompt »Löwe auf einem Fahrrad mit Regenschirm in einer Pfote« nach Referenzbild 1, 2, 3 und 4 (von links nach rechts)

Es ist aber, wie bereits in Abschnitt 4.3.6 beschrieben, auch möglich, ein eigenes Referenzbild hochzuladen und mit einem Prompt zu kombinieren. Wir nutzen ein kostenfreies Foto der Plattform Unsplash und einen schon zuvor genutzten Prompt: »Kolibri an einer fantasievollen Blume«.

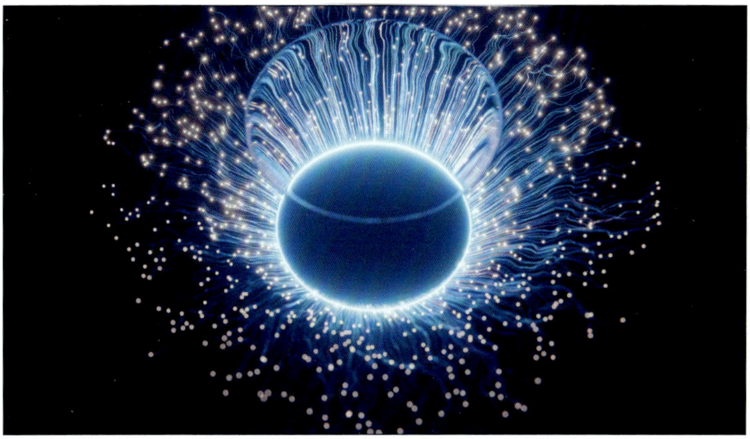

Abbildung 7.78
Links das als Referenzbild genutzte Foto, rechts das generierte Bild nach dem Prompt »Kolibri an einer fantasievollen Blume«

Im Gegensatz zu Firefly können Sie in Photoshop nicht auch noch die Stärke des Stils beeinflussen, aber unserer Meinung nach tut das der Funktion keinen Abbruch. Die Ergebnisse überzeugen.

Auch nachdem Sie bereits ein Bild per Prompt generiert haben, ist es natürlich in einem zweiten Schritt möglich, ein Referenzbild zu verwenden. Dies ist eine absolut sinnvolle Vorgehensweise. Sie können das Referenzbild dann über das Eigenschaften-Bedienfeld bestimmen.

Möchten Sie beispielsweise ein Logo erstellen, das dem Prompt »Logo aus Dreieck, Kreis und Quadrat« folgt, stellen Sie vermutlich bei Inhaltsart KUNST ein. Das Ergebnis ist zwar attraktiv, der verwendete Anklang an den Jugendstil passt in unserem Fall aber nicht.

Referenzbilder bei »Generatives Füllen«

In der Beta-Version von Photoshop ist es bereits möglich, bei der Arbeit mit der Funktion GENERATIVES FÜLLEN über das Eigenschaften-Bedienfeld auf Referenzbilder und Effekte zuzugreifen. Das wird sicherlich bald auch in die Vollversion eingebaut. Dann werden sich neue Möglichkeiten ergeben, denn Sie können Photoshop mithilfe des Referenzbildes auch Stil- und vermutlich bald auch Kompositionshinweise für die Generierung von Objekten geben.

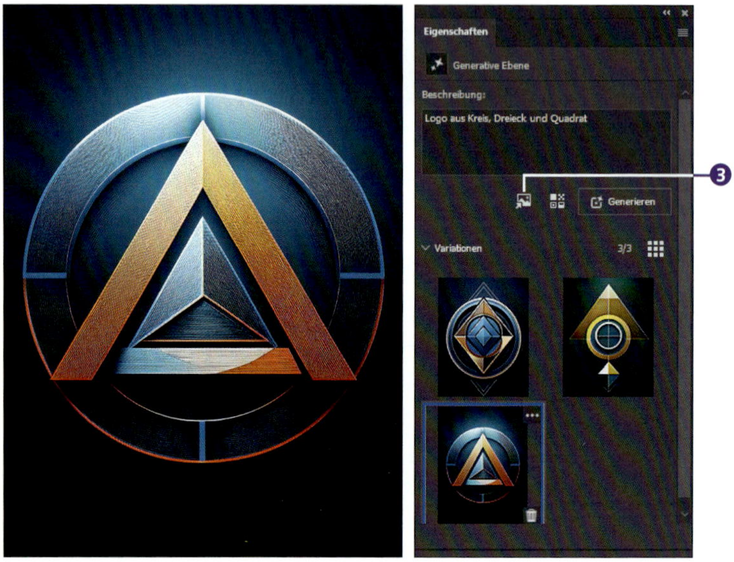

Abbildung 7.79
Von Photoshop generiertes Logo nach dem Prompt »Logo aus Dreieck, Kreis und Quadrat«

Daher stellen wir nachträglich ein Referenzbild aus der Galerie ein. Hierzu müssen Sie auf den ersten Button klicken ❸. Leider lassen sich die Referenzbilder der Galerie nicht vergrößern, gerade im Eigenschaften-Bedienfeld erscheinen sie für eine wirkliche Beurteilung des Stils etwas klein.

Referenzbild ersetzen

Ein Referenzbild können Sie ersetzen, indem Sie einfach auf ein neues Referenzbild aus der Galerie klicken – oder Sie entfernen es über einen Klick auf den Papierkorb ❹.

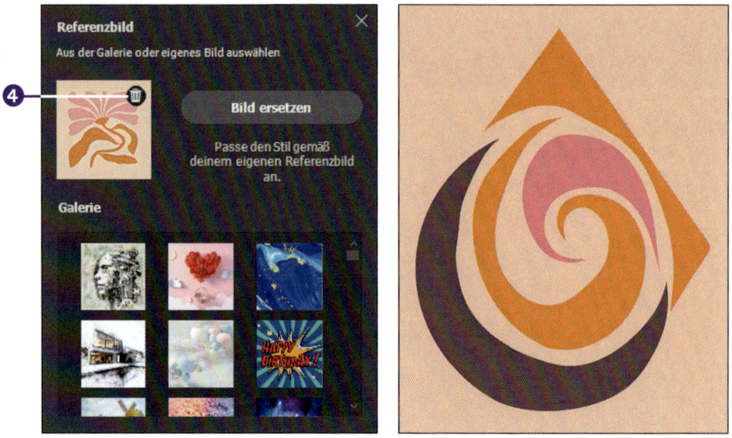

Abbildung 7.80
Logoalternative nach dem Einfügen eines Referenzbildes aus der Datei

Sie sehen: Durch die Möglichkeit, mit Referenzbildern zu arbeiten, können Sie jetzt auch in Photoshop konsistente Stile generieren.

7.5.3 Effekte nutzen

Photoshop bietet auch unzählige EFFEKTE an (über 100!), die Sie auf die generierten Bilder anwenden können. Den Abschnitt finden Sie im Bereich REFERENZBILD sowie im Eigenschaften-Bedienfeld nach Generierung eines Bildes. Sie sind in den Kategorien BEWEGUNGEN, DESIGNS, TECHNIKEN, EFFEKTE, MATERIALIEN und KONZEPTE sortiert – nicht ganz so hilfreich für all diejenigen, die noch nicht wissen, was sich dahinter verbirgt …

Wir testen für den direkten Vergleich mit Firefly auch hier den Prompt »Maus unter einem Baum« und nutzen den Effekt GARN unter MATERIALIEN. Auch hier lässt sich zwar die visuelle Intensität nicht anpassen, doch der klare Vorteil von Photoshop ist, dass das Bild an Ort und Stelle – und auch mithilfe von KI – punktuell nachbearbeitet werden kann.

Sie können übrigens auch mehrere Effekte miteinander kombinieren – wie sinnvoll oder inspirierend das ist, kommt natürlich auf das Wunschbild an.

Im Beispiel »Maus unter einem Baum« mit zwei Effekten sieht man gut, dass (mindestens) ein Schwanz zu viel ist. Mit dem partiellen Ausbessern (über Stempel oder auch generative Füllung ohne Prompt) ist das in Photoshop überhaupt kein Problem. In Firefly sind dazu ein paar Schritte mehr nötig – und gegebenenfalls am Ende doch die Nachbereitung in Photoshop.

Interessant auch: Referenzbilder und Effekte scheinen in Photoshop gleichwertig auf das Ergebnis zu wirken. Wir erinnern uns: In Firefly gilt die Regel »Referenzbilder vor Stil«.

Abbildung 7.81
KI-Bild nach Prompt »Maus unter einem Baum«, Effekt GARN

Abbildung 7.82
KI-Bild nach Prompt »Maus unter einem Baum«, Effekte GARN und TUPFENMUSTER

Abbildung 7.83
KI-Bild nach Prompt »Maus unter einem Baum«, Firefly-Referenzbild einer Bleistiftzeichnung, Effekt TUPFENMUSTER

Auch hier können Sie wieder iterativ vorgehen und den Effekt nachträglich auf das Bild wirken lassen. In diesem Fall haben wir auf das eben generierte Logo nachträglich den Effekt FARBEXPLOSION angewandt.

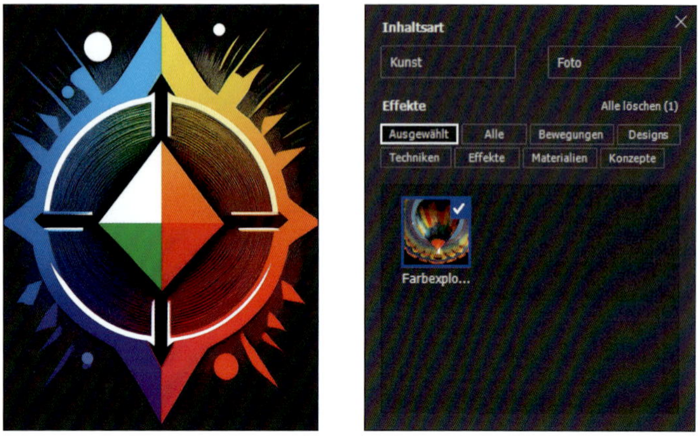

Abbildung 7.84
FARBEXPLOSION wurde auf unseren Logo-Prompt angewendet.

7.6 Prompting-Tipps für Adobe Photoshop

Der Gedanke an eine vollständige Übernahme von Aufgaben durch künstliche Intelligenz ist zwar verlockend, jedoch ist dieser technologische Stand noch nicht erreicht. Um Adobe Firefly effizient und zielgerichtet einzusetzen, bedarf es klar formulierter Prompts. Diese können sowohl als Fragen als auch als präzise Anweisungen gestaltet sein. Die Qualität und Genauigkeit der Prompts bestimmen maßgeblich, wie produktiv und zufriedenstellend die Interaktion mit Adobe Firefly verläuft.

7.6.1 Prompts gut formulieren in Photoshop

Entsprechend kann ein gut formulierter Prompt den Unterschied zwischen einer beeindruckenden Bildbearbeitung und einem enttäuschenden Ergebnis ausmachen. Wir haben deshalb einige wesentliche Punkte und Tipps, die beim Erstellen von Prompts in Photoshop beachtet werden sollten, zusammengestellt.

Die Tipps sind natürlich ähnlich wie bei Firefly (siehe Abschnitt 4.4), aber wir möchten hier noch einmal auf die wichtigsten hinweisen.

1. **Klarheit und Präzision:** Ein Prompt sollte klar und präzise sein. Mehrdeutigkeiten sind zu vermeiden, damit die KI eindeutig versteht, was gewünscht ist. Konkrete Anweisungen wie »Berglandschaft bei Sonnenaufgang« sind hilfreicher als vage Befehle

wie »Ändere den Hintergrund«. Diese Präzision stellt sicher, dass die gewünschten Änderungen ohne Missverständnisse umgesetzt werden. Im aktuellen Beispiel sieht man jedoch direkt eine weitere Herausforderung: Die Perspektive des Bildes ist für die KI ungewöhnlich und entsprechend schwer zu verstehen.

Abbildung 7.85
Links das Original, in der Mitte die Variation nach dem Prompt »Ändere den Hintergrund« und rechts die präzise Variation nach dem Prompt »Berglandschaft bei Sonnenaufgang«

2. **Kontext und Details:** Effektive Prompts enthalten ausreichend Kontext und Details, gern auch Vergleiche. Zum Beispiel gibt der Befehl »regenbogenfarbener Stoff über die gesamte Straßenbreite, der im Vordergrund wellig liegt« der KI wesentlich mehr Anhaltspunkte als ein allgemeinerer Prompt wie »Regenbogen aus Stoff«. Mit nur wenigen Informationen scheint die KI manchmal – besonders wenn es nicht realistisch erscheint – überfordert zu sein. Ein Regenbogen gehört offensichtlich nicht auf die Straße. Hängen bleibt die Information »Stoff«. Die Beschreibung von Farben, Formen, Texturen und anderen spezifischen Merkmalen hilft der KI, die gewünschten Anpassungen präziser und effektiver vorzunehmen – und auch eher das »Bild im Kopf des Kreativen« zu treffen.

Abbildung 7.86
Links das Ausgangsbild, in der Mitte das Ergebnis nach Auswahl der Straße und Prompt »Regenbogen aus Stoff«, rechts das Ergebnis mit dem Prompt »regenbogenfarbener Stoff über die gesamte Straßenbreite, der im Vordergrund wellig liegt«

3. **Vermeidung unnötiger Komplexität:** »So viel wie nötig, so wenig wie möglich« sagt man. Das trifft auch beim Prompting zu. Prompts sollten so einfach wie möglich gehalten werden. Zu viele Details oder zu komplexe Anweisungen können zu unerwarteten Ergebnissen führen. Ein einfacher und direkter Prompt wie »rote Blume in blauer Vase« kann oft effektiver sein als komplexe, überladene Anweisungen. Im folgenden Beispiel wurde ein Bereich im rechten Bildteil markiert und der entsprechende Prompt eingegeben. Leider sind beide Ergebnisse hier aber nicht überzeugend. Das Ziel ist es, Klarheit zu schaffen, ohne die KI mit zu vielen Informationen zu überfordern.

Achtung!
Zum Thema Einsatz von Markennamen in den Prompts haben wir bereits angemerkt: Das funktioniert auf jeden Fall **nicht**.

Abbildung 7.87
Links das Ergebnis nach dem Prompt »rote Blume in blauer Vase« – sehr unrealistisch ... Rechts das Ergebnis nach dem Prompt »rote Rose wie in ›Die Schöne und das Biest‹, in einer blauen Vase, die an Meißner Porzellan erinnert« – auch nicht wirklich besser; dann doch lieber Variante 1 ...

4. **Iterative Verfeinerung:** Auch dieses Thema haben wir schon mehrmals angesprochen. Die Iteration ist ein wesentlicher Bestandteil beim Erstellen von Prompts. Es ist selten, dass der erste Versuch das perfekte Ergebnis liefert. Stattdessen sollten die generierten Ergebnisse genutzt werden, um den Prompt anzupassen und zu verfeinern. Diese schrittweise Verfeinerung hilft, das gewünschte Ergebnis zu erreichen, und verhindert Frustration durch ungenaue Ergebnisse. Im folgenden Beispiel wurden die Zigarette und der Rauch in mehreren Schritten und entsprechend verschiedenen Ebenen entfernt. Zurück bleibt ein wirklich beeindruckendes Ergebnis.
Nachdem der Rauch entfernt wurde, müssen noch die Zähne bzw. der Mundbereich angepasst werden – ebenfalls mit generativer Füllung ohne Prompt. Dann kann sich die Überarbeitung sehen lassen.

Verständnis der KI-Einschränkungen
Ja, KI ist in der Lage, beeindruckende Ergebnisse zu generieren, aber es gibt eben auch Grenzen in Bezug auf Kreativität und Interpretation. Daher sind oft manuelle Anpassungen notwendig, um das perfekte Ergebnis zu erzielen. Ein realistisches Verständnis der Fähigkeiten und Grenzen der KI hilft dabei, Erwartungen zu managen und bessere Ergebnisse zu erhalten.

Abbildung 7.88
Ausgangsbild (links) und final überarbeitetes Bild

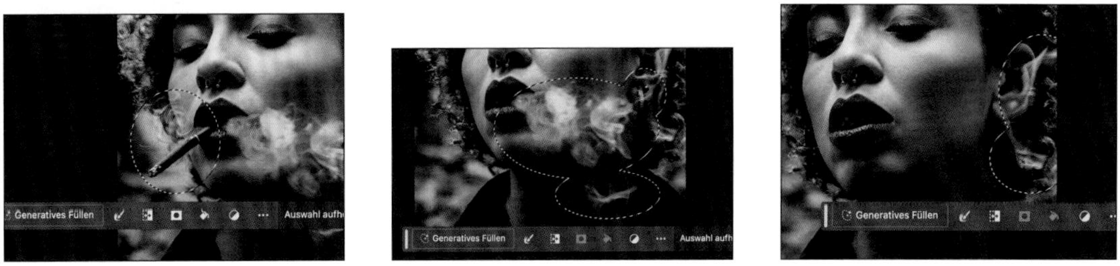

Abbildung 7.89
Im Ausgangsbild sollen Zigarette und Rauch entfernt werden. Wir nähern uns dem Ergebnis in mehreren Stufen generativer Füllung ohne Prompt.

7.6.2 Promptbeispiele für Adobe Photoshop

Prompts spielen eine entscheidende Rolle beim Erreichen beeindruckender und präziser Bildbearbeitungsergebnisse mit Adobe Firefly in Photoshop. Es ist wichtig, dass ein Prompt klar und präzise ist, um Missverständnisse zu vermeiden und die gewünschten Anpassungen effektiv durchzuführen.

Es folgen ausführlich formulierte Prompts zu drei verschiedenen Themen: Tisch, Hintergrundänderung Meer und Bürosituation. Diese Prompts berücksichtigen Stil, Beleuchtung und Detailgenauigkeit, um optimale Ergebnisse zu erzielen.

Thema 1: Komplettes Bild mit einem Tisch erstellen

- Moderner Holztisch in einem minimalistisch eingerichteten Raum, hell beleuchtet durch ein Fenster
- Holztisch auf einem glatten, weißen Marmorboden in einem elegant eingerichteten Esszimmer
- Leerer Holztisch unter natürlichem Tageslicht, mit einer sanften Schattenwirkung
- Breite Tischplatte aus dunklem Eichenholz, beleuchtet mit warmem Lampenlicht in einem gemütlichen Esszimmer

Tipp
Inspiration für Prompts kann KI übrigens auch selbst liefern. Viele Kreative ziehen ChatGPT oder Jasper zu Rate, um gute Prompts zu erstellen – oder sich zumindest Inspiration zu holen.

Abbildung 7.90
Ergebnis nach Prompt »Klassischer Holztisch auf einem gefliesten Boden, mitten in einem traditionell eingerichteten Esszimmer«

- Klar strukturierter Esstisch aus hellem Holz, vor einer großen Fensterfront an einem sonnigen Tag
- Schlichter Holztisch mit natürlicher Holzmaserung, umgeben von einem hellen, freundlichen Raum
- Klassischer Holztisch auf einem gefliesten Boden, mitten in einem traditionell eingerichteten Esszimmer
- Modernes Esszimmer mit einem eleganten Holztisch auf glänzendem Holzboden, beleuchtet durch Spotlights
- Massiver Holztisch in einem rustikalen Raum mit warmen, diffusen Lichtquellen
- Minimalistischer Tisch aus hellem Holz in einem neutralen Raum mit weicher, gleichmäßiger Ausleuchtung
- Breite, polierte Tischplatte in einem Raum mit monochromatischen Wänden und heller Bodenfläche
- Heller Holztisch vor einem Panoramafenster mit Blick auf eine sonnige Landschaft
- Holztisch im skandinavischen Design, mit natürlicher Beleuchtung und klaren Linien
- Moderner Essbereich mit einem klassischen Holztisch und warmem Licht, das durch Vorhänge fällt
- Eleganter Holztisch in einem Raum im Industriestil, mit kühlem Tageslicht und minimalistischen Einrichtungselementen
- Langer, schmaler Tisch aus dunklem Holz in einem beige getönten Raum mit sanftem, natürlichem Licht
- Holztisch in einem kunstvoll gestalteten Raum mit viel natürlichem Licht und klarer, moderner Ästhetik
- Alter Esstisch aus massivem Holz in einem traditionellen Raum mit warmen, rustikalen Beleuchtungseffekten
- Zeitgenössischer Holztisch auf einem glänzenden Betonboden, beleuchtet durch große Deckenfenster
- Breitflächiger Holztisch in einem kunstvoll minimalistischen Raum, strahlend erleuchtet durch eine Kombination aus natürlichem und künstlichem Licht

Thema 2: Hintergrundänderung Meer

- Klarer Ozean bei strahlendem Sonnenschein, mit sanften Wellen im Hintergrund
- Dramatischer Meeresausblick bei Sonnenuntergang, mit goldenen und orangen Farbtönen
- Ruhiges Meer bei Dämmerung, mit einem schimmernden Mondlicht auf den Wellen
- Stürmisches Meer mit hohen Wellen und dunklen Wolken, unter dramatischen Lichtverhältnissen

- Azurblaue Lagune mit ruhigem Wasser und klarem Himmel
- Weite Meereslandschaft mit einem entfernten Horizont, unter einem klaren, blauen Himmel
- Tropische Strandkulisse mit klarem, türkisblauem Wasser und Palmen im Hintergrund
- Leicht bewölkter Himmel über einem ruhigen Meer, mit sanfter Brandung
- Tiefe See mit leicht bewölktem Himmel, unter einem weichen, diffusen Licht
- Sonnige Küstenlandschaft mit klarem Meer und feinem Sandstrand
- Felsige Küste mit tosendem Meer unter dunklen Gewitterwolken
- Blick auf eine friedliche Bucht mit ruhigem Wasser und Booten im Hintergrund
- Weitläufige Meereslandschaft bei Sonnenaufgang, mit warmen, rosa und goldenen Farben
- Tiefblaues Meer unter einem klaren, sternenübersäten Nachthimmel
- Meer bei leicht bewölktem Himmel, mit sanften Wellen, die an den Strand schlagen
- Felsige Meereslandschaft bei nebligem Wetter, mit sanft rollenden Wellen
- Klarer Ozean in der Mittagszeit, mit einem strahlend blauen Himmel und glitzernden Wellen
- Ruhige Küstenlandschaft mit tieferem, dunklem Wasser und einem klaren Horizont
- Meeresblick mit einem entfernten Leuchtturm, beleuchtet durch schräg einfallendes Sonnenlicht
- Kiesstrand mit ruhigem Meer unter einem sanft bewölkten Himmel, mit dezenten Sonnenstrahlen

Abbildung 7.91
Ergebnis nach dem Prompt »Dramatischer Meeresausblick bei Sonnenuntergang, mit goldenen und orangen Farbtönen«

Thema 3: Bürosituation

- Modernes Büro mit minimalistischem Design, helle Beleuchtung und klare Schreibtische
- Arbeitsplatz mit Schreibtisch in einem hellen, offenen Raum, natürlichem Licht durch große Fenster
- Konferenzraum mit großem Tisch, heller Beleuchtung und modernen Sitzgelegenheiten
- Elegantes Einzelbüro mit dunklen Holzmöbeln und weichem, warmem Licht
- Großraumbüro mit mehreren Arbeitsplätzen, hellen Farben und gleichmäßiger Ausleuchtung

Abbildung 7.92
Ergebnis des Prompts »Gemütlicher Büroraum mit farbenfrohen Wänden und entspannter Arbeitsatmosphäre«

- Arbeitsbereich mit zentralem Schreibtisch und Regalen voller Bücher und Aktenordner
- Teamarbeitsbereich mit mehreren Computern auf Schreibtischen, natürlichem Licht und Pflanzen
- Chefzimmer mit großem Schreibtisch, Ledersessel und dezenter, warmer Beleuchtung
- Gemütlicher Büroraum mit farbenfrohen Wänden und entspannter Arbeitsatmosphäre
- Schreibtischraum mit moderner Einrichtung, klaren Linien und guter Beleuchtung
- Büro mit offenen Regalen, zeitgenössischer Kunst an den Wänden und natürlichem Licht
- Arbeitsplatz in einem modernen Bürogebäude mit Panoramafenstern und Aussicht auf die Stadt
- Organisiertes Homeoffice mit gemütlicher Einrichtung und weicher, gleichmäßiger Ausleuchtung
- Büroraum mit offenem Grundriss, weißen Wänden und ergonomischen Stühlen
- Konferenzraum mit großem Monitor, Schreibtisch und gleichmäßiger, neutraler Beleuchtung
- Designstudio mit kreativen Elementen, hellem Arbeitslicht und künstlerischer Atmosphäre
- Kleines Büro mit organisierten, personalisierten Elementen und natürlichem Licht
- Arbeitsbereich mit großem Fenster, modernem Schreibtisch und ruhiger, konzentrierender Beleuchtung
- Chefzimmer mit klassischer Einrichtung, dunklen Holzmöbeln und sanftem, professionellem Licht
- Modernes Großraumbüro mit abgetrennten Arbeitsbereichen, frischen Pflanzen und gleichmäßiger Beleuchtung

Kapitel 8

Einsatz von KI in Adobe Illustrator

Visualisiert in Adobe Firefly mit dem Prompt »Erstelle ein kreatives und detailreiches digitales Kunstwerk, das Adobe Illustrator zum Thema hat. Zeige einen modernen Designer-Arbeitsplatz mit einem Computerbildschirm, auf dem das Adobe Illustrator-Logo und ein komplexes Vektorgrafikprojekt zu sehen sind. Um den Bildschirm herum befinden sich Zeichenstifte, Grafiktabletts und Skizzenbücher voller Designs. Der Raum ist mit inspirierenden Kunstwerken und Farbmusterkarten dekoriert. Die Atmosphäre sollte kreativ und innovativ wirken, mit leuchtenden Farben und einem klaren, modernen Stil.«

Kapitel 8
Einsatz von KI in Adobe Illustrator

*Mit der Integration der Firefly-KI bietet Illustrator Nutzer*innen erweiterte Möglichkeiten zur kreativen Gestaltung und Optimierung ihrer Projekte, indem es Funktionen wie die generative Neufärbung und intelligente Layoutvorschläge unterstützt.*

Adobe Illustrator ist seit Jahren eines der führenden Programme für die Erstellung von Vektorgrafiken. Egal ob für Logos, Icons, Illustrationen oder komplexe Layouts – Illustrator ermöglicht es, Designs in beliebiger Größe zu erstellen, ohne dass Qualitätsverluste auftreten. Für Profis, die täglich mit Illustrator arbeiten, geht es längst nicht mehr nur um die grundlegenden Funktionen, sondern um die effiziente Nutzung von erweiterten Werkzeugen und Workflows. Schauen wir uns also an, was die Integration der Firefly-KI für Vorteile mit sich bringt.

8.1 Workflow-Optimierung durch KI-Funktionen

Die Integration von KI in Adobe Illustrator kann einen großen Einfluss auf die Arbeitsweise von Illustratoren und Illustratorinnen haben. Durch innovative Features wird die Effizienz von Workflows drastisch verbessert, und die Ideenfindung beschleunigt sich. Besonders kreativ und produktiv wird man mit den Funktionen Vektorgrafiken generieren, Generative Neufärbung, Generative Formfüllung und Text zu Muster.

Die KI-Funktion Vektorgrafiken generieren ist ideal, um aus einer bloßen Idee schnell eine vollständige, editierbare Vektorgrafik zu erstellen. In einem Dialogfeld können Sie den Prompt eingeben und zwischen Optionen wie SZENE, MOTIV oder SYMBOL wählen. Beispielprompts bieten Inspiration, wenn man bei der Formulierung unsicher ist. Ja: Die von der KI generierten Vektorgrafiken sind beim genaueren Hinsehen an der einen oder anderen Stelle vielleicht ein wenig unsauber. Das Nacharbeiten aber nimmt sehr viel weniger Zeit in Anspruch als der komplette »Eigenbau«.

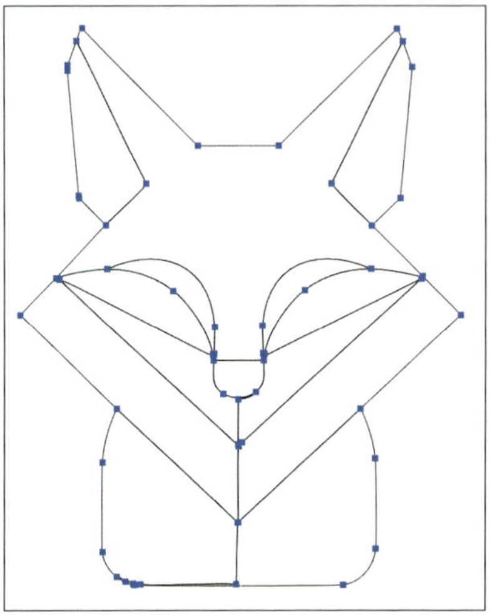

Abbildung 8.1
Nach der Verwendung von VEKTORGRAFIKEN GENERIEREN macht die Pfadansicht kleinere Unsauberkeiten der KI sichtbar.

Auch das Ausprobieren verschiedener Farbkombinationen war nie einfacher. Mit GENERATIVE NEUFÄRBUNG lassen sich Grafiken in diversen Farben und Looks darstellen, ohne manuellen Aufwand. Was früher Stunden dauerte, ist jetzt eine Angelegenheit von Sekunden. Diese Funktion ermöglicht dynamisches und effizientes Arbeiten, um das beste Farbschema für jedes Projekt zu finden.

Eine der beeindruckendsten KI-Funktionen in Illustrator ist die GENERATIVE FORMFÜLLUNG. Diese ermöglicht es, einfache Vektorkonturen schnell mit Details und Farben zu füllen, die perfekt zum Stil des Projekts passen. Durch diese Funktion eröffnet sich eine neue Dimension der Gestaltung, in der Sie mühelos komplexe visuelle Elemente integrieren können, ohne jede Farbe und jedes Detail von Hand einzufügen.

Mit dem Feature MUSTER GENERIEREN können Sie wiederum in wenigen Minuten editierbare, nahtlose Muster generieren, indem Sie einfache Textprompts nutzen. Diese Muster lassen sich direkt in der Farbfelder-Bibliothek speichern und in anderen Projekten wiederverwenden. Dies spart nicht nur Zeit, sondern ermöglicht es auch, kontinuierlich kreative Ideen zu entwickeln und visuell umzusetzen.

Zugriff auf die KI-Funktionen

Der Zugriff auf die fortschrittlichen KI-Features in Illustrator erfolgt über mehrere intuitive Schnittstellen. Dazu zählen die kontextbezogene Taskleiste, Schnellaktionen im Eigenschaften-Bedienfeld sowie die Menüs OBJEKT und BEARBEITEN. Hierüber lassen sich die KI-Funktionen nahtlos in Ihren Workflow integrieren. Der Schieberegler DETAILS sowie Optionen wie STILREFERENZ, EFFEKTE oder FARBE UND TON bieten zusätzliche Kontrolle und Flexibilität.

Auch in Illustrator gibt es jetzt die schwebende Leiste namens kontextbezogene Taskleiste, die die für das ausgewählte Objekt oder Werkzeug relevanten Aktionen anzeigt. Hier werden die wichtigsten KI-Funktionen angezeigt.

Abbildung 8.2
Ein Muster nach dem Prompt »Autos, Feuerwehr, Polizeiauto auf dunkelblauem Hintergrund«

Abbildung 8.3
Kontextbezogene Taskleiste nach Öffnen einer komplett neuen Datei

Im Eigenschaften-Bedienfeld in Illustrator können Sie sich wie üblich Einstellungen und Steuerelemente im Rahmen der aktuellen Aufgabe oder des aktuellen Arbeitsablaufs anzeigen lassen. Hier werden nach der Generierung die Varianten angezeigt.

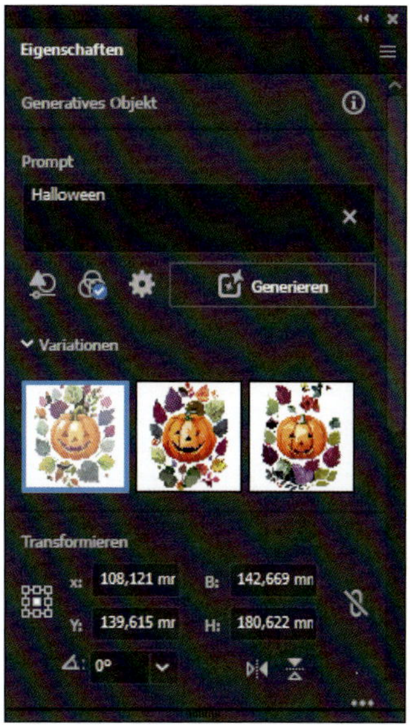

Abbildung 8.4
Eigenschaften-Bedienfeld in Illustrator

8.2 Vektorgrafiken generieren

Mit der Funktion VEKTORGRAFIKEN GENERIEREN lassen sich ohne großen Aufwand realistische Vektorgrafiken erstellen. Adobe unterteilt die generierten Grafiken in Szenen, Motive und Symbole (dazu gleich mehr). Wie aus Firefly bekannt, generiert die KI anhand des Prompts mehrere Variationen, die wiederum in logischen Gruppen angeordnet sind und entsprechend gut nachbearbeitet werden können.

8.2.1 Das grundsätzliche Vorgehen

Aber schauen wir uns das Vorgehen zur Neugenerierung im Detail an. Zurzeit ist die Funktion noch in der Beta-Version, das wird sich aber sicherlich schnell ändern.

Schritt für Schritt
Vektorobjekte in einer vorgegebenen Größe generieren lassen

Generieren wir per Klick auf einer leeren Arbeitsfläche eine bunte Blumenwiese.

1 Eine leere Arbeitsfläche öffnen

Erstellen Sie eine neue Arbeitsfläche beliebiger Größe über das Dialogfeld Neues Dokument.

2 Bildbereich auswählen

Wählen Sie nun das Auswahl-Werkzeug, wird Ihnen in der Taskleiste direkt die Funktion Vektorgrafiken generieren angezeigt. Hier können Sie direkt daraufklicken und gelangen in den gleichnamigen Dialog. Dazu gleich mehr. Wir wollen aber die Größe der zu generierenden Grafik festlegen. Dazu fügen Sie erst mit dem Rechteck-Werkzeug oder der Ellipse eine Form in genau dem Bereich hinzu, in dem die neue Szene entstehen soll. Wechseln Sie dann auf das Auswahl-Werkzeug.

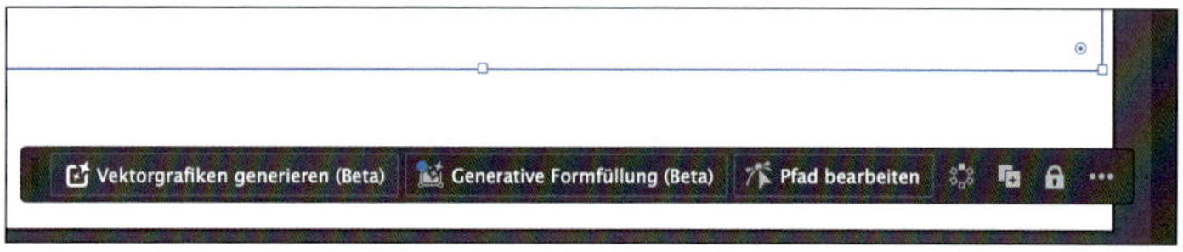

Abbildung 8.5
Kontextbezogene Taskleiste nach Auswahl eines Rechtecks

3 Dialogfeld zur Eingabe von Prompt und Einstellungen

Klicken Sie zunächst auf Vektorgrafiken generieren; die Taskleiste ändert sich und bietet nun ein Promptfeld an. Sobald der erste Buchstabe in dieses Feld eingegeben wurde, wird das Generieren-Feld »scharfgeschaltet«.

Abbildung 8.6
Kontextbezogene Taskleiste nach Auswahl der Funktion Vektorgrafiken generieren

4 Prompteingabe

Im Promptfeld geben Sie nun eine Beschreibung der gewünschten Ausgabe ein und bestätigen die Eingabe mit Klick auf Generieren. Wir testen den Prompt »Nahaufnahme einer Wiese mit vielen verschiedenen Käfern« und lassen die KI arbeiten.

Inspiration gefällig?
Wenn Sie Inspiration bei der Prompteingabe benötigen, klicken Sie auf das Glühbirnen-Icon neben dem Promptfeld. Dann werden kleine Bilder mit entsprechenden Prompts gezeigt.

Abbildung 8.7
Vektorgrafik nach Prompt »Nahaufnahme einer Wiese mit vielen verschiedenen Käfern«

5 Variation wählen oder Prompt wiederholen

Variationen der Vektorgrafik werden als Ausgabe im Bedienfeld Eigenschaften angezeigt. Die erste Variation erscheint automatisch auf der Arbeitsfläche als generatives Objekt und ersetzt das ausgewählte Rechteck.

In der kontextbezogenen Taskleiste können Sie mit den Pfeiltasten die Variationen in der Vorschau anzeigen und diejenige auswählen, die Ihren Vorstellungen des Designs am besten entspricht. Alternativ nutzen Sie den Prompt noch einmal für einen neuen Generieren-Vorgang.

Varianten können im Eigenschaften-Feld auch ganz einfach gelöscht werden – das spart Speicherplatz und macht die offene Datei wesentlich kleiner.

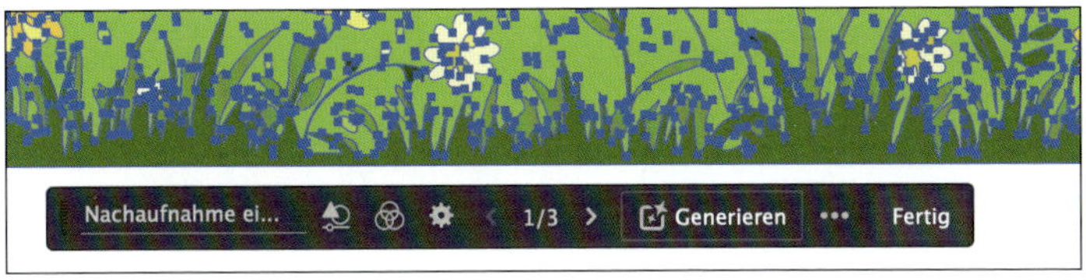

Abbildung 8.8
Wieder ändert sich die kontextbezogene Taskleiste.

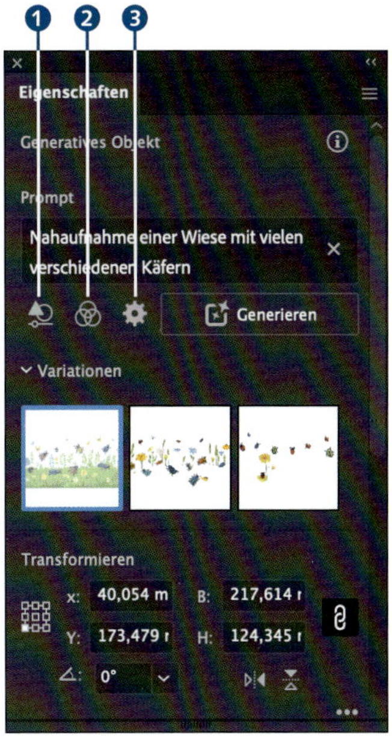

Abbildung 8.9
Das Eigenschaften-Bedienfeld zeigt drei Variationen des Prompts

6 Anwenden

Nachdem Sie die gewünschte Variation gefunden haben, bestätigen Sie das Ganze mit [↵]. Die neuen Objekte werden gruppiert in einer neuen Ebene zur Verfügung gestellt und können weiterbearbeitet werden.

Der Prompt zur Erstellung einer Vektorgrafik lässt sich auf Wunsch mit weiteren Angaben spezifizieren. In der kontextbezogenen Taskleiste finden Sie neben dem Prompteingabefeld drei Buttons. Der erste ❶ zeigt die Einstellung für Inhaltstyp (auch »Inhaltsart« genannt) und Details an, der zweite ❷ bietet Einstellungen zur Stilreferenz, und der dritte ❸ öffnet das umfassende Dialogfeld Vektorgrafiken generieren.

Das Dialogfeld »Vektorgrafiken generieren«

Hier sind alle Einstellungsmöglichkeiten versammelt. Dieses Feld öffnet sich auch, wenn Sie über die Menüs Objekt oder Datei auf Vektorgrafiken generieren zugreifen oder wenn Sie in der Taskleiste auf Vektorgrafiken generieren klicken, ohne vorher eine Auswahl getroffen zu haben. Sogar einen eigenen Tastenbefehl hat Adobe der Funktion spendiert: [Strg]/[cmd]+[Alt]+[⇧]+[P]. Dazu gleich mehr.

> **Gruppen**
> Generierte Objekte sind im Übrigen immer gruppiert. Für eine Weiterbearbeitung müssen Sie also die Gruppe erst einmal auflösen. Dann lässt sich ein eventuell störender Hintergrund entfernen und der Pfad im Detail bearbeiten.

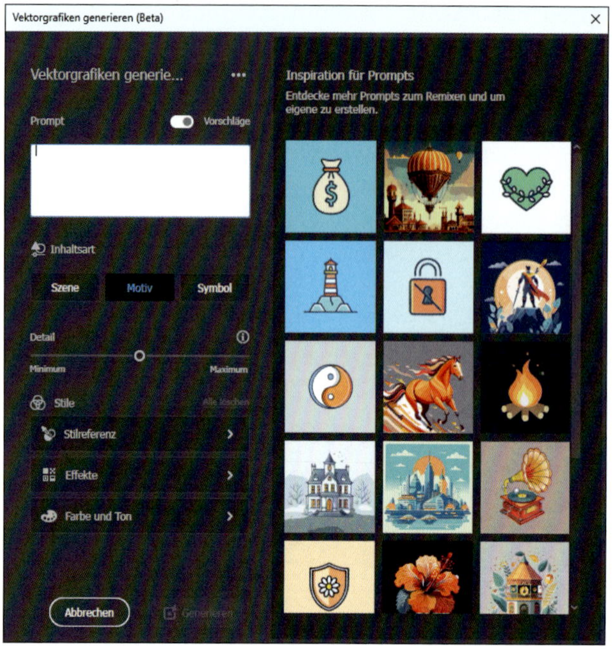

Abbildung 8.10
Das Dialogfeld VEKTORGRAFIKEN GENERIEREN

Generierte Variationen

Sehr praktisch ist, dass man einen einfachen Zugriff auf die generierten Variationen hat: Dazu öffnen Sie FENSTER • GENERIERTE VARIATIONEN, und die letzten Sitzungen werden angezeigt. Auch Variationen, die Sie im Eigenschaften-Bedienfeld bereits gelöscht haben, um Speicherplatz zu sparen, finden sich hier noch wieder.

Abbildung 8.11
Generierte Variationen lassen sich gut über das gleichnamige Dialogfeld verwalten.

Das Bedienfeld fungiert also als Protokollfunktion. Beim Mouseover werden auch die jeweils verwendeten Prompts angezeigt, und Sie können auf jede beliebige Variation erneut zugreifen. Über das Icon mit den drei Punkten (WEITERE OPTIONEN) kann eine Variante hier auch endgültig gelöscht werden.

Ähnliche generieren

Wir verwenden bei der täglichen Arbeit auch sehr gerne die kleine, versteckte Funktion ÄHNLICHE GENERIEREN. Der Vorteil dieser Funktion ist, dass man eine bestehende Variation als Basis für weitere Generierungen festlegen kann. Ein Beispiel: Wir haben ein Logo für ein Architekturbüro generiert, und es gefällt uns grundsätzlich schon gut. Wir möchten aber sehen, was der KI noch einfällt. Dann wählen wir also die betreffende Variation im Eigenschaften-Bedienfeld oder im Fenster GENERIERTE VARIATIONEN aus und gehen auf den kleinen Button MEHR OPTIONEN mit den drei Punkten. Hier können wir dann ÄHNLICHE GENERIEREN auswählen, und Illustrator erstellt weitere Alternativen auf Grundlage der ausgewählten Variante. Das funktioniert bereits überraschend gut.

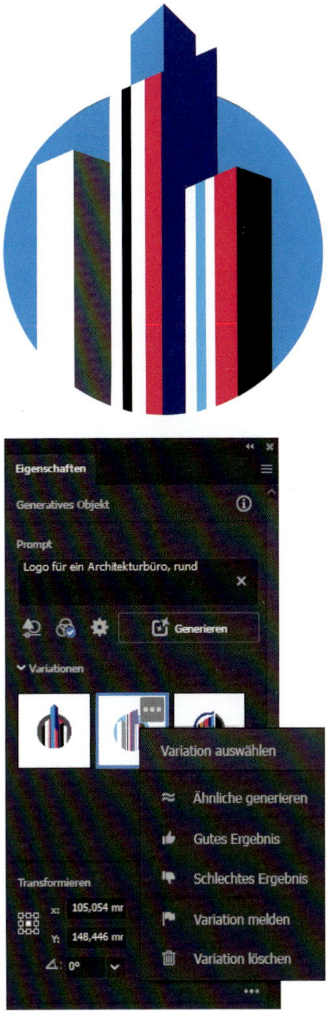

Abbildung 8.12
Generieren von Varianten auf der Vorlage eines Logos

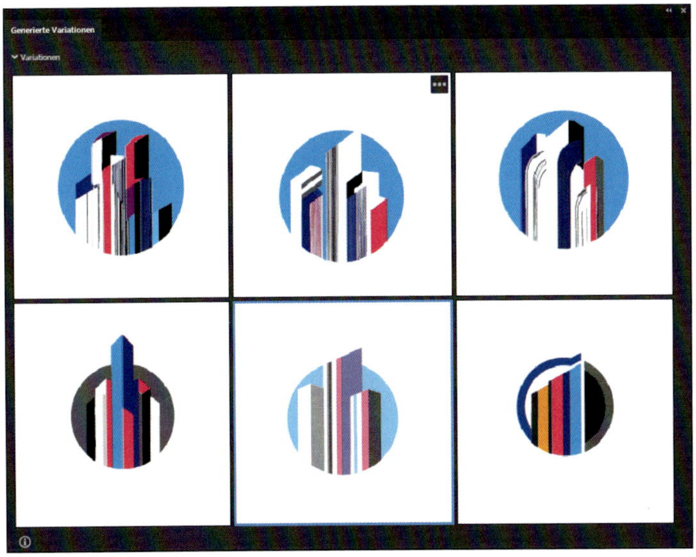

Abbildung 8.13
Die generierten Varianten arbeiten überzeugend mit der festgelegten Basis und bringen neue Details und Stile ins Spiel. Unbedingt ausprobieren!

Generierte Ebenen

Die generierten Varianten werden natürlich mit allen Pfaden auf separaten Ebenen erstellt. In Abbildung 8.14 sehen Sie das Ebenen-Bedienfeld zu einem einfachen generierten Logo.

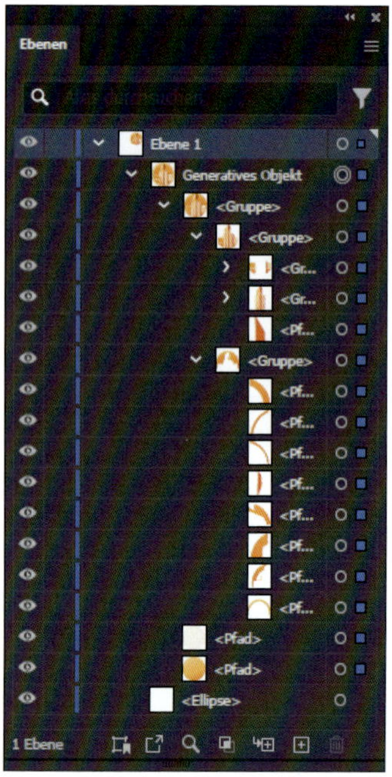

Abbildung 8.14
Generiertes Logo mit allen Ebenen

Überblick über die Ebenen
Obwohl Ebenen Flexibilität und Kontrolle bieten, sollte die Anzahl im Auge behalten werden, um die Arbeitsumgebung übersichtlich zu halten – und auch den Arbeitsspeicher nicht zu überfordern.

Achtung
Sobald die generierte Grafik entgruppiert wird (über die Funktion Gruppierung aufheben in der kontextbezogenen Taskleiste), werden die Variationen gelöscht.

Um den Überblick bei zu vielen Ebenen in Adobe Illustrator nicht zu verlieren, ist eine sinnvolle Organisation entscheidend. Das beginnt mit einer klaren Benennung jeder Ebene, sodass man schnell erkennen kann, welche Elemente sie enthält. Das Gruppieren verwandter Objekte innerhalb von Ebenen kann zusätzliche Struktur bieten, ohne dass dafür ständig neue Ebenen geschaffen werden müssen – die KI macht das schon ganz gut, wie man sieht. Dennoch hilft es, regelmäßig zu überprüfen, ob noch alle Ebenen wirklich gebraucht werden, um die Gesamtorganisation des Projekts zu verbessern.

8.2.2 Wählen zwischen verschiedenen Inhaltsarten: Szene, Motiv, Symbol

Kommen wir nun zu den zusätzlichen Einstellungen für einen Textprompt. Wir sehen uns als Erstes die Inhaltsart an. Die Funktion lässt sich nach Auswahl der Funktion Vektorgrafiken generieren über das kleine Formen-Icon in der kontextbezogenen Taskleiste ansteuern (hier zunächst als Inhaltstyp bezeichnet) oder im großen Bedienfeld. Es öffnet sich ein kleines Dialogfeld zur Inhaltsart. Drei Inhaltsarten werden angeboten: Szene, Motiv und Symbol. Testen wir die verschiedenen Inhaltsarten anhand von Beispielen.

Erstellen einer Szene

Die Option Szene generiert eine komplette Vektorszene. Entsprechend ausführlich kann ein Prompt in diesem Falle auch sein. Wir testen »Mondlandschaft mit rosafarbenen Kratern, an denen verschiedene Baufahrzeuge stehen, verschiedene Planeten im Hintergrund«.

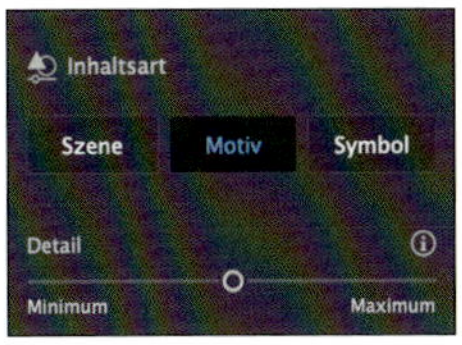

Abbildung 8.15
Dialogfeld zur Inhaltsart des zu generierenden Objekts nach Klick auf den Button in der Taskleiste

Abbildung 8.16
Vektorgrafik mit Einstellung SZENE, Detailregler mittig eingestellt

Über den Schieberegler unterhalb der drei Inhaltsarten lässt sich der Detailgrad anpassen. Es werden also mit weniger Details auch weniger Pfade erstellt, nach Wahl des maximalen Detailgrades entsprechend mehr. Schauen wir uns an, wie sich das Bild verändert, wenn wir mit den minimalen und maximalen Werten arbeiten.

Abbildung 8.17
Vektorgrafik mit Einstellung SZENE, Detailregler auf MINIMUM (links) und MAXIMUM (rechts)

Sie sehen direkt, dass mit einer höheren Detailgenauigkeit auch eine höhere Anzahl von Pfaden einhergeht. Wo im Himmel des ersten Bildes lediglich eine Fläche mit Farbverlauf eingesetzt wird, sind im Himmel des zweiten Bildes mehrere Flächen in Schwaden angeordnet, um den Himmel darzustellen.

Erstellen eines Motivs
Über die Einstellung MOTIV generieren Sie ein detailreiches Vektorelement ohne Hintergrund. Wir testen die Funktion mit dem

Prompt »eine Eistüte mit den Sorten Erdbeer und Schoko«. Auch hier können wir mithilfe des Detailreglers wieder festlegen, wie detailliert die zu erstellende Grafik sein soll, was sich in der Anzahl der Pfade niederschlägt. Die Ergebnisse sind überzeugend.

Abbildung 8.18
Vektorgrafik mit Einstellung Motiv, Detailregler in der mittleren Einstellung (links), auf Minimum (Mitte) und auf Maximum (rechts)

Gut, das war jetzt ein einfaches Motiv. Versuchen wir mal eine etwas komplexere Anwendung aus dem Grafikdesign. Ein interessantes Beispiel für diese Anwendung ist die Gestaltung eines Etiketts für eine Craft-Bier-Marke. Nehmen wir an, wir haben die Aufgabe, ein auffälliges und einprägsames Etikett für eine neue Biersorte zu entwerfen, das die Individualität und Handwerkskunst des Produkts widerspiegelt. Mithilfe der KI-gestützten Motivgenerierung könnte ein möglicher Prompt lauten: »Etikett-Design für ein Craft-Bier mit einer Mischung aus rustikalen und modernen Elementen, hopfenbezogenen Grafiken und kräftigen Farbtönen«.

Abbildung 8.19
KI-generiertes Motiv nach Prompt »Etikett-Design für ein Craft-Bier mit einer Mischung aus rustikalen und modernen Elementen, hopfenbezogenen Grafiken und kräftigen Farbtönen«

Die KI erstellt natürlich wie immer verschiedene Designvorschläge, die Sie in Illustrator weiter anpassen können. Der Detailregler bietet die Möglichkeit, entweder ein dezentes, einfaches Design oder ein detailreiches, ausdrucksstarkes Etikett zu erhalten. Diese Designs können weiter individualisiert werden, indem typografische Elemente ergänzt oder Farbpaletten angepasst werden, um die Markenidentität zu stärken.

Uns ist das Motiv jetzt zu verspielt. Wir schieben den Detailregler auf das Minimum. Nun sieht man in diesem Beispiel gut, dass die Texte nicht optimal gesetzt sind. Im Nachhinein setzen wir also die richtigen Inhalte ein und passen die Pfade etwas an. Und voilà.

Abbildung 8.20
Das Motiv mit einem minimalen Detailgrad (links) und mit anschließend in Illustrator angepasster Schrift (rechts)

Erstellen eines Symbols

Die Option SYMBOL setzen Sie ein, wenn Sie ein Icon oder Symbol generieren mö chten. Die Ergebnisse sind auf wenige Details reduziert und werden ohne Hintergrund angelegt. Wir testen die Funktion mit dem Prompt »Berg in Grautönen und mit klaren Linien«. Grundsätzlich haben Symbole, also Icons, bereits wenige Pfade. Dennoch können wir mit dem Schieberegler noch ein bisschen optimieren.

Abbildung 8.21
Vektorgrafik mit Einstellung SYMBOL, Detailregler in der mittleren Einstellung (links), auf MINIMUM (Mitte) und auf MAXIMUM (rechts)

Ein etwas komplexeres Anwendungsbeispiel für die Symbolerstellung mit der KI in Adobe Illustrator könnte darin bestehen, ein Icon-Set für eine Wetter-App zu entwerfen. Ziel soll sein, ein Symbol zu generieren, das verschiedene Wetterbedingungen darstellt, aber spezifisch auf die Anzeige als kleines Icon optimiert ist – etwa ein Icon für »Regen mit Gewitter« in einer ansprechenden und modernen Ästhetik. Ein möglicher Prompt könnte lauten: »Symbol für Regen mit Gewitter in Blautönen, mit Wolken, Regentropfen und einem Blitz, klaren Linien und moderner Optik«.

Die KI generiert auch hier wieder mehrere Icons. Durch die Anpassung des Detailreglers lässt sich die Detailebene feinjustieren, um das Symbol perfekt für seine spezifische Anwendung zu optimieren, sei es für eine kleine Bildschirmgröße oder als Teil eines umfangreicheren Icon-Sets.

Abbildung 8.22
KI-Vorschlag nach Prompt »Symbol für Regen mit Gewitter in Blautönen, mit Wolken, Regentropfen und einem Blitz, klaren Linien und moderner Optik«

8.2.3 Stilreferenzen und Assets

Apropos Teil eines umfangreicheren Sets: Eine wunderbare Arbeitserleichterung in Illustrator ist, vorhandene Grafiken und Designs durch die Generierung passender, nahtlos integrierter Elemente zu erweitern. Während früher mühsam passende Formen, Farben und Stile manuell erstellt werden mussten, kann Firefly über Prompts automatisch Vektorgrafiken erzeugen, die perfekt zu bereits bestehenden Designs passen. Diese Funktion ist besonders nützlich, wenn Designprojekte erweitert oder verfeinert werden sollen, ohne dass der ursprüngliche Gestaltungsstil verloren geht.

Konkret lässt sich der Prompt zur Erstellung einer Vektorgrafik mit Stilreferenzen kombinieren. Die Funktion ist über das Icon mit den drei Kreisen in der kontextbezogenen Taskleiste oder das Dialogfeld ansteuerbar. Es öffnet sich ein Dialogfeld mit Einstellungsmöglichkeiten zu Stilreferenz, Asset und Effekte.

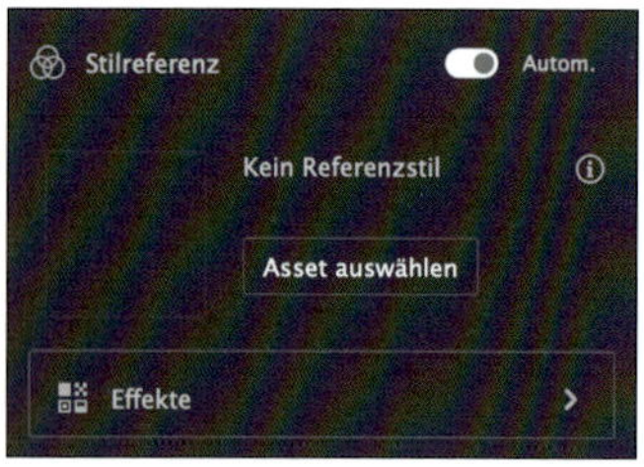

Abbildung 8.23
Dialogfeld zu Stilreferenz, Assets und Effekten des zu generierenden Objekts

Testen wir die verschiedenen Möglichkeiten anhand eines bekannten Beispiels und nutzen noch einmal den Prompt »eine Eistüte mit den Sorten Erdbeer und Schoko« in der Einstellung Motiv. Zusätzlich geben wir der KI ein Referenzbild, d. h. ein Asset.

Zunächst müssen wir das Referenzbild als Bild oder Vektordatei auf die neue Arbeitsfläche bringen. Klassischerweise zieht man es aus dem Ordner einfach in die Datei – gern neben die Arbeitsfläche, damit es nicht stört.

Im Dialogfeld zur Stilreferenz wählen wir nun die Option Asset auswählen. Das Dialogfenster schließt sich (für den Moment), und das Pipette-Werkzeug wird aktiviert. Damit klicken wir auf das Referenzbild. Es wird nun in das Vorschaufenster geladen – praktisch ist das vor allem, wenn es viele Objekte auf der Arbeitsfläche gibt.

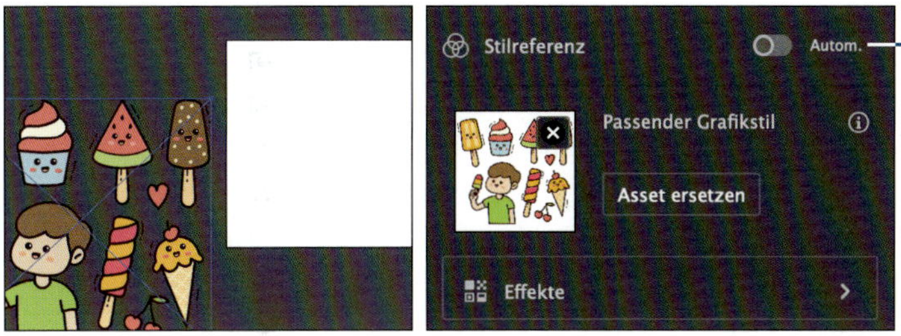

Abbildung 8.24
Das Referenzbild wird neben der Arbeitsfläche eingefügt. Rechts das Dialogfeld nach Auswahl der Stilreferenz.

Wenn wir dann über den Generieren-Button den Prozess anstoßen, wird nicht nur der Prompt, sondern eben auch das Referenzbild als Grundlage für das neu entstehende Objekt genutzt.

Und: Das Ergebnis kann sich sehen lassen. Sie könnten innerhalb der Waffel nun noch die Farbe anpassen und zwei Augen hinzufügen, dann ist es ein absolut stimmiges Motiv.

Standardmäßig ist übrigens Autom. in der Stilreferenz angewählt **1**. Das bedeutet, dass sich das neue Objekt an allen Motiven innerhalb und außerhalb der Arbeitsfläche orientiert, was im Grunde für die tägliche Arbeit sinnvoll sein dürfte. Im aktuellen Beispiel funktioniert die Übertragung des Stils jedoch nicht optimal. Übernommen werden zwar die genutzten Farben, doch gerade der niedliche Stil, das verspielte Design wurde nicht übernommen.

Wir probieren ein anderes Beispiel und versuchen, anhand einer Grafik mit Elefanten passend dazu Nashörner zu erstellen. Das Elefanten-Bild laden wir also in die Datei, und in einem leeren Bereich der Arbeitsfläche wählen wir einen Bildausschnitt, wo das neue Objekt entstehen soll. Auch diese Generierung mit der Einstellung Autom. überzeugt nicht. Klare Empfehlung also: den Schalter Autom. nach rechts umstellen.

Abbildung 8.25
Neu generiertes Motiv nach Nutzung der spezifischen Stilreferenz

Abbildung 8.26
Neu generiertes Motiv nach Nutzung der automatischen Stilreferenz

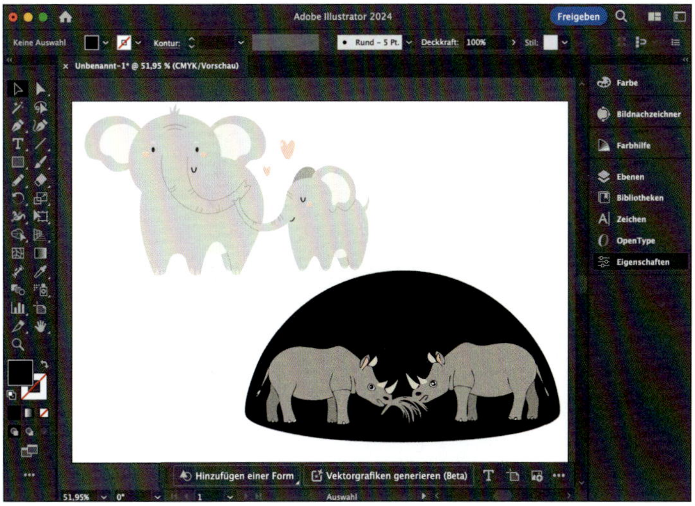

Abbildung 8.27
Neu generiertes Motiv nach Prompt »zwei Nashörner fressen Gras« und Nutzung der automatischen Stilreferenz – das Ergebnis überzeugt nicht.

8.2.4 Nutzen von Effekten

Zusätzlich oder natürlich auch alternativ können Sie den Prompt mit vorgegebenen Effekten kombinieren. Zur Verfügung stehen dabei insgesamt neun verschiedene Stile – von Flaches Design über Kritzelei bis hin zu 3D. Die Effekte können einzeln oder auch in Kombination genutzt werden. Wir testen einige mit dem Prompt »Lustiger Papierdrache über den Bergen« ohne Referenzbild.

Auffällig ist, dass es, ähnlich wie in Firefly selbst, effizienter ist, mit Referenzbildern zu arbeiten. So ist der Effekt Kritzelei nun nicht gerade das, was man sich vorgestellt hätte – auch wenn das Ergebnis hübsch anzusehen ist.

Abbildung 8.28
Illustrator bietet aktuell neun Effekte beim generativen Erstellen von Vektorgrafiken.

Abbildung 8.29
Grafik nach Prompt »Lustiger Drache über den Bergen«, Effekt Flaches Design (oben) und Kritzelei (unten)

8.2.5 Farbe und Ton definieren

Ebenso ist es möglich, Prompts mit Angaben zu Farbe und Ton zu kombinieren. In der kontextbezogenen Taskleiste klicken Sie dazu auf das Zahnrad-Icon, und das Dialogfeld Vektorgrafiken generieren öffnet sich.

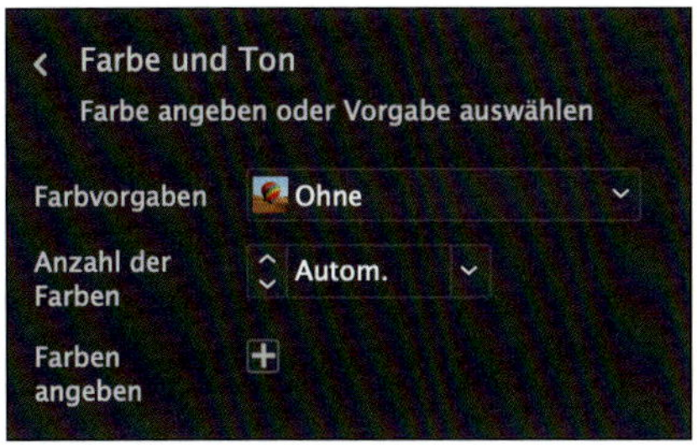

Abbildung 8.30
Dialogfeld zu Farbe und Ton

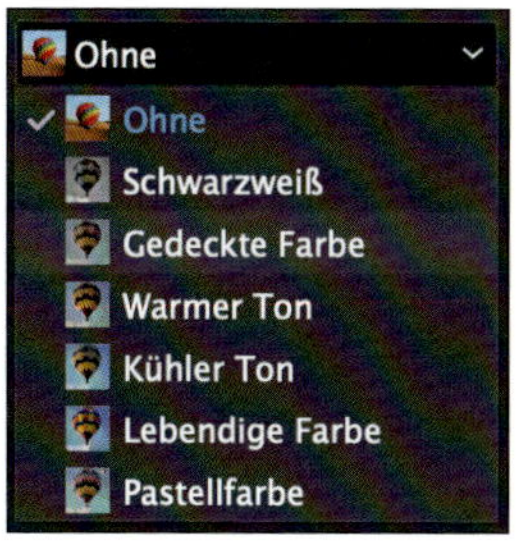

Abbildung 8.31
Auswahl der Farbvorgaben in Illustrator

Farbvorgabe festlegen

Unter FARBVORGABEN können Sie aus verschiedenen Optionen wählen: OHNE, SCHWARZWEISS, GEDECKTE FARBEN, WARMER TON, KÜHLER TON, LEBENDIGE FARBE, PASTELLFARBE. Die Einstellungen sind eigentlich selbsterklärend und auch in der Umsetzung überzeugend. Im Folgenden testen wir den Prompt »Gitarre mit Noten rundherum« in den Einstellungen SCHWARZWEISS, WARMER TON und PASTELLFARBE.

Abbildung 8.32
Vektormotive nach Prompt »Gitarre mit Noten rundherum« in den Farbvorgaben SCHWARZWEISS (links), WARMER TON (Mitte) und PASTELLFARBE (rechts)

Die Farbumsetzung und auch das grundsätzliche Motiv sind gut, jedoch fällt auf, dass die Pfade sehr unsauber sind trotz eines Gegenstands, der an sich sehr symmetrisch und gerade ist. Besonders der Gitarrenhals wird für Illustrator*innen wenig zufriedenstellend sein, und auch die Noten sind teilweise nicht korrekt dargestellt.

Achtung!
Wenn Ihnen ein Motiv gefällt, jedoch die Farbe nicht die richtige ist, dann generieren Sie nicht neu – das Motiv wird auch mit gleichen Einstellungen nie wieder das gleiche sein. Speichern Sie lieber Variationen, und färben Sie sie um. Siehe dazu Abschnitt 8.3, »Generative Neufärbung«.

Anzahl der Farben festlegen

Unter ANZAHL DER FARBEN können Sie – wie der Name schon sagt – die Menge an Farben bestimmen, die für die Generierung verwendet werden sollen. Also: Aus wie vielen verschiedenen Farben soll die zu generierende Vektorgrafik aufgebaut sein? Hier gibt es Einstellungsmöglichkeiten von 2 bis 30.

Standardmäßig ist AUTOM. festgelegt, d. h., die KI entscheidet anhand des Prompts und anderer Einstellungen selbstständig, wie viele Farben letztendlich für die Grafik genutzt werden. Wollen wir uns also einmal ansehen, welche Auswirkung die Anzahl der Farben auf den Prompt »Gitarre mit Noten rundherum« in der Farbvorgabe PASTELLFARBE hat. Schon auf den ersten Blick wirkt die Grafik mit weniger Farben unsauberer, was am Motiv liegen mag. Die zweite Variante mit 20 Farben nimmt sich sogar einen Farbverlauf zu Hilfe – das entspricht vielleicht auch nicht unbedingt Ihren Vorstellungen vor Prompteingabe.

Abbildung 8.33
Vektormotive nach Prompt »Gitarre mit Noten rundherum«, Farbvorgabe PASTELLFARBE, ANZAHL DER FARBEN eingestellt auf »5« (links) und »20« (rechts)

Schauen wir uns ein zweites Beispiel an und nutzen den Prompt »Fuchs« in Kombination mit der Einstellung SYMBOL, der Farbvorgabe WARMER TON und testen zwei verschiedene Angaben zur Anzahl der Farben. Auch hier ergeben sich erstaunlicherweise komplett unterschiedliche Gestaltungen. Es ist also interessant, auch einmal mit diesen Einstellungsmöglichkeiten zu spielen.

Abbildung 8.34
Vektormotive nach Prompt »Fuchs«, Farbvorgabe WARME FARBE, Anzahl der Farben eingestellt auf »5« (links) und »20« (rechts)

Farben angeben

Um noch farbspezifischer zu werden, können Sie unter FARBEN ANGEBEN im Bereich FARBE UND TON konkrete Farben festlegen, die Sie in der neuen Vektorgrafik nutzen möchten. Das ist natürlich sehr praktisch, wenn eine zu einem bestehenden CD passende Grafik erstellt werden soll. Illustrator ermöglicht auf diesem Weg das Festlegen von bis zu zwölf Farben. Diese können bereits genutzte Farben aus der aktuellen Datei sein oder konkret als CMYK-, RGB- (je nach Dokumentfarbmodus) oder HEX-Wert angegeben werden.

Schauen wir uns an, was mit dem fünffarbigen Fuchs passiert, wenn wir zwei zusätzliche Blautöne definieren.

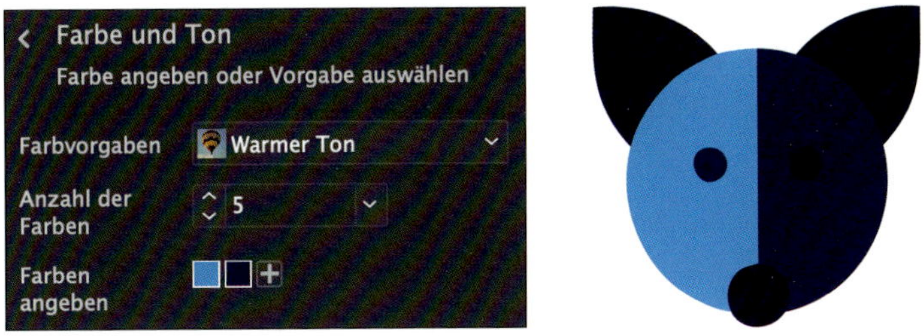

Abbildung 8.35
Farbeinstellungen (links) und Vektormotiv nach Prompt »Fuchs«, Inhaltsart SYMBOL (rechts)

Wir sehen, dass von den warmen Farben nichts geblieben ist – die Angabe von Farben hat also Vorrang vor den Farbvorgaben, was sich auch nach Erhöhung der Farbanzahl bestätigt.

Nun könnten Sie einwenden, dass es bei einem Symbol natürlich nicht unendlich viele Möglichkeiten gibt, Farben einzubauen. Geben wir Illustrator also noch eine Chance, warme Farben mit den beiden Blautönen zu kombinieren, indem wir von SYMBOL auf MOTIV wechseln.

Abbildung 8.36
Vektormotiv nach Prompt »Fuchs«, Inhaltsart SYMBOL, WARME FARBE, 20 Farben, zwei davon als Blau definiert – von der warmen Farbe auch hier nichts. Und sind das nicht sogar nur vier Farben?!

Abbildung 8.37
Vektormotiv nach Prompt »Fuchs«, Inhaltsart MOTIV, WARME FARBE, 20 Farben, zwei davon als Blau definiert – von der warmen Farbe auch hier nichts zu sehen.

Nun ja. Spezifische Farben lassen sich immerhin im Nachhinein anpassen. Sagt ja keiner, dass die KI perfekt ist und genau weiß, was der Mensch im Kopf hat ... Sehr unpraktisch ist übrigens, dass man nach jeder ausgewählten Farbe den Farben-angeben-Bereich wieder verlassen und neu anwählen muss!

8.3 Generative Neufärbung

Illustrator bietet bereits ohne KI großartige Werkzeuge für die Neufärbung von Illustrationen, besonders der sehr komplexe Dialog Bildmaterial neu färben ist da zu nennen. Mit der Firefly-Funktion Generative Neufärbung können Sie die Farben in Vektorgrafiken nun noch einfacher und mit minimalem Aufwand neu färben. Wie das geht, schauen wir uns im Folgenden an.

Schritt für Schritt
Farbvariationen über »Generative Neufärbung« erstellen

Wir wollen eine Datei, die den Entwurf für ein Plakat zeigt, neu einfärben. Um den Workshop auszuprobieren, generieren Sie mit Illustrator ein beliebiges Plakat.

1 Illustration auswählen

Stellen Sie zunächst sicher, dass das gesamte Objekt oder die Gruppe von Objekten, die Sie ändern möchten, ausgewählt ist. Dazu nutzen Sie am besten das Auswahl-Werkzeug oder ziehen einen Auswahlrahmen um die gewünschten Objekte. Wenn alle Objekte gefärbt werden sollen, funktioniert natürlich auch die Tastenkombination Strg/cmd+A.

2 Dialogfeld »Bildmaterial neu einfärben« öffnen

Mit der ausgewählten Illustration klicken Sie nun im oberen Menü auf Bearbeiten • Farben bearbeiten • Bildmaterial neu färben ..., um das Dialogfeld zum Neufärben zu öffnen (Abbildung 8.39 und Ausschnitt in Abbildung 8.38). Alternativ können Sie auch auf das Farbrad-Symbol in der Steuerungsleiste klicken oder in der Taskleiste auf Neu färben gehen. Über das Dialogfeld lässt sich anschließend der Reiter Generative Neufärbung ❶ öffnen.

3 Prompt eingeben

In das Promptfeld ❷ geben Sie nun eine Beschreibung der gewünschten Farbpalette oder des Farbschemas ein und bestätigen über die Eingabetaste oder mit Klick auf den Generieren-Button. Wir testen »türkisfarbenes Wasser und heller Strand«.

4 Vier Variationen zur Auswahl

Nach Bestätigung generiert Firefly vier Variationen des Prompts und stellt sie in der Miniaturansicht rechts zur Verfügung. In an-

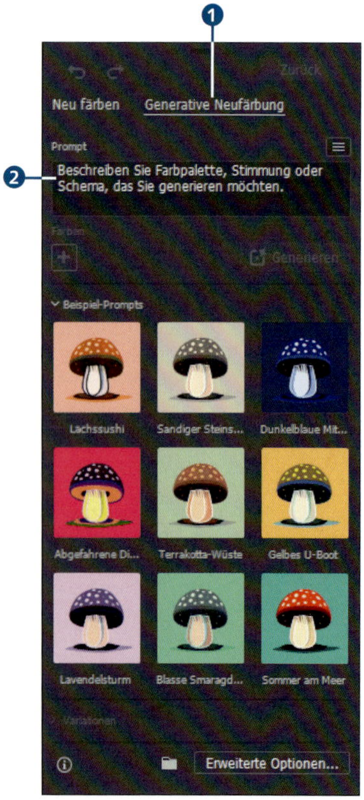

Abbildung 8.38
Generative Neufärbung

deren Anwendungen wird die erste Variation sofort angewendet – das ist hier nicht der Fall.

Abbildung 8.39
Arbeitsfläche nach Auswahl der Option Generative Neufärbung

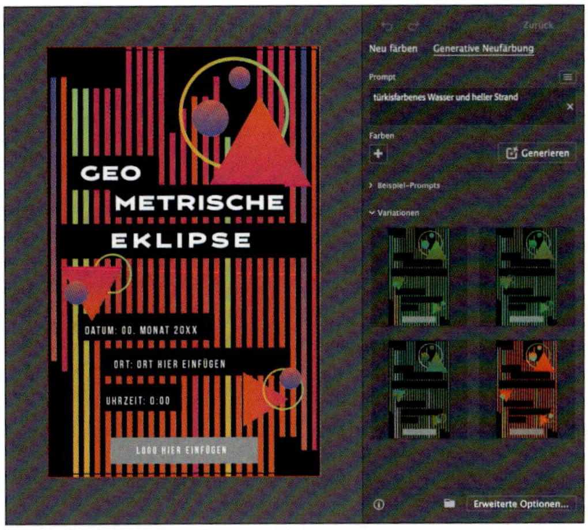

Abbildung 8.40
Arbeitsfläche nach Bestätigung des Prompts. Vier Variationen sind in Miniatur zu sehen.

Hier hat leider die Eingabe des Prompts nicht zum gewünschten Ergebnis geführt. Ist unter den vier Variationen noch nicht das Richtige dabei, können Sie den Vorgang mit erneutem Klick auf Generieren wiederholen. Auch kann der Prompt natürlich angepasst oder komplett ausgetauscht werden. Alle Variationen werden behalten und sind in dieser Ansicht als Miniatur weiter unten zu finden. Wenn Sie die Anwendung verlassen oder das Dialogfeld schließen, werden auch die Variationen gelöscht.

Die Pilze
Inspiration finden Sie direkt unter dem Promptfeld. Im Beispiel sind Pilze mit unterschiedlicher Farbgebung abgebildet.

5 Optional: Farbwahl zur Orientierung

Sie können optional auch bis zu fünf Farben als Orientierung für die Eingabe hinzufügen, um die Texteingabe zu präzisieren. Dazu nutzen Sie das kleine Plus-Icon unterhalb des Promptfeldes. Es öffnet sich ein weiteres Dialogfeld, das die Auswahl einer zuvor genutzten Farbe oder auch einer gänzlich neuen ermöglicht. Dazu können Sie CMYK-Werte einstellen oder Hex-Werte nutzen. Bestätigen Sie die Farbwahl mit der Eingabetaste.

Nach Klick auf den Generieren-Button bietet Firefly wieder vier neue Variationen auf Grundlage von Prompt und Farbe(n).

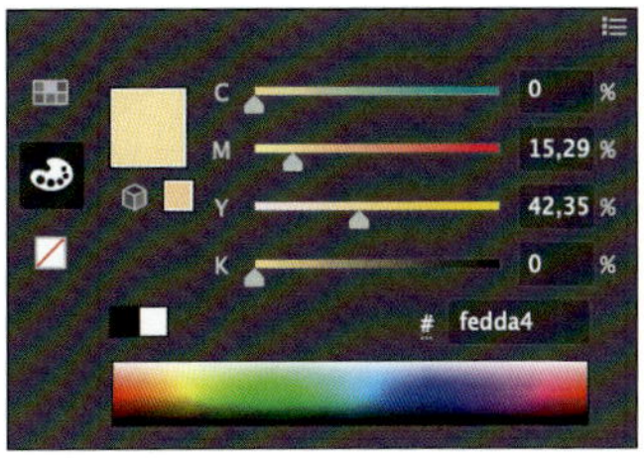

Abbildung 8.41
Definition einer Farbe zusätzlich zur Prompteingabe

6 Anwenden

Nachdem Sie die gewünschten Anpassungen vorgenommen haben, bestätigen Sie das Ganze mit [↵]. Die Neufärbungen werden dann auf die Illustration angewendet.

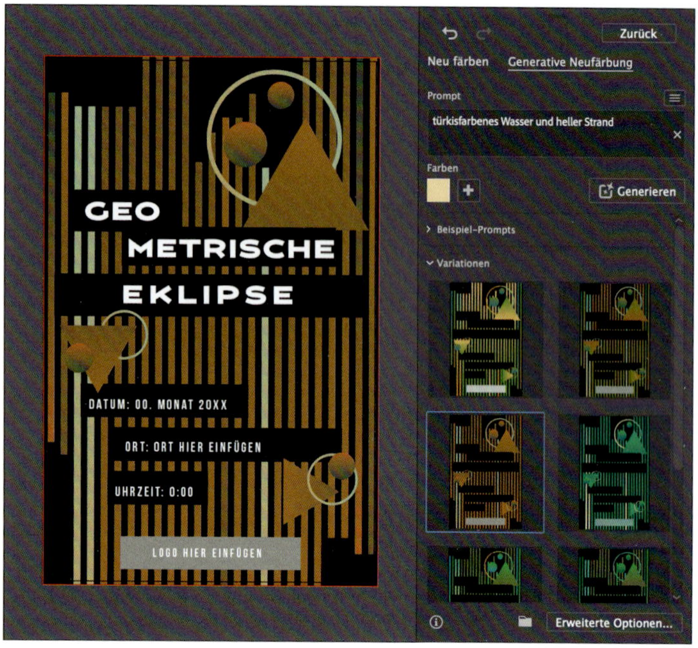

Abbildung 8.42
Anwendung von Variation Nummer 3

7 Optional: Farben weiter verfeinern

Nach dem Neufärben der Grafik können Sie in die erweiterten Optionen ❸ oder zur Registerkarte Neu färben wechseln und die Farben weiter verfeinern.

Grundsätzlich überzeugt die Funktion an dieser Stelle vielleicht noch nicht. Wenn Sie aber komplexe Szenen bearbeiten und neu färben müssen, ist die Anwendung eine wirkliche Zeitersparnis.

Abbildung 8.43
Einfärben einer komplexen Szene: Originalbild (links) und generative Neufärbung mit Prompt »dunkelblau und schwarz« (rechts)

8.4 Generative Formfüllung

Auch die generative Formfüllung von Firefly ist derzeit als Beta-Version in Illustrator vorhanden. Mithilfe dieser Funktion können Sie Formen mit Details und Farben in einem eigenen Stil füllen. Dazu wählen Sie einfach eine Form aus, geben einen Prompt zur Beschreibung der gewünschten Füllung ein und stellen die gewünschten kreativen Steuerelemente ein. Illustrator generiert im Handumdrehen mehrere Variationen als Ausgabe. Mit ein bisschen Glück schafft es die Funktion über das Beta-Stadium hinaus, und wir sehen sie in einem der künftigen Updates als Standardfunktion wieder. Aber schauen wir uns das im Detail an.

Mithilfe der generativen Formfüllung lassen sich Füllungen erstellen, die sich an den Konturen einer bestimmten Form orientieren. Diese Form muss zunächst erstellt werden. Im Folgenden wollen wir für einen Blumenladen verschiedene runde Ornamente erarbeiten. Als Erstes wählen Sie das gesamte Objekt oder die Gruppe von Objekten aus, die Sie füllen möchten. Dazu nutzen Sie wie immer das Auswahl-Werkzeug oder ziehen einen Auswahlrahmen um die gewünschten Bereiche des Bildes. Alle Arten von Formen sind hierbei erlaubt, auch gruppierte Objekte oder zusammengesetzte Pfade. Unsere vorgegebene Form ist ein einfacher Kreis. Mit der ausgewählten Form klicken Sie nun in der kontextbezogenen Taskleiste auf GENERATIVE FORMFÜLLUNG (BETA), um die kontextbezogene Taskleiste zum Neufärben zu öffnen und hier direkt einen Prompt einzugeben.

Ähnliche generieren
Sie finden die Funktion ÄHNLICHE GENERIEREN (siehe Abschnitt 8.2.1) auch so praktisch wie wir? Leider ist sie nicht verfügbar, wenn Sie die generative Formfüllung nutzen.

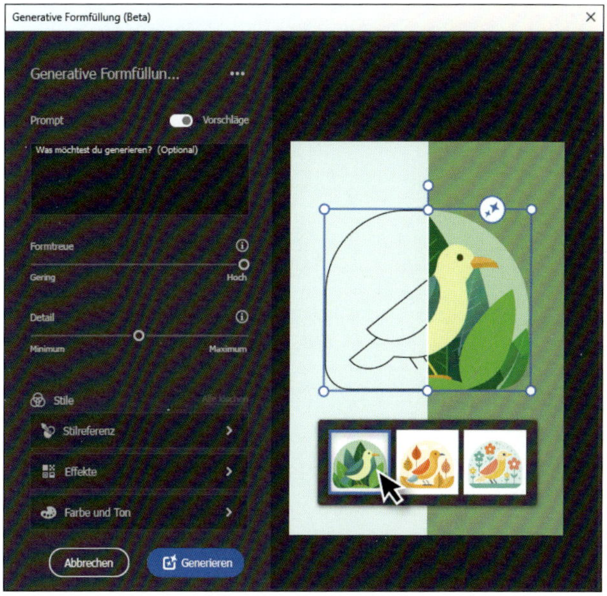

Abbildung 8.44
Dialogfeld GENERATIVE FORMFÜLLUNG

Abbildung 8.45
Generiertes Bild nach Prompt »rosafarbene Blumen« in der generativen Formfüllung eines Kreises

Nach Klick auf das Rädchen gelangen Sie aber auch zum Dialogfeld mit allen Einstellungsmöglichkeiten. Alternativ lässt sich das Dialogfeld über das Eigenschaften-Menü ansteuern (Button GENERATIVE FORMFÜLLUNG unten). Im Feld PROMPT geben Sie nun eine Beschreibung der gewünschten Füllung ein. Wir testen »rosafarbene Blumen«. Ein Klick auf GENERIEREN, und die KI erarbeitet drei Vorschläge zur Umsetzung des Prompts. Das beste Ergebnis aus Abbildung 8.45 erinnert an einen Kreis, d.h., die KI hat sich an der Form grob orientiert.

Wie stark sich Illustrator an die Ausgangsgrafik halten soll, können Sie über die Einstellung FORMTREUE unterhalb des Promptfeldes definieren. Mithilfe des Schiebereglers passen Sie an, wie genau die Variation der Form entspricht. Wir schieben nach ganz rechts, also auf HOCH, und wiederholen den Vorgang mit dem gleichen Prompt. Durch die Anordnung der Blätter in diesem Beispiel wird die Rundung noch einmal mehr betont, aber komplett kreisförmig wird es auch dadurch nicht. Schauen wir uns also an, ob eine geringe Formtreue sichtbare Auswirkungen auf das Ergebnis hat. Die kurze Antwort: Nein.

In allen Varianten ist eine gewisse Unsauberkeit der Pfade zu erkennen. Flächen gehen ineinander über, teilweise sind Hintergründe mit Farben gefüllt. Das mag daran liegen, dass manchmal grobe Flächen, manchmal kleine Details generiert werden. Damit das Ergebnis nicht der Willkür überlassen ist, können Sie über den Schieberegler unter der Formtreue den Detailgrad von MINIMUM bis MAXIMUM festlegen. Wir schauen uns bei gleichbleibendem Prompt und mittlerer Formtreue die Auswirkungen des Detailgrades an. Hier sind die Auswirkungen des Reglers doch schon deutlich zu sehen. Wir sagen: Schön!

Abbildung 8.46
Generiertes Bild nach Prompt »rosafarbene Blumen« in der generativen Formfüllung eines Kreises, hohe Formtreue (oben), geringe Formtreue (unten)

Abbildung 8.47
Generiertes Bild nach Prompt »rosafarbene Blumen« in der generativen Formfüllung eines Kreises, minimaler Detailgrad (links) und maximaler Detailgrad (rechts)

8.4.1 Stilreferenzen nutzen

Ähnlich wie beim Generieren neuer Objekte finden Sie innerhalb des Dialogfensters GENERATIVE FORMFÜLLUNG auch die Möglichkeit zur Nutzung einer Stilreferenz. Diese lässt sich anwenden, wie wir es bereits in Abschnitt 8.2.3 beschrieben haben.

Wir nutzen den Prompt »Blumen« in der generativen Formfüllung eines Kreises mit einem komplexen Referenzbild eines Fuchses.

Abbildung 8.48 Generiertes Bild nach Prompt »Blumen« in der generativen Formfüllung eines Kreises, Referenzbild (links) und generiertes Motiv (rechts)

Im Beispiel ist die Referenz – gerade stilistisch – nicht so überzeugend umgesetzt, farblich passt es. Wir testen einen weiteren (weniger bildlichen) Prompt: »Abstraktes geometrisches Muster«.

Abbildung 8.49 Generiertes Bild nach Prompt »Abstraktes geometrisches Muster« in der generativen Formfüllung eines Kreises, auch hier wurde das Referenzbild »Fuchs« verwendet.

Gut umgesetzt sind die einzelnen kurzen Striche und die Farbe grundsätzlich – auch wenn es etwas dunkel ist im Vergleich zum Referenzbild. Testen wir als Stilreferenz nun auch einmal ein Foto von der Plattform Unsplash. Wir verwenden einen schon zuvor genutzten Prompt: »Abstraktes geometrisches Muster«.

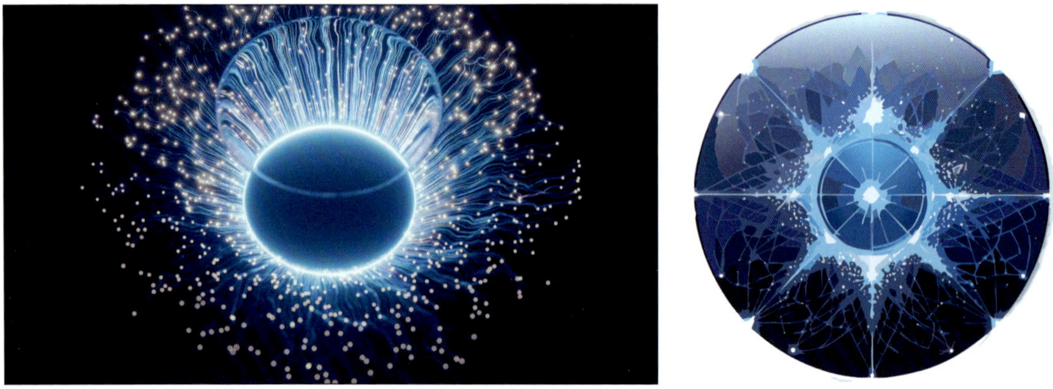

Abbildung 8.50
Referenzbild (links) und generiertes Bild nach Prompt »Abstraktes geometrisches Muster« mit der Stilreferenz

Interessant: Die Stilreferenzen sind in anderen Programmen – sowohl in der Webapplikation von Firefly als auch in Photoshop – ausschlaggebend für wirklich überzeugende Ergebnisse. In Illustrator ist das offensichtlich (bis jetzt) nicht der Fall.

8.4.2 Effekte nutzen

Illustrator bietet auch hier wieder neun Effekte an, die Sie auf die generierten Bilder anwenden können: Flaches Design, Geometrie, Kritzelei, Pixel-Art, 3D-Low-Poly, Minimalismus, Isometrisch, Comic-Heft und 3D. Den Abschnitt finden Sie unter dem Bereich Stilreferenz.

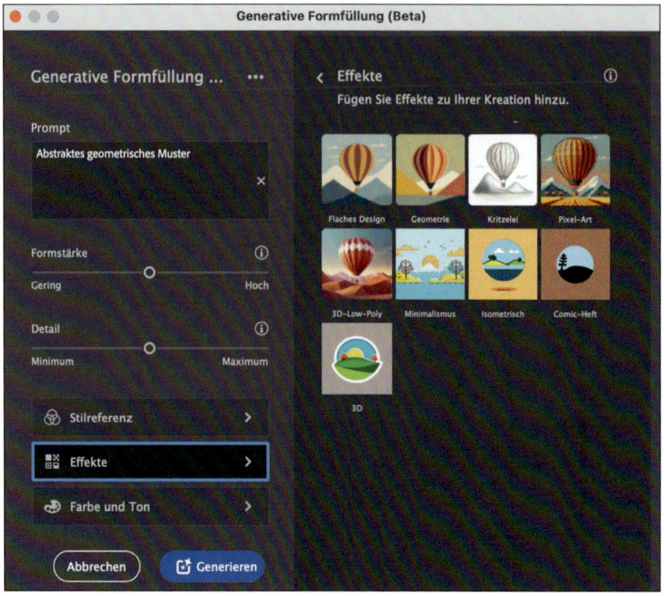

Abbildung 8.51
Einstellungsbereich Effekte im Dialogfeld Generative Formfüllung

Wir testen den Prompt »rosafarbene Blumen« und nutzen die Stile GEOMETRIE und MINIMALISMUS. Während der Stil GEOMETRIE überzeugt, hätten wir uns vom Stil (und vom Vorschaubild) des MINIMALISMUS vielleicht etwas Vollflächiges gewünscht. So ganz überzeugen die Effekte also auch nicht. Schade.

Abbildung 8.52
Generative Füllung nach Prompt »rosafarbene Blumen«, Effekte GEOMETRIE (links) und MINIMALISMUS (rechts)

8.4.3 Farbe und Ton definieren

Auch hier ist es möglich, Prompts mit Angaben zu Farbe und Ton zu kombinieren. Das ist im Grunde genommen das Gleiche wie in Abschnitt 8.2.5 gezeigt:

- Unter FARBVORGABEN können Sie aus verschiedenen Optionen wählen: ohne, schwarzweiß, gedeckte Farben, warmer Ton, kühler Ton, lebendige Farbe, Pastellfarbe.
- Unter ANZAHL DER FARBEN können Sie die Anzahl der Farben festlegen, die Sie für die Ausgabe benötigen.
- Und unter FARBEN ANGEBEN lassen sich konkrete Farben festlegen, die Sie in der neuen Vektorgrafik nutzen möchten.

Interessant: Obwohl die Generierung einer Formfüllung bei elliptischen, runden oder rechteckigen Formen im Grunde der Funktion VEKTORGRAFIKEN GENERIEREN entspricht, sind die Ergebnisse hier durchaus ansprechend und wirklich gelungen. Springen Sie also bei der Generierung gerne auch einmal hin und her.

Abbildung 8.53
Durchaus gelungene Logogenerierungen zum Prompt »Logo für ein Architekturbüro« über die generative Formfüllung. Auch die Pfade wurden überzeugend angelegt.

8.4.4 Konsistente Designs erschaffen

Die generative Füllung ist nicht auf eine Form beschränkt. Mehrere Objekte oder Formen können mit demselben Textprompt gefüllt werden, was eine visuelle Konsistenz schafft, aber gleichzeitig die Möglichkeit für Variationen offenlässt. Die Objekte müssen dafür nicht gruppiert sein, sie müssen aber alle aktiv ausgewählt werden. Im Beispiel wollen wir ein Bild mit vereinzelten Blättern generieren, aktivieren dafür alle Kreise und geben den Prompt »Herbstlaub« ein.

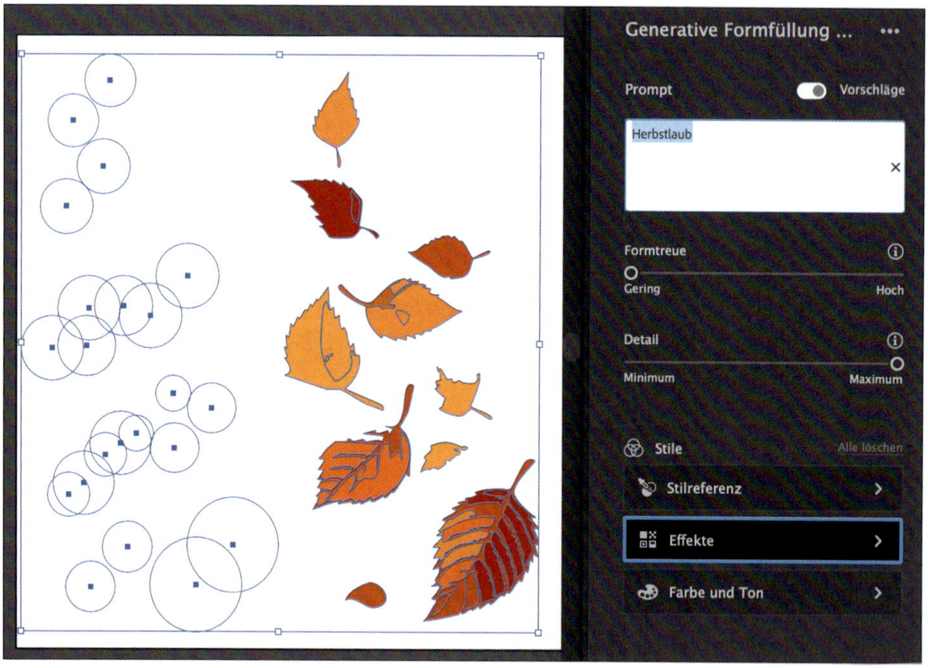

Abbildung 8.54
Markierte Kreise (links) und mit Prompt generierte Formfüllung (rechts)

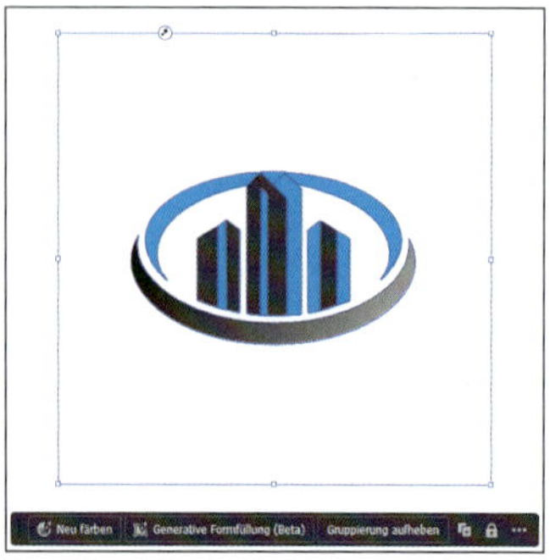

Abbildung 8.55
Auf dieses Logo soll die Formfüllung erneut angewendet werden.

Übrigens: Wenn Sie die generative Formfüllung wiederholen, während das bereits generierte Ergebnis noch ausgewählt ist, wird die Formfüllung wiederum nur auf diese neuen Formen angewendet. Im aktuellen Beispiel würden bei einem neuen Prompt also die konkreten Blätter gefüllt – von den Kreisen weiß Illustrator dann nichts mehr. So sorgen Sie für Abhilfe: Machen Sie den Vorgang rückgängig, und wiederholen Sie den Prompt in leeren Formen.

In anderen Beispielen kann dieses Beziehen auf die neu generierte Form aber auch nützlich sein. So könnten Sie eine eben generierte Form (Abbildung 8.55) mit einem ähnlichen Prompt »füllen« und so weiterentwickeln (siehe Abbildung 8.57).

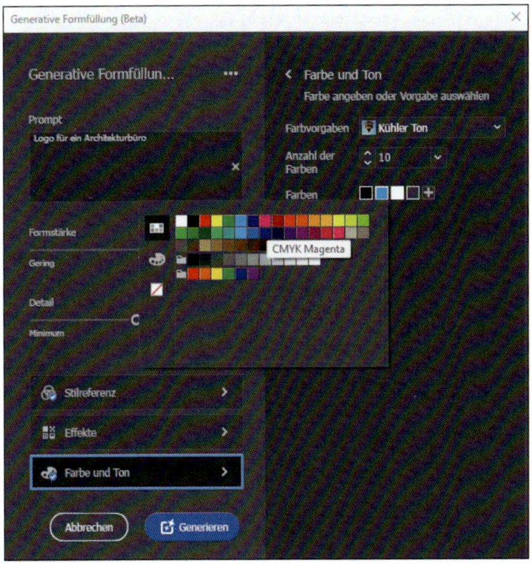

Abbildung 8.56
Nur die Farbe soll ausgetauscht werden.

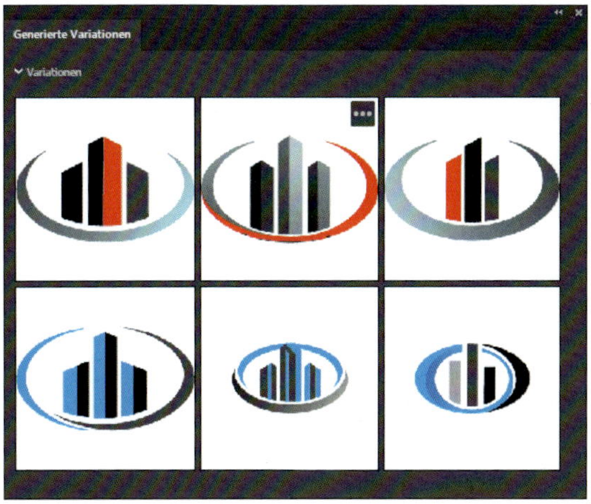

Abbildung 8.57
Die Anpassung des Logos ist sehr gut gelungen.

8.4.5 Komplexe Formen füllen (oder: Skizzen Leben einhauchen)

Im Folgenden wollen wir eine Skizze als Grundlage für die Erstellung einer stilistisch völlig anderen Vektorgrafik verwenden. Als Grundlage nutzen wir eine Kreidezeichnung eines Schädels, scannen sie ein und wandeln sie mithilfe des Bildnachzeichners in eine Vektorgrafik um.

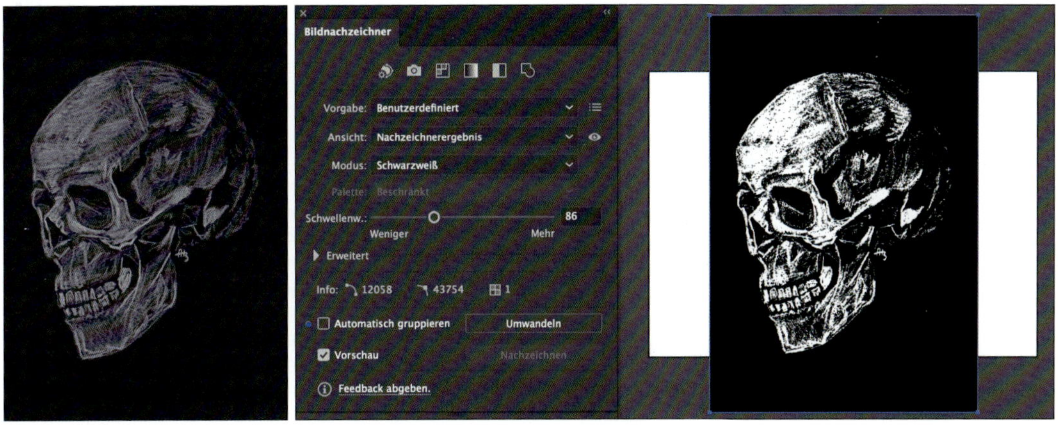

Abbildung 8.58
Originalzeichnung von Annett Bergk (links) und mithilfe des Bildnachzeichners erstellte Vektorgrafik (rechts)

Wir testen die Funktion GENERATIVE FORMFÜLLUNG aus der kontextbezogenen Taskleiste zunächst einmal ohne Prompt.

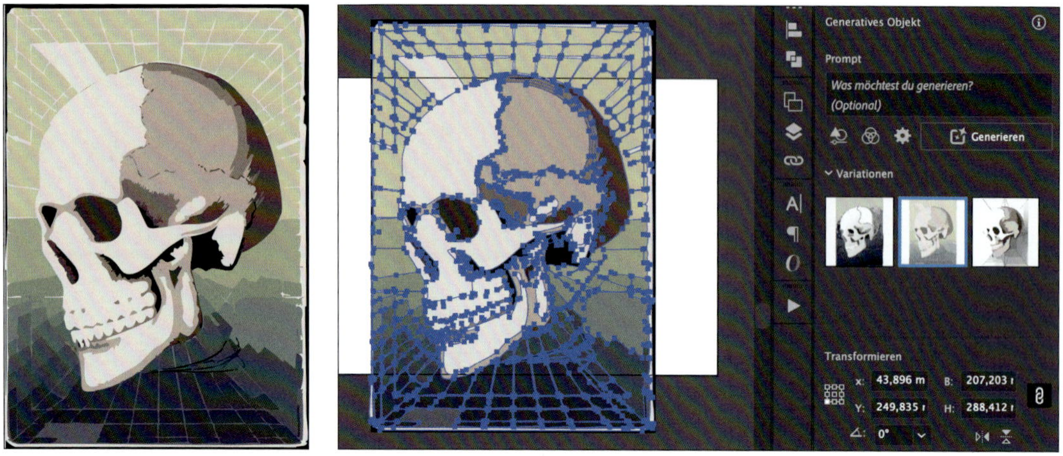

Abbildung 8.59
Vorschlag der KI ohne Prompt (links) und Variationen auf der Arbeitsfläche in Illustrator (rechts)

Es ist schon faszinierend, dass die KI eindeutig erkennt, dass es sich um einen Schädel handelt. Testen wir die Funktion in Kombination mit dem Prompt »kristalliner Schädel in Blau mit einem Hauch von Gold«.

Prompt-Tipps für das Arbeiten mit generativer Formfüllung

Der Erfolg der generativen Formfüllung hängt stark von der Präzision des Textprompts ab. Es lohnt sich, kreative und spezifische Begriffe zu verwenden, um interessante und komplexe Ergebnisse zu erzielen. Beispielsweise kann die Beschreibung einer Textur wie »kristalline Strukturen in Blau mit einem Hauch von Gold« eine völlig andere Wirkung erzeugen als »transparente Glaseffekte«.

Sollte das erste generierte Ergebnis dann noch immer nicht den Erwartungen entsprechen, kann der Prompt leicht angepasst und erneut generiert werden. Variationen des Textes führen hier zu völlig neuen Designs.

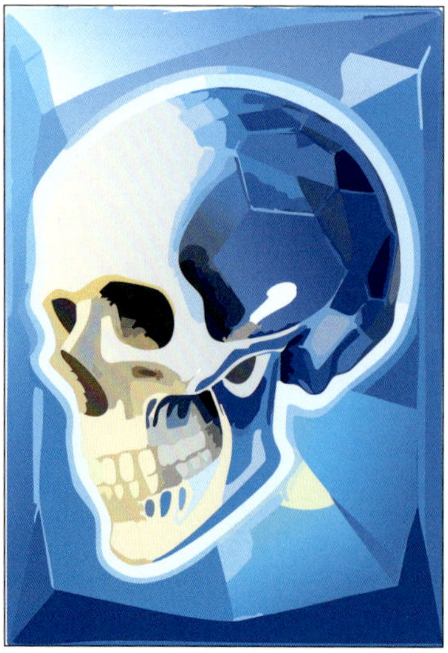

Abbildung 8.60
Vorschlag der KI nach Prompt »kristalliner Schädel in Blau mit einem Hauch von Gold«, hohe Formtreue, hoher Detailgrad

Übrigens: Wer beim Prompt das Wort »Schädel« nicht nutzt, kann nicht damit rechnen, auch einen Schädel zu erhalten. Im Folgenden zwei Promptbeispiele, um das einmal zu demonstrieren.

Abbildung 8.61
Vorschlag der KI nach Prompt »weißer Schädel mit verschiedenen Blumen als Deko-Elemente« (links) und Vorschlag nach Prompt »weiße Form und Blumen als Deko-Elemente« (rechts)

Abbildung 8.62
Ergebnis nach Prompt »Totenschädel mit einer braunen Frauenperücke mit Blumen im Haar«

Die Ergebnisse könnten unterschiedlicher nicht sein. Denken Sie also immer daran: Beschreiben Sie genau, welche Form generiert werden soll, und nicht nur das Muster und den Stil. Wenn Sie das wiederum berücksichtigen, können Sie mithilfe einer Skizze auch außergewöhnliche Ergebnisse erzielen. Nun nutzen wir noch den Prompt »Totenschädel mit einer braunen Frauenperücke mit Blumen im Haar«.

Und all diese Ergebnisse sind möglich mit einer eingescannten Skizze! Mehr Inspiration gefällig?

Abbildung 8.63
Skizze als Ausgangssituation (links), Ergebnis nach Prompt »fantasievolles buntes Haus für Kinder«, Effekt Kritzelei (rechts)

Abbildung 8.64
Skizze als Ausgangssituation (links), Ergebnis nach Prompt »gruseliger, orangefarbener Kürbis mit schwarzen Augen«

8.5 Muster generieren

Eine weitere, sehr überzeugende Funktion, die vorher wirklich viel Zeit in Anspruch genommen hat, ist Text zu Muster, die sich derzeit in der Beta-Phase befindet. Hiermit können Sie komplexe und individuelle Vektormuster generieren, die außerdem nachträglich noch farblich und stilistisch angepasst werden können, was völlig neue Gestaltungsmöglichkeiten für diverse Designprojekte eröffnet.

8.5.1 Mit der KI Muster erstellen

Mithilfe der Funktion Muster generieren können Sie schnell neue Ideen entwickeln und raffinierte Muster erstellen. Wie das konkret funktioniert, schauen wir uns an.

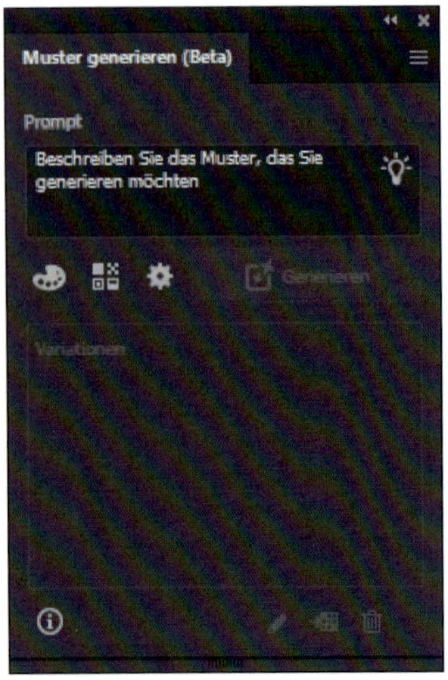

Abbildung 8.65
Dialogfeld zur Mustergenerierung in der Grundeinstellung

Zugriff auf die Funktion haben Sie über mehrere Wege. Am einfachsten ist es, über Fenster • Muster generieren das entsprechende Bedienfeld anzusteuern. Das geht auch über Objekt • Muster • Muster generieren. Hier können Sie auch ohne vorausgewählte Form ein Muster generieren lassen.

Alternativ erstellen Sie eine Form, beispielsweise ein Rechteck, und lassen darin ein Muster generieren.

Wie in anderen Anwendungen gelernt, nutzen wir das Promptfeld zur Eingabe der Beschreibung einer gewünschten Ausgabe. In unserem Fall »Florales Vintage-Muster mit blauen und grünen Akzenten«. Das Muster wird entweder nur im Bedienfeld oder nach vorheriger Erstellung einer Form (auch durch Ziehen in eine Form hinein) auf der Arbeitsfläche angewandt. Haben Sie keine Form erstellt, wird durch einen Klick auf die Variation das Muster geladen, und Sie können es mit einem Formwerkzeug direkt aufziehen.

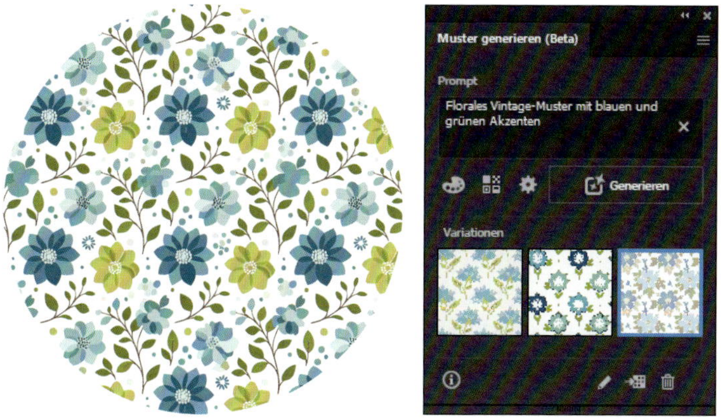

Abbildung 8.66
Generiertes Muster nach Prompt »Florales Vintage-Muster mit blauen und grünen Akzenten« und das Dialogfeld mit den Variationen

Wir erlauben uns ein: Wow! Bei dieser Funktion spielt Illustrator wirklich alle seine Stärken aus. Schauen wir uns noch ein paar Beispiele an. Für ein Kita-Kunstprojekt wollen wir einen Elefanten verschieden gestalten. Die Form ist vorbereitet. Der Prompt steht: »rosafarbene Wolken am blauen Himmel«. Zudem testen wir »graue und grüne Streifen« und »verschiedene Früchte«.

Abbildung 8.67
Musterfüllungen nach verschiedenen Prompts

Großartig! Genauso hatten wir uns das vorgestellt. Und es funktioniert natürlich auch als Füllung von Konturen oder angewandt auf Logos.

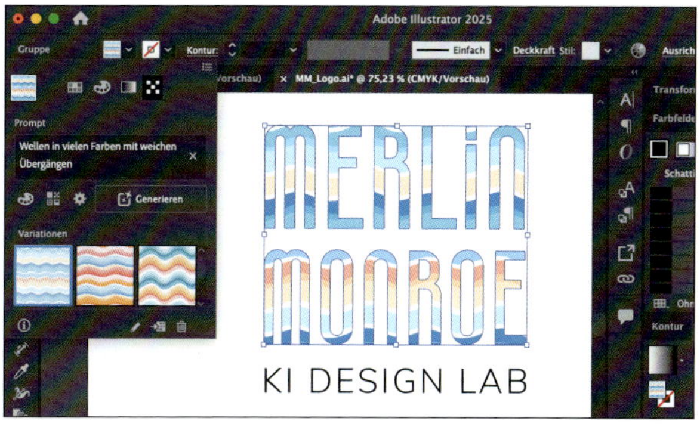

Abbildung 8.68
Musterfüllung für ein Logo

Muster direkt in den Farbfeldern!

Übrigens: Alle in der Vorschau angezeigten Variationen werden automatisch als Musterfarbfelder im Ordner GENERIERTE MUSTER im Bedienfeld FARBFELDER zur späteren Verwendung hinzugefügt. Diese Farbfelder können wie jedes andere Musterfarbfeld verwendet werden.

Die Muster können über das entsprechende Icon als Farbfeld definiert und auch wie gewohnt bearbeitet werden. So können Sie wie bei händisch generierten Mustern den Rapport einstellen oder einzelne Elemente anpassen und ändern.

8.5.2 Einstellungsmöglichkeiten für Muster

Je nach Bedarf lassen sich über das Mischpalette-Icon zusätzlich zur Prompteingabe FARBE UND TON definieren. Die Einstellungsmöglichkeiten kommen uns aus den anderen Bereichen schon bekannt vor: FARBVORGABEN, ANZAHL DER FARBEN, FARBEN ANGEBEN.

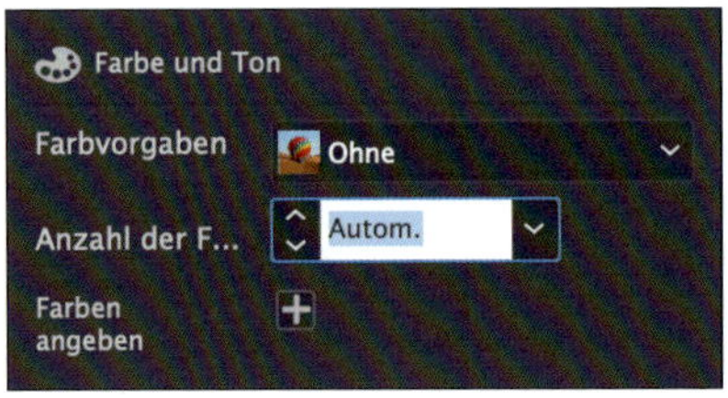

Abbildung 8.69
Dialogfenster FARBE UND TON im Kontext der generativen Mustererstellung

Abbildung 8.70
Das generierte Muster ist nun Teil der zur Verfügung stehenden Farbpalette (unterste Reihe).

Da die Funktion schon hinlänglich bekannt ist, hier nur zwei Beispiele: PASTELLFARBE und ein definiertes Violett.

Abbildung 8.71
Angepasste Muster nach Definitionen im Farbbereich

Die Ergebnisse hier sind wirklich überzeugend. Die definierte Farbe überdeckt sogar auch nicht die Farben, die über den Prompt eingegeben wurden. Sehr schön.

Und auch der Einstellungsbereich EFFEKTE ähnelt dem bereits bekannten. Aber es stehen nur drei verschiedene zur Verfügung: GEOMETRISCH, FLACHES DESIGN und KRITZELEI. Wir testen alle drei mit dem Ausgangsprompt.

Abbildung 8.72
Zur Verfügung stehende Effekte im Bereich Muster generieren

Abbildung 8.73
Generierte Muster nach Prompt »Florales Vintage-Muster mit blauen und grünen Akzenten«, Effekte GEOMETRISCH, FLACHES DESIGN und KRITZELEI

Generierte Variationen
Leider finden sich die generierten Muster nicht im praktischen Bedienfeld GENERIERTE VARIATIONEN.

Über das kleine Icon mit dem Rad lassen sich weitere Einstellungen öffnen. Zurzeit finden wir dort nur einen Regler für die Dichte. Mit ihm lässt sich von NIEDRIG bis HOCH der Detailgrad des Musters einstellen.

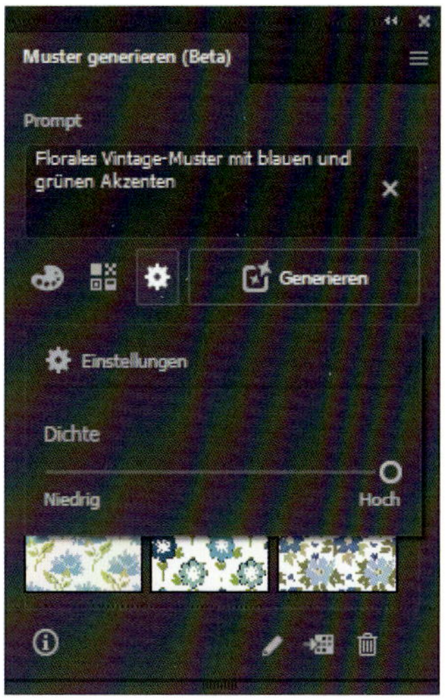

Abbildung 8.74
Unser Blumenmuster mit der Dichte auf NIEDRIG (links) und HOCH (rechts). In der rechten Abbildung des Muster-generieren-Bedienfelds sehen Sie den Dichte-Einstellungsregler.

8.6 Prompting-Tipps für Adobe Illustrator

Bei der Erstellung von vektorbasierten Grafiken sollten Stil, Objekte, Farbschema und Komplexitätsgrad klar im Prompt definiert werden, um das gewünschte Ergebnis zu erzielen. Dazu gehört die Entscheidung zwischen einem minimalistischen, abstrakten oder detaillierten Stil, die Auswahl spezifischer Objekte oder Szenen, die Festlegung eines präferierten Farbschemas und die Bestimmung des gewünschten Komplexitätsgrades der Komposition.

8.6.1 Farben beschreiben

Bei der Beschreibung von Farben sollten Sie spezifische Begriffe verwenden, um die Farbnuancen klar zu definieren. Anstatt vage Begriffe wie »blau« zu nutzen, sind detailliertere Bezeichnungen wie »hellblau«, »mittelblau« oder »dunkelblau« vorzuziehen. Wir haben einige Beispiele zusammengestellt.

Beispielprompt	Zweck
»Pastellfarbenes Frühlingsdesign«	Erzeugt eine sanfte und frische Farbpalette für Frühlingsmotive
»Vintage-Retro-Farbkombination«	Erstellt nostalgische Farbschemata, ideal für retro-inspirierte Projekte
»Harmonische Naturfarben«	Entwickelt eine ruhige und erdige Farbpalette für Naturthemen
»Neonlichter und Cyberpunk«	Generiert lebendige und futuristische Farben für moderne und technoide Designs
»Herbstliche Farbtöne«	Liefert warme, erdige Farben passend zu Herbstthemen und -stimmungen
»Elegante Schwarz-Weiß-Palette«	Produziert eine stilvolle, minimalistische Farbpalette für elegante Designs
»Kinderfreundliche, helle Farben«	Erzeugt fröhliche und lebendige Farben für kinderbezogene Grafiken
»Ozeanblau und Korallrot«	Erstellt eine maritime Farbpalette, ideal für Meeres- und Strandmotive
»Futuristisches, kühles Blau«	Entwickelt eine kühle und moderne Farbpalette für futuristische Projekte
»Exotische Tropenfarben«	Generiert kräftige und lebendige Farben für tropische und exotische Themen

Tabelle 8.1
Beispielprompts zur Beschreibung von Farben in Illustrator

8.6.2 Farben priorisieren

Sie sollten die wichtigsten Farben auch an erster Stelle nennen. Im obigen Beispiel haben wir gemerkt, dass Firefly die Information zum »türkisfarbenen Wasser« höher priorisiert hat als die des »hellen Strandes«. Wenn wir uns also eigentlich – wie in der Verfeinerung gemerkt – vorstellen, dass die Elefanten in Beige gehalten sein sollten, mit türkisfarbenen Akzenten, so sollten die Informationen umgekehrt gepromptet werden.

Abbildung 8.75
Neu gefärbtes Logo nach Prompt »türkisfarbenes Wasser, heller Strand« (links) und »heller Strand, türkisfarbenes Wasser« (rechts)

Hauptfarben, die eine zentrale Rolle im Design spielen sollen, sollten daher immer zu Beginn der Anweisungen stehen. Dies vereinfacht den Gestaltungsprozess und minimiert die Wahrscheinlichkeit von Farbfehlern.

Zuvor definierte Farben nutzen
Ähnlich wie bei der Verwendung von Referenzbildern in der Firefly-Webanwendung ist es hier mit der konkreten Definition von Farben. Die besten Ergebnisse liefert die KI auf Grundlage konkreter Informationen, die eben nur wenig bis keinen Spielraum zur Interpretation lassen.

8.6.3 Stimmung beschreiben

Um die gewünschte Stimmung eines Designs zu beschreiben, reicht es oft aus, einfache und direkte Begriffe zu verwenden. Wörter wie »freundlich«, »professionell«, »lebendig« und »ruhig« geben einen klaren Hinweis auf die beabsichtigte Atmosphäre.

Abbildung 8.76
Neu gefärbtes Bild nach Prompt »freundliche Farben«

8.6.4 Bereiche beschreiben

Firefly analysiert nicht einfach nur die einzelnen Farben – die KI erkennt auch das Motiv. Entsprechend können Sie auch einzelne

Teile des Motivs in den Prompt integrieren und farblich beschreiben. Das funktioniert sehr gut.

Abbildung 8.77
Original (links) und neu gefärbtes Bild nach Prompt »grüne Herzchen, rosa Elefanten« (rechts)

8.6.5 Kurze Sätze verwenden

Die Verwendung kurzer, prägnanter Sätze hilft dabei, Anweisungen klar und verständlich zu vermitteln. Lange, verschachtelte Sätze können zu Missverständnissen und Fehlern führen. Im besten Fall verwenden Sie sogar nur Stichworte. Im Beispiel nutzen wir den Prompt: »Der Himmel färbt sich in einem spektakulären Zusammenspiel von warmen, leuchtenden Orange-, Rosa- und Violetttönen, während die untergehende Sonne langsam hinter dem Horizont verschwindet und dabei helle Strahlen über die sanft schimmernde Wasseroberfläche eines stillen Sees wirft, wo sich die letzten Sonnenstrahlen in den Wellen brechen und das gesamte Szenario in ein zauberhaftes, goldenes Licht tauchen, das den Tag friedvoll ausklingen lässt.« Das Ergebnis ist nicht wirklich »friedvoll«, sondern eher fantasievoll und knallig.

Abbildung 8.78
Neu gefärbtes Bild nach ausführlichem Prompt

INTERVIEW

KI in der Illustration: Perspektiven eines Illustrators

Künstliche Intelligenz verspricht nicht nur Produktivitätssteigerungen, sondern auch neue Inspirationen, führt jedoch ebenso zu Bedenken hinsichtlich Arbeitsplatzsicherheit und der Essenz künstlerischen Schaffens. Im Gespräch mit Jan Kruse, einem erfahrenen Illustrator aus Hamburg, beleuchten wir die sich wandelnde Rolle von KI im kreativen Workflow, die ethischen Implikationen und die mögliche Zukunft kreativer Berufe.

Über den Interviewpartner: Jan Kruse

Jan Kruse ist ein erfahrener Illustrator und Mitbegründer des bekannten »Human Empire Shops«. Mit über 20 Jahren Erfahrung in der Kreativbranche hat er sich einen Namen gemacht – seine Werke decken eine breite Palette von Medien ab, darunter Magazin-Illustrationen und kommerzielle Kunstprojekte. Trotz anfänglicher Skepsis gegenüber KI hat Jan gelernt, diese Technologie als ergänzendes Werkzeug einzusetzen, um seine kreative Arbeit zu unterstützen und zu erweitern.

Abbildung 8.79
Die rasante Entwicklung von KI in der Kreativbranche löst vielschichtige Diskussionen unter Profis wie Jan Kruse aus.

Annett Bergk: Wie sehen Sie die aktuelle Landschaft der KI in der Kreativbranche?

Jan Kruse: Die Lage ist sehr komplex. Auf der einen Seite gibt es eine spürbare Angst unter Kreativen, dass KI viele Berufe überflüssig machen könnte, insbesondere bei Aufgaben, die automatisiert werden können. Diese Angst ist nicht unbegründet, da wir bereits erhebliche Veränderungen sehen. Klassische Illustratoren könnten sich bedroht fühlen, weil KI in der Lage ist, künstlerische Stile zu imitieren. Ich sehe das aber auch als Herausforderung, sich anzupassen und diese Tools zu nutzen. Ähnlich wie bei der Erfindung des Autos kann man den technologischen Fortschritt nicht aufhalten. Stattdessen müssen wir Wege finden, diese Entwicklungen in unsere Arbeit zu integrieren.

Es gibt in der ganzen Diskussion aber viele Aspekte zu berücksichtigen. Ich habe Kollegen, die komplett anti-KI sind, weil sie befürchten, dass ihre Arbeit wertlos wird. Andererseits sehe ich Leute, die sehr neugierig sind und experimentieren wollen. Ich glaube, dass es wichtig ist, offen zu bleiben und die Entwicklungen kritisch, aber auch optimistisch zu betrachten.

Vivien Pietruck: Sie nutzen KI also nicht für konventionelle Illustrationsaufgaben? Können Sie das bitte näher erläutern?

Jan Kruse: Genau. Statt KI zu verwenden, um direkt meine Illustrationen zu produzieren, nutze ich sie als ein zusätzliches Werkzeug für verschiedene kreative Aufgaben. Beispielsweise experimentiere ich viel mit unterschiedlichen Illustrierstilen und Farbmustern, die ich dann in 3D-Modelle umwandle oder für Animationen verfeinere. Es ist spannend, diese Technologie zu nutzen, um etwas vollkommen Neues zu schaffen, anstatt nur bestehende Stile zu kopieren.

Ich habe beispielsweise daran gearbeitet, meine eigenen Farbpaletten in die KI-Modelle einzuspeisen. Das Ergebnis ist, dass ich meine Illustrationen in 3D umsetzen und dabei meine eigene Ästhetik erhalten kann. Das ist eine großartige Möglichkeit, meinen Workflow zu erweitern, ohne dass dabei die Originalität meiner Arbeit verloren geht.

Annett Bergk: Wie erleben Sie die Reaktionen Ihrer Kollegen und Kolleginnen auf den Einsatz von KI?

Jan Kruse: Unterschiedlich. Manche sind begeistert von den Möglichkeiten, die KI bietet, und sehen sie als Bereicherung. Andere wiederum sind vorsichtig oder sogar ablehnend, weil sie die Integrität ihrer eigenen Arbeit bedroht sehen. Besonders in Bereichen, die von konsistenten künstlerischen Stilen leben, gibt es Sorge, dass KI diese Authentizität nicht gewährleisten kann.

Ich habe einen Freund, der hauptsächlich für Magazine arbeitet. Er hat sich intensiv mit der Nutzung von KI auseinandergesetzt und verwendet sie nun regelmäßig zur Ideenfindung. Andererseits kenne ich Illustratoren, die strikt gegen den Einsatz von KI sind und befürchten, dass ihre einzigartige Handschrift verloren gehen könnte. Diese Spannungen sind verständlich und zeigen, wie vielschichtig die Debatte um KI in der Kreativbranche ist.

Vivien Pietruck: Können Sie uns konkrete Beispiele nennen, bei denen KI in Ihrer Arbeit hilfreich war?

Abbildung 8.80
KI-generierte 3D-Modelle nach Farbmuster-Eingabe

Jan Kruse: Ein gutes Beispiel ist die Verwendung von KI für Farb- und Musteranwendungen. Ich habe wie gesagt meine eigenen Farbmuster in die KI hochgeladen und sie genutzt, um diese Muster auf 3D-Modelle anzuwenden. Auch bei der Ideenfindung ist KI ein nützliches Werkzeug. Ich kann damit schneller verschiedene Stile und Konzepte ausprobieren, was den kreativen Prozess enorm beschleunigt.

Annett Bergk: Wie sehen Sie die längerfristige Zukunft der Kreativbranche im Kontext von KI?

Jan Kruse: Ich denke, dass KI in den nächsten zehn Jahren immer mehr in den kreativen Workflow integriert werden wird. Größere Agenturen mit mehr Ressourcen werden sicherlich erheblich von maßgeschneiderten KI-Systemen profitieren. Doch der menschliche Faktor wird auf absehbare Zeit wichtig bleiben, vor allem in Bereichen, die ein tiefes kulturelles und ästhetisches Verständnis erfordern. Es wird immer kreative Aufgaben geben, bei denen menschliche Intuition und Emotion unersetzlich sind.

Das müssen wir auch bei der Ausbildung neuer Kreativer berücksichtigen. Die Fähigkeiten, die heute in Kunsthochschulen gelehrt werden, könnten sich drastisch ändern. Es wird möglicherweise wichtiger, technische Kenntnisse über KI und deren Anwendungen zu haben. Gleichzeitig bleibt der Wert menschlicher Kreativität und Originalität bestehen. Es wird also eine spannende Balance zwischen Technik und Kunst geben.

Vivien Pietruck: Das bringt sicherlich auch ethische und rechtliche Fragen mit sich.

Jan Kruse: Absolut. Der Datenschutz sowie die Herkunft der von der KI genutzten Daten sind kritisch zu betrachten. Es gibt auch rechtliche Unsicherheiten, zum Beispiel dass generierte Inhalte nicht urheberrechtlich geschützt sind. Ethisch gesehen müssen wir aufpassen, dass KI nicht bestehende Vorurteile verstärkt. Das sind alles diskussionswürdige Themen, auf die es noch keine endgültigen Antworten gibt. Ein weiteres ethisches Dilemma ist die Transparenz: Sollten Kunden wissen, ob und wie viel KI in einem Projekt verwendet wurde? Es gibt sicherlich eine Verantwortung seitens der Kreativen und Agenturen, dies offenzulegen. Auch die Frage nach der Verantwortung bei fehlerhaften oder voreingenommenen Ergebnissen steht im Raum. Wer trägt die Verantwortung, wenn eine KI-gestützte Arbeit schiefgeht oder unverhofft negative Reaktionen provoziert?

Annett Bergk: Was würden Sie den Lesenden unseres Fachbuches als abschließendes Wort mit auf den Weg geben?

Jan Kruse: Ich möchte die Leser ermutigen, offen für neue Technologien zu sein und sie als Ergänzung zu betrachten, die unser kreatives Potenzial erweitert. Es geht nicht darum, den menschlichen Faktor zu ersetzen, sondern zu unterstützen und neue Möglichkeiten zu schaffen. Seid flexibel und nutzt die Chancen, die sich euch bieten.

Kapitel 9
Einsatz von KI in Adobe InDesign

Visualisiert in Adobe Firefly mit dem Prompt »Erstelle ein detailreiches digitales Kunstwerk, das das Thema Adobe InDesign darstellt. Zeige einen kreativen Arbeitsplatz mit einem Computerbildschirm, auf dem das InDesign-Logo und eine geöffnete Projektdatei sichtbar sind. Im Hintergrund sind Bücherregale mit Designbüchern und inspirierenden Postern zu sehen. Die Szene sollte eine kreative und produktive Atmosphäre ausstrahlen, mit einem warmen und einladenden Farbschema.«

Kapitel 9
Einsatz von KI in Adobe InDesign

*Auch in InDesign verbessert die Integration von Adobe Firefly die kreativen Möglichkeiten für Nutzer*innen. Das »generative Erweitern« verändert Bilder intelligent, und die Text-zu-Bild-Funktion erzeugt Bilder aus einfachen Textprompts, die mit Stiloptionen angepasst werden können.*

Die Möglichkeiten, die InDesign im Bereich KI bietet, sind noch relativ übersichtlich. Wenn Sie bereits mit den KI-Funktionen von Photoshop, Firefly oder Illustrator gearbeitet haben, werden Sie sich schnell zurechtfinden. Auch hier sind wir aber gespannt, was die Zukunft noch bringen wird.

9.1 Zugriff auf die KI-Funktionen in Adobe InDesign

Der Zugriff auf die KI-Features in InDesign kann, ähnlich wie in Illustrator, über mehrere intuitive Schnittstellen erfolgen. Dazu zählt zum Beispiel die kontextbezogene Taskleiste. Sie zeigt die für das ausgewählte Objekt oder Werkzeug relevanten Aktionen an – so wie wir es schon aus anderen Adobe-Anwendungen kennen. Die Optionen beinhalten auch die wichtigsten KI-Funktionen.

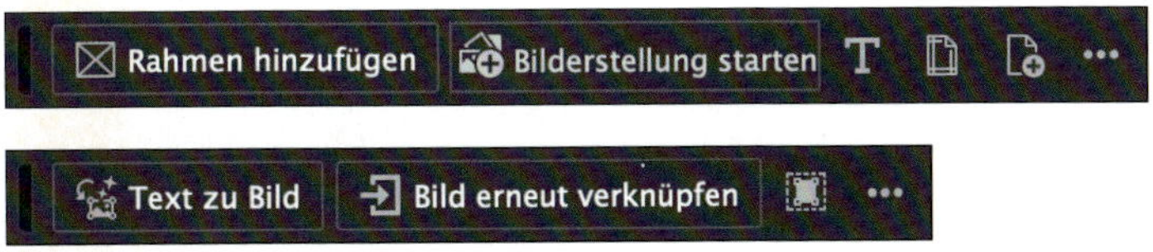

Abbildung 9.1
Kontextbezogene Taskleiste ohne vorherige Objektauswahl (oben), Taskleiste nach Wahl eines Bildrahmens (unten)

Eine KI-Schnellaktion, nämlich die Text-zu-Bild-Funktion, ist auch im Eigenschaften-Bedienfeld zu finden.

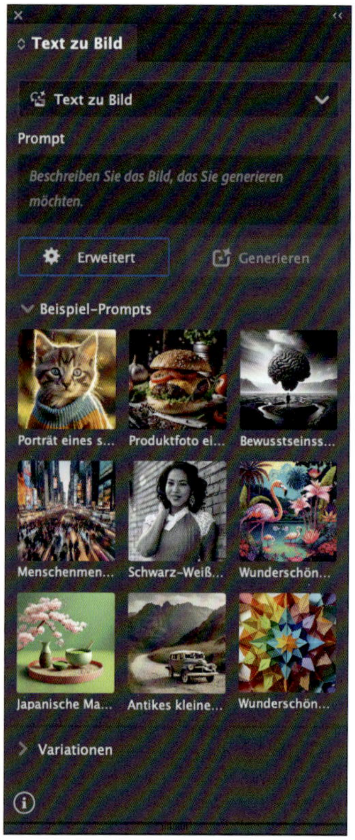

Zudem lässt sich das Menü TEXT ZU BILD in den Grundfunktionen über das Menü DATEI ansteuern; über den Button ERWEITERT  können Sie das erweiterte Menü öffnen, in dem Sie dann wiederum über die Optionen INHALTSTYP, REFERENZBILD und STILEFFEKTE zusätzliche Einstellungen vornehmen können.

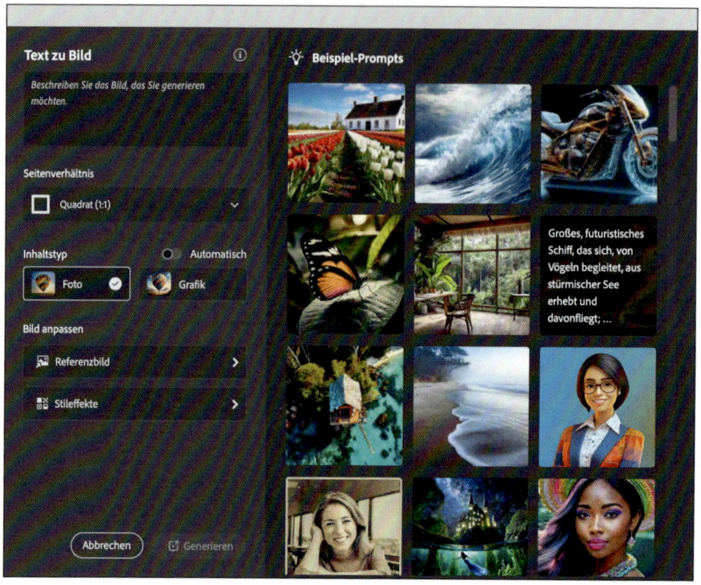

Abbildung 9.2
Das Menü TEXT ZU BILD in den Grundeinstellungen (links) und mit den erweiterten Einstellungen (rechts)

9.2 Bilder generieren

Mit der Funktion TEXT ZU BILD können Sie mit wenigen Klicks Bilder direkt in InDesign erstellen. Ähnlich wie in der Webanwendung von Firefly generiert die KI anhand des Prompts mehrere Variationen, die dann im Eigenschaften-Bedienfeld wiederzufinden sind. Schauen wir uns das Vorgehen zur Neugenerierung eines Bildes genauer an.

Schritt für Schritt
Die Grundlagen: Generieren von Vektorobjekten

Wir wollen für ein elegantes Magazinlayout ein passendes Cover erstellen.

1 Datei öffnen bzw. erstellen

Wir nutzen eine Adobe-Stock-Vorlage von lowercase und öffnen sie über das Dialogfeld NEUES DOKUMENT. Sie finden die Vorlage im Bereich DRUCK und dann VORLAGEN unter ELEGANTES MAGA-

ZINLAYOUT. Der Download von Adobe Stock ist kostenlos möglich. Anschließend können Sie einfach auf ÖFFNEN klicken.

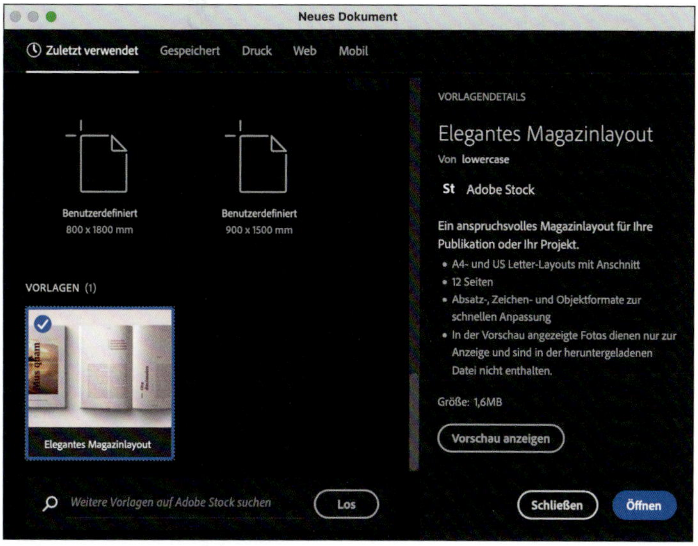

Abbildung 9.3
Die Nutzung einer Vorlage von Adobe Stock in InDesign ist denkbar einfach.

2 Bildbereich auswählen

Das Cover der Vorlage gefällt uns von der Aufteilung her schon richtig gut – es fehlt an Bildmaterial. Mit dem Auswahl-Werkzeug klicken wir also auf den entsprechenden Bildrahmen. Es erscheint die entsprechende kontextbezogene Taskleiste.

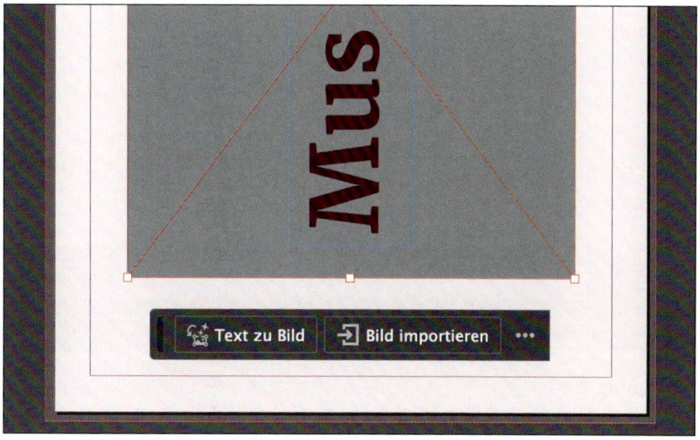

Abbildung 9.4
Kontextbezogene Taskleiste nach Auswahl des Bildrahmens des Covers

3 Dialogfeld zur Eingabe des Prompts

Klicken Sie auf TEXT ZU BILD in der kontextbezogenen Taskleiste; die Anwendung öffnet direkt das Menü TEXT ZU BILD mit den erweiterten Einstellungen (wie zu sehen in Abbildung 9.2).

Inspiration gefällig?
Wenn Sie Inspiration bei der Prompteingabe benötigen, finden Sie in der Ansicht mit erweiterten Einstellungen direkt rechts neben dem Promptfeld Bilder. Bei Mouseover werden die entsprechenden Prompts gezeigt.

4 Prompt eingeben

Im Promptfeld geben Sie nun wie gewohnt eine Beschreibung des gewünschten Bildes ein und bestätigen die Eingabe mit Klick auf GENERIEREN. Wir testen den Prompt »Frau mit ausdrucksstarkem Blick, goldenem Schmuck und Afrofrisur auf kubistischem Hintergrund« und lassen die KI arbeiten.

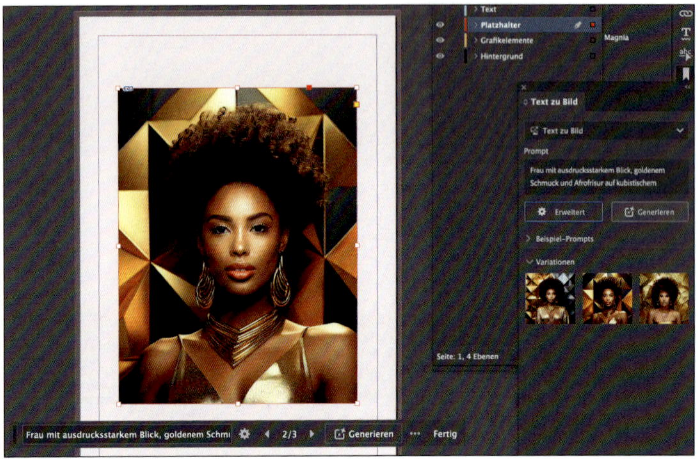

Abbildung 9.5
Arbeitsfläche nach dem Prompt »Frau mit ausdrucksstarkem Blick, goldenem Schmuck und Afrofrisur auf kubistischem Hintergrund« (Covertext wurde zuvor ausgeblendet)

5 Variation wählen oder Prompt wiederholen

Die insgesamt drei Variationen des Bildes werden im Bedienfeld EIGENSCHAFTEN angezeigt. Die erste Variation erscheint automatisch auf der Arbeitsfläche als generatives Objekt und ersetzt das ausgewählte Rechteck.

Ähnlich wie in Illustrator können Sie mithilfe der kontextbezogenen Taskleiste und den Pfeiltasten die Variationen in der Vorschau anzeigen und diejenige auswählen, die Ihren Vorstellungen vom Design am besten entspricht. Zudem können Sie hier ganz einfach den Prompt noch einmal nutzen und drei neue Variationen generieren lassen.

Abbildung 9.6
Die kontextbezogene Taskleiste ändert sich nach Eingabe des Prompts.

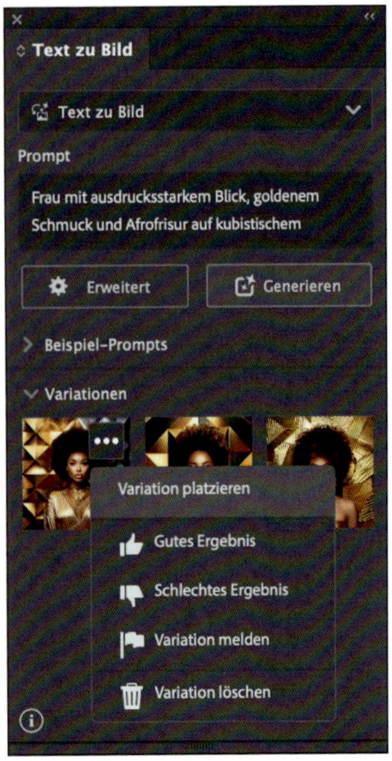

Abbildung 9.7
Einzelne Variationen lassen sich im Menü TEXT ZU BILD einsetzen, bewerten, melden oder löschen.

Varianten können im Text-zu-Bild-Dialogfeld bewertet, gemeldet oder auch gelöscht werden, um Speicherplatz zu sparen. Bei Mouseover über eine Variation erscheint dazu das Icon mit den drei Punkten. Nach Klick werden die entsprechenden Optionen sichtbar.

6 Anwenden

Nachdem Sie die gewünschte Variation gefunden haben, bestätigen Sie das Ganze mit Fertig oder klicken einfach in einen anderen Bereich des Dokuments.

Das Standardmaß für das Seitenverhältnis ist übrigens Quadrat 1:1, d. h., die Bilder werden in diesem Format generiert und dann füllend in den Bildrahmen eingepasst. Wen Sie ein komplett neues Bild generieren möchten und den Rahmen zuvor nicht festlegen, können Sie zwischen Querformat, Hochformat, Quadrat, Breitbild und Vertikal wählen.

9.2.1 Organisation der KI-Bilder

Das in der Anwendung erstellte Bild bzw. die erstellten Varianten werden als JPEG lokal auf dem Computer gespeichert. Sie finden sie an folgendem Speicherort:

- Windows: C:\Benutzer\<Benutzername>\Dokumente\InDesign GenAI Assets
- macOS: /Benutzer/<Benutzername>/Dokumente/InDesign GenAI Assets

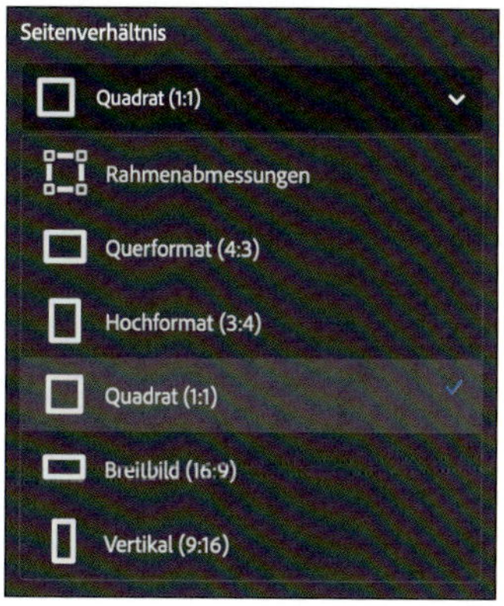

Abbildung 9.8
Einstellungen für das Seitenverhältnis des zu generierenden Bildes im erweiterten Menü »Text zu Bild«

Das Symbol im Bereich Status des Bedienfelds Verknüpfungen kennzeichnet Bilder, die mit Funktionen der generativen KI erstellt wurden. Die Dateien sind alle mit dem Namen »GenAI...« und einer Nummer benannt, können aber ganz normal umbenannt werden.

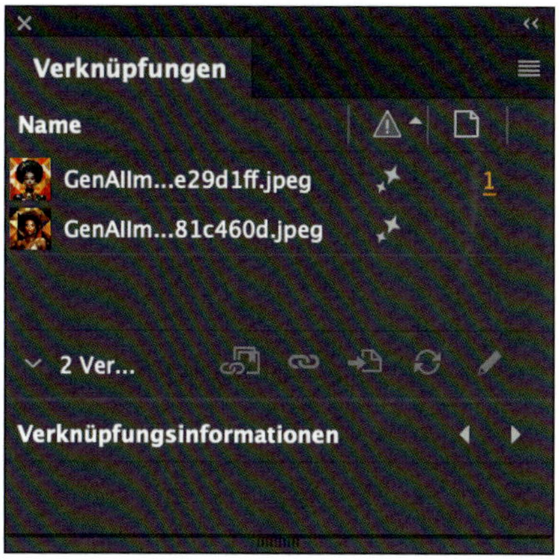

Abbildung 9.9
Kennzeichnung KI-generierter Bilder im Bedienfeld Verknüpfungen

9.2.2 Wählen zwischen verschiedenen Inhaltstypen: Foto oder Grafik

Auch in InDesign gibt es zusätzliche Einstellungen für einen Textprompt. Diese können Sie im erweiterten Text-zu-Bild-Dialogfeld vornehmen. Wir sehen uns als Erstes den Inhaltstyp an. Voreingestellt ist der Inhaltstyp Foto. Sie können aber auch eine Grafik erstellen. Wir testen die verschiedenen Inhaltstypen anhand des aktuellen Beispiels. Hier haben wir die Vorauswahl Foto getroffen, und die Ergebnisse überzeugen.

Abbildung 9.10
KI-Vorschläge nach Prompt »Frau mit ausdrucksstarkem Blick, goldenem Schmuck und Afrofrisur auf kubistischem Hintergrund« in InDesign, Inhaltstyp Foto

Wir wählen den Inhaltstyp Grafik und schauen uns die Ergebnisse an.

Abbildung 9.11
KI-Vorschläge nach Prompt »Frau mit ausdrucksstarkem Blick, goldenem Schmuck und Afrofrisur auf kubistischem Hintergrund« in InDesign, Inhaltstyp Grafik

Schauen wir uns nun an, wie InDesign entscheidet, wenn wir dem Programm die Wahl des Inhaltstyps überlassen. Dazu nutzen wir den automatischen Modus, d. h. den Schieberegler Automatisch.

Abbildung 9.12
Überlassen wir InDesign die Wahl des Inhaltstyps, entscheidet sich die KI (in diesem Fall) für die Umsetzung als Foto.

9.2.3 Referenzbilder nutzen

Ähnlich wie in Adobe Photoshop finden Sie innerhalb des Dialogfensters TEXT ZU BILD auch die Möglichkeit zur Nutzung eines Referenzbildes.

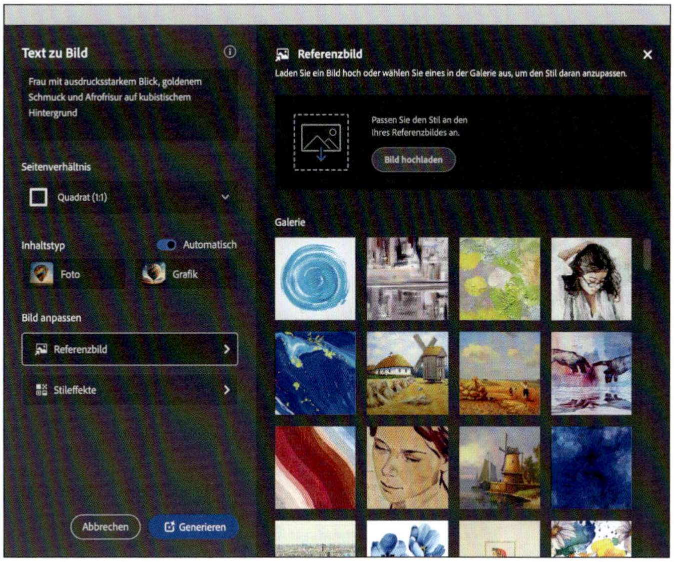

Abbildung 9.13
Option zur Nutzung eines Referenzbildes innerhalb des Workflows TEXT ZU BILD

Auch hier können Sie wählen, ob Sie ein eigenes Bild hochladen oder sich aus der von Firefly zur Verfügung gestellten Bibliothek bedienen möchten. Sie können dabei aber lediglich ein Referenzbild und dieses auch nur als Stilreferenz nutzen (nicht als Kompositionsreferenz).

Die Firefly-Referenzbilder sind leider nicht benannt; wir machen also zur Übersicht einen Screenshot der verwendeten Bilder. Im Folgenden heißen sie Referenzbild 1, 2, 3 und 4.

Abbildung 9.14
Die vier im Folgenden genutzten Referenzbilder

Wir nutzen den bereits bekannten Prompt »Frau mit ausdrucksstarkem Blick, goldenem Schmuck und Afrofrisur auf kubistischem Hintergrund«, um die vier verschiedenen Referenzbilder von Firefly zu testen. Die Ergebnisse sind wirklich überzeugend und beziehen sich in Farbe und Anmutung sehr gut auf die Referenzbilder.

Abbildung 9.15
Bilder nach Prompt »Frau mit ausdrucksstarkem Blick, goldenem Schmuck und Afrofrisur auf kubistischem Hintergrund« nach Referenzbild 1, 2, 3 und 4

© Luke Jones, Unsplash

Abbildung 9.16
Als Referenzbild genutztes Foto

Nun wollen wir noch ein eigenes Referenzbild hochladen und mit einem Prompt kombinieren. Wir nutzen das bereits bekannte kostenfreie Foto der Plattform Unsplash und den bekannten Prompt.

Die Ergebnisse überzeugen grundsätzlich. Was auffällt, ist, dass das Referenzbild mehr Einfluss auf das generierte Bild hat als der Prompt selbst, denn vom kubistischen Hintergrund beispielsweise ist in den letzten Ergebnissen nichts mehr zu sehen.

Abbildung 9.17
Generierte Bilder nach Prompt »Frau mit ausdrucksstarkem Blick, goldenem Schmuck und Afrofrisur auf kubistischem Hintergrund« und Stilreferenz von Luke Jones

9.2.4 Nutzen von Stileffekten

Zusätzlich oder natürlich auch alternativ können Sie den Prompt wie auch in anderen Anwendungen mit vorgegebenen Stileffekten kombinieren. Zur Verfügung stehen dabei wirklich viele verschiedene Stile – von SCHICHTPAPIER über POINTILLISMUS bis hin zu ZEITUNGSCOLLAGE. Sie sind unterteilt in die Kategorien BELIEBT, STILEPOCHEN, DESIGNS, TECHNIKEN, EFFEKTE, MATERIALIEN und KONZEPTE. Ein Durchprobieren lohnt sich!

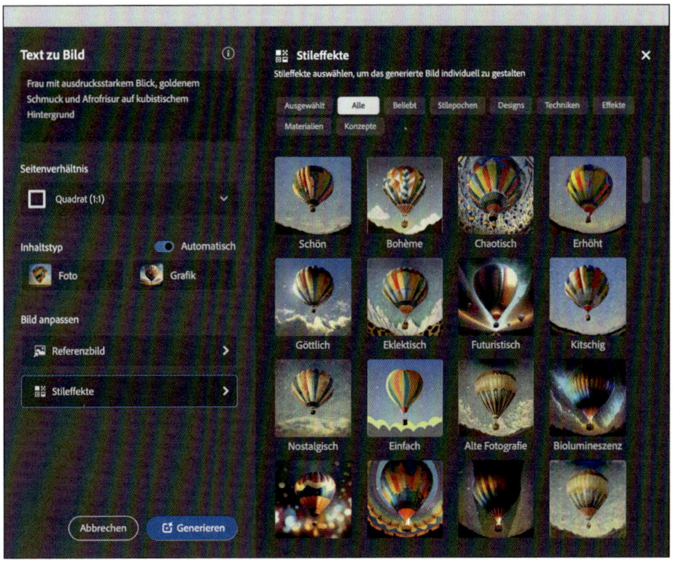

Abbildung 9.18
InDesign bietet eine große Auswahl an Stileffekten in der Funktion TEXT ZU BILD.

Die Effekte können einzeln oder auch in Kombination genutzt werden. Wir testen einige mit dem bekannten Prompt ohne Referenzbild.

Abbildung 9.19
KI-Vorschläge nach Prompt »Frau mit ausdrucksstarkem Blick, goldenem Schmuck und Afrofrisur auf kubistischem Hintergrund«, Stileffekt Göttlich (links), Pappmaché (Mitte) und Cyber-Matrix (rechts)

Und es bewahrheitet sich wieder: Es ist effizienter, mit Referenzbildern zu arbeiten …

9.3 Bilder erweitern

Ein Bild wollen wir an anderer Stelle des Dokuments nutzen – jedoch über die gesamte Breite. Es ist ein quadratisches Format, weswegen es nach links und rechts erweitert werden muss. Die Lösung heißt »generative Erweiterung«. Wir kennen die Funktion aus Photoshop und Express. In InDesign können wir das Bild nun direkt an das gewünschte Endformat anpassen.

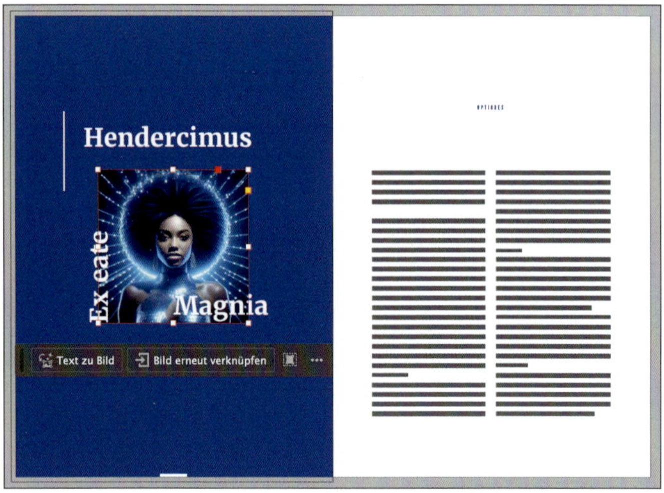

Abbildung 9.20
Doppelseite mit eingefügtem quadratischen Bild auf der linken Seite

Um die Arbeitsfläche eines Bildes zu vergrößern, wählen Sie wie immer den Bildrahmen aus. Durch Ziehen der Eck- und Kantengriffe nach außen entsteht der gewünschte zusätzliche Raum. So weit nichts Neues. Was jedoch neu ist, ist die sich anpassende Taskleiste unterhalb des Rahmens.

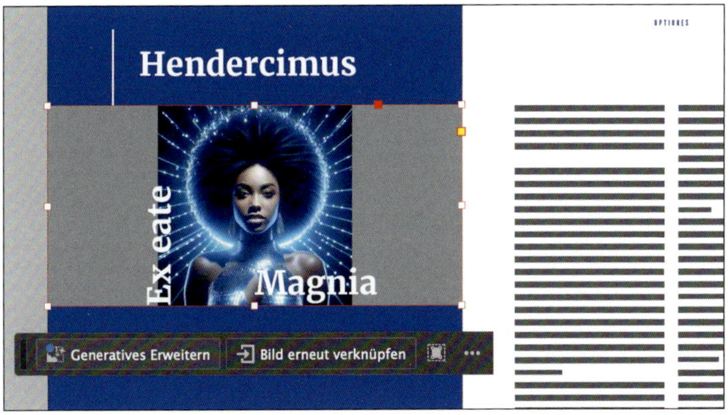

Abbildung 9.21
Nach Erweiterung des Bildrahmens zeigt die kontextbezogene Taskleiste die Funktion GENERATIVES ERWEITERN.

Klicken Sie auf GENERATIVES ERWEITERN, und die Taskleiste ändert sich ein weiteres Mal. Nun zeigt sie die Option zur Eingabe eines Prompts.

Abbildung 9.22
Kontextbezogene Taskleiste im Workflow GENERATIVES ERWEITERN

Lassen Sie das Promptfeld frei, füllt InDesign den Bereich automatisch basierend auf der Umgebung des Bildes, wodurch – ähnlich wie in Photoshop bereits gelernt – potenziell ein harmonisches Gesamtbild entsteht.

Abbildung 9.23
Erweitertes Motiv auf der Arbeitsfläche, nachdem das Promptfeld leergelassen wurde

Nach dem Generieren bietet InDesign drei verschiedene Varianten der neuen Inhalte im Bedienfeld TEXT ZU BILD an, das sich automatisch öffnet, sofern es nicht bereits vorher eingeblendet wurde.

Konkret können sich Kreative mit der Integration dieser Funktion also den Umweg über Photoshop sparen. Allerdings gilt das nur für einfachere Erweiterungen, findet man doch bei Photoshop mehr Einstellungsmöglichkeiten für die Erweiterung. Passt ein Bild nicht optimal ins Layout, hilft die KI. Das beschleunigt den Arbeitsprozess enorm. Top!

9.4 Prompting-Tipps für Adobe InDesign

Grundsätzlich gelten beim Prompting in InDesign natürlich dieselben Regeln wie in den anderen Kapiteln bereits erläutert. Zusätzlich sollten Sie aber noch einige Besonderheiten kennen:

Farben gezielt benennen

Beachten Sie bei der Erstellung von Bildern in InDesign, dass die KI lediglich auf die Informationen aus Prompt und zusätzlichen Einstellungen zurückgreift. Sie analysiert nicht das Gesamtlayout und wird entsprechend eigenständig auch keine Farbschemata aus dem Dokument übernehmen.

Sinnvoll ist es also, nicht nur die Farben zu benennen, sondern sie gegebenenfalls auch zu priorisieren. Hauptfarben, die eine zentrale Rolle im Design spielen sollen, müssen zu Beginn des Prompts genannt werden. Sie können sich an folgenden Promptvorschlägen orientieren:

- Dominantes Blau, akzentuierendes Gold
- Hauptfarben: sanftes Beige, kräftiges Grün
- Akzentuierte Linien in Pastellfarben
- Vordergrund in erdigen Tönen, Hintergrund in hellen Farben
- Dynamische Kontraste zwischen Schwarz und Weiß

Stimmung eindeutig beschreiben

Einfachheit ist der Schlüssel zur Beschreibung der gewünschten Atmosphäre. Wörter wie »freundlich«, »professionell«, »lebendig« oder »ruhig« geben klare Hinweise auf die gewünschte Stimmung. Benutzen Sie beispielsweise diese Promptvorschläge:

- Warme und einladende Atmosphäre
- Kühle, moderne Ausstrahlung
- Lebhafte und dynamische Umgebung

- Gelassene und beruhigende Stimmung
- Eleganter und professioneller Auftritt

Klare, kurze Sätze verwenden

Kurze, prägnante Sätze helfen der KI, die Anweisungen korrekt zu interpretieren. Lange, komplexe Sätze sollten Sie im Umkehrschluss vermeiden. Vorschläge für (Teil-)Prompts sind:

- Rot, Gelb, Blau als Hauptfarben
- Silhouette eines Baumes auf Hügel
- Einfaches Muster im Hintergrund
- Kreisförmiges Element oben links
- Horizontale Linien als Designelement

Konkrete Elemente hervorheben

Wichtige Designelemente sollten Sie immer klar benennen, um den Fokus zu lenken und sicherzustellen, dass sie im Endergebnis hervorgehoben werden. Promptvorschläge wären:

- Markanter Wolkenkratzer im Zentrum
- Große, zentrale Uhr platzieren
- Dominante Blume unten
- Hauptmotiv: eine elegante Brücke
- Fokussieren auf den Sonnenuntergang

Index

H

I

J

K

L

M

N

O

P

Q

R

S